Grundlagen der Materialkunde

Durch chemische Prozesse entsteht Leben.

Edition Angewandte – Buchreihe der
Universität für angewandte Kunst Wien
Herausgegeben von Gerald Bast, Rektor

edition:'ʌngewʌndtə
Universität für angewandte Kunst Wien
University of Applied Arts Vienna

Silke Vollenhofer

GRUNDLAGEN DER MATERIALKUNDE

Farbstoffe, Kunststoffe, Textilien, Metalle

Birkhäuser
Basel

INHALT

EINLEITUNG

BEDEUTUNG DES MATERIALS ALS AUSGANGSPUNKT FÜR EINEN KÜNSTLERISCHEN SCHAFFENSPROZESS

Vor dem Hintergrund früherer Artefakte ist davon auszugehen, dass sich Menschen seit jeher mit Materialien bzw. Werkstoffen aller Art auseinandergesetzt haben, um entweder praktischen oder/und ästhetischen Nutzen daraus zu ziehen. Umso erstaunlicher ist es, dass eine »Ikonografie des Materials« erst in der neueren Kunstgeschichte diskutiert wird. 1906 machte der deutsche Philosoph und Psychologe Theodor Lipps in seinem Buch *Ästhetik. Psychologie des Schönen und der Kunst* auf die Bedeutung des Materials in der Kunst aufmerksam,[1] allerdings wurde dem wenig Bedeutung beigemessen. Den entscheidenden Anstoß für die Wichtigkeit des Materials in der Kunst gab erst 1969 Günter Bandmann mit seinem Aufsatz »Bemerkung zu einer Ikonografie des Materials«. Der Kunsthistoriker Thomas Raff begründet das damit, dass Bandmann »[...] erstmals expressis verbis festgestellt und mit Beispielen belegt, dass die verwendeten Materialien bei vielen Kunstwerken in irgend einer Weise zur Bedeutung beitragen, also ›ikonologisch‹ aussagefähig oder ›Informationsträger‹ sein können.«[2] Wobei festzuhalten ist, dass Dadaisten und Surrealisten zu Beginn des 20. Jahrhunderts wichtige Vorarbeiten leisteten und die Bedeutung des Materials in den Vordergrund rückten. Die Künstler*innen der damaligen Zeit beschäftigten sich mit den verschiedensten Werkstoffen und deren Zweckentfremdung, was einen Diskurs über die Kunst nach sich zog. Ästhetik, Stil sowie Geschmack wurden in Frage gestellt und der Ausstieg aus der Kunst geprobt. Beispiele dafür sind Marcel Duchamps *Fahrrad-Rad* (Rad eines Fahrrades wird auf einen Hocker montiert) oder Salvador Dalís *Hummer-Telefon* oder Meret Oppenheims *Das Frühstück im Pelz*. Erst nach 1945 rückten Materialien ins

Zentrum der Betrachtung, wobei Form, Eigenschaften und physikalische Beschaffenheit sowie der geschichtliche Hintergrund an Bedeutung gewannen.[3]

Der Begriff Material stammt vom lateinischen Wort »materia« und bedeutet, »[...] zur Ausübung einer Tätigkeit oder zur Herstellung von Erzeugnissen benötigter Ausgangsstoff.«[4] In prähistorischen Zeiten war der Mensch auf natürliche Materialien wie z. B. Elfenbein, Holz, Steine, Felle, Häute oder Knochen angewiesen. In späterer Folge kamen Metalle wie Kupfer, Gold, Zinn oder Eisen dazu und in der heutigen Zeit dominieren künstlich hergestellte Materien, im Sprachgebrauch Plastik oder auch Kunststoff genannt. Mit den Naturstoffen war eine begrenzte Nutzungsart vorgegeben und mit diesen ein hoher Standard an handwerklichen Fertigkeiten und Techniken, die die Grundlage ganzer Kulturen bildeten.[5] Handwerker*innen besaßen zwar genügend Erfahrung, was die Bearbeitung anging, allerdings fehlte dazu ein tiefergreifendes Stoffverständnis. Das naturwissenschaftliche Interesse für stoffliche Eigenschaften setzte erst in den Anfängen des industriellen Zeitalters im frühen 19. Jahrhundert ein, einhergehend mit den wissenschaftlichen Erkenntnissen aus Chemie und Physik. Ausgehend von der Herkunft und der chemischen Zusammensetzung werden die Stoffe heute in natürliche und künstliche Materialien eingeteilt, sowie in metallische und nichtmetallische.

Ein wesentliches Merkmal der Materialwissenschaft und Werkstofftechnik ist die Berücksichtigung des strukturellen Aufbaus der Werkstoffe und der davon abhängigen mechanischen, physikalischen und chemischen Eigenschaften. Dies umfasst die Charakterisierung, Entwicklung, Herstellung und Verarbeitung von Konstruktionswerkstoffen und Funktionsmaterialien.

Metalle				Nichtmetalle		Verbund-Werkstoffe
Eisen-Werkstoffe		Nichteisen-Metalle				
Stähle	Eisen-Gusswerkstoffe	Schwermetalle > 5 kg / dm^3	Schwermetalle < 5 kg / dm^3	Naturwerkstoffe	Künstliche Werkstoffe	
z. B. Bau-, Werkzeug-, Vergütungsstahl	z. B. Gusseisen, Temperguss, Stahlguss	z. B. Kupfer, Zink, Blei	z. B. Aluminium, Magnesium, Titan	z. B. Granitstein, Grafit, Holz	z. B. Kunststoff, Glas, Keramik	z. B. Verstärkte Kunststoffe Hartmetalle

In allen künstlerischen Schaffensprozessen werden Materialien eingesetzt, sei es nun Papier, Metall, Kunststoff, Textil, Gips oder Stein und viele mehr. Besonders die Kunst des 20. Jahrhunderts ist von einer materiellen Vielfalt geprägt, wobei die verwendeten Rohstoffe ein wichtiger Teil des künstlerischen Schaffensprozesses wurden. Materialien sind somit nicht austauschbar bzw. ein zu vernachlässigender Faktor, sondern stellen eine wichtige ästhetische Komponente dar. Theodor Lipps drückte es so aus: »Jedes Material der Künste hat seinen ›eigenen Geist und seine eigene Poesie‹. Wir ändern das Wort, indem wir zum Material die Technik fügen, und Beides im ›Darstellungsmittel‹ vereinigen. Zum anderen drücken wir die Tatsache einfacher aus und sagen, jedes Darstellungsmittel schließe seine eigenen Bedingungen der Darstellung, seine eigene ›Spielregel‹, in sich.«[6] Damit gewinnen die physikalischen, chemischen und ökologischen Eigenschaften sowie der geschichtliche Hintergrund an Bedeutung und bevor der Werkstoff verarbeitet wird, ist eine genaue Recherche notwendig.

Erst durch die Transformation des künstlerischen Eingriffs erhält der Stoff eine neue inhaltliche Ausrichtung, sozusagen eine Aura, verbunden mit einer anderen Wirklichkeit. »Der künstlerische Schaffensprozess ist vom Künstler nie völlig rational steuerbar, sondern stellt ein Zusammenspiel von künstlerischer Intention, der Eigengesetzlichkeit des Materials oder der künstlerischen Gestaltungsmittel und unbewussten Gedanken und Gefühlen des Künstlers dar.«[7] Kunstwerke sind Kommunikationsmittel, mit denen die Künstler*innen dem Gegenüber etwas mitteilen wollen. Daher ist es bei Interpretationen der Werkstücke wichtig, den geschichtlichen Zusammenhang mit zu betrachten, um auch das geistige Umfeld der Künstler*innen verstehen zu können. »Jedes Kunstwerk ist ein Kind seiner Zeit. So bringt jede Kunstperiode eine eigene Kunst zustande, die nicht mehr wiederholt werden kann.«[8]

Die Faszination, die von der Farbigkeit, der Oberflächenstruktur, der Konsistenz, der Oberflächenbeschaffenheit und der Aura eines jeden Materials ausgeht, ist für das Endprodukt von entscheidender Bedeutung. Das Erkunden kann unmittelbar auf die Gefühle und Sinne wirken, Neugierde erwecken, aber gleichzeitig auch abstoßend sein. Das Fühlen und Tasten mit allen Sinnen und das Begreifen, wie Materialien funktionieren, sind der

Anstoß für den eigentlichen Gestaltungsprozess und ein Parameter für die künstlerische Konzeptentwicklung sowie die ästhetische Formfindung. Das Material besitzt für viele Menschen eine große Anziehungskraft und ist oft Ausdruck ihrer eigenen Kultur, da es seine eigene Sprache spricht. Nicht nur, dass Materialien die Fantasie anregen, sondern sie inspirieren die eigene Wahrnehmung durch Anfassen, Tasten und Fühlen. Die Zweckentfremdung durch eine intensive bewusste Auseinandersetzung macht neugierig und wirkt irritierend gleichermaßen. Je stärker der Oberflächenreiz auf den Einzelnen oder die Einzelne wirkt, desto mehr dominiert dies den künstlerischen Prozess. Werkstoffe wecken das Interesse, provozieren Widerstände, beleben das Empfinden und geben Impulse zur Gestaltung. Das Material wird somit Ausdruck eines künstlerisch geistigen Abenteuers. Daher ist es unverzichtbar, dem Auswahlverfahren des jeweiligen Materials passend zum künstlerischen Thema besondere Aufmerksamkeit zu widmen.

Materialien sind immer Ausgangspunkt der künstlerischen Produktion und Diskussion und werden zur Umsetzung eines Themas benötigt, allerdings wird oft wenig Zeit für die Auswahl der Werkstoffe verwendet. Nicht selten wählen Künstler*innen aus pragmatischen Gründen jenes Material aus, das günstig in der Anschaffung ist oder im Moment zur Verfügung steht. Gerade die bewusste Auswahl und Auseinandersetzung mit dem Material ist jedoch entscheidend für die ästhetische Produktion und die Art der Wahrnehmung. Die Beschäftigung mit den Materialien trägt entscheidend zum Verständnis des Geistes bei, in dem ein Kunstwerk entsteht.[9] »Nur wenige Artefakte wurden alleine zu dem Zweck geschaffen, beim Betrachter ›interesseloses Wohlgefallen‹ im Sinne Kants zu erregen, also ausschließlich dem ästhetischen Genuss zu dienen.«[10] Um die Aussage eines Kunstwerkes zu verstehen, ist es notwendig, auch die »Sprache seiner Materialien« zu verstehen.[11] Nicht allein das Material und seine Reize führen zu einer neuartigen Formfindung, sondern ein wesentlicher Prozess muss sein, dass sich Künstler*innen auf das Material einlassen und damit experimentieren wollen. Erst durch das Experiment können die nötigen Erfahrungen gemacht werden. »Materialien – seien sie noch so reizvoll – allein können sie nicht zu künstlerischen Produkten führen. Hierzu bedarf es einer spezifischen Einstellung des Menschen, der die Eigentümlichkeiten des Materials und seiner Reize erkundet, erkennt und auswertet.«[12]

Der Umgang mit Materialien durch ständigen Gebrauch und das Wissen um damit verbundene Veränderungs-, Verformungs- und Verwandlungsprozesse gehören seit jeher zum Alltag des Menschen. Daher empfiehlt es sich, eine umfassende Untersuchung des Materials durchzuführen und Proben für einen späteren Gestaltungsprozess vorzunehmen. Um ein Materialempfinden entwickeln zu können, sollten die Festigkeit, die Oberflächenbeschaffenheit, die Stärke, die Farbigkeit, die Formbarkeit, eine mögliche farbige Modifikation und – je nach Gegebenheiten – die Reaktionsbereitschaft auf andere Stoffe getestet werden. Dies schult die Sinne für die Besonderheiten und deren Eigenschaften des jeweiligen Werkstoffes, was oft mit einer Initialzündung für die anschließenden Umgestaltungsprozesse einhergeht. Dieses Vorgehen setzt ein gleichseitiges Vorhandensein von Eingebung und Begutachtung, von Handeln und Empfinden voraus. »Wohl wissend, daß wir einen Prozeß in zwei Verläufe aufgliedern, scheint uns dies notwendig, um das Verhältnis von Aktivität und Kontemplation, von Nähe und Distanz zu verdeutlichen. Experimentelles Verhalten meint beides: auf der ersten Ebene das probierende, suchende, auf Material und Technik gerichtete Bemühen; auf der zweiten Ebene die Bereitschaft, sich dem Entstehenden gegenüber abwartend zu verhalten.«[13] Durch Schmecken, Fühlen, Riechen und Tasten werden alle Sinne angeregt. Damit liegen das Erforschen und Erkunden in der Natur des Menschen und die offensichtlich unterschiedlichen Materialien erwecken nicht nur die Neugierde, sondern sie fordern auf, sich näher mit ihnen auseinanderzusetzen, denn »[…] jede ästhetische Erfahrung enthält eine zweifache Orientierung: Zum einen sollte sie auf die sinnlichen Anteile der Wahrnehmungen und Empfindungen gerichtet sein. Zum anderen sollten dem Spüren und Erfahren ein Sinn gegeben werden: Es geht um Erkunden, Ins-Bewußtsein-Rufen, Auslegen, Deuten.«[14] Durch diese sinnlichen Eindrücke wird erst das Bewusstsein geschaffen, dass jeder künstlerische Schaffensprozess mit einem ästhetisch sinnlichen Wahrnehmungsprozess einhergeht. »Erst wenn wir uns einer sinnlichen Wahrnehmung bewusst werden, wenn wir ihr gewahr werden, wenn wir die Wahrnehmung mit anderen Wahrnehmungen und Empfindungen in Beziehung setzen und auslegen, dann verhalten wir uns nicht nur sinnlich, sondern ästhetisch.«[15]

1 Vgl. Brockhaus, *Brockhaus A-Z Wissen in zwölf Bänden LEV-NAB, Bd. 7*, Leipzig: F.A Brockhaus 2006–2006, S. 60.

2 Monika Wagner, *Das Material der Kunst. Eine andere Geschichte der Moderne*, München: Beck[2] 2013, S. 13.

3 Vgl. Ebenda, S. 13.

4 Brockhaus, *Brockhaus A-Z Wissen in zwölf Bänden LEV-NAB, Bd. 7*, Leipzig: F.A. Brockhaus 2006–2006, S. 60.

5 Vgl. Thomas Kretschmer / Jürgen Kohlhoff (Hrsg.), *Neue Werkstoffe: Überblick und Trend*, Heidelberg. Springer 1995, S. 3.

6 Theodor Lipps, *Ästhetik. Psychologie des Schönen und der Kunst*, Hamburg / Leipzig: Leopold Voss 1906, S. 122.

7 Dagmar Fenner, *Was kann und darf Kunst? Ein ethnischer Grundriss*, Frankfurt am Main: Campus 2013, S. 24.

8 Wassily Kandinsky, *Essays über Kunst und Künstler*, Bern / Sugen / Zürich: Benteli[3] 2009, S. 25.

9 Vgl. Thomas Raff, *Die Sprache der Materialien*, Münster: Waxmann 2008, S. 47.

10 Ebenda, S. 47.

11 Vgl. ebenda, S. 47.

12 Gunter Otto, *Kunst als Prozess im Unterricht*, Braunschweig: Westermann[2] 1969, S. 35.

13 Günter Otto, *Kunst als Prozess im Unterricht. Grundthemen der pädagogischen Praxis*, Braunschweig: Westermann 1964, S. 37.

14 Georg Peez, *Einführung in die Kunstpädagogik*, Stuttgart: Kohlhammer1[5] 2018, S. 51.

15 Ebenda, S. 51.

ALLGEMEINE CHEMIE

K1 ATOMMODELLE

»Alles Leben ist Chemie.«[1]

Jedes Lebewesen, ob Menschen, Tiere oder Pflanzen ob Planeten, Objekte oder Werkstücke alles besteht aus Atomen, die sich zu den unterschiedlichsten Verbindungen zusammenschließen und dahinter liegen mehr oder weniger komplizierte Formeln, die Auskunft über Eigenschaften, Aufbau und mögliche Verwendung geben. Selbst die Zuneigung oder Liebe, wie es genannt wird, ist ein chemischer Prozess, der an Hand von chemischen Abläufen erklärt werden kann.

Die kleinste Einheit eines chemischen Prozesses woraus wiederum Verbindungen entstehen, ist das Atom. Atome bestehen aus Protonen und Neutronen, die sich im Kern befinden und Elektronen, die um den Kern kreisen. Ein Elektron kann sich nur auf bestimmten, diskreten Kreisbahnen aufhalten. Diese diskreten Kreisbahnen werden auch Energieniveaus genannt. Die Bahnen sind konzentrisch um den Atomkern angeordnet, wobei jede Bahn mit einem Buchstaben (K, L, M etc.) bezeichnet wird.

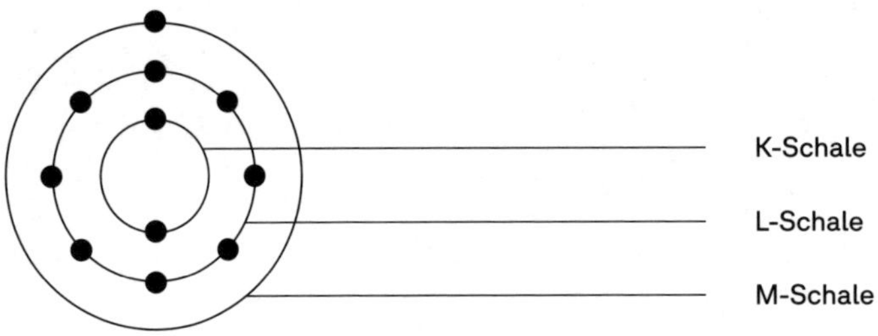

Atommodell nach Bohr (z. B. Natrium)

A WELLENMECHANISCHES ATOMMODELL

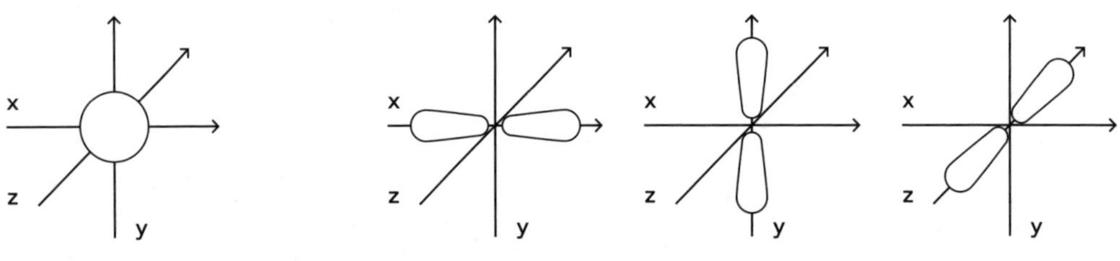

2s-Orbital 2s-Orbital

In der quantenmechanischen Vorstellung kommen vier verschiedene Quantenzahlen vor, die folgendermaßen heißen:

→ Die Hauptquantenzahl: Sie entspricht den Schalen des Bohr'schen Atommodells. Die Hauptquantenzahl gibt die Größe eines Orbitals und die Energie an, die ein Elektron aufweist. Hauptquantenzahlen sind natürliche Zahlen: $n = 1,2,3,4, \ldots$

→ Die Nebenquantenzahl: Sie entspricht den Unterschalen des Bohr'schen Atommodells. Diese Zahl gibt die Form eines Orbitals an. Die Form unterscheidet sich nämlich für s-,p-,d- und f-Elektronen. $l = 0,1,2, \ldots, (n-1)$

s:	2 Elektronen
p:	6 Elektronen
d:	10 Elektronen
f:	14 Elektronen

→ Die magnetische Quantenzahl: Diese Zahl gibt die räumliche Orientierung eines Orbitals im dreidimensionalen Raum an. $m = -l, \ldots, -1, 0, 1, \ldots + l$

→ Die Spinquantenzahl: Ein Orbital kann mit zwei Elektronen besetzt werden. Um diese zwei Elektronen zu unterscheiden, wurde die Spinquantenzahl eingeführt. $s = -\frac{1}{2}, +\frac{1}{2}$

→ Elektronenkonfiguration: Gibt die Elektronenverteilung in einem Atom an, z. B. Chloratom $1s^2 2s^2 p^6 3s^2 p^5$

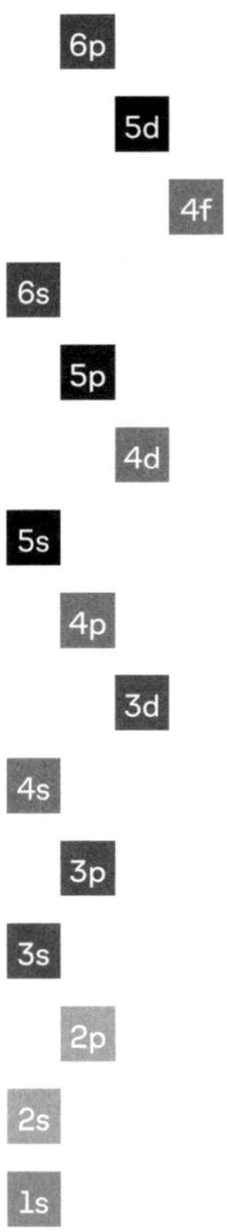

Energieniveaus der Unterschalen

B ENERGIENIVEAUS DER UNTERSCHALEN

Nach oben ergibt sich eine zunehmende potenzielle Energie. Die Lageenergie kann im Bohr'schen Atommodell gedeutet werden, als zunehmende Entfernung zum Atomkern, in der das Elektron um den Atomkern kreist, d. h. die Besetzung der Schalen erfolgt von unten nach oben.

1 https://scienceblog.at/von-erwin-schr%C3%B6dingers-was-ist-leben-zu-alles-leben-ist-chemie, 20.10.2021.

K2

PERIODEN-SYSTEM

Das Periodensystem ist das wichtigste Ordnungsprinzip der Chemie. Trotz mehrfacher Verbesserungen und Ergänzungen ist es seit 1869 bis heute nur unwesentlich verändert worden. Es gibt eine übersichtliche Zusammenstellung aller bekannten Elemente und zeigt die gegenseitigen Beziehungen zwischen ihnen an. Deshalb konnte der russische Chemiker Dmitri Iwanowitsch Mendelejew über noch nicht entdeckte Elemente Voraussagen, mit zum Teil verblüffender Genauigkeit, machen.

Die Anordnung der bekannten Elemente durch Mendelejew und dem deutschen Chemiker Lothar Meyer (1869) erfolgt nach steigender Atommasse und, weil in periodischen Abständen Elemente mit ähnlichen chemischen Eigenschaften auftraten, in Gruppen (gleiche Eigenschaften untereinander).

A AUFBAU DES PERIODENSYSTEMS

Vertikal: Gruppen chemisch ähnlicher Elemente.

8 Hauptgruppen	s- und p- Valenzelektronen	Alkalimetalle, Erdalkalimetalle, Erdmetalle, Kohlenstoffgruppe, Stickstoffgruppe, Chalkogene, Halogene, Edelgase
10 Nebengruppen	d-Valenzelektronen	Übergangsmetalle
14 Lanthaniden	f-Valenzelektronen	Elemente Nr. 58–71
14 Actiniden	f-Valenzelektronen	Elemente Nr. 90–103

→ Horizontal gibt es 7 Perioden (n=1 bis n=7)
→ Jede Periode hat eine neue Schale (neues Hauptniveau).

B DIE HAUPTGRUPPEN

1. HG Alkalimetalle	weiche Metalle, die an der Luft oxidieren und mit Wasser heftig reagieren
2. HG Erdalkalimetalle	härter als Alkalimetalle, verbrennen unter heller Flamme mit weißem Rückstand
3. HG Erdmetalle	Abstufung vom halbmetallischen Bor zum metallischen Thallium
4. HG Kohlenstoffgruppe (Tetrele)	Bildung von wichtigen Dioxiden, können zum Teil lange Ketten bilden.
5. HG Stickstoffgruppe (Pentele)	Übergänge vom Metall zu Nichtmetall
6. HG Sauerstoffgruppe (Chalkogene)	relativ hohe Elektronegativität, sehr reaktionsfähig mit Metallen
7. HG Halogene	farbige, sehr reaktive Gase
8. HG Edelgase	farb- und geruchlose Gase, die mit anderen Stoffen kaum reagieren

C ANORDNUNG DER ELEMENTE IM PERIODEN-SYSTEM

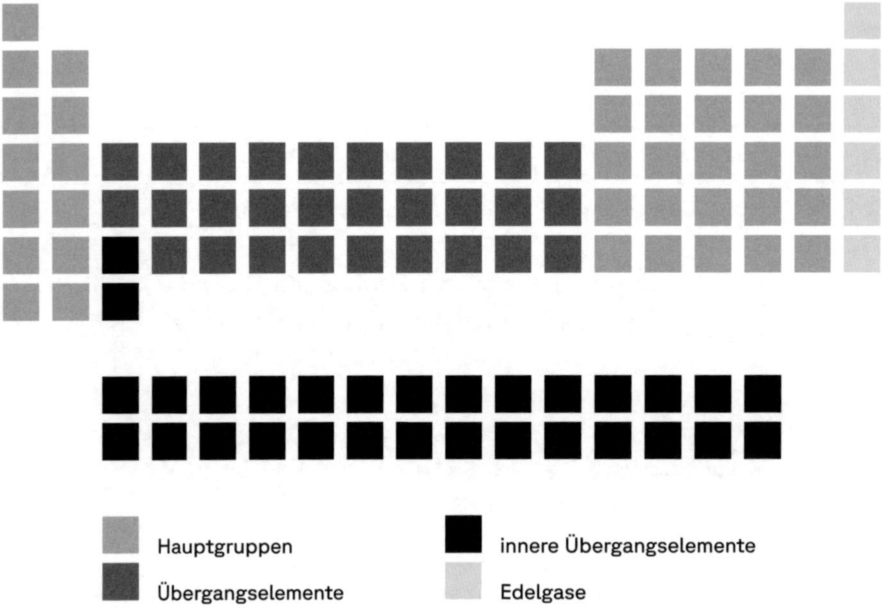

ALLGEMEINE BEZIEHUNGEN

Die Elektronegativität (EN) ist die Fähigkeit eines Atoms, in einer Atombindung Elektronen an sich zu ziehen. Der Zahlenwert der EN wurde willkürlich festgelegt (ENmax = 4,0). Eine hohe EN bedeutet kleiner Atomrumpf und hohe Rumpfladung. Dabei ist die Elektronegativität von unten nach oben und von links nach rechts zunehmend. Der Atomradius ist von oben nach unten und von rechts nach links zunehmend. Der Unterschied zwischen Metallen und Nichtmetallen ist, dass bei Metallen die EN von oben nach unten und von rechts nach links zunimmt.

Die Tabelle wird Periodensystem der Elemente genannt.

D MERKSÄTZE

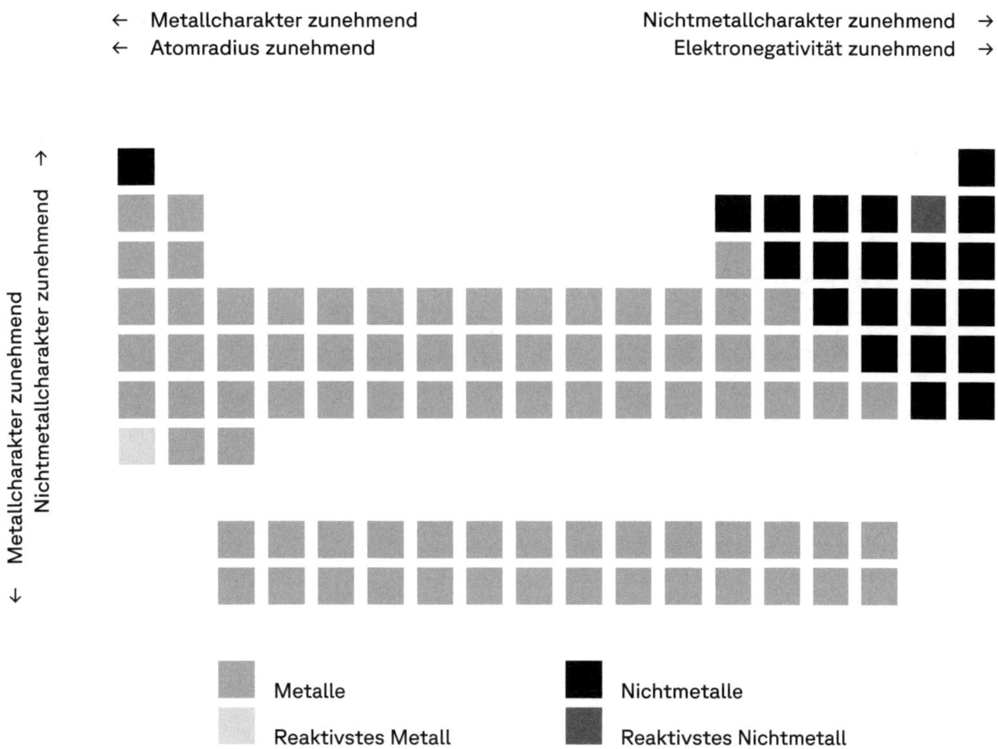

- → Die Elektronenschalen besitzen eine Feinstruktur, also auch Unterschalen.
- → Verschiedene Schalen oder Unterschalen entsprechen verschiedenen Energieniveaus.
- → Die Energie der Elektronen nimmt von der innersten zur äußersten Schale zu.
- → Elektronen besetzen normalerweise das energieärmste freie Niveau.
- → Die Unterschalen der Hauptniveaus überschneiden sich ab der 3. Schale.

- → Die Anzahl der Valenzelektronen kennzeichnet Elektronen auf der äußersten Schale, die zu einem wesentlichen Teil über die chemischen Eigenschaften entscheiden. Die äußerste Schale schirmt die inneren Schalen vor Außeneinflüssen ab. Außerdem lassen sich diese Elektronen am leichtesten verschieben, da diese vom Kern am schwächsten angezogen werden.
- → Eine Außenschale enthält, ungeachtet der maximal möglichen Besetzung, nicht mehr als 8 Elektronen.
- → 8 Außenelektronen sind für ein Atom der energiemäßig günstigste Zustand. Diesen Zustand haben die Edelgase bereits erreicht. Diese Tatsache ist eine Erklärung für die Reaktionsträgheit der Edelgase.
- → Ein Atom ist bestrebt, auf seiner äußersten Schale 8 Elektronen zu besitzen, d. h. Edelgaskonfiguration anzunehmen. Dies wird Oktettregel genannt und erklärt den Grund für chemische Reaktivität.

K3 CHEMISCHE BINDUNGEN

Es gibt unterschiedliche Möglichkeiten, wie sich zwei, drei oder auch tausende von Atomen zusammenschließen können und dabei eine Bindung entsteht. Unter der chemischen Bindung versteht man alle Kräfte zwischen Atomen, Molekülen und Ionen, die das chemische und physikalische Verhalten der Stoffe beeinflussen. Wichtig dabei ist die Elektronegativität (EN). Sie gibt an, wie stark ein Element Elektronen in einem Molekül an sich ziehen kann.

ARTEN DER CHEMISCHEN BINDUNGEN

Name der Bindung	Beispiel	Erklärung dieser Bindung (nach der Edelgastheorie)
Unpolare Atombindung	Sauerstoff O=O	Zwei gleiche Elemente gruppieren sich und teilen die Elektronen miteinander, um eine Edelgaskonfiguration zu erreichen.
Kovalente Bindung, Elektronenpaarbindung, polare Bindung	Wasser H-O-H	Zwei oder mehr verschiedene Elemente gruppieren sich und teilen die Elektronen miteinander, um eine Edelgaskonfiguration zu erreichen. Dabei werden die Elektronen zwar etwas stärker an elektronegativere Elemente gezogen, jedoch nicht vollständig an diese gebunden.
Ionenbindung	Kochsalz $Na^{+}Cl^{-}$	Zwei oder mehr verschiedene Elemente tauschen die Elektronen miteinander aus, um eine Edelgaskonfiguration zu erreichen. Dabei werden die übergebenen Elektronen vollständig von den elektronegativeren Elementen aufgenommen.
Metallbindung	Metalle	In Metallen kann eine Edelgaskonfiguration nicht dadurch erreicht werden, dass sich zwei Elemente Elektronen teilen. Schließlich weisen alle Metallatome zu viele Elektronen auf, die sie gerne loswerden möchten, um eine Edelgaskonfiguration zu erreichen. Dafür ›stoßen‹ die Metalle die Valenzelektronen ab. Diese abgestoßenen Elektronen verteilen sich gleichmäßig als Elektronengaswolke um die verbleibenden Metallrümpfe.
Komplexe Bindung	Hexacyanoferrat	Eine komplexe Bindung kann nicht mit der Edelgastheorie erklärt werden. Hierbei ist die elektrostatische Anziehung verschiedener Moleküle zueinander verantwortlich. Um ein zentrales, positiv geladenes Kation (Zentralion) gruppieren sich verschiedene Moleküle (Liganden). Die Liganden müssen dafür nicht unbedingt geladen sein. Es ist nur wichtig, dass die Liganden freie Elektronenpaare aufweisen, die eine Art (komplexe) Wechselwirkung mit dem Zentralion eingehen können.
Zwischenmolekulare Bindung wie: Wasserstoffbrückenbindung, Van der Waals-Bindung, Dipol-Dipol-Wechselwirkung	$[Fe(CN)_6]^{4-}$ Wasser	Auch zwischen verschiedenen Molekülen gibt es Wechselwirkungen, die jedoch nicht so stark wie die übrigen (chemischen) Bindungen sind. Diese Wechselwirkungen können, müssen aber nicht elektrostatischer Natur sein. Diese Wechselwirkungen besagen nur, dass verschiedene Moleküle sich anziehen können. Flüssigkeiten beruhen auf intermolekularen Bindungen: Nur weil alle Moleküle untereinander diese Wechselwirkungen erfahren, gibt es überhaupt Flüssigkeiten. Ohne diese Wechselwirkungen würden sich die Moleküle wie Gasmoleküle ohne Bezug zueinander verhalten.

A KATIONEN UND ANIONEN

Die einfachste Theorie ist, wie schon erwähnt, die Edelgastheorie:

→ Atome schließen sich zu Molekülen zusammen, um dabei eine Edelgaskonfiguration zu erreichen. Anhand von Kochsalz wird die Bindung erklärt:

In der Verbindung Kochsalz beispielsweise gibt Natrium (im Bild oben) ein Elektron an Chlor (im Bild unten) ab und erreicht damit eine Edelgaskonfiguration wie Neon. Und Chlor erreicht mit dem neu hinzugewonnenen Elektron eine Edelgaskonfiguration wie Argon. Das eine Elektron wird dabei vollständig von Natrium an Chlor abgegeben. Das liegt daran, weil die Differenz der Elektronegativität (EN) zwischen Natrium (EN-Wert: 0,9) und Chlor (EN-Wert: 3,0) sehr hoch ist. Sie ist größer als der Richtwert von 1,8. Chlor ist dazu sehr gut in der Lage. Bei einer EN-Differenz höher als 1,8 werden Elektronen normalerweise vollständig an das elektronegativere Atom abgegeben.

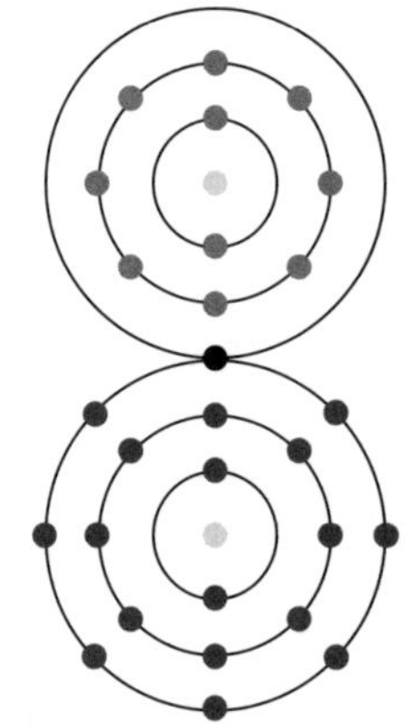

Man spricht von einer Ionenbindung, wenn Elektronen vollständig ausgetauscht werden.

→ Natrium wird zum Na^+-Kation (d. h., das Atom ist mit weniger Elektronen als Protonen positiv geladen)
→ Chlor zum Cl^--Anion (d. h., das Atom ist mit mehr Elektronen als Protonen negativ geladen)

In Flüssigkeiten sind Ionen dafür verantwortlich, dass Ladungstransport stattfinden kann, wie z. B. bei Wasser, wenn Kochsalz (NaCl) dazugegeben wird, dann ist dieses besonders gut leitfähig. Die Na^+Cl^--Kristalle werden im Wasser gelöst, indem eine Dissoziation (Trennung der Bindung in verschiedene Kationen und Anionen) in Na^+ und Cl^- stattfindet. Wird Strom durch diese Lösung geschickt, dann wandern die Na^+-Kationen zum negativ geladenen elektronenreichen Pol und die Cl^--Anionen zum positiv geladenen elektronenarmen Pol. Diese Lösung wird somit leitend.

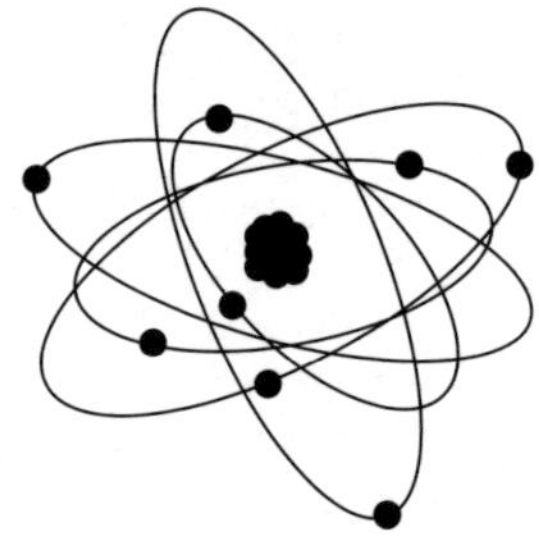

Ionenkristallgitter in Feststoffen

Wegen der elektrostatischen Anziehung von positiv und negativ geladenen Teilchen ordnen sich Ionen in Festkörpern in Kristallgittern aus. Die gleichgeladenen Atome entfernen sich möglichst weit voneinander und verschieden geladene Atome kommen möglichst nahe zusammen. Wegen der starken Anziehungskräfte haben Ionenkristalle hohe Schmelzpunkte. Ionenkristalle sind keine guten elektrischen Leiter, weil positive und negative Ionen fest auf ihren Plätzen verankert sind.

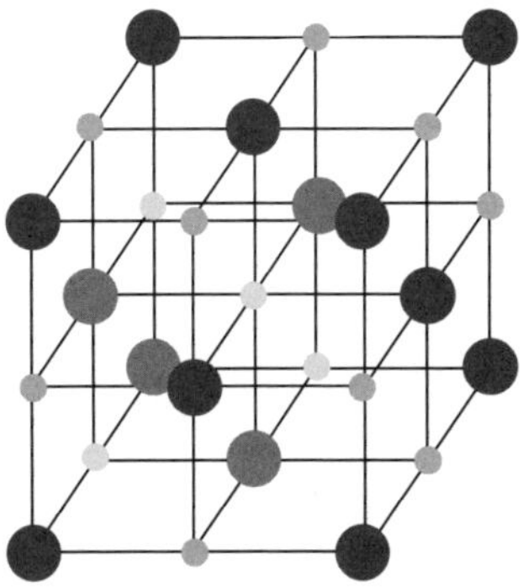

Eine Kristallstruktur von Anionen und Kationen ist in der Darstellung zu sehen (in Wirklichkeit berühren sich die Ionen weitgehend).

Elementarzelle des NaCl-Gitters:
Jedes Na^+-Ion ist von 6 Cl^--Ionen umgeben.
Jedes Cl^--Ion ist von 6 Na^+-Ionen umgeben.
Die Koordinationszahl ist für Anionen und Kationen 6.

B BINDUNGSARTEN

In der Chemie gibt es mehrere Arten von Bindungen. Um die kovalente Elektronenpaarbindung zu verstehen, ist es wichtig zu unterscheiden zwischen:

→ Ionenbindung und
→ Kovalenten Elektronenpaarbindung (genannt polare Bindung)

IONENBINDUNG

Bei der Ionenbindung tauschen zwei oder mehr verschiedene Elemente die Elektronen aus, um eine Edelgaskonfiguration zu erreichen. Dabei werden die übergebenen Elektronen vollständig von den elektronegativeren Elementen aufgenommen.

→ Beispiel Kochsalz (Natriumchlorid): Übergibt Natrium ein Elektron vollständig an das Chlor. Natrium erreicht dabei mit einem Elektron weniger eine Konfiguration, die dem des Edelgases Neon entspricht; Chlor hingegen entspricht mit einem Elektron mehr dem Edelgas Argon.

KOVALENTE ELEKTRONENPAARBINDUNG

→ Zwei oder mehr verschiedene Elemente gruppieren sich und teilen die Elektronen miteinander, um eine Edelgaskonfiguration zu erreichen. Dabei werden die Elektronen zwar etwas stärker an elektronegativere Elemente gezogen, jedoch nicht vollständig an diese gebunden.

→ Das elektronegativere Element ist dann einfach nicht »stark« genug, um das Elektron vollständig an sich zu reißen – oder das weniger elektronegative Element ist nicht so »schwach«, dass es sich das Elektron vollständig wegnehmen ließe.

→ Beispiel Wasser: Hierbei stellen zwei Wasserstoffatome (H) dem Sauerstoff (O) jeweils ein Elektron zur Verfügung. Der Sauerstoff »zieht« zwar stärker an den beiden Elektronen als der Wasserstoff, aber vollständig an sich nehmen kann er sie nicht.

Das könnte nach einer ersten Überlegung so aussehen:

ooo
H-o=O=o-H
ooo

= : Sauerstoff zieht stark
o : Elektronen des Sauerstoffs (EN: 3,5)
- : Wasserstoff zieht schwächer
o : Elektronen der Wasserstoffatome (EN: 2,1)

In Wirklichkeit verhält sich das ein wenig anders. Wie der Name Elektronenpaarbindung sagt, sind dabei jeweils zwei Elektronen miteinander verknüpft (das liegt an bestimmten Aussagen der Quantenmechanik).

oo
HooOooH
oo

Dies wird so beschrieben, dass zwei Elektronen durch einen Strich als Elektronenpaar gekennzeichnet sind:

-
H-O-H
-

Diese Schreibweise wird auch als LEWIS-Formel bezeichnet, weil der Chemiker Lewis zum ersten Mal die Idee der Elektronenpaarbindung hatte. Elektronenpaarbindung wird auch kovalente Bindung genannt.

c ELEKTROSTATISCHE KRÄFTE

Zwischen verschiedenen Molekülen gibt es Wechselwirkungen, die jedoch nicht so stark wie die übrigen (chemischen) Bindungen sind. Flüssigkeiten beruhen auf intermolekularen Bindungen: Nur weil alle Moleküle untereinander diese Wechselwirkungen besitzen, gibt es überhaupt Flüssigkeiten. Ohne diese Wechselwirkungen würden sich die Moleküle wie Gasmoleküle ohne Bezug zueinander verhalten. Intermolekulare Kräfte sind Kräfte zwischen Molekülen, die diese in Feststoffen und Flüssigkeiten aneinander halten und bei z. B. Licht oder Temperaturzufuhr veränderbar sind, ohne die Eigenschaften der Stoffe grundlegend zu verändern. Intermolekulare Kräfte sind elektrostatische Kräfte. Folgende intermolekulare Kräfte stehen zur Verfügung:

→ Van-der-Waals-Kräfte (anderes Wort für intermolekulare Kräfte) oder auch London'sche Dispersionskräfte
→ Ionen- und Dipolkräfte
→ Wasserstoffbrücken

Diese Kräfte verursachen Folgendes:

- → Oberflächenspannung von Flüssigkeiten
- → Kapillarkräfte (Fähigkeit, Flüssigkeiten in sehr engen Röhrchen steigen zu lassen)
- → Adhäsionskräfte (Kräfte, die eine Substanz an eine Oberfläche binden)
- → Kohäsionskräfte (halten die Moleküle einer Substanz im Inneren zusammen, z. B. bei der Kondensation von Wasser)

IONEN- UND DIPOLKRÄFTE

Die Kräfte zwischen Ion-Ion, Ion-Dipol und Dipol-Dipol sind elektrostatischer Natur, d. h., dass sie auf gegenseitiger Anziehung von negativ und positiv geladenen Teilchen bzw. gegenseitiger Abstoßung gleich geladener Teilchen beruhen. Dies gilt sowohl zwischen Dipolen als auch Ionen.

- → Ion-Ion: Die starken Anziehungskräfte zwischen negativ geladenen Anionen und positiv geladenen Kationen in Kristallgittern sind eine Ursache für die sehr hohen Schmelzpunkte (und Gitterenergien) von Kristallen.
- → Ion-Dipol: Ion-Dipol-Wechselwirkungen spielen beim Lösungsvorgang eine Rolle. Sie sorgen für die Anlagerung von Wassermolekülen an Kationen, hervorgerufen durch die negativen Partialladungen der Sauerstoffatome von Wasser, genannt Hydratation oder Hydratisierung.
- → Dipol-Dipol: Dipol-Dipol-Wechselwirkungen sorgen für die Ausrichtung von polaren Molekülen. Das sieht in Feststoffen oder Lösungen folgendermaßen aus:
  (+ -) (+ -) (+ -) (+ -)

Das ist auch der Grund, weshalb beispielsweise Energie aufgewendet werden muss, um festen Chlorwasserstoff in gasförmigen umzuwandeln:

(H-Cl)::(H-Cl)::(H-Cl) (H-Cl) (H-Cl) (H-Cl)

WASSERSTOFFBRÜCKEN

→ Ähnliches gilt für die Wasserstoffbrückenbindungen. Nur sind sie auf die Elemente Sauerstoff, Stickstoff und Fluor beschränkt. Diese bilden mit dem Wasserstoff eine Brücke. Wasserstoffbrücken sorgen auch dafür, dass sich z. B. Schneeflocken bilden können, da Eiskristalle auf H-Brücken beruhen. Besonders wichtig sind Wasserstoffbrücken bei Wasser und einer Reihe organischer Lösungsmittel. Rein schematisch kann man sich die Wasserstoffbrücken im Wasser so vorstellen:

HOH
H H : H
O..HOH O..HOH O..
H : H H
HOH

VAN-DER-WAALS-KRÄFTE ODER LONDON'SCHE DISPERSIONSKRÄFTE

Es gibt zwischen völlig unpolaren Molekülen und Atomen Wechselwirkungen. So hat man sich lange Zeit gefragt, weshalb bei extrem niedrigen Temperaturen sogar vollkommen unpolare Edelgase (wie Xenon) kristallisieren können, wenn zwischen ihnen keine der oben genannten Kräfte wirken können. Der Grund hierfür sind die sogenannten London'schen Dispersionskräfte. Diese beruhen auf schnellen und kurzen Schwankungen der Elektronenverteilung in Atomen und Molekülen, auch Van der Waals-Kräfte genannt.

Van-der-Waals-Kräfte sind immer anziehend. Sie wirken zwischen allen Molekülen, unabhängig ob unpolar oder polar, ob Ionenbindung oder gar keine Bindung, wie bei Edelgasen. Die Effekte der Van-der-Waals-Kräfte sind oft vernachlässigbar, denn in der Regel überwiegen andere Effekte. Dies wird vielleicht anhand der Energiebetrachtung deutlich. Hier sind nicht die reinen Zahlenwerte oder Einheiten wichtig, sondern die Größenordnung:

→ Energie der Wechselwirkung Ion-Ion etwa: 250 kJ / mol

- → Energie bei Wasserstoffbrückenbindungen immer noch etwa: 20 kJ / mol
- → Energie der London-Kräfte nur etwa: 2 kJ / mol

Die Elektronenverteilung in Molekülen und Atomen ist nicht ständig gleich, sondern sie ist nur ein statistischer Mittelwert. Elektronen sind von einer Art Ladungswolke umgeben, die sich in verschiedene Richtungen ausbreiten kann und Schwankungen unterworfen ist. In dieser kurzen Schwankungszeit wirken die Teilchen ähnlich wie Dipole, verschiedene Atome oder Moleküle richten sich so aus: die temporäre positive Partialladung eines Teilchens nach der temporären negativen Partialladung eines anderen Teilchens. Elektronen sind keine klassische Massenkügelchen, sondern ein Zwitter zwischen Teilchen und Welle. Der Fachbegriff hierfür ist Wellen-Teilchen-Dualismus.

Van-der-Waals-Kräfte spielen eine große Rolle bei den Schmelz- und Siedepunkten. Stoffe mit einer großen »Elektronenverteilungswolke« sind z. B. oft anfälliger für temporäre Ladungsschwankungen als Stoffe mit kleinen Elektronenwolken:

- → So siedet elektronenarmes Fluor früher als elektronenreicheres Chlor. Fluor siedet bei -188 Grad Celcius; Chlor erst bei -34 Grad Celcius.
- → Oder das kleine organische Molekül Ethan (CH_3-CH_3) früher als das größere Pentan (CH_3-CH_2-CH_2-CH_2-CH_3).

Stoffe mit größeren Ladungsschwankungen ziehen sich wegen der Van-der-Waals-Kräfte stärker an als Stoffe mit kleineren Ladungsschwankungen. Von dieser Regel gibt es allerdings genügend Ausnahmen.

K4 ZUSTANDSFORMEN DER MATERIE

Aggregatzustand	Volumenbeständigkeit	Formbeständigkeit	Ordnungsmerkmale
gasförmig	-	-	keine
flüssig	+	-	Teilordnung
fest	+	+	Kristallgitter

A PHASEN

Phasen sind homogene, also im Aggregatzustand einheitliche Abschnitte der Materie, die durch Grenzschichten getrennt sind. Dies können Einzelstoffe, wie z. B. ein Stück Silber (ist eine Phase) sein oder Gemische wie z. B. Luft, Müllhaufen oder Salzlösung (sind jeweils eine (Misch-)Phase).

Wasser mit Sand ist ein zweiphasiges Gemisch. Es besteht aus einer festen Sandphase und einer flüssigen Wasserphase. Ein und derselbe Stoff kann aus einer festen, flüssigen und gasförmigen Phase bestehen. Eis, Wasser und Wasserdampf sind drei Phasen eines einzigen chemischen Stoffs: Wasser H_2O. Ein Reinstoff kann somit gleichzeitig drei Phasen bilden. Z. B. zwei nicht oder wenig mischbare Stoffe wie Wasser und Chlorkohlenwasserstoff (CWK) bilden zwei Phasen unterschiedlicher Dichte. Grenzflächenaktive Stoffe wie Detergenzien heben die Grenzflächen auf und sorgen für Phasenvermischung.

B REINSTOFFE

Reinstoffe sind stofflich einheitlich, wie z. B. Kochsalz (NaCl), Zucker, Quecksilber (Hg) oder reines (destilliertes) Wasser. Sie können einphasig oder mehrphasig sein. Kochsalz ist bei 0° C einphasig und Wasser dagegen dreiphasig (feste, flüssige und gasförmige Phase).

Um Reinstoffe herstellen zu können, bedarf es eines großen Aufwandes und es stellt eine zentrale Aufgabe der Chemie dar sowie auch der Umweltchemie. Die meisten analytischen Verfahren beruhen darauf, dass man aus einem Gemisch Reinstoffe isoliert, um sie anschließend charakterisieren zu können.

C STOFFGEMISCHE

Gemische bestehen aus mehreren Reinstoffen. Es gibt zwei unterschiedliche Arten von Gemischen, die zusätzlich noch nach der Art der beteiligten Phasen unterschieden werden.

HETEROGENE GEMISCHE

Diese mehrphasigen Systeme besitzen die Eigenschaften der Einzelkomponenten, was für deren Auftrennung wichtig ist. Von Bedeutung ist die Unterscheidung der heterogenen Gemische nach den Aggregatzuständen ihrer Komponenten:

→ Fest–fest: Gemenge sind z. B. Kompost, Müllhaufen, Holz (aus Lignin und Cellulose), Granit, Erde, Vollkornbrot
→ Fest–flüssig: Aufschlämmung, Suspension, kolloidale Lösung (z. B. Grundwasser, Lehmwasser, Hühnereiweiß)
→ Fest–gasförmig: Aerosol, Schwebstoffe (z. B. Zigarettenrauch, Saharasand in der Atmosphäre)
→ Flüssig–flüssig: Emulsion (z. B. Milch, Mayonnaise, Schmelzkäse, Cremes)
→ Flüssig–gasförmig: Aerosol, gasende Flüssigkeit, Schaum (z. B. Nebel, Benzin im Vergaser, Champagner, Seifenschaum)

HOMOGENE GEMISCHE

Homogene Gemische sind einphasige Systeme wie z.B.:

→ Lösungen: Zucker in Cola, Sauerstoff oder CO_2 in Wasser, Ammoniak in der Gülle, Alkohol oder CKW in

Wasser, Fett in PER (auch: PER in Fett), Farbstoff im Benzin.

- Gasförmige Gemische: Luft als Gemisch von O_2, N_2, CO_2, Wasserdampf, Edelgasen oder FCKW. Kraftwerksabgase mit Schadstoffen wie NO_2, SO_2 und CO_2.
- Feste Gemische: Legierungen bei speziellen Mischungspunkten (Stahl, Bronze, Messing, Lagermetalle), Weichmacher in PVC-Folien, bestimmte Mineralien wie Bauxit.

Kolloiddisperse Zustände:
Der kolloide Zustand ist ein bestimmter Zerteilungszustand der Materie, in dem Partikeln in einem Medium oder einem Dispersionsmittel verteilt (dispergiert) sind. Die Kolloide können nach verschiedenen Gesichtspunkten eingeteilt werden:

- Nach der Gestalt der Kolloidteilchen
- Nach der Größe der Kolloidteilchen
- Nach der Wechselwirkung der dispergierten Teilchen

Kolloide Systeme sind:

- Fest: Glas, Legierungen
- Flüssig: Mineralien mit flüssigen Einschlüssen
- Gasförmig: Schwamm

D GASE

Gase besitzen folgende Eigenschaften:

- Bei Gasen überwiegen die thermischen Bewegungen
- Intermolekulare Kräfte besitzen kinetische Energie der Teilchen
- Keine Formbeständigkeit
- Keine Volumsbeständigkeit
- Erfüllen das gesamte Volumen
- Kompressibel

E FLÜSSIGKEITEN

Flüssigkeiten besitzen folgende Eigenschaften:

Typ	Dispergierte Phase	Dispersions-mittel	Bezeichnung	Beispiele
Aerosole	flüssig	gasförmig	Aerosole	Nebel
	fest	gasförmig	Aerosole	Staub
Lyosole	gasförmig	flüssig	kolloide Schäume	O_2-Schaum im Blutplasma
	flüssig	flüssig	Emulsoide	Milch
	fest	flüssig	Suspensoide	Blut, kolloides Gold
Xerosole	gasförmig	fest	feste kolloide Schäume	Bimsstein, Brot
	flüssig	fest	feste kolloide Schäume	Ton, Lehm, Holz
	fest	fest	feste Schäume	Gläser, Legierungen

→ Kohäsionsenergie → Kinetische Energie der Bestandteile → Bindungsenergie
→ Vergleichbare Dichte wie Festkörper
→ Volumsbeständig
→ Keine Formbeständigkeit
→ Freie Oberfläche
→ Inkompressibel

Unter Dampfdruck wird der Druck der Dampfmoleküle über einer Flüssigkeit verstanden, der durch Überwindung der Anziehungskräfte den Flüssigkeitsverband verlassen haben. Diese Moleküle bilden ein dynamisches Gleichgewicht, d. h. die Zahl der in der Zeiteinheit ein- und austretenden Moleküle ist konstant und nur von der Temperatur abhängig.

→ Der Siedepunkt einer Flüssigkeit wird normalerweise bei der Temperatur angegeben, bei der der Dampfdruck gleich 101,3 kPa ist (Atmosphärendruck).
→ Der Gefrierpunkt einer Flüssigkeit entspricht üblicherweise dem Temperaturpunkt, bei dem sich die flüssige und die feste Phase bei einem Gesamtdruck von 101,3 kPa im Gleichgewicht befinden.

F FESTKÖRPER

Festkörper besitzen folgende Eigenschaften:

→ Kinetische Energie der Bestandteile, bedeutet Bindungsenergie
→ Geringe Beweglichkeit der Atome oder Moleküle
→ Amorpher oder kristalliner Aufbau
→ Volumsbeständig
→ Inkompressibel
→ Formbeständig (feste Gestalt)
→ Formelastisch (setzt äußeren Kräften einen Widerstand entgegen)
→ Homogen oder inhomogen
→ Isotrope oder anisotrope Eigenschaften

Festkörper besitzen gitterähnliche Strukturen. Charakteristische Kenngrößen eines Kristallgitters sind die von Gitterebenen begrenzte Parallelepipede. Sie sind so beschaffen, dass sie durch regelmäßige Stapelung in den drei Raumrichtungen den Raum lückenlos ausfüllen und somit das Kristallgitter konstituieren. Im Allgemeinen wird das kleinste dieser Parallelepipede Elementarzelle genannt. Die Lage der Bausteine besteht aus einem Koordinationssystem der Elementarzelle, dessen Achsen (a, b, c) durch einen Baustein gehen und in den Richtungen der Kanten der Elementarzelle orientiert sind.

Kristallsystem	Achsenlänge	Bezeichnung	Beispiele
1 kubisch	a = b = c	Alpha = Beta = Gamma = 90°	NaCl, CaO, Cu, Ag etc.
2 tetragonal	a = b ≠ c	Alpha = Beta = Gamma = 90°	TiO_2, MnO_2, Harnstoff etc.
3 hexagonal	a = b ≠ c	Beta = 90°, Gamma = 120°	SiO_2, Graphit, Zn etc.
4 trigonal (rhomboedrisch)	a = b = c	Alpha = Beta = Gamma ≠ 90°	$CaCO_3$ (Calcit), Fe_2O_3 etc.
5 orthorhombisch	a ≠ b ≠ c	Alpha = Beta = Gamma = 90°	$CaCO_3$ (Argonit), I_2, S_8 etc.
6 monoklin	a ≠ b ≠ c	Alpha = Gamma = 90°, Beta ≠ 90°	$CaSO_4 \cdot 2\,H_2O$ (Gips) etc.
7 triklin	a ≠ b ≠ c	Alpha ≠ Beta ≠ Gamma	$CaSO_4 \cdot 5\,H_2O$, $K_2Cr_2O_7$ etc.

* Alpha = ∢ b/c , Beta = ∢ a/c , Gamma = ∢ a/b

Die sieben Kristallsysteme mit charakteristischer Achsenlänge und Achsenwinkel.

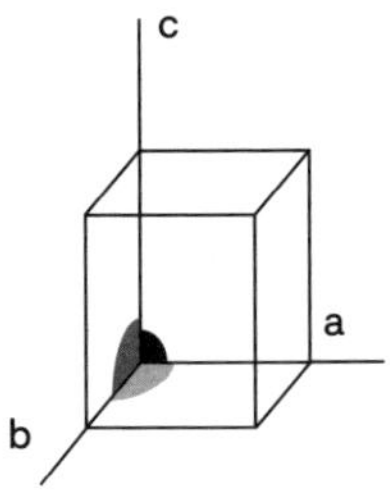

1 kubisch

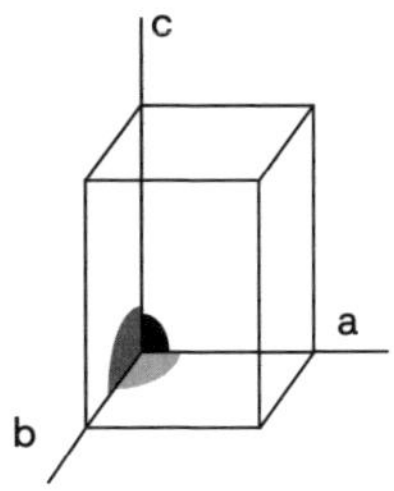

2 tetragonal

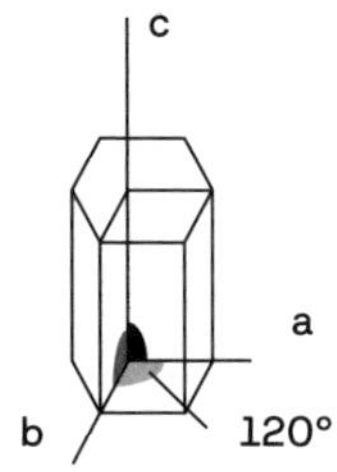

3 hexagonal

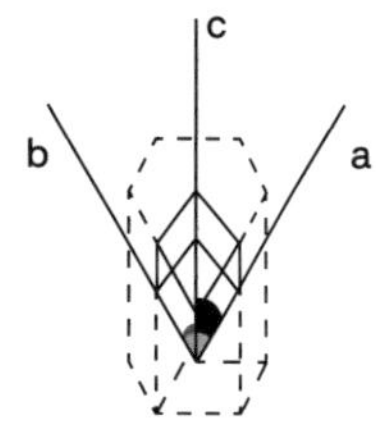

4 trigonal

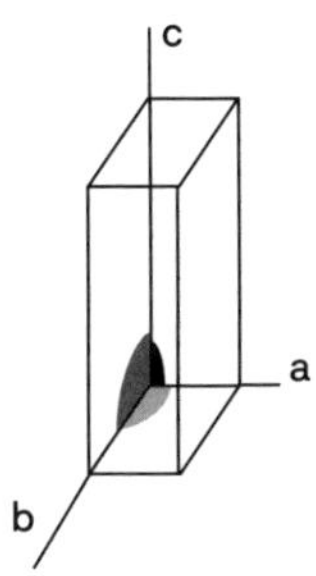

5 orthorhombisch

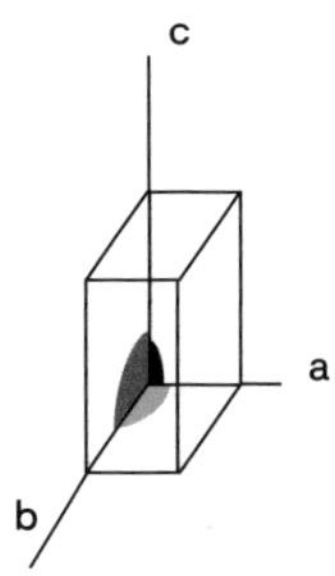

6 monoklin

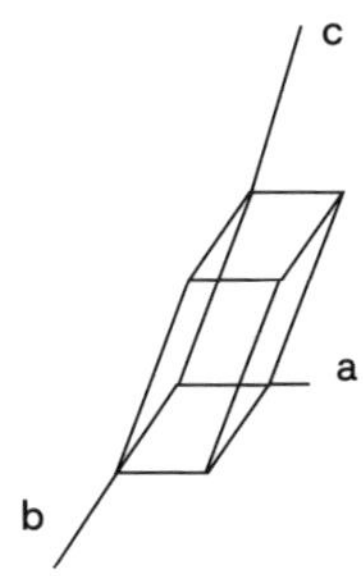

7 triklin

K5 ALLGEMEINE REAKTIONS-BEGRIFFE

A STOFFMENGE

Ein Mol eines Elementes oder einer Verbindung entspricht der jeweiligen Atommasse oder Molekülmasse ausgedrückt in Gramm. Die sogenannte molare Masse M wird in der Einheit g / mol angegeben.

Molare Masse M			
$M(H_2O)$	=	18 g / mol	Beispiele molarer Massen einiger Verbindungen
$M(H_2SO_4)$	=	98 g / mol	
$M(C_6H_{12}O_6)$	=	180 g / mol	
$M(Na)$	=	23 g / mol	
$M(O_2)$	=	32 g / mol	

Die Stoffmenge »ein Mol« enthält immer die gleiche Teilchenzahl: Die Zahl ist die sogenannte Loschmidtsche oder Avogadrosche Zahl NA (auch Avogadro-Konstante) und sie besagt, dass in einem Mol eines Stoffes immer $6{,}022 \cdot 10^{23}$ Teilchen enthalten sind:

$$NA = 6{,}022 \cdot 10^{23} \text{ Teilchen / mol}$$

B FORMELSPRACHE DER CHEMIE

Chemie hat eine besondere Formelsprache. Allen Elementen wurde ein eigenes chemisches Symbol zugewiesen, welches aus einem bis drei Buchstaben besteht. Wichtige Symbole sind z. B.:

O	Sauerstoff (lat. oxygenium)
H	Wasserstoff (lat. hydrogenium)
Na	Natrium
Ca	Calcium
Cl	Chlor

Fe	Eisen (lat. ferrum)
S	Schwefel

Diesen Symbolen werden noch Zahlen vorangesetzt oder nachgestellt, die eine besondere Bedeutung haben:

Massezahl		Ladungszahl
	Symbol	
Ordnungszahl		Anzahl je Molekül

Beispiel:

→ Das chemische Symbol für Sauerstoff ist O. Sauerstoff ist das 8. Element des Periodensystems, weil Sauerstoff 8 Protonen hat. Das ist die Ordnungszahl. Im Kern hat der Sauerstoff insgesamt 16 Teilchen, nämlich 8 Protonen und 8 Neutronen. Damit hat der Sauerstoff die Masse 16 Kernteilchen. Als elementares Gas, z. B. in unserer Atemluft, ist der Sauerstoff nicht geladen, hat damit eine Ladung von 0.

$$^{16}_{8}\mathrm{O}^{0}_{2}$$

Chemische Formel: Sauerstoff

Im Gas schließen sich immer 2 Sauerstoffatome zu einem Molekül zusammen. Damit sieht das Element Sauerstoff folgendermaßen als chemische Formel aus.

In den meisten Fällen werden Massezahl und Ordnungszahl weggelassen. Eine Ladungszahl von 0 und die Anzahl je Molekül von 1 wird in der Regel auch nicht geschrieben. Deshalb sieht die Formel für Sauerstoffmoleküle in Chemiebüchern meist wie folgt aus: O_2

Diese Formel sagt quantitativ in Reaktionsgleichungen noch mehr aus: Sie steht für die Stoffmenge von einem Mol Sauerstoffmolekülen, also 32 Gramm Sauerstoff (Anzahl von 2 Atomen pro Molekül · 16 g für ein Mol Sauerstoffatome = 32 g).

C STOFFMENGEN, FORMELN UND MASSEN-BERECHNUNG

Im Periodensystem stehen die Atommassen aller Hauptgruppenelemente. Ist die Masse eines Moles Stoff zu berechnen, dann sind die Atommassen (u) aller vorhandenen Atome zusammenzuzählen. Dies ergibt die Molmasse eines Stoffes.

Beispiel: Na_2CO_3 (Soda oder Natriumcarbonat)

→ Aus dem Periodensystem oder aus den Tabellen: Die Atommasse von Na ist 22,990; die Atommasse von C ist 12,011 und die Atommasse von O ist 15,999. Die Verbindung ist aufgebaut aus:

zwei Atomen Na	$2 \cdot 22{,}990$ u	=	45,98 u
einem Atom C	$1 \cdot 12{,}011$ u	=	12,011 u
drei Atomen O	$3 \cdot 15{,}999$ u	=	47,997 u
Summe:			105,99 u

→ 1 Mol Soda hat damit die Masse 105,99 g (1 Mol sind $6{,}022 \cdot 10^{23}$ Teilchen).

→ 1 Molekül Soda hat damit die Masse 105,99 u (1 Mol sind $1{,}6 \cdot 10^{-24}$ g).

→ Soda hat die molare Masse M = 105,99 g / mol.

Umgekehrt sind beispielsweise 1 kg Soda: 105,99 g / mol = 9,4 mol. Der Zusammenhang zwischen Stoffmenge, Masse und molarer Masse ist:

$$\text{Stoffmenge (n) in Mol (mol)} = \frac{\text{Masse (m) in Gramm (g)}}{\text{molare Masse (M) in Gramm pro Mol (g/mol)}}$$

K6 CHEMISCHE GLEICHUNGEN

A ALLGEMEINES PRINZIP

Einrichten nach dem Massenerhaltungssatz

H_2O →

↔ CO_2

Reaktionsgleichungen in der Chemie beschreiben zunächst einmal:

→ Die Ausgangsstoffe einer Reaktion

→ Die Endprodukte einer Reaktion

Beispiel:
Edukte: Wasserstoff und Sauerstoff   Produkt: Wasser

Nach diesem und dem folgenden Schema können für viele der einfachen anorganischen Reaktionen Reaktionsgleichungen aufgestellt werden.

Beispiel:
1. Schritt:
Beschreibung von Edukten und Produkten
Eisen und Sauerstoff ergibt Eisenoxid.

2. Schritt:
Einführung der chemischen Formeln für die Stoffe
$Fe + O_2 \rightarrow Fe_2O_3$

3. Schritt:
Einführen der Koeffizienten:
Der Massenerhaltungssatz ist noch nicht erfüllt.

Stoffmenge:	Edukte:	Produkte:
Mol Eisen	1	2
Mol Sauerstoff	2	3

Rechnung:

→ Rechts steht doppelt so viel Eisen wie links. Eisen muss also auch auf der linken Seite verdoppelt werden.

→ Rechts stehen 3/2 mal mehr Sauerstoff als links. Der Sauerstoff muss also auf der linken Seite den Koeffizienten 3/2 erhalten.

$2\ Fe + \frac{3}{2}\ O_2 \rightarrow Fe_2O_3$

Jetzt stimmt der Massenerhaltungssatz.

Stoffmenge:	Edukte:	Produkte:
Mol Eisen	2	2
Mol Sauerstoff	3	3

Letzter Schritt:
Einführung ganzzahliger Koeffizienten.
Multiplikation mit 2:
$4\ Fe + 3\ O_2 \rightarrow 2\ Fe_2O_3$

Dieses Prinzip kann auch bei schwierigeren Gleichungen angewendet werden. Hierbei wird der Sauerstoff zuerst beachtet, weil er meist in beliebiger Menge in der Luft vorkommt (Wasserstoff aber natürlich nicht in elementarer Form). In Reaktionsgleichungen werden diejenigen Elemente ausgeglichen, die möglichst wenig vorkommen, dann erst diejenigen, die öfter auftauchen.

B CHEMISCHE GLEICHUNGEN

Entsprechend dem »Massenerhaltungssatz« geht während einer chemischen Reaktion kein Atom verloren, deshalb muss bei der Reaktionsgleichung darauf geachtet werden, dass die Zahl der Atome auf der Edukt- und Produktseite gleich sind. Als Produkt wird der bei einer chemischen Reaktion entstandene Stoff bezeichnet und Edukt ist der Ausgangsstoff.

ÜBUNGSBEISPIELE FÜR CHEMISCHE GLEICHUNGEN

a)	H_2	+	I	→	HI		
					Iodwasserstoff		
b)	SO_2	+	O	→	SO_3		
	Schwefeldioxid				Schwefeltrioxid		
c)	CO_2	+	H_2	→	CO	+	H_2O
					Kohlenstoffdioxid		
d)	N	+	O	→	NO_2		
					Stickstoffdioxid		
e)	P	+	CL_2	→	PCl_3		
					Phosphortrichlorid		
f)	C_5H_{12}	+	O	→	CO_2	+	H_2O
	Pentan						
g)	$KClO_3$			→	KCl	+	O_2
	Kaliumchlorat				Kaliumchlorid		

LÖSUNGEN

a)	H_2	+	I_2	→	HI		
					Iodwasserstoff		
b)	2 SO_2	+	O_2	→	2 SO_3		
	Schwefeldioxid				Schwefeltrioxid		
c)	CO_2	+	H_2	→	CO	+	H_2O
					Kohlenstoffdioxid		
d)	N_2	+	2 O_2	→	2 NO_2		
					Stickstoffdioxid		
e)	2 P	+	3 CL_2	→	2 PCl_3		
					Phosphortrichlorid		
f)	C_5H_{12}	+	8 O_2	→	5 CO_2	+	6 H_2O
	Pentan						
g)	2 $KClO_3$			→	2 KCl	+	3 O_2
	Kaliumchlorat				Kaliumchlorid		

K7 LÖSUNGEN

Unter einer Lösung wird ein homogenes System verstanden, das aus mindestens zwei Komponenten besteht und auf molekularer Ebene verteilt ist. Lösungen können fest, flüssig oder gasförmig sein.

A LÖSUNGSMITTEL-VORGÄNGE UND LÖSUNGSMITTEL

→ Prinzipiell gilt die einfache Grundregel: Ähnliches löst sich in Ähnlichem

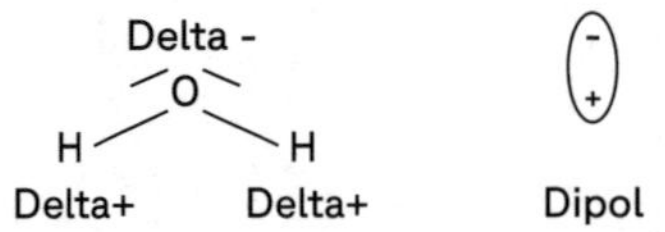

Polare Lösungsmittel: Wasser als Lösungsmittel für Salze

Wird z. B. ein farbloses Salz in Wasser gelöst, so ist nach dem Lösungsvorgang der Feststoff nicht mehr zu sehen, die Flüssigkeit scheint ihn vollständig aufgenommen zu haben. Eigenschaften der entstandenen wässrigen Lösung sind:

→ Die Temperatur der Flüssigkeit kann sich erhöhen oder erniedrigen, da auch Lösungsvorgänge mit Energieumsätzen verbunden sind.
→ Die Dichte und die lichtbrechenden Eigenschaften haben sich verändert.
→ Die Siedepunkte liegen höher (Siedepunktserhöhung) und Gefrierpunkte niedriger (Gefrierpunktserniedrigung) als beim reinen Lösungsmittel.

Hydratation von Ionen beim Lösen eines Salzkristalls:

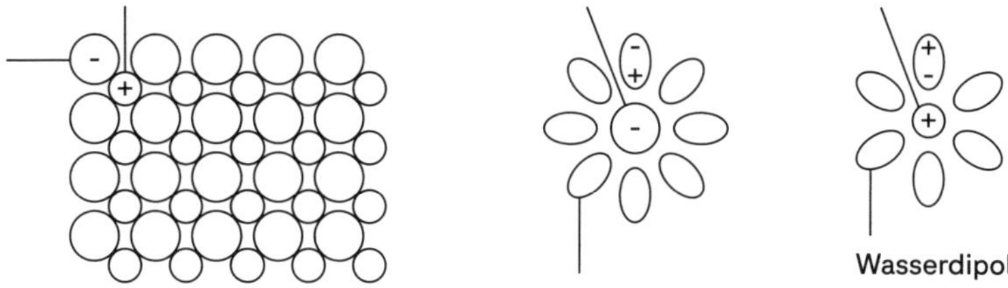

Die durch die Wirkung von polaren Wassermolekülen aus der Oberfläche des Ionengitters herausgedrängten Kationen und Anionen werden sofort vollständig mit Wassermolekülen umgeben, wobei sich die jeweils entgegengesetzten Ladungen bzw. Teilladungen annähern. Die Wassermoleküle bilden um jedes Ion eine Hydrathülle. Dieser Vorgang der Umhüllung heißt Hydratation.

B UNPOLARE LÖSUNGSMITTEL

Unpolare Lösungsmittel sind Lösungsmittel, deren Moleküle keine Teilladungen besitzen oder in deren Molekülen sich die Dipoleigenschaften einzelner Atombindungen durch die Molekül-Geometrie aufheben.

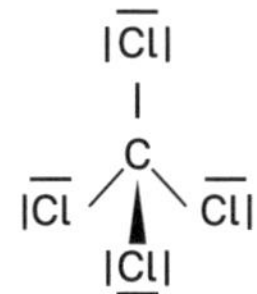

Tetrachlormethan oder Tetrachlorkohlenstoff, das Molekül ist insgesamt unpolar

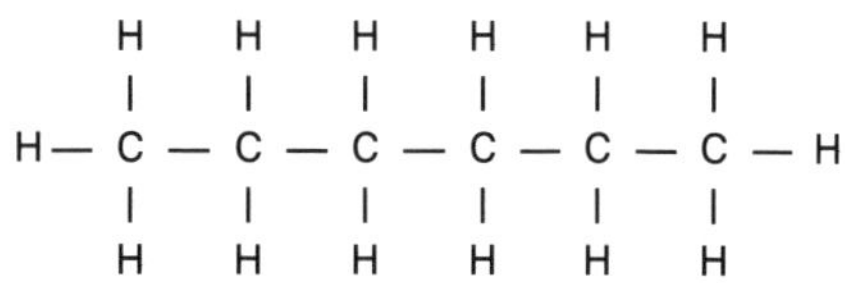

n-Hexan ist ein organisches, langgestrecktes Molekül ohne polare Eigenschaften

Nach der Grundregel »Ähnliches löst sich in Ähnlichem« lösen sich Stoffe mit weitgehend unpolaren Molekülen, wie z. B. Fette, in Lösungsmitteln wie Benzin. Diese Hexanmoleküle sind ebenfalls unpolar (Prinzip des »Fleckenwassers«). Unpolare Lösungsmittel wie Tetrachlormethan können Salze oder polare Stoffe nicht lösen!

C ZUSAMMENFASSUNG

→ Polare und unpolare Stoffe lösen sich nicht ineinander, z. B. Fettaugen auf der wässrigen Suppe.

→ Die Stoffmenge, die ein bestimmtes Lösungsmittel aufnehmen kann, ist von Stoff zu Stoff unterschiedlich – es gibt schwer lösliche und leicht lösliche Stoffe.

→ Salze sind in Wasser oder auch anderen Lösungsmitteln mengenmäßig unterschiedlich gut löslich. Die sogenannte Löslichkeit L eines Stoffes gibt an, wieviel Gramm eines Stoffes in einer Lösungsmittelportion der Masse 100 g bei einer bestimmten Temperatur gelöst werden kann. Die Einheit ist g / 100 g.

Beispiele:

L (Rohrzucker in Wasser) = 203,9 g / 100 g
L (Gips in Wasser) = 0,2 g / 100 g

→ Eine tiefergehende quantitative Erfassungs- und Einschätzungsmöglichkeit bietet das sogenannte Löslichkeitsprodukt.

→ Es wird zwischen ungesättigten und gesättigten Lösungen unterschieden: Erstere vermögen weitere Portionen des zu lösenden Stoffes (bis zum Erreichen der Löslichkeit) ohne Rückstand aufzunehmen, Letztere nicht.

→ Erfolgt kein gesonderter Hinweis auf das Lösungsmittel, so kann von einer wässrigen Lösung ausgegangen werden.

→ Mitunter ist es erforderlich, in den Reaktionsgleichungen Hinweise auf die Aggregatzustände der Reaktionspartner oder auf die Hydrathüllen der in einer Lösung vorhandenen Ionen unterzubringen.

Beispiele:

$NaCl$ (s) → Na^+ (aq) + Cl^- (aq)
Festes NaCl (Natriumchlorid) geht in Lösung und es entstehen hydratisierte Ionen Na^+ (aq) und Cl^- (aq)

$CuSO_4$ (s) → Cu^{2+} (aq) + SO_4^{2-} (aq)
Festes $CuSO_4$ (Kupfersulfat) geht in Lösung und es entstehen hydratisierte Ionen. Mehratomige Ionen wie das Sulfation SO_4^{2-} bleiben in Lösung als Verband erhalten.

K8 STOFF-TRENNUNG UND DEREN VERFAHREN

Trennverfahren	Zur Trennung genutzte Eigenschaft
Sieben, Filtrieren	Teilchengröße
Eindampfen, Destillieren	Siedepunkt
Sedimentieren, Dekantieren, Zentrifugieren	Dichte
Extrahieren	Löslichkeit
Chromatografieren	Haftfähigkeit (Adsorbierbarkeit), Löslichkeit
Adsorbieren	Adsorbierbarkeit (Haftfähigkeit), Teilchengröße
Magnetscheiden	Magnetisierbarkeit

A PHYSIKALISCHE TRENNVERFAHREN

SEDIMENTIEREN

Unter Sedimentieren versteht man das Absinken von feinen, unlöslichen Feststoffteilchen in einer Flüssigkeit.

Beispiel:

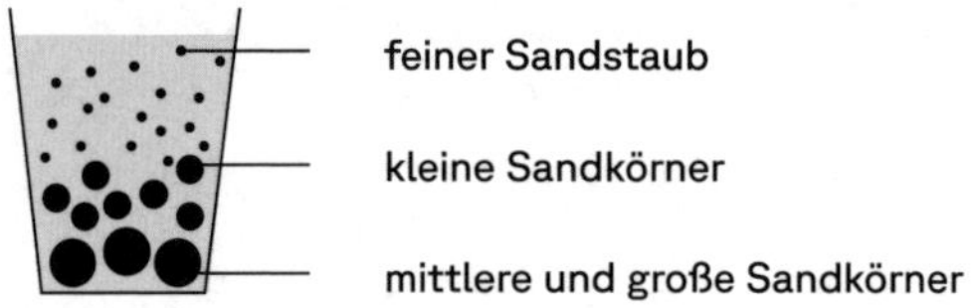

DEKANTIEREN

Unter Dekantieren versteht man das Abgießen einer Flüssigkeit, welche sich über einem unlöslichen Feststoff oder einer unlöslichen Flüssigkeit befindet.

Beispiel:

FILTRIEREN

Unter Filtration ist die Trennung von einer Flüssigkeit von einem in ihr unlöslichen Feststoff zu verstehen.

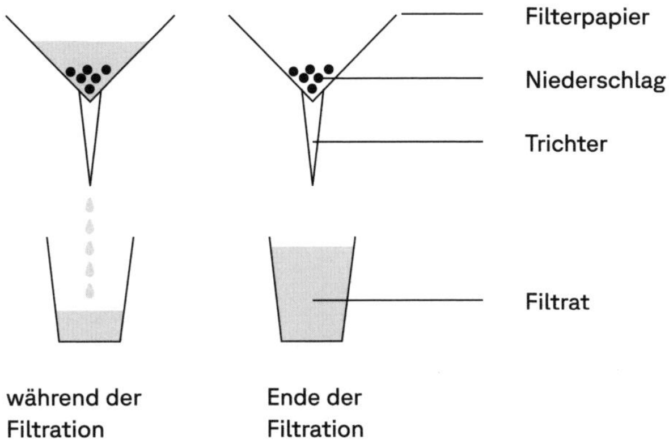

ABSCHEIDEN

Unter Abscheiden ist das Trennen in einem Scheidetrichter von zwei ineinander unlöslichen Flüssigkeiten zu verstehen.

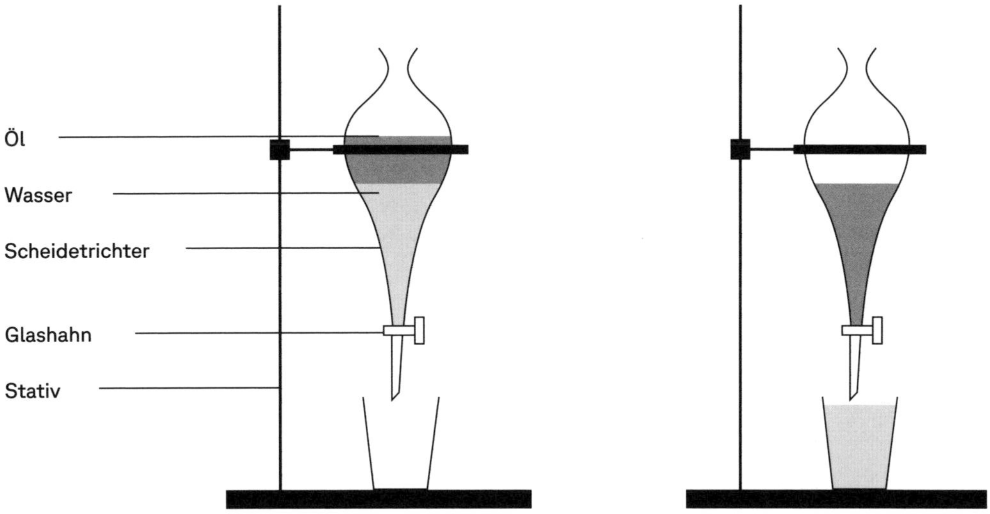

DESTILLIEREN

Unter Destillation wird das Trennen von löslichen Feststoffen von einem Lösungsmittel verstanden. Für Flüssigkeiten mit sehr großen Siedetemperaturunterschieden ist auch eine Trennung möglich. In einem ersten Schritt wird das Stoffgemenge langsam erhitzt. Die Flüssigkeit mit der kleinsten Siedetemperatur steigt als erste als Dampf in dem Destillationsapparat nach oben. Der Dampf kondensiert im Liebigkühler und kann dann in einem Erlenmeyerkolben aufgefangen werden.

Beispiel:
Trennung einer Salzlösung.

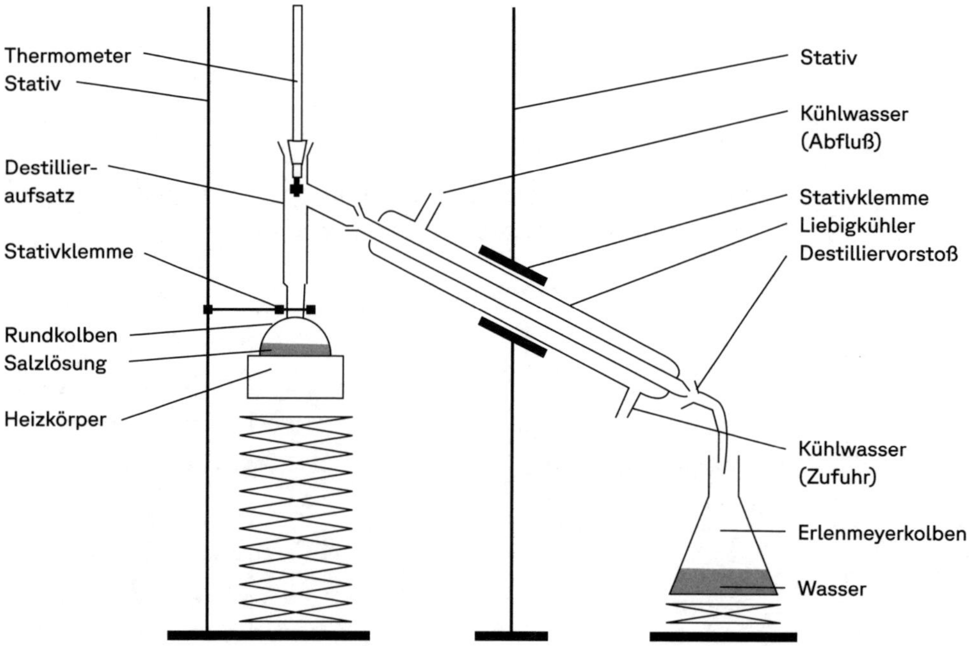

B PHYSIKALISCH-CHEMISCHE TRENNVERFAHREN

CHROMATOGRAFISCHE VERFAHREN

Das chromatografische Verfahren ist die Trennung von Gemischen aufgrund ungleicher Verteilung zwischen einer stationären Phase (im Allgemeinen ein Festkörper) und einer beweglichen Phase (Gas oder Flüssigkeit). Es gibt folgende chromatografische Verfahren:

→ Säulenflüssigkeitschromatografie: Feste Phase Kieselgel, modifizierte bakterielle Polysaccharide wie Sephadex, modifizierte Cellulose, Aluminiumoxid, Aktivkohle usw.
→ Dünnschichtchromatografie: Bedingungen analog zur Säulenchromatografie, allerdings in dünnen Schichten auf einer Kunststoffplatte. Geeignet zur schnellen Vororientierung bei Trennungsproblemen
→ Hochleistungs- oder Hochdruckflüssigkeitschromatografie: Spezialfall der Säulenchromatografie, allerdings mit wesentlich feinerem, verteilterem Adsorbens.
→ Gaschromatografie: Zur Auftrennung von gasförmigen oder verdampfbaren Gemischen.
→ Gelchromatografie: Molekularsieb; Sortieren von Molekülen nach der Größe. Entwässern von Lösungen.

C CHEMISCHE TRENNUNGEN

Hierbei wird der abzutrennende Stoff teils irreversibel chemisch verändert. Es gibt sehr viele Verfahren, von denen hier nur einzelne exemplarisch dargestellt werden sollen.

VERBRENNEN VON BESTANDTEILEN (OXIDATION)

- → Abtrennen von Kunststoffen beim Autoausschlachten.
- → Abbrennen der PVC-Ummantelung von Kupferkabeln.
- → Abwasser- und Klärschlammverbrennung.

AUFLÖSEN EINER KOMPONENTE DURCH EINE SÄURE, LAUGE ODER KOMPLEXIERUNG

- → Aluminiumfolie von Flaschenhälsen durch Natronlauge trennen.
- → Bleisulfat und -oxid mit basischer Rohrzuckerlösung bei der Aufarbeitung von Akkuschrott.

ELEKTROLYSE

- → Rückgewinnung von Metallen aus konzentrierteren Galvanikabwässern.

IONENAUSTAUSCH

- → Abtrennen von Ionen aus gering konzentrierten Lösungen anhand entgegengesetzt geladener Ankergruppen (Anionen- oder Kationenaustauscher) sowie komplexierende Bestandteile, die an einem Harz fixiert sind. Da hierbei auch adsorptive Vorgänge eine Rolle spielen, wird der Ionenaustausch oft zu den chromatografischen Verfahren gezählt. Beispiele:

    - → Schwermetallionen aus Galvanikabwässern.
    - → Enthärtung, Umsalzung, Vollsalzung, Teilsalzung
    - → Kupfer aus wässriger Lösung mit komplexierenden Ionenaustauschern unter Transport in eine nichtwässrige Phase.

FÄLLUNG

- → Schwermetallionen können mit Schwefelwasserstoff als Sulfide oder durch Zusatz von Kalkwasser oder anderen Basen als Hydroxide gefällt und (meist durch Vakuumfiltration) abgetrennt werden.

→ Ionen von Aluminium und Eisen werden mit löslichen Phosphaten als schwer lösliches Phosphat aus Kläranlagen und aus Oberflächengewässern entfernt. Dies wird umgekehrt auch zur Abtrennung von Phosphat angewandt.

BIOLOGISCHE ABTRENNUNG

→ Biologische Klärstufe (Belebtschlamm) zur Abtrennung organischen Materials.

VERFAHREN ZUR ABGASREINIGUNG

→ Katalytische Entstickung: Beim Auto z. B. mit Edelmetallkontakten oder bei Heizkraftwerken nach dem Denoxverfahren mit Vanadinoxid (usw.).

→ Rauchgasentschwefelung: Entfernung von SO_2 mit Kalkstein $CaCO_3$ oder Branntkalk CaO bzw. Kalkmilch $Ca(OH)_2$.

K9 SÄUREN, LAUGEN, SALZE

A BILDUNG VON SÄUREN UND BASEN (LAUGEN)

Allgemein gilt:

Metall oder Metalloxid	+	Wasser	→	Basen
Nichtmetall oder Nichtmetalloxid	+	Wasser	→	Säuren

Beispiele:

Natrium	$2Na + 2\,H_2O$	→	$2\,NaOH + H_2$	alkalisch
Phosphorpentoxid	$P_2O_5 + 3\,H_2O$	→	$2\,H_3PO_4$	sauer
Magnesiumoxid	$MgO + H_2O$	→	$Mg(OH)_2$	alkalisch

A1 Typische Säuren

→ Lösen Metalle auf (ohne Edelmetalle)
→ Zerstören organische Materialien (Eiweißstoffe, Zucker, Haut, einige Kunststoffe)

H_2SO_4 Schwefelsäure
CH_3COOH Essigsäure
H_3PO_4 Phosphorsäure
HNO_3 Salpetersäure

H_2CO_3 Kohlensäure
HCl Salzsäure
HCOOH Ameisensäure

A2 Typische Basen

→ Greifen Leichtmetalle an (z. B. Al)
→ Gefährden Augen
→ Ätzen Glas

NaOH Natronlauge
$Ca(OH)_2$ Calziumhydroxid

KOH Kaliumhydroxid
NH_3 Ammoniak

A3 Säure / Base-Begriff nach Brønsted

In vielen Fällen ist die Definition von Brønsted geeignet, um Säure / Base-Reaktionen zu beschreiben. Danach gilt: Säuren sind Protonendonatoren, d. h. sie geben H^+-Ionen ab. Basen sind Protonenakzeptoren, d. h. sie nehmen H^+-Ionen auf.

Beispiel: $OH^- + HCl \leftrightarrows H_2O + Cl^-$
Hinreaktion: HCl wirkt als Säure (gibt Protonen ab)
OH^- wirkt als Base (nimmt Protonen auf)
Rückreaktion: H_2O wirkt als Säure (gibt Protonen ab)
Cl^- wirkt als Base (nimmt Protonen auf)

Säure / Base-Reaktionen sind typische Gleichgewichtsreaktionen. Es finden immer Hin- und Rückreaktionen statt. Je nach Gleichgewichtslage in wässriger Lösung werden Säuren als starke Säuren oder als schwache Säuren bezeichnet.

Beispiel: $HCl + H_2O \leftrightarrows Cl^- + H_3O^+$
$H_2CO_3 + H_2O \leftrightarrows HCO_3^- + H_3O^+$
HCl ist eine starke Säure, da die Gleichgewichtslage stark rechts liegt (viel H_3O^+ – tiefer pH-Wert)
H_2CO_3 ist eine schwache Säure, da die Gleichgewichtslage stark links liegt (wenig H_3O^+ – hoher pH-Wert).

B BILDUNG VON SALZEN

Säuren und Laugen können sich in ihrer Wirkung aufheben (neutralisieren). Die Reaktion einer Säure mit einer Lauge wird deshalb Neutralisation genannt.

Beispiel: Neutralisation von NaOH mit HCl – Indikator (Farbstoff der anzeigt, wann die Reaktion beendet ist) ist Phenolphtalein. Zugabe von HCl bis zum Farbumschlag. Geschmack der entstandenen Lösung: Die Lösung schmeckt salzig.

Allgemein gilt:

Säure	+	Base	→	Salz	+	Wasser
H_2SO_4	+	2 KOH	→	K_2SO_4	+	2 H_2O
H_2CO_3	+	$Ca(OH)_2$	→	$CaCO_3$	+	2 H_2O
3 HBr	+	$Al(OH)_3$	→	$AlBr_3$	+	3 H_2O

Reaktionsgleichung: $NaOH + HCl \rightarrow NaCl + H_2O$

→ Säure–Basen–Reaktionen sind Protonenübertragungsreaktionen (H^+Übertragung).

→ Reaktionspartner, die Protonen abgeben, werden Säuren genannt.

→ Reaktionspartner, die Protonen aufnehmen, werden Basen genannt.

B1 Löslichkeit von Salzen – Löslichkeitsprodukt

Viele Salze sind sehr leicht löslich. Dazu gehören vor allem die Nitrate, Ammoniumverbindungen und Chloride. Dies sind besonders umweltrelevante Verbindungen, da sie leicht ins Grundwasser gelangen. Die meisten Silicate und Carbonate sind schwerlöslich und werden daher Bodenbildner genannt. Schwer lösliche Salze wie die Sulfide der Schwermetalle, aber auch das Chlorid und Sulfat von Blei häufen sich in Ufersedimenten oder in Organen wie Niere, Knochensubstanz oder Zähnen an.

Für schwer lösliche Salze lässt sich ein chemisches Gleichgewicht formulieren; z.B.:

$$Hg^{2+}\ S^{2-} \leftrightarrows HgS + \text{Energie}$$

Die Gleichgewichtskonstante nennt man Löslichkeitsprodukt. Es ist das Produkt der Konzentrationen der beteiligten Ionen:

$L_{HgS} = [Hg^{2+}] \cdot [S^{2-}]$
$L_{Ca(OH)_2} = [Ca^{2+}] \cdot [OH^-]^2$

Das Löslichkeitsprodukt ist ein Maß für die Löslichkeit eines Salzes. Je kleiner es ist, desto schwerer löslich ist der Stoff. So ist das Löslichkeitsprodukt des extrem schwer löslichen Quecksilbersulfids HgS nur 10^{-54}, das von Bleisulfat $PbSO_4$ dagegen nur 10^{-8}. Der Wert von L hängt besonders von der Temperatur ab. Wird eine Salzlösung mit Bodensatz (gesättigte Lösung) erhitzt, so löst sich dieser auf und wird diese Lösung abgekühlt, so bildet sich der Bodensatz zurück.

Z. B. beim Kochen von hartem Wasser wird ein Rückstand von Kalk gebildet, einerseits liegt es daran, dass das Wasser verdampft, die Lösung damit konzentrierter wird und das Löslichkeitsprodukt überschritten wird. Und andererseits liegt es daran, dass das Bicarbonat-Gleichgewicht durch Austreiben von CO_2 nach rechts verschoben wird und schwer löslicher Kalkstein ausfällt:

$$Ca^{2+} + 2H_2O_3^- \leftrightarrows CaCO_3 + H_2O + CO_2$$

C DISSOZIATION UND PH-WERT

Viele Stoffe zerfallen in Ionen, wenn sie ins Wasser gegeben werden. Sogar ein gewisser Anteil des Wassers zerfällt in Ionen. Diesen Vorgang nennt man Dissoziation; z. B.:

$$HCl \leftrightarrows H^+ + Cl^-$$

Wie aus obigen Gleichungen hervorgeht, entstehen bei der Dissoziation von Wassermolekülen immer die gleiche Anzahl H^+ und OH^-. Ohne Zusatz von Fremdstoffen wie Säuren oder Basen betragen die Konzentrationen:

$c(H^+) = 10^{-7}$ mol/Liter und weil $c(H^+) = c(OH^-)$ ist $c(OH^-) = 10^{-7}$ mol/Liter

→ Als Folge der Dissoziation wird die Lösung elektrisch leitend.

→ Ein wichtiger Effekt, der sich daraus ableiten lässt, ist der pH-Wert. Entscheidend für den Säurecharakter einer Lösung (also für den pH-Wert) ist die Konzentration an H_3O^+-Ionen. Diese wiederum ist abhängig von der Konzentration der gelösten Substanz und dem Dissoziationsgrad der Substanz.

→ Stoffe, die sowohl als Säuren als auch als Basen fungieren können, werden Ampholyte genannt.

Konzentrationen in der Chemie sind oft in mol/Liter angegeben; z. B.:
10^{-2} mol/l oder 10^{-11} mol/l

pH-Wert:
Um die Schreibweise zu vereinfachen, wurde der pH-Wert eingeführt, welcher dem negativen dekadischen Logarithmus der H_3O^+-Konzentration entspricht.

(Exponent der H_3O^+-Konzentration) · (-1) = pH-Wert

Beispiel: Die H_3O+ Konzentration beträgt 10^{-4} mol/l
pH-Wert = ?
Exponent der H_3O^+ Konzentration:
-4, pH-Wert = Exponent · -1: (-4) · (-1) = 4 (pH = 4)

Die Lösung von HCl zerfällt zu fast 100 % (dissoziiert) in H^+ und Cl^-, d. h., dass wenn 0,1 mol HCl in Wasser gegeben werden, dissoziiert es praktisch zu 100 % nach folgender Gleichung:

$HCl \leftrightarrows H^+ + Cl^-$

In der Lösung sind 0,1 mol/Liter H^+ anzutreffen, der pH-Wert einer solchen Lösung müsste somit: 0,1 mol/l = 10^{-1} mol/l und der pH-Wert 1 betragen. Diese Annahme kann durch Messung bestätigt werden.

Ein Beispiel mit Schwefelsäure (H_2SO_4) wird folgendes Resultat ergeben: Werden 0,1 mol H_2SO_4 in Wasser gelöst, dissoziiert es wie folgt: In der Lösung sind 2 × 0,1 mol / Liter H^+ = 0,2 mol / l H^+ anzutreffen. Der pH-Wert einer solchen Lösung ist: 0,2 mol/l = $10^{-0,698}$ mol / l mit einem pH-Wert von 0,698.

$$H_2SO_4 \leftrightarrows 2\,H^+ + SO_4^{2-}$$

Die pH-Skala in wässrigen Lösungen geht von pH = 0 bis pH = 14.

Komz.[mol H+ / l]	10	10^{-}	10^{-2}	10^{-3}	10^{-4}	10^{-5}	10^{-6}	10^{-7}	10^{-8}	10^{-9}	10^{-10}	10^{-11}	10^{-12}	10^{-13}	10^{-14}
pH-Wert	0	1	2	3	4	5	6	7	8	9	10	11	12	13	14
Beurteilung	sauer				neutral										alkalisch

Die Messung erfolgt entweder mit Indikatoren oder mit einem pH-Meter elektrochemisch.

Der pOH-Wert
Analog zum pH-Wert kann auch ein pOH-Wert ermittelt werden. Dieser gibt Auskunft über die OH^--Ionenkonzentration. Es bedeutet: pOH = 3; die OH- Konzentration ist 10^{-3} mol / Liter = 0,001 mol / Liter; ergibt einen pH-Wert von 11. Aus dem Massenwirkungsgesetz kann der Zusammenhang zwischen dem pH und dem pOH hergeleitet werden. Es gilt: pH + pOH = 14

D INDIKATOREN

Um in der chemischen Praxis auf einfache Art nachweisen zu können, welche Qualität (sauer, neutral, alkalisch) eine Lösung besitzt, bedient man sich einer Reihe von Stoffen, deren Zugabe den Lösungen, je nach vorherrschender Ionenart H_3O+ bzw. OH-, eine charakteristische Farbe verleiht.

→ Derartige Farbstoffe heißen Säure-Base-Indikatoren:
→ Sie wechseln innerhalb eines für den jeweiligen Farbstoff charakteristischen pH-Bereiches die Farbe. Diesen Bereich nennt man Umschlagsbereich.

- → Sie ermöglichen eine annähernde Ermittlung des pH-Wertes.
- → Sie sind in der Regel selbst Stoffe, die Säure-Base-Reaktionen eingehen und sich aufgrund ihrer besonderen molekularen Struktur der $c(H_3O^+)$ bzw. $c(OH^-)$ ihrer jeweiligen chemischen Umgebung farblich anpassen.

E AUTOPROTOLYSE

Wenn sowohl der Protonenspender als auch der Protonenakzeptor das gleiche Teilchen ist, dann spricht man von Autoprotolyse. Autoprotolyse ist somit eine chemische Gleichgewichtsreaktion bei der ein Proton von einem Molekül auf ein anderes übertragen wird.

Beispiel: Bei beiden Reaktionen ist sowohl der Protonendonator als auch der -akzeptor der gleiche Stoff.

$H_2O + H_2O \leftrightarrows H_3O^+ + OH^-$

$NH_3 + NH_3 \leftrightarrows NH_4+ + NH_2^-$

Indikatoren und ihr Umschlagsbereich

Indikator	Umschlagsbereich (pH)	Farbänderung von sauer nach basisch
Lackmus	5,0–8,0	rot–blauviolett
Bromthymolblau	6,0–7,5	gelb–blau
Phenolphthalein	8,4–10.0	farblos–purpur
Universalindikator	fließend	rot -gelb–grün–blau

F ENERGIEUMSÄTZE BEI CHEMISCHEN REAKTIONEN

Zur stofflichen Umwandlung kommt bei chemischen Reaktionen stets eine energetische Veränderung (Energieumwandlung) hinzu. Wird Energie frei, spricht man von exothermen, im anderen Fall von endothermen Vorgängen. Bei umkehrbaren Reaktionen sind die Werte gleich. Hinzu kommt allerdings noch eine Aktivierungsenergie. Die wichtigsten Energieformen sind:

WÄRME

- → Exotherm: Prozesswärme jeder Art, Oxidationen, Kombination von Radikalen, Aufheizung der Atmosphäre, Prozesswärme bei radikalischen Polymerisationen zur Kunststoffgewinnung, Neutralisation, Prozesswärme bei Abgasreinigung.
- → Endotherm: Reduktion, Bildung von Radikalen, Bildung von Stickoxiden, Polykondensation bei Kunststoffsynthesen.

LICHTENERGIE

- → Exotherm: Feuer, Biolumineszenz (Meeresleuchten, Glühwürmchen), Chemolumineszenz (Kaltes Licht, Luminol), Phosphanoxidation (Moorleuchten).
- → Endotherm: UV-induzierte Spaltung von Molekülen unter Atom- und Radikalbildung (O_2 bzw. Ozon O_3 und FCKW), Ausbleichung von Farbstoffen, fotografischer Prozess, Fotosynthese, Bräunung der Haut, Vitamin D-Produktion aus dessen Vorstufe. Sehvorgang im Auge.

VOLUMENARBEIT

Unter Volumenarbeit wird die Zunahme eines Raumvolumens (Beispiel Motorzylinder) durch eine chemische Reaktion verstanden, bei der sich aus festen oder flüssigen Phasen (wie Sprengstoffe oder Benzin) Gase bilden. Diese können zur Arbeitsleistung herangezogen werden.

- → Exotherm: Detonationen, explosive Verbrennungsvorgänge im Automotor, Nachbrenner, Raketenmotor.
- → Endotherm: Druckerhöhung bei Gasreaktionen (Ammoniaksynthese), Bildung von Diamanten aus Graphit unter 105 Kilobar Druck, Zündung von Dieselgemisch durch adiabate Kompression.

- → Exotherm: Galvanische Elemente wie Batterie, Akkumulator, Brennstoffzelle, biochemische Abläufe in Nervenzellen.
- → Endotherm: Elektrolyse.

G CHEMISCHE GLEICHGEWICHTE

Die meisten chemischen Reaktionen laufen auf einem Gleichgewichtszustand ab, das bedeutet, dass die Stoffe nicht vollständig umgesetzt werden. Ab einer gewissen Konzentration bzw. Reaktionszeit ist die Rückbildung genauso groß wie die Zerfallsrate. Hier liegen auch die Schwierigkeiten und Grenzen, einen Schadstoff aus seinem Medium vollständig zu entfernen.

Verschieben von chemischen Gleichgewichten – Prinzip von Le Chatelier: Chemische Gleichgewichte können verschoben werden, sagte der französische Chemiker Le Chatelier: »Übt man auf ein System einen Zwang aus, so weicht es diesem so aus, dass es die Wirkung des Zwanges minimiert«[1] (Weg des geringsten Widerstandes). Die variablen Parameter zur Gleichgewichtsverschiebung sind Druck, Temperatur und Konzentrationen der Reaktionspartner. Zusammenfassend gelten folgende Grundsätze:

- → Wird bei einer chemischen Reaktion die Temperatur erhöht, so verschiebt sich das Gleichgewicht unter Wärmeverbrauch. Bei einer endothermen Reaktion wird die Ausbeute größer, bei einer exothermen Reaktion kleiner.
- → Wird in einem Reaktionsgemisch die Konzentration eines Stoffes erhöht, so wird das Gleichgewicht so verschoben, dass dabei dieser Stoff verbraucht wird. Erniedrigt man die Konzentration eines Stoffes, so verschiebt sich das Gleichgewicht unter Bildung dieses Stoffes.

H KATALYSATOREN

Für technische Vorgänge ist es von größter Wichtigkeit, dass die Einstellung des Gleichgewichtes so schnell wie möglich erfolgt, da dadurch die Zeitausbeute steigt. Diese Beschleunigung lässt sich einmal durch Erhöhung der Temperatur erreichen. Dies ist aber bei exothermen Reaktionen mit einer Verschiebung des Gleichgewichtes nach links verbunden. Die zweite Möglichkeit besteht in der Anwendung von Katalysatoren. Darunter versteht man Stoffe, die die Reaktionsgeschwindigkeit beeinflussen, ohne selbst eine dauernde Veränderung zu erfahren. Ein Katalysator ist somit ein Stoff, der die Reaktionsgeschwindigkeit verändern und die Reaktion einen bestimmten Weg führen lassen kann, jedoch nicht für die Formulierung des chemischen Umsatzes benötigt wird.

Dabei wird zwischen homogener und heterogener Katalyse unterschieden. Bei homogenen Katalysen handelt es sich um Vorgänge, bei denen Substrat und Katalysator in der gleichen Phase vorliegen. Bei heterogenen Katalysen befinden sich Substrat und Katalysator in verschiedenen Phasen.

→ Katalysatoren haben keinen Einfluss auf die Lage des Gleichgewichtes. Sie beschleunigen die Hin- und Rückreaktion in gleicher Weise. Unmögliche Reaktionen können durch Katalysatoren nicht erzwungen werden.

Beispiele für Katalysereaktionen

→ Homogene Katalysen findet man in Gasen oder Lösungen.
Beispiele sind: Ozonbildung durch Stickoxide und OH-Radikale, Protonenkatalyse bei der Estersynthese.

→ Heterogene Katalysen laufen an Phasengrenzen ab.
Wichtig sind vor allem:
Fest / gasförmig: Haber-Bosch-Verfahren zur Ammoniaksynthese, Ammoniakverbrennung, Autoabgaskatalysator (usw.).
Fest / flüssig: Kohlehydrierung.
Flüssig / flüssig: Phasentransferkatalyse.

1 https://www.lernhelfer.de/schuelerlexikon/chemie-abitur/artikel/prinzip-des-kleinsten-zwangs-prinzip-von-le-chatelier, 14.12.2022.

K10
REDOX-REAKTIONEN

A OXIDATION

KLASSISCHER OXIDATIONSBEGRIFF

Oxidation ist eine chemische Reaktion unter Beteiligung von Sauerstoff. So verbrennt Magnesium unter Abgabe von Wärme, intensiv weißem Licht und UV-Strahlung zu einem weißen Pulver wie Magnesiumoxid:

$2\ Mg + O_2 \rightarrow 2\ MgO + \text{Energie}$

Die Eigenschaften der Stoffe (Mg: Metall, O_2: gasförmiges Nichtmetall) sind nach der Reaktion nicht mehr vorhanden. MgO ist weder ein Gas noch ein Metall, sondern ein ionisch aufgebauter Festkörper. Die Bindungsverhältnisse bei den Oxiden sind unterschiedlich. In Metalloxiden liegen Ionen vor, während bei den Nichtmetalloxiden der kovalente Bindungsanteil vorherrscht.

Allgemein gilt für die exotherme Oxidationsreaktion:

Element + Sauerstoff → Oxid + Energie

Beispiele dafür: Fester, geruchloser Schwefel verbrennt zu einem gasförmigen, stechend riechenden Oxid, Schwefeldioxid:

$S + O_2 \rightarrow SO_2 + \text{Energie}$

Gasförmiger Wasserstoff bildet das Oxid Wasser:

$2\ H_2 + O_2 \rightarrow 2\ H_2O + \text{Energie}$

Kohlenstoff verbrennt bei Sauerstoffmangel zu Kohlenmonoxid CO:

$2\ C + O_2 \rightarrow 2\ CO + \text{Energie}$

Oxidation muss nicht immer mit Flammenerscheinung verbunden sein. Eisenwolle reagiert mit Sauerstoff und Wasser langsam zu Rost (Eisenoxidhydroxid):

$2\,Fe + 1\tfrac{1}{2}\,O_2 + H_2O \rightarrow 2\,FeO(OH) + Energie$

ERWEITERTER OXIDATIONSBEGRIFF

Eine andere Betrachtungsweise der Oxidation ergibt sich aus der Beobachtung, dass Eisenwolle nicht nur in Sauerstoff, sondern auch in Chlorgas verbrennt.

Dabei bildet sich gelbes Eisenchlorid:

$2\,Fe + 3\,Cl_2 \rightarrow 2\,FeCl_3 + Energie$

Wie beim Eisenoxidhydroxid liegen auch hier Fe^{3+}-Ionen vor, die neben Chloridionen Cl^- in ein Kristallgitter eingebettet sind.

Nach dieser Auffassung ist Oxidation deshalb mehr als nur die Aufnahme von Sauerstoff – Oxidation ist die Abgabe von Elektronen.

Bei kovalent gebundenen Oxiden werden die Elektronen in die Molekülorbitale des Oxids eingebaut. Der oxidierte Stoff ist somit Elektronendonator. Es muss sich nur etwas finden, was die Elektronen aufnimmt, also einen Elektronenakzeptor.

$Mg \rightarrow Mg^{2+} + 2\,e^-$
$Fe \rightarrow Fe^{3+} + 3\,e^-$
$S \rightarrow S^{4+} + 4\,e^-$
$C \rightarrow C^{2+} + 2\,e^-$

B REDUKTION

KLASSISCHER REDUKTIONSBEGRIFF

Reduktionen sind jene Reaktionen, bei denen Sauerstoff aus einem Oxid entrissen wird. Das gelingt bei edleren Metallen durch Umkehrung der Bildungsreaktion der Oxide, indem Oxide erhitzt werden:

$HgO + Energie \rightarrow Hg + \tfrac{1}{2}\,O_2$

Ein anderes Beispiel ist die Gewinnung von Blei aus Bleioxid mit dem Reduktionsmittel Kohlenstoff. Bleioxid gibt den Sauerstoff an Kohlenstoff ab und wird somit zum Element Blei reduziert:

$2\,PbO + C \rightarrow 2\,Pb + CO_2 + \text{Energie}$

Bei der Reduktion wird die Masse der Substanz verringert. Ein Beispiel ist die Reaktion von Kupferoxid mit dem Reduktionsmittel Wasserstoff: 1 Mol CuO wiegt 79,5 g, das gebildete Mol Kupfer nur 63,5 g:

$CuO + H_2 \rightarrow Cu + H_2O + \text{Energie}$

ERWEITERTER REDUKTIONSBEGRIFF

Unter dem erweiterten Reduktionsbegriff wird nicht nur die Abgabe von Sauerstoff, sondern die Aufnahme von Elektronen bei der Reduktion verstanden.

C REDOXREAKTIONEN

Der Austausch von Elektronen setzt einen Donor (chemische Verbindung, die als Spender dient) und einen Akzeptor voraus. Eine Oxidation geht immer mit einer Reduktion einher. Man nennt den gesamten Vorgang daher Redoxreaktion (oder auch R / O-Reaktion). Ob ein Stoff Oxidationsmittel oder Reduktionsmittel ist, entscheiden letztlich der Reaktionspartner und das Verhältnis der Elektronegativitäten. Ob Redoxreaktionen mit oder ohne Energiezufuhr ablaufen können (abgesehen von Aktivierungsenergien), entscheidet die Differenz der Oxidationsenthalpien der beteiligten Elemente.

→ Elektronendonator ist ein Reduktionsmittel: Wird bei Redoxreaktionen oxidiert.
→ Elektronenakzeptor ist ein Oxidationsmittel: Wird bei Redoxreaktionen reduziert.

Anbei werden die Reaktionen der drei Metalle Silber, Kupfer und Zink und ihrer Salze betrachtet. Solche Reaktionen spielen bei der Metallgewinnung eine wichtige Rolle. Metallisches Kupfer setzt als Reduktionsmittel bei Silbersalzlösungen metallisches Silber frei und wird dabei selbst zu Kupfersalz oxidiert. Kupferionen oxidieren ihrerseits Zink. Deshalb setzt Zink aus Kupfersalzen Kupfer frei, wobei es selbst zu Zinksalz aufgelöst wird:

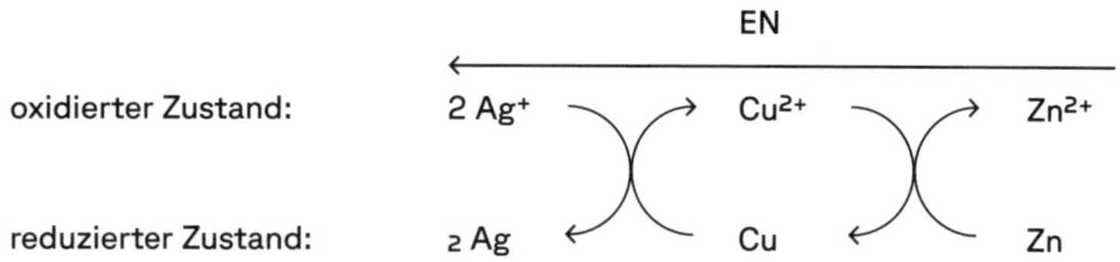

Man kann alle Elemente aufgrund solcher Experimente in eine Reihe ordnen: Spannungsreihe der Elemente. Klassische Reduktionsmittel sind Elemente mit niedriger Elektronegativität und Verbindungen mit niedriger Oxidationszahl:

→ Kohlenstoff,
→ H_2,
→ Alkalimetalle, Magnesium, Aluminium,
→ Fe(II)-Verbindungen,
→ CO,
→ SO_2,
→ Ascorbinsäure.

Klassische Oxidationsmittel sind Elemente mit höherer Elektronegativität. Ihre Verbindungen mit hoher Oxidationszahl sind weniger stabil:

→ O_2,
→ Halogene,
→ Kaliumpermanganat,
→ Kaliumchromat,
→ Peroxosulfat,
→ H_2O_2 (basisch),
→ Perborat,
→ Eisen(III)-Verbindungen wie Rotes Blutlaugensalz $K_3[Fe(CN)_6]$,

Umgebungen, in denen Reduktionsmittel vorherrschen, nennt man reduzierend oder anoxisch. Beispiele dafür sind eutrophierte und umkippende Gewässer. Redoxneutrale sowie oxidierende Umgebungen sind sauberes, kühles Wasser, aber natürlich auch die Atmosphäre.

D OXIDATIONSZAHL

Viele chemische Vorgänge sind Redoxreaktionen, daher ist es wichtig, Redoxgleichungen zu betrachten. Allgemein gilt:

→ Reduktion bedeutet Elektronenaufnahme. Ein Teilchen wird reduziert, indem es e^- aufnimmt.
→ Oxidation bedeutet Elektronenabgabe. Ein Teilchen wird oxidiert, indem es e^- abgibt.
→ Reduktions- und Oxidationsvorgang sind grundsätzlich gekoppelt, da isolierte Elektronenab- und aufnahme kaum alleine vorkommen.
→ Die Zahl der e^-, die der Oxidationsvorgang liefert, entspricht genau der e^--Anzahl, die im Reduktionsvorgang verbraucht wird. Es gilt daher: Zahl der abgegebenen e^- = Zahl der aufgenommenen e^-.
→ Ein Reduktionsmittel ist ein Teilchen, das einem anderen Teilchen in einer Redoxreaktion e^- vermittelt. Das andere Teilchen bekommt e- vom Reduktionsmittel – das andere Teilchen wird also reduziert, das Reduktionsmittel wird oxidiert.
→ Ein Oxidationsmittel ist ein Teilchen, das einem anderen Teilchen e^- in einer Redoxreaktion abnimmt: Das andere Teilchen gibt e^- an das Oxidationsmittel ab – das andere Teilchen wird also oxidiert, das Oxidationsmittel wird reduziert.

REGELN ZUR ERMITTLUNG DER OXIDATIONSZAHLEN

Für Einzelatome und -ionen gelten die nachstehenden, einfachen Regeln zur Ermittlung von Oxidationszahlen:

→ Elemente erhalten stets die Oxidationszahl Null, auch H_2, N_2, O_2 und die Halogene.

→ Bei Ionen ist die Oxidationszahl gleich der Ionenwertigkeit.

K^+	OXZ	+I
Fe^{2+}	OXZ	+II
Fr^{3+}	OXZ	+III

→ Metallionen haben stets positive Oxidationszahlen. (z. B. hat Na^+ hat die OXZ +I, 5^{2-} die OXZ -II)

Für jedes zu einem mehratomigen Teilchen gehörenden Atom wird eine eigene Oxidationszahl ermittelt. Diese Ionen werden dadurch ermittelt, indem die Elektronenpaare der Atombindungen dem jeweils elektronegativeren Atom zuordnet werden. Zur Erstellung der Oxidationszahlen bedient man sich in der Praxis der nachstehenden Regel:

Beispiel:
Oxidationszahlen
der Schwefelsäure

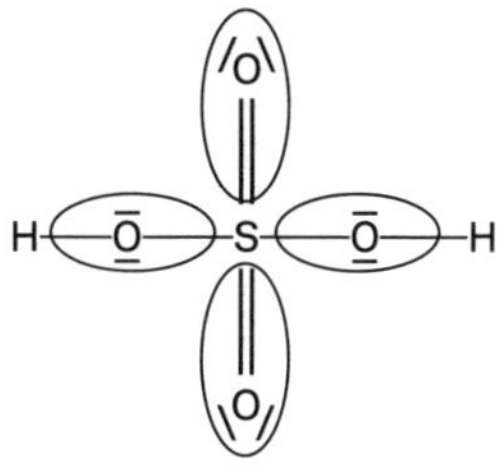

Oxidationszahlen:
Sauerstoff -II
Schwefel +VI
Wasserstoff +I

Die Sauerstoffatome besitzen von allen beteiligten Atomen die höchste EN. Aus diesem Grund werden die Bindungselektronen aller Atombindungen (zwei Doppelbindungen, vier Einfachbindungen) formal den Sauerstoffatomen zugeordnet (siehe Ellipsen). Damit hat jedes Sauerstoffatom über seine sechs Valenzelektronen hinaus zwei zusätzliche Bindungselektronen gewonnen und ist somit als formales Ion zweifach negativ geladen und bekommt in der Folge die Oxidationszahl -II. Das Schwefelatom ist formal aller sechs Valenzelektronen beraubt und erhält somit die Oxidationszahl +VI.

Dem Wasserstoffatom wird ein Elektron formal aberkannt, da es eine geringere EN als Sauerstoff besitzt und dieses erhält die Oxidationszahl +I.

→ Wasserstoff hat stets die Oxidationszahl +I, Sauerstoff hat stets die Oxidationszahl -II. Die einzige Ausnahme ist H_2O_2. Hier hat Sauerstoff die OXZ I.

→ In den Formeln von neutralen Molekülen ist die Summe der Oxidationszahlen gleich Null.

Für MnO_4^- (Permanganation) gilt:

für Sauerstoff	4 · -II	-8
für Mangan	1 · +VII	-7,

da die Summe der OXZ den Wert -1 (Ionenladung) ergeben muss.

→ In den Formeln mehratomiger Ionen ist die Summe der Oxidationszahlen gleich der Ionengesamtladung.

Für H_2SO_4 (Beispiel, s.o.) gilt:

für Sauerstoff	4 · -II	-8
für Wasserstoff	2 · +I	+2
für Schwefel	1 · +VI	+6

E REDOXPOTENTIAL – STANDARDPOTENTIAL

In der Chemie wird die Lage eines wässrigen Redoxsystems durch sein Redoxpotential (Spannungswert) beschrieben. Dieser wird auf eine andere, wohldefinierte Elektrode bezogen. Üblich ist eine Standardwasserstoffelektrode, deren Potential gleich Null ist. Das dazugehörige Redoxgleichgewicht ist:

$$H_2 \leftrightarrows 2H^+ + 2\,e^-$$

Aus praktischen Gründen werden feste Elektroden wie Silber / Silberchlorid- oder Kalomelelektroden verwendet. Standardpotential bedeutet, dass sich das Redoxpotential eines beliebigen wässrigen Redoxsystems tabellarisch angeordnet in der Spannungsreihe der Elemente findet. Die positiven Standardpotentiale bedeuten eher Oxidationsmittel, die negativen eher Reduktionsmittel. Dies ist natürlich nur relativ zu sehen.

Spannungsreihe einiger Metalle (Wasser, 25° C)
Saure Lösung (aH+ = 1 mol l^{-1})

Red.	Ox.	+ n e^-	Standardpotential E (Volt)		EN
Na	Na^+	+ 1 e^-	- 2.714	Me:	0,9
Mg	Mg^{2+}	+ 2 e^-	- 2.363	Reduktionsmittel	1,2
Al	Al^{3+}	+ 3 e^-	- 1.662		1,5
Zn	Zn^{2+}	+ 2 e^-	- 0.763		1,6
Cr	Cr^{3+}	+ 3 e^-	- 0.744		1,6
Fe	Fe^{2+}	+ 2 e^-	- 0.400		1,8
Cd	Cd^{2+}	+ 2 e^-	- 0.403		1,7
Sn	Sn^{2+}	+ 2 e^-	- 0.136	↓ Abnahme ↑	1,8
Pb	Pb^{2+}	+ 2 e^-	- 0.126		1,8
H_2	$2H^+$	+ 2 e^-	- 0.000		2,1
Cu	Cu^{2+}	+ 2 e^-	+ 0.337		1,9
Ag	Ag^+	+ 1 e^-	+ 0.799		1,93
Hg	Hg^{2+}	+ 2 e^-	+ 0.854		1,9
Pt	Pt^{2+}	+ 2 e^-	+ 1.200	Me-Ionen:	2,2
Au	Au^{3+}	+ 3 e^-	+ 1.498	Oxidationsmittel	2,4

Das Redoxpotential hängt von folgenden Parametern ab:

→ Temperatur,
→ Druck bei Beteiligung von Gasen,
→ Stoffliche Art des Systems (beschrieben durch das Standardpotential E_0).

REDOXPROZESSE AN GETRENNTEN ORTEN

Elektrochemie: Hier verlaufen Reduktion und Oxidation an getrennten Orten ab. Der Elektronenfluss wird über einen äußeren Leiter geführt und kann im Fall der galvanischen Elemente zur Gewinnung von hochwertiger elektrischer Arbeit dienen. Bei galvanischen Elementen handelt es sich um die Kombination zweier verschiedener Metalle, die mit einem Elektrolyten verbunden werden. Elektrolyte sind Stoffe, deren wässrige Lösungen elektrisch leitend sind. Zwischen den Metallen tritt eine Spannung auf:

Jedes Metall löst sich mehr oder weniger in Flüssigkeiten und gibt dabei positive Ionen an die Flüssigkeit ab. Das Metall lädt sich gegen den Elektrolyten negativ auf. An den Grenzen zwischen Metall und Flüssigkeit entsteht eine elektrische Doppelschicht, deren elektrisches Feld die Ionen wieder zum Metall hinzieht.

Die Ionen werden auch durch Diffusion in das Metall zurückgezogen und treten wieder in dieses ein. Ist nun die Anzahl der in der Zeiteinheit durch die Diffusion und durch die Auswirkung des elektrischen Feldes in der Grenzschicht wieder in das Metall eintretende Ionen gleich der in der Lösung befindlichen Ionen, so stellt sich ein Gleichgewichtszustand ein. Zwischen Metall und Flüssigkeit herrscht dann ein bestimmtes elektrolytisches Potential, das von der Art des Metalls abhängt. Bringt man nun zwei verschiedene Metalle zusammen, so haben diese auch verschiedene Potentiale E1 und E2. Zwischen den Metallen gibt es jetzt eine Potentialdifferenz (d. h. Spannung): E½ = E2 – E1

Werden Metalle leitend miteinander verbunden, so fließt elektrischer Strom. Hinweis: Während in der Physik für die Spannung das Symbol U verwendet wird, verwendet man für die identische Größe in der Chemie oft das Symbol E. Ein beliebtes Beispiel ist das Daniell-Element:

Dabei läuft an der Anode (an einer Anode findet immer eine Oxidation statt) folgender Prozess ab:

$Zn \leftrightarrows Zn^{2+}$ + 2 Elektronen

An der Kathode (an einer Kathode findet immer eine Reduktion statt) läuft folgender Prozess ab:

Cu^{2+} + 2 Elektronen $\leftrightarrows Cu$

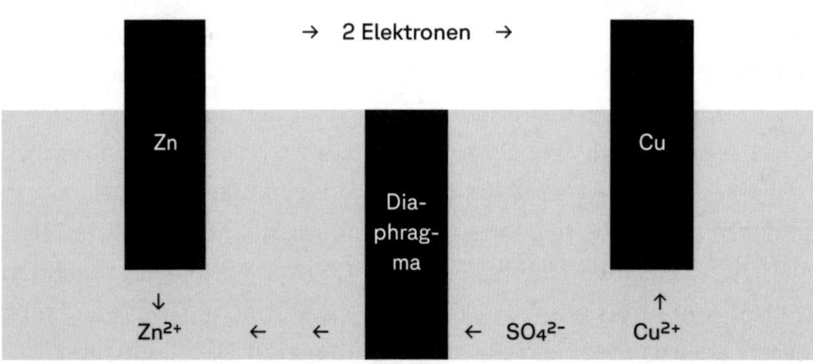

Bei diesem galvanischen Element wandern Elektronen zur Kupferelektrode und reduzieren dort die Kupferionen. Das Zink wird oxidiert, das bedeutet, dass es an Elektronen verliert und in Ionenform in Lösung geht, die Zinkelektrode löst sich dabei auf. Es fließt dabei so lange Strom, bis entweder die Zinkelektrode sich aufgelöst hat oder bis alle Kupferionen zu Kupfer reduziert sind.

Das Elektrolyt ist in diesem Falle 1 mol / 1 H_2SO_4-Lösung. Es sorgt dafür, dass die Lösung insgesamt neutral bleibt. Das Diaphragma verhindert, dass Zink- und Kupferionen direkt in der Lösung reagieren. Schließlich soll der Elektronenaustausch über die Leitung stattfinden, sodass z. B. eine Lampe oder ein Elektromotor angetrieben werden kann. Das Diaphragma ist für die SO_4^{2-}-Ionen durchlässig. Das hängt damit zusammen, dass freie Ionen in Lösungen beweglich sind, nicht jedoch freie Elektronen.

ORGANISCHE CHEMIE

EINFÜHRUNG

Die organische Chemie ist die Chemie des Kohlenstoffs und seiner Verbindungen. Atome des Elements Kohlenstoff haben die Fähigkeit, durch Bindung untereinander mehr oder weniger lange, kettenförmige Moleküle (mit oder ohne Verzweigungen) sowie großflächige, ringartige Moleküle zu bilden. Damit erklärt sich auch die ungeheure Vielzahl – nahezu 20 Millionen – der bislang bekannten organischen Verbindungen. Bei den meisten Verbindungen gibt es wenig Kenntnis darüber, wie das Verhalten gegenüber der Umwelt oder ihrer Toxizität ist. Es wird zwischen den reinen Kohlenwasserstoffverbindungen und deren Derivaten unterschieden. Diese Derivate enthalten bestimmte funktionelle Gruppen und zusätzlich noch andere Elemente wie O, N, S, P oder Halogene.

Im Folgenden werden Beispiele der wichtigsten Verbindungsklassen der organischen Chemie angeführt.

K1 ÜBERSICHT ÜBER DIE ORGANISCHE CHEMIE

A KOHLENWASSERSTOFFE

Der organisch-chemische Grundstoff ist Kohlenwasserstoff. Je nach Bindungszustand wird zwischen gesättigten und ungesättigten Kohlenwasserstoffen unterschieden. Letztere enthalten Mehrfachbindungen, also doppelt oder dreifach gebundenen Kohlenstoff. Des Weiteren wird zwischen aliphatischen und aromatischen Kohlenwasserstoffen unterschieden. Aromatische Kohlenwasserstoffe sind cyclisch und stets ungesättigt.

→ Überblick über die Kohlenwasserstoffgruppen:

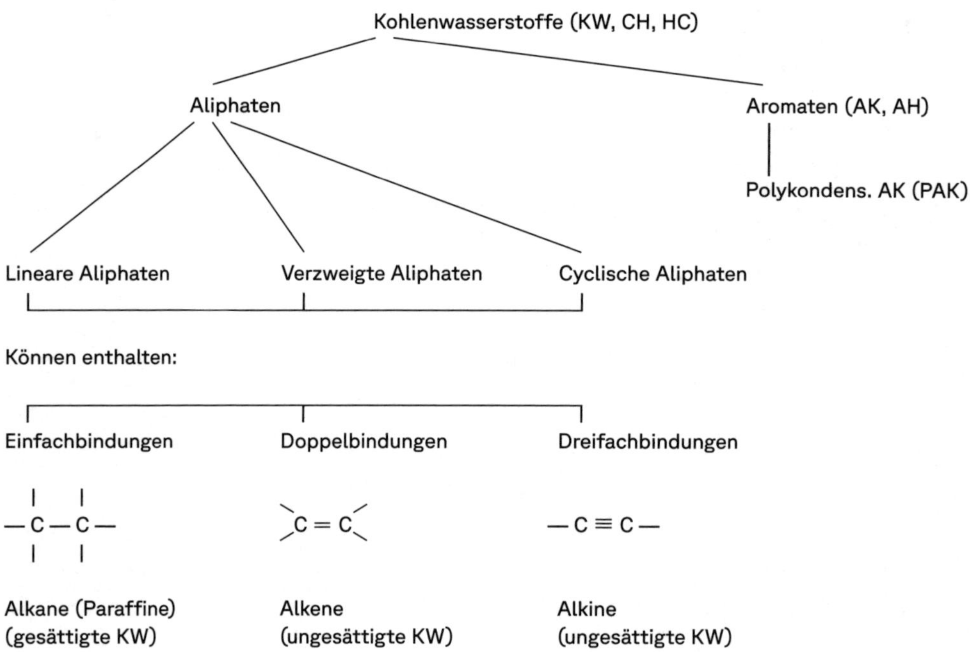

ALIPHATISCHE KOHLENWASSERSTOFFE

Aliphatische Kohlenwasserstoffe sind Alkane, Alkene und Alkine. Alkane sind gesättigte Kohlenwasserstoffe, Alkene sind ungesättigte mit Doppelbindungen und Alkine sind ungesättigt und besitzen zwischen den Kohlenstoffen eine Dreifachbindung. Die Moleküle können linear, verzweigt oder cyclisch aufgebaut sein.

Alkane werden auch als Paraffine oder gesättigte Kohlenwasserstoffe bezeichnet und bilden die einfachsten Verbindungen der organischen Chemie. Alkane bestehen nur aus Kohlenstoff- und Wasserstoffatomen, wobei jedes Kohlenstoffatom mit vier weiteren Atomen verbunden ist. Der einfachste Vertreter der Alkane ist das Methan (CH_4). Dieses weist einen tetraedrischen Aufbau auf und dabei sind in diesem Molekül die Kohlenwasserstoffbindungen exakt identisch. Alle vier Bindungen weisen eine Bindungslänge von 109 pm auf und der Winkel zwischen allen Wasserstoffatomen beträgt 109,47°. Werden nun andere Gruppen, wie z. B. CH_2-Gruppen, in die CH-Bindungen des Methans eingefügt, dann kann die Kohlenwasserstoffkette beliebig verlängert werden. Die allgemeine Summenformel der Alkane lautet: C_nH_{2n+2}.

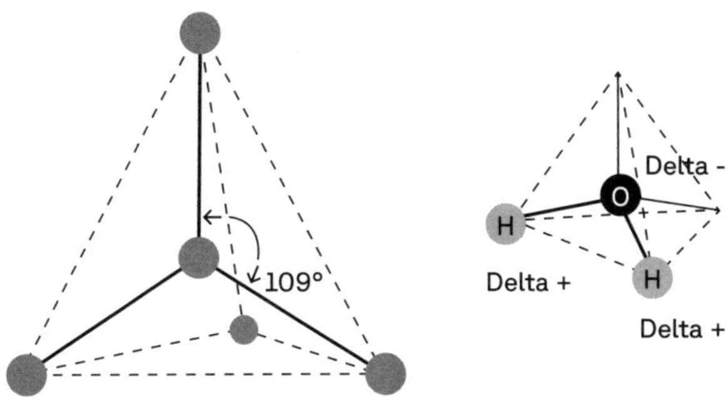

Tertaedrische Struktur des Methans (CH_4)

Weitere Alkane neben Methan sind Ethan, Butan, Pentan, Hexan und viele mehr. Die Namen der gesättigten Kohlenwasserstoffverbindungen werden aus dem griechischen Zahlenwort und der Endung -an gebildet. Die Verlängerung der Kette beeinflusst zwar die Eigenschaften nur marginal, allerdings ändern sich der Schmelz- und Siedepunkt. Diese steigen wegen der zunehmenden Molekulargröße. Für die Darstellung des Moleküls gibt es verschiedene Schreibweisen.

a. $CH_3-CH_2-CH_2-CH_3$

b.
```
   CH2  CH3
   / \  /
H3C  CH2
```

c.
```
   H H H H
   | | | |
 H-C-C-C-C-H
   | | | |
   H H H H
```

AROMATISCHE KOHLENWASSERSTOFFE

Zu den aromatischen Kohlenwasserstoffverbindungen gehören das Benzol und seine Abkömmlinge, genannt Derivate. Diese Substanzen zeichnen sich durch einen eigenartigen aromatischen Geruch aus und einige kommen in Pflanzen vor.

BENZOL

Benzol ist ein flüssiger aromatischer Kohlenwasserstoff mit der Summenformel C_6H_6, farblos und besitzt einen süßlichen Geruch. Der von sechs Kohlenstoffatomen gebildete Ring ist planar und weist sechs delokalisierte Elektronen auf. In diesem Ringsystem wird zwischen zwei Bindungstypen unterschieden, nämlich den sigma-Bindungen und den pi-Bindungen, die senkrecht aufeinander stehen und miteinander konjugiert sind. In einem solchen Ringsystem, auch mesomeres System genannt, sind die Doppelbindungen nicht direkt zu lokalisieren. Es liegen somit sechs gleichartige aromatische Bindungen vor, die durch elektromagnetische Strahlung leicht anregbar sind. Aromatische Verbindungen, wie z. B. Anilin, sind deshalb Grundstoffe für die Farbenindustrie. Das Benzolmolekül hat eine ringförmige Struktur, in der 6 CH-Gruppen abwechselnd durch C-C-Einfach- und C=C-Doppelbindungen miteinander verknüpft sind. Nach dem deutschen Chemiker Friedrich Kekulé wäre die Benzolformel demnach wie folgt zu schreiben:

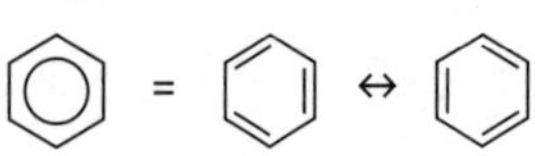

Einige Beispiele für aromatische Kohlenwasserstoffatome:

Benzol	(auch »Benzen«) Wichtiges Lösemittel, Zusatz zu Superbenzin.
Toluol	Methylbenzol. Wichtiges Lösemittel. Wie Xylol auch begrenzt Ersatz für Benzol.
Xylole	Dimethylbenzole. Lösemittel, Zusatz zu Superbenzin. 1–3 heißen auch BTX-Aromaten.

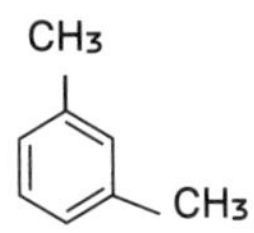

Styrol	Ethenylbenzol. Monomer von Polystyrol (PS).
Naphthalin	Geruch nach Mottenkugeln. Grundstoff für Farben, Medikamente und Pestizide (z. B.Carbaryl).
Anthracen	Einfacher Vertreter der PAK. Grundstoff für Farben (Anthrachinonfarbstoffe).

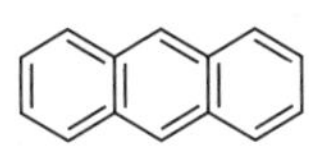

3,4-Benzpyren	Benz[a]pyren. Cancerogener Lebensmittelrückstand in Grill- und Räucherwaren. Typisch für Kokerei-Altlasten.

VERZWEIGTE KOHLENWASSERSTOFFATOME (ISOMERE)

Verzweigte Kohlenwasserstoffatome werden auch Isomere genannt und sind Verbindungen gleicher summarischer Zusammensetzung, allerdings mit verschiedener Konstitutionsisomerie. Ab dem Kohlenwasserstoff des Butans (C_4H_{10}) besteht die Möglichkeit der Verzweigung. Die Isomere sind in ihren Eigenschaften sehr ähnlich wie die unverzweigten Kohlenwasserstoffe, allerdings im Siedepunkt unterscheiden sie sich. Die geradlinigen Moleküle haben einen höheren Siedepunkt als die verzweigten. Das liegt daran, dass die zwischenmolekularen Kräfte stark von der Molekülgestalt abhängen.

Ein Beispiel für 18 mögliche Isomere ist n-Octan C_8H_{18} (n ist die Abkürzung für Normalform):

$CH_3-CH_2-CH_2-CH_2-CH_2-CH_2-CH_2-CH_3$

n-Octan

```
    CH3
     |
CH3-C-CH2-CH-CH3
     |      |
    CH3    CH3
```

Isooctan

FUNKTIONELLE GRUPPEN

Unter einer funktionellen Gruppe wird eine Atomgruppe in einer Verbindung verstanden, die Eigenschaften wie z. B. Reaktivität, Farbe, Polarität, Löslichkeit, Adsorption und einige mehr maßgeblich beeinflussen. Eine Verbindung kann auch mehrere funktionelle Gruppen mit unterschiedlichen Eigenschaften tragen. Abkömmlinge, also Derivate der Kohlenwasserstoffe, haben solche funktionellen Gruppen, die die chemischen Eigenschaften bestimmen sowie deren Reaktionen mit anderen Verbindungen. Die Kohlenwasserstoffreste, an denen die funktionellen Gruppen fixiert sind, werden mit einem großen R abgekürzt und besitzen eigene Bezeichnungen. Viele kompliziertere Verbindungen bestehen oft nur aus einem Molekül mit vielen funktionellen Gruppen.

Wird an ein Molekül eine funktionelle Gruppe gehängt, dann ändert sich der Name des Moleküls, wie z. B. im Falle des Methans wird der Rest Methyl genannt. Wird dieser nun mit Chlor versetzt, dann entsteht Methylchlorid CH_3Cl daraus. Oder es wird an einem Ethan eine Alkohol-Gruppe angehängt, dann spricht man von einem Ethylalkohol C_2H_5OH. Bei Alkenen wird z. B. beim Rest von Ethen von einem Vinylrest gesprochen wie z. B. Vinylchlorid $CH_2=CH-Cl$. Im Falle des Benzols wird von einem Phenylrest gesprochen, wie z. B. Phenylamin $C_6H_5NH_2$. (Grundgerüst für den Anilinfarbstoff).

REAKTIONSTYPEN DER ORGANISCHEN CHEMIE

Jede organische Verbindung entsteht durch eine Reaktion mit Elementen, Gruppen und vielen mehr. Ändert sich die Oxidationszahl des Kohlenstoffs, sind die Reaktionen mit Reduktion oder Oxidation verbunden. Die Grundreaktionen organischer Verbindungen:

→ Fragmentierung
→ Eliminierung
→ Addition
→ Substitution
→ Umlagerung

Fragmentierung:
Diese Reaktion ist für die Umweltchemie besonders wichtig. Darunter wird das Zerbrechen von C-C-Bindungen verstanden. Dies führt zum Abbau des Moleküls und oft zu ungesättigten Verbindungen oder in extremer Folge sogar zu Ruß (Photosmog). Die Auslöser für die Zerstörung können entweder hochenergetische Strahlungen, wie z. B. UV-, Röntgen- oder radioaktive Strahlung, oder starke Hitze (Pyrolyse, Verbrennungsmotor) sowie Pilze oder Bakterien sein. Letzteres wird sehr erfolgreich bei der Kompostierung eingesetzt, um den Abbau von Kohlenstoffketten zu beschleunigen. Pilze sind besondere Spezialisten bei der Öffnung von Benzolringen. Oft bilden sich beim Kettenabbau freie Radikale, die zu gesundheitlichen Schäden führen können. Weitere Beispiele für den Bruch von Kohlenstoffketten:

→ Cracken von langkettigen Erdölbestandteilen

$$R-CH_2-CH_2-CH_2-R' \rightarrow R-CH_3+CH_2=CH-R'$$

Dabei entstehen insbesondere Ethen und Propylen, aber auch Wasserstoff.

→ Decarboxylierung von Carbonsäuren

$$R-CH_2-COOH \rightarrow \text{Hitze} \rightarrow R-CH_3+CO_2$$

Eliminierung:
Bei der Eliminierung wird von einem größeren Molekül ein kleineres abgespalten, ohne das Kohlenstoffgerüst anzugreifen. Dabei bildet sich stets eine Doppelbindung. Beispiele dafür sind:

→ Gewinnung von Ethen aus Ethanol

$$CH_3-CH_2OH \rightarrow \text{Kat.} \rightarrow CH_2=CH_2+H_2O$$

→ Bildung von Acrolein aus Glycerin

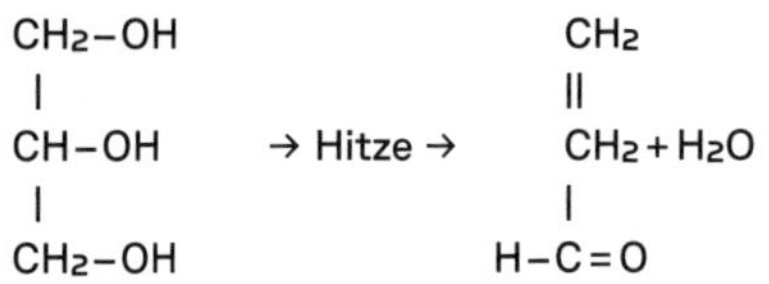

→ Bildung von Schwefelwasserstoff bei Verwesungsprozessen

$$R{-}CH_2{-}CH_2SH \rightarrow R{-}CH{=}CH_2 + H_2S$$

Addition:
Addition ist die gegenteilige Reaktion zur Eliminierung. Hierbei werden Moleküle an Doppelbindungen addiert. Beispiele dafür sind die Hydrierung von ungesättigten Fetten oder die Vinylierung von Ethin, wo HCl (Salzsäure) durch Addition an Ethin gebunden wird und daraus Vinylchlorid entsteht. Die Selbstaddition von einer größeren Zahl von ungesättigten Verbindungen führt zur Polymerisation (Polyaddition). Zwei Beispiele dafür sind:

→ Härtung einer ungesättigten Fettsäure

$$R{-}CH{=}CH{-}CH_2{-}CH_2{-}COOH + H_2 \xrightarrow{Ni} R{-}CH_2{-}CH_2{-}CH_2{-}CH_2{-}COOH$$

→ Bildung von Vinylchlorid durch Addition von HCl an Ethin

$$HCCH + HCl \rightarrow CH_2{=}CHCl$$

Substitution:
Bei der Substitution wird ein Molekülteil durch ein anderes ersetzt. Werden größere Moleküle unter Abgabe eines kleineren wie z. B. H_2O oder HCl gebildet, wird von Kondensation gesprochen. Wiederholt sich diese Reaktion unter Aufbau von Polymeren, dann entsteht eine Polykondensation. Ein Beispiel dafür ist der Abbau von Chlorkohlenwasserstoff (CKW) durch Austausch des Halogens gegen eine OH-Gruppe. Weitere Beispiele:

→ Hydroxylierung von Methylchlorid durch OH-Radikale

$$CH_3Cl + {\cdot}OH \rightarrow CH_3OH + Cl^-$$

Dies ist eine wichtige Abbaureaktion von CKW in der Atmosphäre.

→ Esterbildung (Kondensation)

$$CH_2COOH + C_2H_5OH \xrightarrow{H_2SO_4} CH_3COOC_2H_5 + H_2O$$

Essigsäureethylester

→ Alkylierung von Benzol (Friedel-Crafts-Reaktion)

$$C_6H_6 + CH_3Cl \xrightarrow{AlCl_3} C_6H_5-CH_3 + HCl$$

Toluol

Umlagerung:
Bei der Umlagerung kommt es zu einer Umgruppierung innerhalb eines Moleküls. Umlagerungen sind technisch und biochemisch sehr wichtig. Ein Beispiel ist die Herstellung von Alkohol aus Ethin (»Carbidsprit«) – dies umfasst eine dreistufige Reaktion:

→ Punkt 1: Addition von Wasser an Ethin (Quecksilberkatalyse)

$$HC{\equiv}CH + H_2O \xrightarrow{HgSO_4} (H_2C{=}CHOH)$$

→ Punkt 2: Umlagerung des instabilen Vinylalkohols zu Acetaldehyd

$$(H_2C{=}CHOH) \rightarrow CH_3-CHO$$

→ Punkt 3: Addition von Wasserstoff zur Reduktion des Aldehyds zu Ethanol

$$CH_3-CHO + H_2 \rightarrow CH_3-CH_2-OH$$

B ALKOHOLE

Alkohole sind Sauerstoffderivate der Kohlenwasserstoffe und eine der umfangreichsten Gruppen der organischen Verbindungen. Die Verbindungen enthalten die funktionelle Gruppe des Hydroxyls, also OH-Gruppen, daher werden ihre Namen aus dem Namen des entsprechenden Kohlenwasserstoffs durch Anhängen des Suffixes -ol gebildet. Die OH-Gruppe ist fest mit dem organischen Rest verbunden und wird daher nicht abgegeben.

Alkohole besitzen einen polaren Charakter und sind farblose, klare, brennbare, leicht entzündliche Flüssigkeiten mit alkoholischem Geruch. Mit zunehmender Länge der Kohlenstoffkette wird die OH-Gruppenwirkung schwächer, die Löslichkeit im Wasser wird schwächer und in unpolaren Lösungsmitteln stärker. Unpolare Lösungsmittel sind z. B. Benzin oder Benzol.

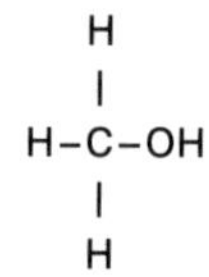
Methanol

Methanol:
Methanol ist eine giftige, farblose, leicht entflammbare Flüssigkeit, die als Lösungsmittel oder Ausgangsstoff für großtechnische Synthesen verwendet wird.

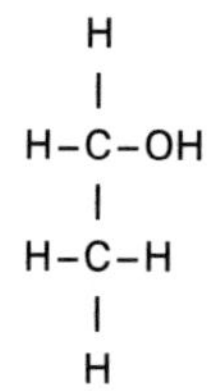
Äthanol

Äthanol:
Äthanol wird auch Äthylalkohol, Ethanol, Weingeist oder Alkohol genannt und ist eine klare, brennbare Flüssigkeit, die sich in jedem alkoholischen Getränk in unterschiedlicher Konzentration befindet. Die Herstellung erfolgt hauptsächlich über einen Gärprozess, wobei die Hefezellen, die in der Natur ausreichend vorhanden sind, ihre Energie aus dem Abbau von Fruchtzucker beziehen. Unter diesen Bedingungen entsteht mit Hilfe des Enzymkomplexes Zymase, Ethanol und Kohlendioxid (Gärgas), wobei Letzteres giftig ist.

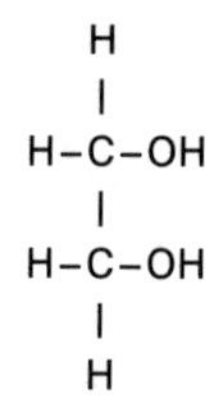
Glycol

Mehrwertige Alkohole:
Enthält das Molekül nur eine -OH–Gruppe, spricht man von einwertigen Alkoholen, enthält sie zwei, von zweiwertigen, drei, von dreiwertigen, oder mehrere, von mehrwertigen Alkoholen. Kurzkettige Alkohole sind wichtige Lösungsmittel, da als Lösungsvermittler wirken.

Hydroxiderivate:
Die Hydroxiderivate werden auch noch in primäre, sekundäre und tertiäre Alkohole eingeteilt. Die Einteilung hängt von der Zahl der H-Atome ab, die am gleichen C-Atom wie die OH-Gruppe hängen.

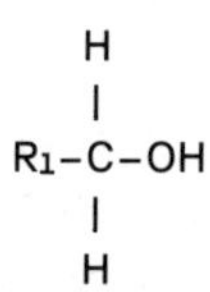
Primärer Alkohol

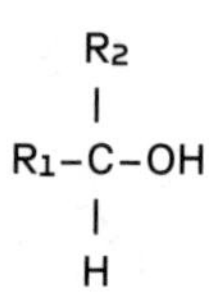
Sekundärer Alkohol

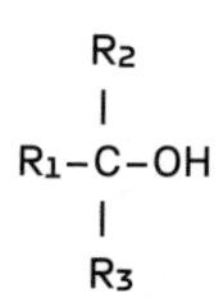
Tertiärer Alkohol

c ALDEHYDE UND KETONE

Aldehyde und Ketone sind sauerstoffderivate Verbindungen der Kohlenwasserstoffe, die durch Oxidation von primären und sekundären Alkoholen entstehen. Sie besitzen Carbonylverbindungen (C = O-Gruppe), die durch die Doppelbindung zwischen C = O die Eigenschaften entscheidend beeinflussen. Die allgemeine Formel für Aldehyde lautet R – COH und für Ketone R – CO – R.

Durch Entzug von H-Atomen (Dehydrierung) leiten sich aus den primären Alkoholen die Aldehyde (Alkanale) ab.

H
|
C = O
|
H

Formaldehyd

BEISPIELE FÜR ALDEHYDE

Formaldehyd	Ist ein stechend riechendes, giftiges Gas, das entweder in flüssiger Form oder polymerisiert als Feststoff in den Handel kommt. Es wird als Beschichtungsmaterial, Desinfektionsmittel, Konservierungsstoff oder als hochreaktive Komponente in Kunststoffen, in Holzklebern und vielen mehr eingesetzt.
Benzaldehyd	Riecht nach Bittermandeln. Marzipanaromastoff.
Acrolein	Ungesättigter, hochreaktiver Vinylaldehyd, entsteht beim Erhitzen von Fett und bei Verbrennungsprozessen (Kfz-Abgase). Typisch stechender, tränenreizender Geruch.

CH_3
|
C = O
|
CH_3

Aceton

BEISPIELE FÜR KETONE

Aceton	Dimethylketon, wichtiges Docklösemittel (Geruch nach Nagellackentferner), betäubender Geruch, leichtentzündlich.
Ethylmethylketon	Wichtiges Extraktionsmittel, Lacklösemittel.

$_D$AMINE

Amine sind stickstoffhaltige Verbindungen der Kohlenwasserstoffe und stellen somit die Basen der organischen Chemie dar. Sie sind Verwandte des Ammoniaks und je nach Anzahl der C-N-Verbindungen wird zwischen primären, sekundären und tertiären Aminen unterschieden. Die allgemeine Formel lautet R≡N.

BEISPIELE FÜR AMINE

Methylamin	Geruch nach Fisch. Auch in Gülle enthalten.
Hexamethylentetramin	Urotropin. Konservierungsmittel für Meeresfrüchte, Desinfektionsmittel, Edukt zur Sprengstoffherstellung.
Anilin	Phenylamin. Cancerogen. Wichtige Farbstoffkomponente. Früher aus Steinkohlenteer gewonnen. Buchstabe A im Namen BASF. Toxische Farbstoffkomponente. Farbfotoentwickler.
p-Phenylendiamin	Quartäres Amin. Ankergruppe für Anionenaustauscher.
Cholin	Quartärer Aminoalkohol, verestert im Acetylcholin (Vagustransmitter) und im Lecithin.

p-Phenylendiamin

BEISPIELE FÜR SÄUREAMIDE

Allgemeine Formel	$R-COONH_2$ oder $R-CO-NHR'$
Glutamin	Ist eine Aminosäure.
Kohlensäureamid	Auch Carbamidsäure genannt und ihre Ester sind Bestandteil von Polyurethanen.
Kohlensäurediamid	Sehr bekannt unter der Bezeichnung Harnstoff. Harnstoff ist auch ein biogenes Produkt der Stickstoffausscheidung (im menschlichen Urin enthalten). Technisch wird es aus Phosgen hergestellt und vielfältig eingesetzt, unter anderem als Düngersubstanz.

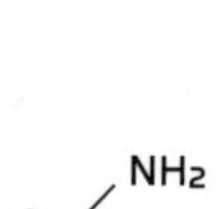

Kohlensäurediamid

Dimethylformamid	Ist ein sehr wichtiges, mindergiftiges Lösemittel.
Epsilon-Caprolactam	Cyclisches Amid. Monomeres von Perlon.
Polyamid, Peptid	Sind substituierte Säureamide, Polyamid wird nicht nur als Faser eingesetzt, sondern auch für technische Produkte wie z. B. Zahnräder.

BEISPIELE FÜR NITROVERBINDUNGEN

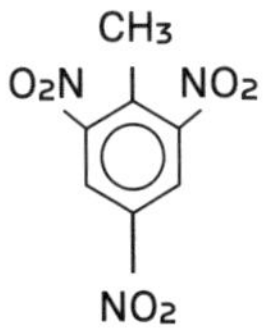

Trinitrotoluol

Allgemeine Formel	$R-NO_2$
Nitrobenzol	Ist unter anderem der Grundstoff für Farbstoffe, hat einen Mandelgeruch.
Trinitrotoluol	Abgekürzt TNT. Trinitrotoluol wird als Sprengstoff verwendet.
Hexogen	Ist ein Hochbrisanzsprengstoff.

BEISPIELE FÜR SALPETERSÄUREESTER

CH_2-O-NO_2
|
$CH-O-NO_2$
|
CH_2-O-NO_2

Nitroglycerin

Allgemeine Formel	$R-O-NO_2$
Nitrocellulose	Wird auch als Schießbaumwolle und im Bereich der Kunststoffproduktion als Celluloid bezeichnet.
Nitroglycerin	Ist ein Sprengöl und verbunden mit Kieselgur wird Dynamit hergestellt. Weiters wird Nitroglycerin in der Medizin eingesetzt.

BEISPIELE FÜR NITRILE

$CH_3-C \equiv N$

Acetonitril

Allgemeine Formel	$R-CN$

Alle Nitrile sind wie die analoge Blausäure HCN giftig.

Acetonitril	Ist ein hochgiftiges Lösemittel.
Acrylnitril	Ist in reiner Form ebenfalls giftig. Wird als Grundstoff für Polyacrylnitril-Textilfaser verwendet und ist Bestandteil des Sekundenklebers.

Amygdalin	Ist der Inhaltsstoff von Bittermandeln, beim Erhitzen wird Benzaldehyd und Blausäure freigesetzt.

BEISPIELE FÜR AZOVERBINDUNGEN

Allgemeine Formel	R–N=N–R'
Azobenzol	Ist ein Grundstoff für Medikamente und synthetische Farben. Und wird aus Anilin oder Nitrobenzol hergestellt.
Kongorot	Ist ein hochkomplizierter Azofarbstoff.
Nitrosamine	Sind karzinogene, also krebserregende, Verbindungen, die auch beim Erhitzen von Lebensmitteln entstehen können.

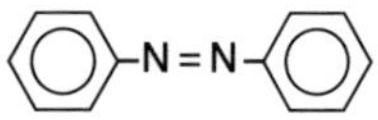

Azobenzol

E CARBONSÄUREN

Carbonsäure ist eine organische Säure, die sich von einer Aldehydgruppe durch Oxidation ableitet und ebenfalls zu den Sauerstoffderivaten der Kohlenwasserstoffe zählt. Ihr wichtigstes Merkmal ist die Carboxylgruppe (-COOH). Die allgemeine Formel ist $C_nH_{2n+1}COOH$.

$$\begin{array}{ccccc} \mathrm{O} & & \mathrm{O} & & \\ \| & & \| & & \\ -\mathrm{C} & \leftrightarrows & -\mathrm{C} & + & \mathrm{H}^+ \\ | & & | & & \\ \mathrm{OH} & & \mathrm{O}^- & & \end{array}$$

$$-\mathrm{COOH} \leftrightarrows -\mathrm{COO}^- + \mathrm{H}^+$$

Es wird zwischen einwertigen bzw. Mono- und mehrwertigen (Di-, Tri-, Tetra- etc.) Carbonsäuren unterschieden. Die einfachste Gruppe an Carbonsäuren bilden die Alkansäuren, deren allgemeine Summenformel $C_nH_{2n}O_2$ lautet. Der Siedepunkt aller Alkansäuren ist weit höher als die Siedetemperatur vergleichba-

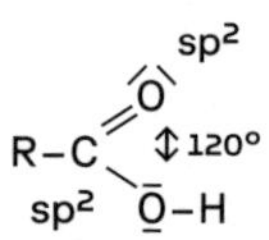

Struktur der Carboxyl-Gruppe

rer Alkanole, da zu den Wasserstoffbrückenbindungen, die durch die Hydroxylgruppen der Moleküle ausgebildet werden, die Dipol-Dipol-Wechselwirkung der Carbonylgruppe hinzukommt.

Monocarbonsäuren:
Als Monocarbonsäuren werden solche Carbonsäuren bezeichnet, die nur eine funktionelle Carboxylgruppe aufweisen. Ihre einfachsten Vertreter sind die sogenannten Alkansäuren. Allgemein können Carbonsäuren kettenartig oder cyclisch Alkylreste oder heterocyclische Arylreste (z. B. Benzoesäure) tragen. Darüber hinaus gibt es auch Vertreter mit zusätzlichen funktionellen Gruppen, wie beispielsweise Hydroxylgruppen (-OH), Thiolgruppen (-SH) oder Aminogruppen (-NH_2). Ein besonderes Beispiel dafür sind die Aminosäuren (allgemein: R–CH(NH_2)–COOH; R = Rest).

Eine ebenfalls besondere Rolle kommt den gesättigten sowie den ungesättigten aliphatischen Carbonsäuren zu. Weil die höheren Vertreter derer häufig in Fetten vorkommen, bezeichnet man diese auch als Fettsäuren. Eine typische gesättigte Fettsäure ist beispielsweise Palmitinsäure, eine typische einfach ungesättigte Säure ist Ölsäure.

Wichtige Derivate der Carbonsäuren sind z. B. Ester, Nitrile (z. B. Adipinsäuredinitril), Anhydride und Amide.

<table>
<tr><th>IUPAC-Name</th><th>Trivialname</th><th>Name der Salze</th><th>Strukturformel</th></tr>
<tr><td>Methansäure</td><td>Ameisensäure</td><td>Formiat</td><td>   O
   ||
H–C
   |
   O–H</td></tr>
<tr><td>Ethansäure</td><td>Essigsäure</td><td>Acetat</td><td>   H O
   | ||
H–C–C
   | |
   H O–H</td></tr>
<tr><td>Propansäure</td><td>Propionsäure</td><td>Propionat</td><td>   H H O
   | | ||
H–C–C–C
   | | |
   H H O–H</td></tr>
</table>

F ETHER

Ether sind organische sauerstoffderivate Verbindungen der Kohlenwasserstoffe, die als funktionelle Gruppe eine Ethergruppe besitzen. Sie werden mit einem Sauerstoffatom oder mit zwei Organylresten substituiert. Unter Organylgruppe wird eine chemisch-organische Atomgruppe verstanden, die als Substituent über eine oder mehrere freie Valenzen eines Kohlenstoffatoms gebunden ist. Die Art der Atomanordnung, die Bindungsverhältnisse sowie die chemische Funktion sind dabei unerheblich. Alle Ether bilden bei längerem Stehen, aber vor allem mit Verbindung von Licht (auch in geschlossenen Flaschen) hochexplosive Peroxide. Sie sind leicht flüchtig, besitzen einen charakteristischen Geruch und sind gute Lösungsmittel für Fett und Harze. Die allgemeine Formel ist R–O–R'. Der wichtigste und einfachste Ether ist Diethylether. Anbei einige Beispiel für unterschiedliche Ether:

Diethylether	Wichtiges Lösemittel mit betäubender Wirkung, im Einsatz als Anästhetikum, leicht entzündlich.
Ethylenoxid	Cyclischer Ether, einfachstes Epoxid, wird als Komponente bei Synthesen von Polyethern oder Polyestern eingesetzt.
Dioxan	Cyclischer Doppelether, wird als Lösemittel eingesetzt, Spuren finden sich in diversen Kosmetika, leicht entzündlich.
Dioxine	Sind giftige Chlorverbindungen. Es werden zwei Klassen unterschieden: polychlorierte Dibenzo-p-dioxine (PCDD) und polychlorierte Dibenzofurane.

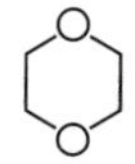

Dioxine

G ESTER

Ester sind Sauerstoffverbindungen der Kohlenwasserstoffe, die sich bei der Reaktion von Säuren mit Alkoholen unter Abspaltung von Wasser bilden. Ester können aus organischen und anorganischen Säuren gebildet werden (Veresterung) und zerfallen unter Wassereinfluss in ihre Säure- und Alkoholkomponenten, d.h. sie werden hydrolytisch aufgespalten. Diesen Prozess bezeichnet man im engeren Sinne auch als Verseifung. Dies wird durch die Zugabe von Säuren, Laugen oder Enzymen stark beschleunigt. Allgemeine Formel: R–COO–R'.

Alle natürlichen Fette und Öle (im Gegensatz zu den Mineralölen) und die meisten Wachse sind Mischungen verschiedener Ester. Esterverbindungen sind z.B. Hauptbestandteile von Rinderfett (Talg), Schweinefett (Schweineschmalz), Fischtranen (auch Lebertran) und Leinöl und vielen mehr.

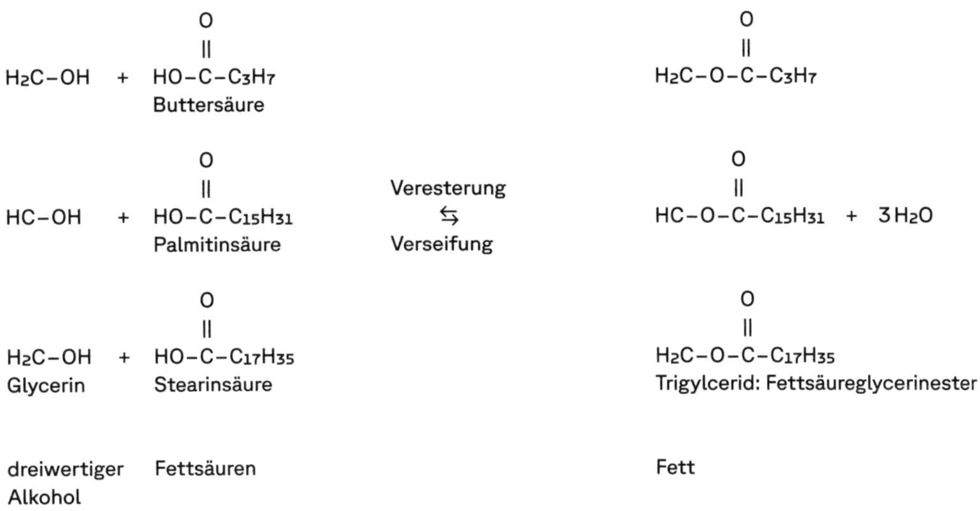

Esterverbindungen aus Cetylalkohol finden sich z.B. im Tran aus dem Kopf des Pottwales und Ester aus Myricylalkohol in Bienenwachs. Auch beim Sprengstoff Glycerintrinitrat, besser bekannt unter dem Namen Nitroglycerin, handelt es sich um einen Ester.

Einige Ester wie Amylacetat (Bananenöl), Ethylacetat und Cyclohexanolacetat sind z. B. Lösungsmittel für Lacke, andere wie Dibutylphthalat und Tricresylphosphat werden in Lacken z. B. als Weichmacher verwendet. Einige Beispiele für Esterverbindungen:

Essigsäureethylester	Auch Essigester genannt, werden als Lacklösemittel oder Klebstoffverdünner (Geruch nach UHU) verwendet.
Fette, fette Öle	Triglyceride, Glycerinester von Fettsäuren.
Methacrylsäuremethylester	Monomeres von Plexiglas (PMMA).
Salicylsäureessigsäureester	Bekannt unter dem Namen Aspirin.

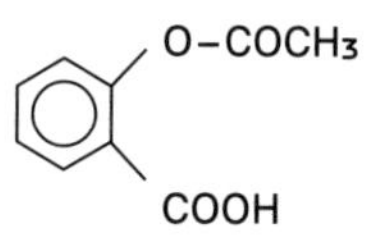

Salicylsäureessigsäureester

H HALOGENKOHLENWASSERSTOFFE

Halogenkohlenwasserstoffe sind Kohlenwasserstoffverbindungen mit Halogenen, die einerseits bei der Synthese von vielen Chemikalien entstehen und nützliche Eigenschaften aufweisen, anderseits sind die Verbindungen ozonschädigend und krebserregend.

BEISPIELE FÜR HALOGENKOHLENWASSERSTOFFE

Allgemeine Formel	R–Cl, R–X
Chloroform	Ist nicht nur ein Lösemittel, sondern auch ein Betäubungsmittel.
Gemischte Halogene	Können beim Chloren von Schwimmbädern oder von huminsäurehaltigem Abwasser entstehen.
Tetrachlormethan	Cancerogenes Lösemittel.
Dichlordifluormethan	Ist ein typischer Fluorchlorkohlenwasserstoff (FCKW), der giftig ist.

$CHCl_3$

Chloroform

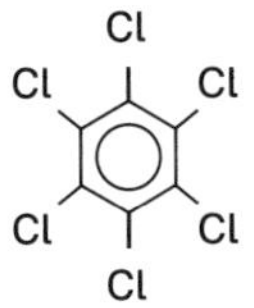

Hexachlorbenzol

Perchlorethylen	Wird in der chemischen Reinigung als Per eingesetzt.
Vinylchlorid	Ist das Monomere von PVC und wird vielseitig verwendet, wie z. B. für Fußböden.
Polychlorierte Biphenyle	PCB werden als Schmier- und Kühlflüssigkeit verwendet und enthalten Dioxine, die besonders beim Erhitzen freigesetzt werden.
Hexachlorbenzol	HCB wird als Indikator für den Gehalt von Dioxin eingesetzt.
Pentachlorphenol	PCP sind meist in Holzschutzmitteln enthalten.
Dichlordiphenyltrichlorethan	Wurde früher als Pestizid eingesetzt und ist hochgiftig.

BEISPIELE FÜR SÄURECHLORIDE

COCl
|
$(CH_2)_4$
|
COCl

Adipinsäuredichlorid

Allgemeine Formel	R–COCl
Terephthalsäuredichlorid	Ist eine Komponente von Polyester und Polyesterfasern.
Adipinsäuredichlorid	Ist eine Komponente von Polyamid und Polyamidfasern, insbesondere Nylon.
Phosgen	Sind wichtige Grundchemikalien und bilden eine Komponente von Polycarbonaten.

SCHWEFELHALTIGE KOHLENWASSERSTOFFE

Schwefelhaltige Kohlenwasserstoffe sind Verbindungen, die Schwefel beinhalten und die nicht nur in der Natur wie z. B. in zahlreichen Mineralien, Erdöl und Kohle vorkommen, sondern sie sind auch fixe Bestandteile in Form von Aminosäuren und Coenzymen im menschlichen Körper, in Tieren oder Pflanzen.

BEISPIELE FÜR THIOALKOHOLE (MERCAPTANE)

Allgemeine Formel	R–SH
Methylsulfid	Entsteht oft bei Zersetzung von biologischen Materialien und bildet auch den Geruchstoff des Stinktiersekrets.
Cystein	Gehört zu den Aminosäuren. Das Antidot oder Antidoton wird als Gegenmittel zu Giften, Toxinen, Medikamenten, Schwermetallvergiftung und vielen mehr eingesetzt. Es wird in Form von ACC = N-Acetyl-Cystein als Schleimlöser verwendet.

COOH
|
$H_2N–C–H$
|
CH_2SH

Cystein

BEISPIELE FÜR THIOETHER

Allgemeine Formel	R–S–R
Schwefellost	Ist ein Kampfstoff, auch unter Senfgas oder Lost bekannt.
Thiophen	Ist ein wichtiger Schwefelträger im Erdöl.
Tetrahydrothiophen	Ist eine nach Schwefel übelriechende, giftige Flüssigkeit, im Erdgas enthalten.

$CH_2–CH_2–Cl$
|
S
|
$CH_2–CH_2–Cl$

Schwefellost

BEISPIEL FÜR THIOESTER

Allgemeine Formel	R–CO–S–R'
Acetyl-CoA	Ist eine aktivierte Essigsäure, die im Coenzym A enthalten ist und stellt somit die Schlüsselsubstanz für den Stoffwechsel dar.

BEISPIELE FÜR SCHWEFELSÄUREDERIVATE

a) Alkylsulfate

Allgemeine Formel	$R–O–SO_3Na$
Dodecylsulfat	Wird aus dem Ester der Schwefelsäure gebildet und als Natriumsalz sehr oft bei Feinwaschmitteln zugesetzt.

O
||
$CH_3–(CH_2)_{10}–CH_2–O–S=O$
|
O^-Na^+

Dodecylsulfat

b) Sulfonsäuren

Allgemeine Formel	R–SO_3H
	Wird oft in Entkalkungsmitteln und Kationenaustauschern eingesetzt.

J HETEROCYCLEN

Unter Heterocyclen werden cyclische, also ringförmige Verbindungen verstanden, deren Grundgerüste neben Kohlenstoff Fremdatome wie Stickstoff, Sauerstoff, Schwefel, Bor etc. enthalten. Heterocyclen sind vor allem für die Naturstoff-, Farben-, Medikamenten-, Pestizid- und Biochemie von größter Bedeutung. Beispiele für N-Heterocyclen sind Indigo, die Basen der Nucleinsäuren sowie viele Gewebshormone (Serotonin und Histamin). Rauschgifte (Morphium und Lysergsäure) und der Blutfarbstoff Hämoglobin gehören ebenfalls zu dieser Stoffklasse. O-Heterocyclen sind z. B. alle Kohlenhydrate, Blütenfarbstoffe wie Anthocyane oder Flavone, das Lösemittel Dioxan, Aflatoxine, Dioxine oder Dibenzofurane. Ein S-Heterocyclus ist z. B. das im Erdöl enthaltene Thiophen. Besonders der chemisch biologische Wirkstoff der Fungizide, der Pilze oder ihre Sporen abtötet oder ihr Wachstum für die Zeit verhindert, ist in Stickstoff-Schwefel-haltigen Heterocyclen zu finden.

BEISPIELE FÜR HETEROCYCLEN

Pyridin	Ist eine hygroskopische, übelriechende Flüssigkeit, die als Lösemittel eingesetzt wird.
Pyran	Ist ein Lösemittel.
Indol	Bildet den Grundbaustein für die Aminosäure Tryptophan und Serotonin (Gewebshormone) sowie LSD und Indigo.
Thiophen	Ist in S-reichem Erdöl enthalten.
Imidazol	Bildet den Grundbaustein von den Aminosäuren wie Histidin und Histamin (Bienengift).

Morphinbase — Ist der Grundstoff von Morphium, Codein und Heroin.

Cocain

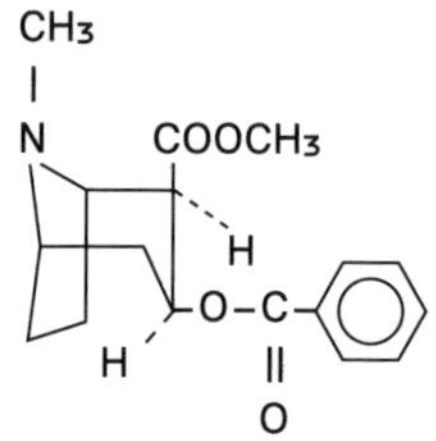

Cocain

K VERBINDUNGEN MIT MEHREREN VERSCHIEDENEN FUNKTIONELLEN GRUPPEN

AMINOSÄUREN

Aminosäuren sind Carbonsäuren, die zusätzlich zur Carboxylgruppe eine Aminogruppe besitzen. Aminosäuren kommen in jedem lebenden Organismus vor und müssen ständig produziert werden, um damit alle lebenswichtigen Funktionen aufrechtzuerhalten und das Wachstum so wie die Vermehrung voranzutreiben. Dieser höchst komplizierte Vorgang der Proteinsynthese wird vor allem von Nucleinsäuren gesteuert. Aminosäuren, die auch Proteine genannt werden, bilden somit die Lebensgrundlage von Eiweißstoffen. Proteine bestehen aus ca. 20 Aminosäuren, die wiederum durch eine Peptidbrücke miteinander verbunden sind. Die Eigenschaften der Aminosäuren sind von ihrer Seitenkette R abhängig. Auf Grund der sehr komplexen, unterschiedlichen Struktur lassen sich die Proteine schwer einteilen, aber prinzipiell kann zwischen Skleroproteinen und globulären Proteinen unterschieden werden. Skleroproteine sind Stoffe, die zur Stütze und Umhüllung dienen, wie z. B. Kollagen und Keratin. Die größte Gruppe im lebenden Organismus sind die globulären Proteine wie, z. B. Enzyme, Antikörper, Hormone und viele mehr. Aminosäuren werden auch nach ihrer biologischen Funktion eingeteilt:

→ Enzyme: Sie bilden die größte Gruppe unter den Aminosäuren und sind die Biokatalysatoren für alle Lebensvorgänge.

- → Speicher- und Transportproteine: Ihre Aufgabe ist es, Nahrung für den Körper herzustellen und über das Blut diese zu den entsprechenden Körperteilen zu führen.
- → Schutzproteine: Haben die Aufgabe Fremdkörper, die ins Blut gelangt sind, zu binden und unwirksam zu machen.
- → Hormone: Sind lebensnotwendige Aminosäuren. Zu ihnen gehören unter anderem das Insulin und das Wachstumshormon Somatotropin.
- → Strukturproteine: Sie sind die Stütz- und Schutzsubstanzen, wie z. B. Kollagen im Bindegewebe oder das Keratin in der Haut und viele mehr.

```
     COOH
      |
H2N-C-H
      |
     CH3
```

Alanin

Einige Beispiele für Aminosäuren:

- → Glycin,
- → Alanin,
- → Phenylalanin,
- → Histidin.

KOHLENHYDRATE

Bei Kohlenhydraten handelt es sich um Alkoholverbindungen, genauer um Polyalkohole mit funktionellen Gruppen. Sie sind eine der wichtigsten organischen Verbindungen und umfassen die Gruppen von Zucker, Cellulose und Stärke. Die Summenformel ist $C_x(H_2O)_y$. Es wird zwischen Monosaccharide, Disaccharide und Polysaccharide unterschieden.

Monosaccharide:

```
  COOH
   |
H-C-OH
   |
  CH3
```

Fructose

- → Glucose: Ist eine Aldohexose, die bei den Pflanzen im Rahmen der Fotosynthese erzeugt wird und bei allen energetischen Vorgängen im menschlichen Körper. Jeder Mensch weist einen bestimmten Blutzuckerspiegel auf, der durch das Protein Insulin herabsetzt wird und durch das Hormon Adrenalin erhöht wird.
- → Fructose: Wird auch Fruchtzucker genannt, der in vielen Früchten und in Honig zu finden ist.

→ Galactose: Ist ein Bestandteil des Milchzuckers (Lactose).

→ Ribose und Desoxyribose: Sind 5-fache Zuckerverbindungen (Pentose). Sie sind Träger des Erbgutes (DNA).

Disaccharide:
Disaccharide entsteht aus zwei Monosacchariden unter Abspaltung von Wasser.

→ Saccharose: Kommt in vielen Pflanzen vor und unter anderem ist er ein Bestandteil von Zuckerrüben und Zuckerrohr. Der Zucker wird durch Auslaugen der Pflanzen im Wasser gewonnen.

→ Maltose: Wird auch Malzzucker genannt und er wird durch Abbau von im Korn beinhaltender Stärke gewonnen.

→ Lactose: Wird auch Milchzucker genannt. Lactose wird oft als Trägermittel für Tabletten verwendet.

Polysaccharide:
Polysaccharide sind hochmolekulare Stoffe, die aus glykosidischen Monomeren bestehen. Zu dieser Gruppe gehören die Stärke und die Cellulose.

→ Stärke: Ist der wichtigste Bestandteil von Pflanzen und wird aus Alpha-D-Glucosebausteinen aufgebaut.

→ Cellulose: Ist der Hauptbestandteil von pflanzlichen Zellwänden, wobei Baumwolle ausschließlich aus reiner Cellulose besteht und Holz aus Cellulose und Lignin. Lignin ist eine komplizierte organische aromatische Verbindung. Cellulose besteht aus Beta-Glucose.

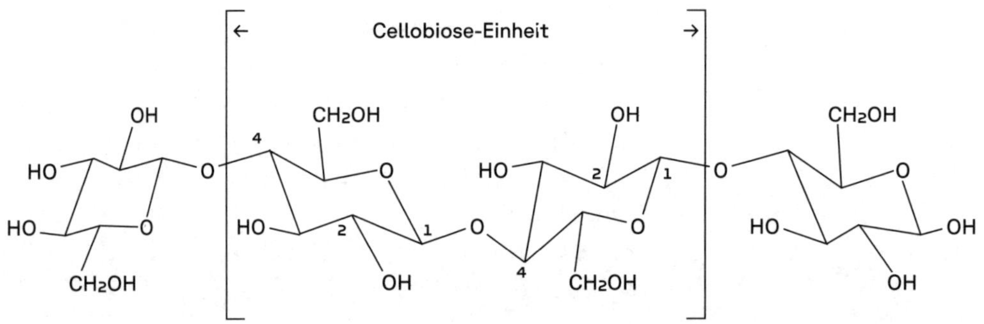

- → Pektine: Pektine sind pflanzliche Schleimstoffe, die z. B. für die Marmeladeherstellung verwendet werden.
- → Chitin: Chitin kommt als Gerüststoff bei Insekten, Spinnen oder auch Pilzen vor.

FARBSTOFFE

EINFÜHRUNG

In diesem Kapitel werden Farbstoffe, vor allem die synthetisch hergestellten Farbmitteln, die der organischen Chemie zugerechnet werden, beschrieben. Allgemein werden die farbgebenden Substanzen in natürliche und synthetische Farbmitteln eingeteilt und wiederum unterteilt in Farbmitteln und Pigmente. Bei Pigmenten gibt es auch noch die Untergruppe der Farblacke, die durch Ausfällen eines Farbstoffs mit einem Bindemittel oder Beizmittel entsteht.

	Natürliche Farbmittel	Synthetische Farbmittel
Farbstoffe: Sind entweder in Lösungsmitteln oder in wässriger Lösung lösbar	Naturfarbstoffe: → Pflanzliche Farbstoffe: z. B. Alizarin aus Krapp. → Tierische Farbstoffe: z. B. Cochenille.	Synthetische Farbstoffe: z. B. Azofarbstoffe, Cyaninfarbstoffe u. v. m.
Pigmente: Sind nur in Lösungsmittel lösbar	Natürliche Pigmente	Synthetische Pigmente
Anorganische Pigmente	Mineralische Pigmente: z. B. Coboldblau	z. B. Ultramarinblau, Titanoxidweiß
Organische Pigmente	→ Pflanzliche Pigmente: z. B. Naturindigo → Tierische Pigmente: z. B. Purpurrot von der Schnecke	z. B. Naphthol-AS-Pigmente, Synthetischer Indigo

K1 # ÜBERSICHT ÜBER DIE FARBSTOFFE

A DAS LICHT

Farbe und Licht stehen im engen Zusammenhang, denn beides ist eine Naturerscheinung, die durch den Filter des Auges und des Gehirns wahrgenommen wird. Als Farbe wird ein übermittelter Sinneseindruck des Auges verstanden, der durch elektromagnetische Strahlungen Wahrnehmungen hervorruft. Farben werden dann gesehen, wenn Licht in Wellenlängen zwischen 400 und 800nm auf die Netzhaut auftrifft. Des Weiteren wird Farbe wahrgenommen, wenn die Netzhaut gereizt wird oder wenn Partien des Gehirns, die für das Sehen zuständig sind, angeregt werden. Eine elektromagnetische Strahlung, die durch das menschliche Auge wahrgenommen wird, ist weißes Licht.

Licht kann entstehen durch Verbrennungen aus chemischer Energie, wie z. B. durch eine Flamme, oder durch Umwandlung aus elektrischer Energie, wie z. B. beim Aufdrehen eine Lampe, oder durch Umwandlungen von Atomkernen, wie z. B. die Einstrahlung von Sonnenlicht.

Im Jahre 1690 ordnete der niederländische Physiker Christiaan Huygens dem Licht eine Wellennatur zu und im 19. Jahrhundert entdeckte der Physiker James Clerk Maxwell, dass sich das Licht als elektromagnetische Welle fortbewegt. Diese elektromagnetischen Wellen unterscheiden sich in ihrer Wellenlänge. Das für das menschliche Auge sichtbare Licht liegt zwischen 770 nm und 400 nm und wird als optisches Spektrum bezeichnet:

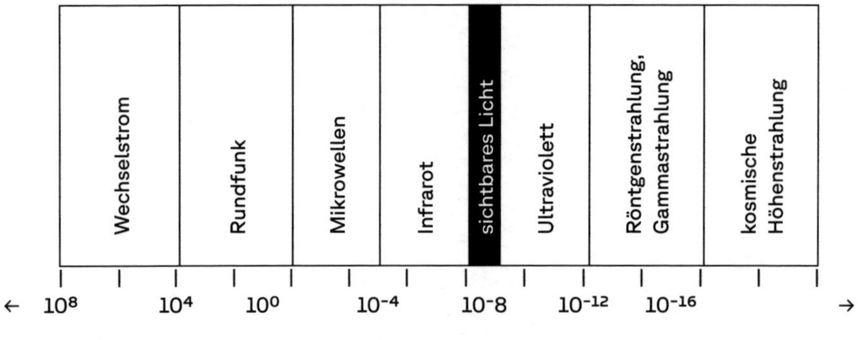

Die Netzhaut des Auges besitzt drei verschiedene Farbsinneszellen (rot, grün, blau), die einzeln oder gleichzeitig angeregt werden können, bei Letzterem ist der Farbeindruck Weiß. Daher wird weißes Licht als Mischung von mehreren elektromagnetischen Wellen gesehen, wobei das optische Spektrum selbst aus verschiedenen elektromagnetischen Wellen zusammengesetzt ist und vom menschlichen Auge als solches auch wahrgenommen wird:

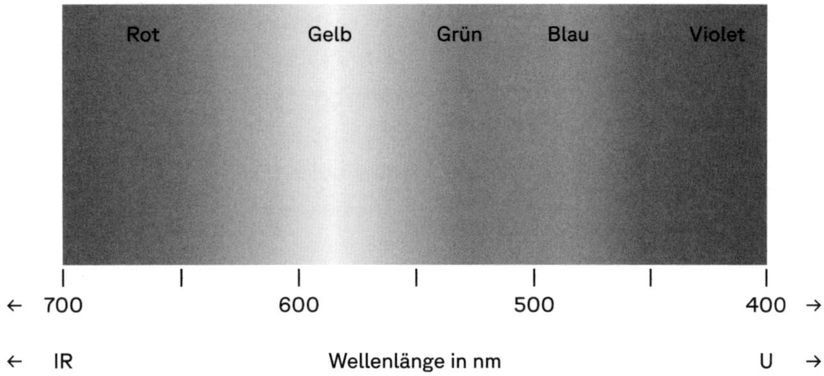

Bei der Erzeugung von Sonnenstrahlen, die als Wärme oder Licht kreisförmig oder geradlinig in das Weltall mit Lichtgeschwindigkeit abgegeben werden, verschmelzen Kerne von Wasserstoffatomen zu Heliumkernen. Da das Licht nicht stehen bleiben kann, bewegt es sich so lange, bis es auf ein Hindernis trifft oder durch ein Hindernis manipuliert wird:

Absorption von Licht:
Entsteht dann, wenn dem Sonnenlicht ein Planet entgegensteht. Es bildet sich hinter dem Planeten ein Schatten z. B. beim Effekt des Halbmondes. Die Seite des Mondes, die sich abwendet erscheint dunkel. Die Sichel wird deshalb gesehen, weil von der Mondoberfläche ein Teil des Lichts zurückgeworfen wird.

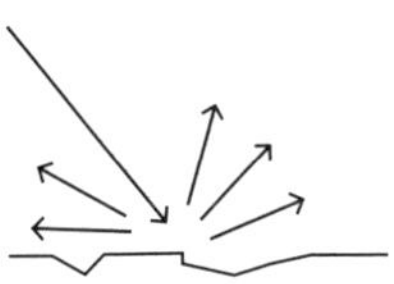

Diffuse Reflexion

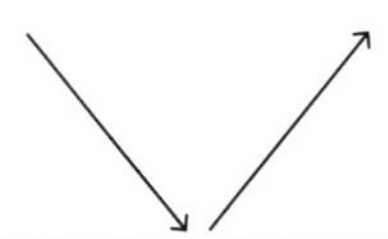

Spiegelnde Reflexion

Reflexion von Licht:
Es gibt Gegenstände, die bestimmte Lichtstrahlen zurückwerfen und einheitlich reflektieren oder in alle Richtungen zerstreuen. Das Letztere wird diffuse Reflexion genannt. Wird das Licht einheitlich reflektiert, wie z. B. bei der glatten Oberfläche eines Spiegels, dann ist das eine spiegelnde Reflexion. Hier ist der Einfallswinkel gleich wie der Ausfallswinkel.

Streuung von Licht:
Trifft das Licht auf z. B. eine raue Oberfläche, dann wird das Licht in viele Richtungen reflektiert. Diese Streuung ist besonders am Tageshimmel zu beobachten, da dieser nicht schwarz, sondern in einem hellen Blau / Grau und vielen mehr erscheint. Das Sonnenlicht zerstreut Luftmoleküle und Staubteilchen diffus.

Brechung von Licht:
Treffen Lichtstrahlen auf durchsichtige Materialien, dann ändern sie beim Eintreten an der Grenzfläche ihre Richtung und das Licht wird dadurch gebrochen. Durch die Lichtbrechung wird meistens die Wassertiefe von glasklaren Gewässern geringer eingeschätzt als sie ist. Sind die Brechzahlen (n) der beiden Medien bekannt, kann der Brechungswinkel (ß) berechnet werden.

$$\frac{\sin \text{Alpha}}{\sin \text{Beta}} = \frac{n_2}{n_1}$$

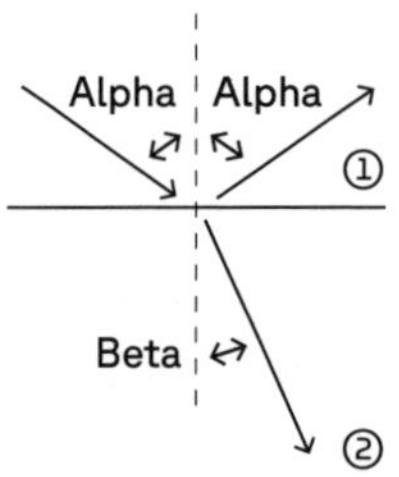

① reflektierter Strahl
② gebrochener Strahl

Das Brechungsgesetz

Das Prisma ist ein besonderes Medium für die Lichtbrechung, wird weißes Licht hier durchgeleitet, dann werden die unterschiedlichen Lichtwellenanteile an den Grenzflächen zweimal gebrochen.

Die Grafik verdeutlicht das Phänomen der Dispersion: langwelliges Licht bricht am Prisma schwächer als kurzwelliges. Dasselbe Naturschauspiel ist in einem Regenbogen zu entdecken: feine Wassertropfen brechen die Sonnenstrahlen und zeigen dadurch das Spektrum des weißen Sonnenlichts.

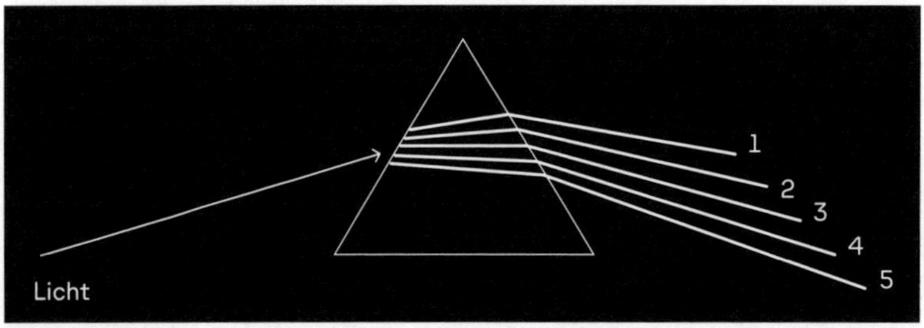

1 Rot
2 Gelb
3 Grün
4 Blau
5 Violet

Licht bricht am Prisma

Totalreflexion von Licht:
Bei einer Totalreflexion wird der Lichtstrahl nicht gebrochen, da dieser ganz flach auf eine Grenzschicht auftrifft. In diesem Fall ist der Einfallswinkel Alpha nahezu 90° und das Licht wird vollständig reflektiert. Durch diese Eigenschaft kann das Licht in ein Lichtleiterkabel, wie z. B. ein Glasfaserkabel, transportiert werden.

B FARBEMPFINDUNG UND FARBE

DAS ENTSTEHEN EINER FARBEMPFINDUNG

Farben sehen entsteht, wenn Licht in Wellenlängen zwischen 400 und 800 nm auf die Netzhaut trifft oder die Netzhaut gereizt oder wenn Partien des Gehirns angeregt werden. Im Allgemeinen werden Farben mit Wörtern und Eigenschaften in Verbindung gebracht, wie z. B. Licht, Wärme, Blut, Feuer, Eifersucht, Kühle, Frühling, Reinheit, göttlich, beruhigend und vielen mehr. Schon in der Antike gab es Überlegungen für die Einteilung und Ordnung einer Farbskala. Auch Aristoteles beschäftigte sich damit und teilte sieben Farben in ein eindimensionales Farbmodell: Weiß, Gelb, Rot, Grün, Violett, Blau und Schwarz. Einige Jahrhunderte später fand der englische Naturforscher Isaac Newton heraus, dass durch die Zerlegung des Tageslichts mit Hilfe eines Prismas sieben Hauptfarben entstehen würden: Gelb, Orange, Rot, Grün, Cyan-Blau, Ultramarinblau und Violett-Blau. Der Naturwissenschaftler setzte dabei auf eine quantitativ mathematische Vorgehensweise und stellte fest, dass sich weißes Licht aus allen Spektralfarben zusammensetzt.

In der Farbenlehre wird Farbe durch drei Eigenschaften beschrieben: Farbton, Helligkeit und Sättigung, wobei jede Wellenlänge einer bestimmten Farbe und einer bestimmten Energie entspricht. Als Farbton wird die Eigenschaft nach der Farbempfindung bezeichnet, z. B. rot, gelb oder grün und unter Farbsättigung wird die Qualität der Farbwirkung verstanden. Der menschliche

Farbsinn und die primären Farbeindrücke werden durch drei Arten von Zapfen in der Retina erzeugt. Dies wird trichromatisch genannt, auch trichromatische Theorie oder Dreifarbentheorie oder Young-Helmholtz-Theorie, die um 1850 von Hermann von Helmholtz entwickelt wurde. Farbmittel sind alle farbgebenden Substanzen, die sowohl organisch als auch anorganisch sein können und je nach Löslichkeit Pigmente oder Farbstoffe sind, wobei Pigmente wasserunlöslich und Farbstoffe wasserlöslich sind.

Das Licht fällt über ein Linsensystem mit Blendenregelung in das Auge und gelangt auf die Netzhaut, die von zwei verschiedenen Sorten von Sinneszellen umgeben ist, die zum einem für Hell-Dunkelsehen und zum anderen für das Farben-Sehen zuständig sind. Die Zellen (Zapfen) sprechen auf bestimmte Wellenlängen des Lichts an: L-Zapfen auf rot, M-Zapfen auf grün und K-Zapfen auf Blau. Im Gehirn entsteht der Farbeindruck Weiß, wenn alle drei Zapfensorten auf der Netzhaut gleichzeitig auftreten und eine sogenannte additive Farbmischung entsteht. Eine additive Farbmischung kann entstehen durch das Mischen von verschieden farbigen Lichtern, durch einen Farbkreisel oder durch dicht zusammenliegende Farbpunkte, wie z. B. bei einem Farbfernsehgerät oder Computerbildschirm.

Ein normalsichtiger Mensch kann über 5.000 verschiedene Farbarten unterscheiden und jede Farbart ergibt sich aus dem Farbton und einem Sättigungsgrad. Unter der Buntheit eines Farbtones wird der Sättigungsgrad verstanden. Bei farbigem Licht nimmt der Sättigungsgrad mit einem zunehmenden Weißanteil ab, bei Pigmenten erfolgt eine Abnahme der Farbsättigung durch Mischung mit weißen, grauen oder schwarzen Pigmenten.

Eine subtraktive Farbmischung tritt auf, wenn Licht drei farbige (rot, blau, grün), hintereinandergestellte Glasplatten durchdringt. Die Farbe Schwarz entsteht, wenn ein roter Filter das rote Licht, der blaue das blaue und der grüne das grüne Licht schluckt. Dadurch kann kein Licht mehr durchfließen und die Farbe Schwarz erscheint. Eine subtraktive Farbmischung entsteht ebenfalls, wenn Malfarben oder Pigmente gemischt werden.

1 Schwarz
2 Weiß
3 Rot
4 Grün
5 Blau
6 Cyan
7 Magenta
8 Gelb

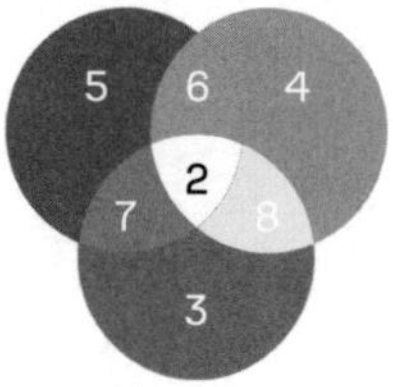

Additive Farbmischung

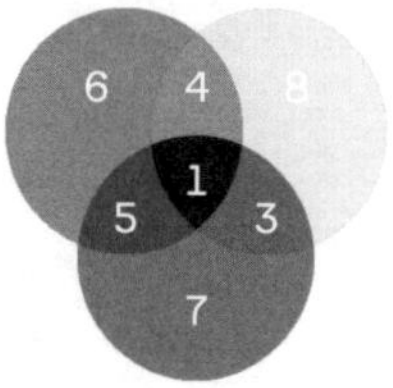

Subtraktive Farbmischung

KOMPLEMENTÄRFARBEN

Betrachtet das menschliche Auge einen orange-roten Kreis und blickt es dann auf ein weißes Feld, dann wird ein hellblauer Farbeindruck wahrgenommen. Wieso: Beim längeren Betrachten eines orange-roten Kastens ermüden die rotempfindlichen Zapfen auf der Netzhaut allmählich. Wird dann auf die weiße Fläche geblickt, dann erbringen die ermüdeten, rotempfindlichen Zapfen nicht mehr ihre volle Leistung, sodass bevorzugt die blau- und grünempfindlichen Zapfen reagieren. Der Farbeindruck Weiß wird nicht mehr gesehen, da die rot-orange Farbkomponente im Gehirn teilweise nicht ankommt. Ergibt ein farbiges Licht zusammen mit einem anderen farbigen Licht den Farbeindruck Weiß, dann wird diese Farbe Komplementärfarbe genannt. Bei der Absorption von weißem Licht an einem Farbpigment werden bestimmte Wellenanteile des Lichts absorbiert, während die übrigen Wellenanteile von der rauen Oberfläche des Pigments reflektiert werden. Als Farbeindruck bei einem Pigment sieht das menschliche Auge den reflektierten Anteil des Lichts als Komplementärfarbe zum absorbierten Teil des Lichts:

Wellenlänge des absorbierten Lichts (in Nanometer)	zugeordnete Farbe des absorbierten Farbanteils	Farbeindruck des »Restlichts« (reflekt. Komplementärfarbe)
400–435	violett	gelbgrün
435–480	blau	gelb
480–490	grünblau	orange
490–500	blaugrün	rot
500–560	grün	purpur
560–580	gelbgrün	violett
580–595	gelb	blau
595–605	orange	grünblau
605–770	rot	blaugrün

C GESCHICHTE DER FARBE

Bei der Interpretation von Kunstwerken spielt die Farbe eine wichtige Rolle und der russische Maler Wassily Kandinsky beschrieb ihre Wirkung so: »[…] das Auge selbst wird durch die Schönheit und andere Eigenschaften der Farbe bezaubert.«[1] Kandinsky, der 1922 als Pädagoge an das Bauhaus in Weimar berufen wurde, war ein Vertreter einer umfangreichen Formen- und Farbenlehre und beeinflusste dadurch die Arbeit in den Werkstätten und in der Bauabteilung.[2] Das Zusammenspiel von Farben und Formen war die zentrale These von Kandinskys Kunstauffassung. Die charakteristische Zuordnung der drei Grundfarben Rot, Gelb und Blau zu Quadrat, Dreieck und Kreis ist bis heute gültig und geht auf eine Umfrage am Weimarer Bauhaus zurück.[3] Da sich die Mehrzahl der Befragten dieser Farb-Form-Zuordnung anschloss, wurde es zum Markenzeichen des Bauhauses.[4] Kandinskys Farbenlehre war von Goethes farbenpsychologischen Betrachtungen angeregt und ist in seiner Schrift *Über das Geistige in der Kunst* nachzulesen. Kandinsky erklärte mit der Farb-Formen-Lehre, wie wichtig das Zusammenspiel von beiden ist: »Dieser Weg liegt zwischen zwei Gebieten (die heute zwei Gefahren sind): rechts liegt das vollständige abstrakte, ganz emanzipierte Anwenden der Farbe in ›geometrischer‹ Form (Ornamentik), links das mehr reale, zu stark von äußeren Formen gelähmte Gebrauchen der Farbe in ›körperlicher‹ Form (Phantastik).«[5]

FARBE GELB

Die Farbe Gelb ist jene Farbe, die wahrgenommen wird, wenn Licht mit einer Wellenlänge zwischen 565 und 575nm mit einer spektralen Verteilung auf das Auge trifft. Gelb symbolisiert bei vielen Naturvölkern das Gedeihen des Lebendigen, den Herbst, die Reife, das Licht sowie die Sonne, die als Gott verehrt wurde, und sie steht für das Weibliche, Sanfte, Strahlende und Sinnliche. »Gelb ist die typische irdische Farbe.«[6] Auf der anderen Seite kann Gelb auch Empfindungen wie Eifersucht, Missgunst oder Verrat hervorrufen.

Seit dem Mittelalter gilt Gelb auch als Farbe des Neides und als Schandfarbe von diskriminierten Gruppen. Der englische Öl- und Aquarellmaler William Turner, dessen Werke einen Höhepunkt in der englischen Romantik darstellen, gilt als Erfinder der Landschaftsmalerei und der Seebilder. In seinen Öl- und die Aquarellmalereien realisierte Turner mit außergewöhnlicher Technik eine differenzierte Farbgebung die eine atmosphärische Stimmung hervorruft, wobei er besonders auf die Darstellung des Lichtes achtete. Insbesondere beschäftigte er sich mit der Farbe Gelb, woraus sich hohe Farb- und Lichtqualitäten ergaben, was in späterer Folge den Impressionist*innen entscheidende Impulse gab.

Johann Wolfgang von Goethe schrieb in seinem Buch *Zur Farbenlehre* über Gelb: »Das Auge wird erfreut, das Herz ausgedehnt, das Gemüt erheitert; eine unmittelbare Wärme scheint uns anzuwehen.«[7] Des Weiteren hält Goethe fest, dass die Farbe Gelb durch ihren höchsten Grad an Reinheit immer die Natur des Hellen in sich habe und daher besitze sie »[...] eine heitere, muntere, sanft reizende Eigenschaft. So ist es der Erfahrung gemäß, dass das Gelbe einen durchaus warmen und behaglichen Eindruck mache.«[8]

FARBE ROT

Rot ist eine vitale sowie aggressive Farbe, die nicht nur Lebenskraft symbolisiert, sondern die Energie des Körpers, lebenserhaltende Kräfte, Leidenschaft, Liebe, Blut, Tatkraft, aber auch Feuer, Hass und Aggressivität. Rottöne bilden ein Spektrum von orange bis violett und durch die niedrige Frequenz dominiert die Farbe Rot vor allen anderen. In der Antike war Rot der Männlichkeit und dem Krieg zugeordnet, weshalb der »rote Planet« nach dem römischen Kriegsgott Mars benannt wurde. Aristoteles schrieb Rot dem menschlichen Blut zu: »In diesem Sinne werden gewisse Naturobjekte gewissen Farben zugeschrieben, so das Rothe dem gesunden Blute.«[9] Im Fernen Osten gilt Rot als die Farbe des Glücks, des Reichtums sowie der Bannung böser Geister. Anlässlich des hundertsten Jahrestages des Sturms auf die Bastille und der Gründungsversammlung der »Sozialistischen Internationale« am 14. Juli 1889 in Paris wurde die rote Fahne gehisst. »Mit der Farbe Rot erklärten die Sozialisten sich innerhalb der Nation und des Staates zur aparten ›Partei des Proletariats‹ – und gleichzeitig zur Menschenpartei, die die Aspirationen der Gattung vertrat.«[10] Der Farbe Rot wird auch eine heilende, wärmende und wohltuende Wirkung nachgesagt, die in Form von Infrarotstrahlung sogar sinnenfällig wird.

FARBE GRÜN

Grün, als Farbe der Natur und des Frühlings, symbolisiert das Ende des kalten Winters und steht für Hoffnung, Unsterblichkeit, übernatürliche Stärke, Weisheit, Gesundheit und Fruchtbarkeit. Gleichzeitig steht die Farbe Grün für das Unreine, Giftige sowie Dämonenhafte, was das Christentum im Mittelalter dazu veranlasste, Grün mit ungezügelter Sexualität zu assoziieren und sich den Teufel im grünen Rock vorzustellen. Zudem wurde grüne Malfarbe früher mit giftigen Stoffen wie Arsen oder Grünspan hergestellt, was bei der Verarbeitung oft tödliche Folgen hatte.[11] Allerdings ist die Farbe Grün auch als Hoffnungsträgerin und als Symbol der Erneuerung bis heute im Christentum erhalten geblieben. Als besonderes Beispiel sei erwähnt, dass im Strasbourger Münster ein grasgrüner Auferstandener zu sehen ist. Es beginnt auch die Karwoche mit dem »Grünen Sonntag«, sprich Palmsonntag, und endet mit dem Gründonnerstag. Gemäß dem alten Brauch wird am Ende der Fastenzeit grünes Gemüse wie Spinat gegessen, was nach katholischem Glauben die Befreiung von den Sünden symbolisiert.

FARBE BLAU

Die Farbe Blau wiederum steht als Symbol für Himmel, Wasser, Himmelsgötter, Ferne, Wahrheit, Ewigkeit, Treue, Frieden, Männlichkeit, Unendlichkeit, aber auch Leere, Täuschung und Unsicherheit. »Blau ist die typische himmlische Farbe.«[12] Schon im alten Ägypten wurden Blau lebensspendende und göttliche Eigenschaften nachgesagt, sodass es zum Symbol des Königlichen wurde.[13] Im altägyptischen Totenbuch von Horus erscheint der Sohn des Gottes Osiris, der das Böse vernichtet, in einer Falkengestalt mit einem Oberkörper aus blauem Lapislazuli. Zu den ältesten und wichtigsten und am häufigsten verwendeten künstlich hergestellten Blau-Pigmenten zählt das »Ägyptisch Blau«, das aus Calcium-Kupfersilikat hergestellt wurde. Ein Beweis für die Leuchtkraft und Dauerhaftigkeit von »Ägyptisch Blau« ist die Kopfbedeckung der Königin Nofretete aus dem Jahre 1340 v. Chr., die im Neuen Museum auf der Berliner Museumsinsel zu sehen ist.

Im Christentum stand Blau als Farbe des Himmels schon immer mit dem Göttlichen und dem Überirdischen in Verbindung, galt als weiblich und wurde der Jungfrau Maria zugeschrieben. Im Laufe der Jahrhunderte entwickelte sich Blau zur Farbe der Franzosen und Ludwig XIV. kleidete seine Eliteregimenter und Garden in Blau ein, was dazu führte, dass 1798 diese Farbe zum nationalen Blau erklärt wurde.[14] Johann Wolfgang von Goethe schrieb sehr ambivalent über die Farbe Blau: »Diese Farbe macht für das

Auge eine sonderbare und fast unaussprechliche Wirkung. Sie ist als Farbe eine Energie; allein sie steht auf der negativen Seite und ist in ihrer höchsten Reinheit gleichsam ein reizendes Nichts. Es ist etwas Widersprechendes von Reiz und Ruhe im Augenblick.«[15]

D GESCHICHTE DER FARBSTOFFE

Farben, Farbstoffe und Pigmente gibt es schon seit Jahrtausenden, denn sie spielen in der Natur sowohl bei Tieren als auch bei Pflanzen eine bedeutende Rolle und begleiteten seit jeher das kulturgeschichtliche Leben der Menschen. Sie werden nicht nur für Schmuckattribute eingesetzt, sondern sind auch Symbol bei Ritualen oder z. B. das grüne Chlorophyll ermöglicht eine Fotosynthese in den Pflanzen oder der rote Blutfarbstoff Hämoglobin besitzt die Fähigkeit, Sauerstoff zu binden und abzugeben. In der Tierwelt werden Färbemuster und Farben besonders bei der Tarnung oder der Balz verwendet.

Ursprünglich wurden Naturfarbstoffe zum Färben von organischen Materialien gebraucht. Im Laufe der Jahrhunderte wurden diese durch chemische Experimente von den synthetischen Farbstoffen abgelöst. Um 1850, also erst seit ca. 150 Jahren, konnten synthetische Farbstoffe hergestellt werden, die den natürlichen Farbstoffen in ihrer chemischen Grundstruktur nachgebaut sind. Die Geschichte der synthetischen Farbstoffe ist eng verbunden mit der industriellen Revolution sowie der Entwicklung der Groß- und Erdölindustrie, da alle synthetisch hergestellten Farbstoffe aus dem Ausgangsprodukt Erdöl erzeugt wurden und werden.

Die ältesten Nachweise von natürlichen Farbstoffen und Textilien stammen aus archäologischen Funden der frühen Hochkulturen aus der Zeit um 3.000 vor Christus. In germanischen Siedlungen aus der jüngeren Steinzeit wurden neben gefärbten Textilien Reste von Samen, Pflanzen und organisches Material gefunden, wie z. B. menschliche Haut, Holz und vieles mehr. Unter günstigen Lagerungsbedingungen, wie z. B. fehlender Lichteinfluss oder trockenes Klima, konnten bunt gefärbte Textilien erhalten bleiben. Allerdings haben diese oft eine fast einheitliche, braune Eigenfärbe, was auf den Einfluss von Huminsäuren zurückzuführen ist. Die ältesten anorganischen Färbemittel wurden in Höhlenmalereien gefunden, die auf ca. 20.000 Jahre v. Chr. datiert wurden. In Ägypten wurden ca. 7.000 Jahre alte organische Gerbemittel entdeckt und Spuren von pflanzlichen Farbstoffen wie Krapp, Indigo, Safran oder Henna wurden an ägyptischen Mumien aufgespürt. Auch in der Türkei weisen zahlreiche Wandmalereien aus der Steinzeit auf die Tradition von Teppichweben und -färben hin sowie auf das Tragen von farbiger Kleidung. Die Kunst des Färbens dürfte eines der ältesten Kunsthandwerke der Menschheitsgeschichte sein, denn schon die Phönizier hatten in Tunis und Tyros zahlreiche Färbebetriebe.

Ursprünglich wurden Farbstoffe aus wild wachsenden Pflanzen, Kräutern, Wurzeln, Rinden, Blättern, Blüten und Früchten gewonnen. Rinden und Galle wurden zum Färben für braune, rotbraune, graue und schwarze Nuancen und Blätter, Kräuter und Blüten auf Grund des Flavonoidenanteils zum Gelbfärben verwendet. Zu den wichtigsten gelbfärbenden Pflanzenmaterialien zählen der Färber-Ginster, die Färber-Scharte, die Färber-Kamille und Birkenblätter.

Im Orient und im Mittelmeergebiet wurden Farbstoffe aus der Purpurschnecke oder aus Pflanzen wie Orseille, Kermeseiche, Drachenblut, Waid, Wau, Safran, Saflor und vielen mehr hergestellt, die auch in der frühmittelalterlichen Buchmalerei eingesetzt wurden. Neben der Bedeutung der oben erwähnten Pflanzen wie Krapp, Waid und vielen mehr wurden Henna, Alkanna, Sandelholz, Brasilholz, Kermes, Indigo und Katechu, die durch arabische Händler*innen nach Europa gebracht wurden, immer bedeutender. Die rote Farbe Purpur war schon zur damaligen Zeit eine sehr teure Farbe. Sie war ausschließlich dem römischen Kaiser vorbehalten, denn für ein Gramm Purpur mussten ca. 8.000 Schnecken getötet werden. Andere Tiere wie Blattschildläuse wurden zur Farbengewinnung herangezogen, die besonders für die Rotfärbung verwendet wurden. Die gebräuchlichsten Textilfärbemittel des Mittelalters waren für Blau die Pflanze Waid, für Gelb der Wau und für Rot der Krapp. Seit dem Altertum wurde Indigo über den Landweg aus Indien in den Mittelmeerraum transportiert und blieb für die Färberei bis in die Neuzeit eine Rarität und war der wohlhabenden Bevölkerung vorbehalten. Erst mit dem Aufkommen der synthetischen Farbstoffe konnte Indigo chemisch nachgebaut werden und für das Färben von Textilien in der Massenproduktion eingesetzt werden.

Durch die Entdeckung Amerikas 1492 und des ostindischen Seeweges 1498 wurden neue Farbstoffe nach Europa gebracht, was zu großen Umwälzungen in der Färberei führte. Es wurden unbekannte Färbemittel aus Mittel- und Südamerika, wie z. B. Rotholz, Blauholz, Gelbholz, Quebrachoholz, Cochenille und viele mehr, eingeführt. Das führte dazu, dass z. B. Waid durch Indigo verdrängt wurde, Kermes durch Cochenille und Wau durch Gelbholz. Cochenille sind mexikanische Läuse, die die mediterranen Kermes-Schildläuse allmählich verdrängten. Damit entstand ein neues Zunftwesen der Färberei. War ursprünglich die Färberei ausschließlich Frauen vorbehalten und dem Weben untergeordnet, waren in späterer Folge nur mehr Männer dafür zuständig. Das mittelalterliche Zunftwesen entwickelte sich auf Grund der unterschiedlichen Färbemethoden sehr rasch und es wurden Waid-, Küpen-, Bunt-, Beizen- und Schwarzfärbereien geründet. Das bedeutendste Beizmittel im Mittelalter war ein Wasser-Schwefelsäure-haltiges Kaliumaluminiumsulfat, genannt Alaun.

Die nächste große Errungenschaft in der Textilfärberei der Neuzeit kam durch die Erfindung der synthetischen Farbstoffe, wobei die entscheidende Grundlage dafür der deutsche Chemiker Friedlieb Ferdinand Runge im Jahre 1834 lieferte. Chemiker experimentierten seit jeher mit verschiedenen Stoffen, um die sehr teuren und durch die Natur begrenzten Produkte zu ersetzen. 1856 entdeckte William Perkin, dass durch Oxidation von Anilin Chinin, eine schwarzviolette Masse, entsteht und durch Extraktion mit Alkohol ein violetter Farbstoff, den er Mauvein nannte. Somit war Perkins Farbstoff der erste künstlich hergestellte Anilinfarbstoff, mit dem Seide gefärbt werden konnte. In späterer Folge gründete Perkin mit seinem Vater und Bruder eine Fabrik für synthetische Farbstoffe.

Die synthetischen Farbstoffe verdrängten allmählich das Handwerk der Färberei und im Industriezeitalter entstanden große Manufakturen und Betriebe, die mit technischen Maschinen arbeiteten. Um 1850 erfand der Amerikaner Levi Strauss Hosen, die aus einem besonders strapazierfähigen Baumwollstoff hergestellt und mit blauen Küpenfarbstoff eingefärbt wurden, namens

Jeans. Der natürliche Indigofarbstoff kann nur mit viel energetischem und chemischem Aufwand auf Baumwolle aufgebracht werden, daher brachte die Entdeckung des künstlich hergestellten Indigos im Jahr 1878 einen neuen Aufschwung in der Baumwollindustrie, vor allem in der Jeansherstellung.

Synthetische Textilien wie z. B. Polyamid oder Polyester können nicht mit Naturfarbstoffen gefärbt werden, daher ist die Erfindung der synthetischen Farbstoffe besonders für diese Materialgruppe von wichtiger Bedeutung. Heute existieren unzählige künstliche Farbstoffe, die auf die jeweilige Materialgruppe abgestimmt sind und sich durch die chemische Zusammensetzung unterscheiden. Anschließend werden einige wichtige chemische Grundgerüste für farbstoffgebende Gruppen beschrieben.

E ALLGEMEINE BEGRIFFSBESTIMMUNG IN BEZUG AUF FARBSTOFFE

FARBMITTEL

Der Begriff Farbmittel umfasst alle Stoffe, die auf Grund ihrer farbgebenden Eigenschaften eingesetzt werden. So wird das Farbmittel zunächst gemäß seiner Löslichkeit unterschieden. Im Anwendungsmedium sind Farbstoffe jene Substanzen, die wasserlöslich sind, und Pigmente jene, die unlöslich sind. Pigmente werden entsprechend ihrem chemischen Aufbau in organische und anorganische Klassen eingeteilt. In der Praxis werden die Ruße trotz ihres organischen Aufbaus (chemische Klasse: Kohlenstoff) den anorganischen Pigmenten zugeordnet.

KONSTITUTION UND FARBE

Eine chemische Verbindung erscheint dann farbig, wenn sie aus dem sichtbaren Teil des Spektrums (400–800 nm) einen gewissen Wellenbereich selektiv absorbiert. Die von unserem Auge wahrgenommene Farbe dieser Verbindung entspricht der jeweiligen Komplementärfarbe des absorbierten Spektralbereichs.

Im Allgemeinen sind die gesättigten organischen Verbindungen für unser Auge farblos, da sich ihr Absorptionsbereich außerhalb des Sichtbaren im Ultraviolett befindet. Durch Einführung von pi-Bindungssystemen, wie =C=O, =C=N-, =C=C=, -N=O und viele mehr, besonders wenn diese zueinander in Konjugation stehen, verschieben sich die Absorptionsbanden mehr oder weniger zum sichtbaren Teil des Spektrums. Die Beziehung zwischen chemischer Konstitution und Farbe verdeutlicht die Lehre von der Mesomerie. Danach sind die pi-Elektronen der Mehrfachbindungen für die selektive Lichtabsorption und damit für die Farbigkeit verantwortlich. Je stärker die pi-Elektronen delokalisiert sind, d. h., je mehr energetisch weitgehend gleichwertige Grenzformeln für den Grundzustand anzugeben sind, umso tiefer erscheint die Farbe.

FARBGEBENDE GRUPPEN

Chromophore (chroma = Farbe, phoron = Träger) oder chromophore Gruppen sind Atomgruppen, die die selektive Absorption entscheidend beeinflussen und farbgebende Gruppen enthalten. Allerdings ist es notwendig, dass in einer farbgebenden Substanz Anhäufungen von Chromophoren auftreten, um eine Farbvertiefung zu erreichen. Dadurch kommt es zu einer Verschiebung der Absorptionsmaxima nach längeren Wellen hin bis ins sichtbare Spektrum. Eine kleine Gruppe von Chromogenen reicht meist nicht aus, die Lichtabsorption für das Sichtbare hervorzurufen, dadurch bleibt das Absorptionsspektrum weiterhin im Ultraviolett. Eine Azogruppe (-N=N-) ist z. B. eine typische chromophore Gruppe, die als eigentlicher Farbträger der Azofarbstoffe fungiert. Chromophore Gruppen, die die Farbigkeit einer Substanz bedingen, bewirken jedoch noch keinen Farbstoffcharakter.

BEDEUTUNG DER SUBSTITUTE

Die Fähigkeit andere Materialien anzufärben wird erst durch die sogenannten Auxochrome (auxensis = Zunahme) oder auxochromen Gruppen bedingt. Erst wenn diese vorhanden sind, ist es möglich, Stoffe wie z. B. Textilfasern, unter anderem Baumwolle,

Wolle, Seide oder synthetische Fasern, licht- und waschecht zu färben. Die wichtigsten Auxochrome sind: $-NH_2$, $-NHR$, $-N(R)_2$, $-OH$, $-OCH_3$.

Auxochrome haben die Aufgabe, ein Bindeglied zwischen Farbstoff und Faser zu sein, und sind somit für die Farbvertiefung verantwortlich. Die Stärke dieses bathochromen Effekts, auch Rotverschiebung genannt, beschreibt eine Farbvertiefung, die von der Elektronendonatorwirkung der auxochromen Gruppen abhängig ist. Unter Elektronendonatorwirkung wird die Beteiligung der freien Elektronenpaare an der Mesomerie der aromatischen Systeme verstanden. Wenn nun die H-Atome in der NH_2-Gruppe durch z. B. Alkyl- oder Arylgruppen ausgetauscht werden, so tritt eine Farbvertiefung ein und es wird ein sogenannter hypsochromer Effekt ausgelöst, d. h., dass sich Absorptionsmaxima zu dem kurzwelligen, energiereichen Bereich des elektromagnetischen Spektrums hinbewegen. Auxochrome können sowohl bathochrom als auch hypsochrom wirken, was als Inversion der Auxochrome bezeichnet wird. Dies ist abhängig von ihrer Struktur und ihrer Stellung am Chromophor.

LÖSLICHKEIT UND MOLEKÜLGRÖẞE

Durch die Substitutionsmöglichkeit des Grundgerüstes kann einerseits der Farbton variiert werden und anderseits ermöglicht es, saure oder basische Gruppen einzuführen. Dadurch ist es möglich, die Farbmittel nicht nur zu Pigmenten zu verarbeiten, sondern sie auch mit Funktionalitäten auszustatten, die chemisch mit der Faser eines zu färbenden Stoffes reagieren, um sie z. B. als Reaktiv- oder Direktfarbstoff einsetzen zu können. Ein wichtiger Punkt ist bei Farbmitteln die Löslichkeit. Soll das Farbmittel als Textilfarbstoff zum Einsatz kommen, so müssen verbesserte Löslichkeits- und Migrationseigenschaften gewährleistet sein. Diese können z. B. durch Sulfo- oder Carboxylgruppen erreicht werden, die für die Wasserlöslichkeit verantwortlich sind. Auf der anderen Seite muss die Löslichkeit des Farbmittels so verringert werden, dass z. B. beim Waschen des Färbeguts oder dessen Einsatz in nasser oder öliger Umgebung kein Farbaustritt mehr möglich ist.

Die Löslichkeit von Farbmitteln lässt sich grundsätzlich auf zwei Arten verringern: durch Vergrößerung der Molekülgröße oder durch die Einführung von Gruppen, die das Lösungsmittel abstoßen. Der erste Weg wird bei den Disazo-Verbindungen beschritten, bei dem durch Kupplung über zwei Azobrücken und eines vergrößerten Brückenmoleküls die Molekülgröße nahezu verdoppelt wird. Als organische Verbindungen lösen sich z. B. Azofarbmittel in vielen gängigen organischen Lösungsmitteln, teilweise auch in wässriger Umgebung mehr oder weniger gut.

COLOUR-INDEX

Der sogenannte Colour-Index ist eine Publikation, die von der »Society of Dyers and Colourists« seit 1925 herausgegeben wird und alle von den Farbmittelhersteller*innen bekanntgemachten Pigmente und Farbstoffe enthält. Die Farbmittel werden nach dem Colour-Index (C. I.) Generic Name geordnet. Ist die chemische Struktur genau bekannt, so schließt sich an den C. I. in Klammer die Constitution Number an, die das Farbmittel eindeutig chemisch charakterisiert. Pigmente mit der gleichen C. I.-Nummer haben den gleichen chemischen Aufbau. Anbei Beispiele, die nach dem Colour-Index klassifiziert sind:

Farbton	Colour Index Generic Name	Constitution Number
Gelb	Pigment Yellow 110	(56280)
Rot	Pigment Red 177	(65300)
Grün	Pigment Green 7	(74260)

Wird nach Alternativen bzw. nach einem potenziellen Austauschprodukt für ein bestimmtes Farbmittel gesucht, liefert das Nachschlagen im Colour-Index beispielsweise unter dem C. I. »Pigment Yellow 110 (56280)« mehrere Gelbpigmente von verschiedenen Hersteller*innen, die chemisch die gleiche Struktur aufweisen. Einschränkend ist zu sagen, dass diese Pigmente zwar aus gleichen Elementen aufgebaut sind, aber die Farbtonnuance und die Eigenschaften jedoch voneinander abweichen können. Dies bedeutet, dass die Pigmente in bestehenden Rezepturen nicht einfach gegeneinander ausgetauscht werden können. Die Kenntnis der chemisch gleichen Konkurrenzprodukte ist für Colorist*innen ein wertvoller Hinweis, doch die mühevolle und zeitraubende

Ausmusterungsarbeit kann sie nicht ersetzen. Ursachen für die Abweichungen sind die unterschiedlichen Herstellverfahren und -bedingungen.

TEXTILFARBSTOFFE UND DIE DAZUGEHÖRIGEN FASERSTOFFE

Von mehreren zehntausend bekannten, chemisch verschiedenen Farbstoffen werden ca. 3.000 technisch genutzt, davon einige hundert in größeren Mengen. Die verbleibende Vielzahl ergibt sich aus der Notwendigkeit, die verschiedenen Faserstoffe in den unterschiedlichsten Farbtönen und mit den jeweils gewünschten Echtheiten färben zu können.

Für Baumwolle, Viskose, Modalfasern, Leinen:

- → Direkt- (Substantiv-)Farbstoffe: Anionische Farbstoffe, die ohne Vorbeize, d. h. direkt, auf die Faser aufziehen. Mäßig waschecht, teils sehr lichtecht.
- → Reaktiv-Farbstoffe: Anionische Farbstoffe, die direkt aufziehen und mit der Faser chemisch reagieren. Dadurch sehr waschechte, brillante Farbtöne.
- → Küpen-Farbstoffe: In Wasser unlösliche Pigmente, die beim Färben durch Reduktion gelöst (verküpt) werden und die Faser anfärben. Durch anschließende Oxidation wird auf der Faser das Pigment wiederhergestellt. Sehr wasch- und lichtecht (indanthren), aber keine brillanten Töne.
- → Schwefel-Farbstoffe: Teils als Pigment, das beim Färben durch Reduktion gelöst wird, teils vorgelöst. Oxidation zum Pigment auf der Faser (analog zu Küpenfarbstoffen). Preiswert, gedeckte Braun-, Oliv-, Dunkelblau-, Schwarz-Töne.
- → Entwicklungs-Farbstoffe: Farbstoff wird in zwei Stufen, d. h. Vorbehandlung mit einem Naphthol und Behandlung mit einem Diazoniumsalz auf der Faser gebildet. Hohe Echtheiten.
- → Pigmente: Werden in der Faser eingelagert und mit Bindemitteln mechanisch fixiert. Wenig abriebecht, sehr lichtecht, für helle Färbungen oder für Drucke.

Für Wolle, Seide, Polyamidfasern

- → Säurefarbstoffe: Anionische, egalisierende Farbstoffe mit mäßiger Wasch-, aber hoher Lichtechtheit und Walkfarbstoffe mit hoher Waschechtheit.
- → Chromierungsfarbstoffe: Anionische Farbstoffe, die durch Nachbehandlung mit Chromsalzen als Chrom-Komplex an die Faser gebunden werden. Sehr hohe Waschechtheit.
- → Metallkomplex-Farbstoffe: 1- oder 2-Metall-Farbstoff-Komplexe. Hohe Wasch-, sehr hohe Lichtechtheiten, keine brillanten Töne.
- → Reaktiv-Farbstoffe: Insbesondere eingesetzt für waschmaschinenfeste Wolle.

Für Acetat-, Triacetat-, Polyesterfasern

- → Dispersionsfarbstoffe: Nichtionische Farbstoffe, wenig wasserlöslich, die als Dispersion eingesetzt werden.

Für Polyacrylnitrilfasern

- → Kationische Farbstoffe: Hoch wasch- und lichtecht

F NATURFARBSTOFFE

Zu den Naturfarbstoffen zählen Farbstoffe, die entweder aus Pflanzen oder aus Tieren gewonnen werden. Zu den pflanzlichen Produkten zählen Farbstoffe, die aus Blüten, Blättern, Rinden, Früchten und Kräutern von z. B. Blauholz, Curcuma, Indigo, Krappwurzel, Reseda gewonnen werden. Zu den tierischen Produkten zählen Farbstoffe, die z. B. aus dem Blut, den Augen, der Haut, den Haaren und vielem mehr von z. B. Läusen hergestellt werden. Es gibt auch Naturfarbstoffe, die z. B. aus Algen, Bakterien, Pilzen, Flechten und vielen mehr gewonnen werden können. Naturfarbstoffe können aufgrund ihrer chemischen Struktur wie folgt eingeteilt werden: Anthrachinone, Anthocyana, Betalaine, Caratinoide, Chlorophyelle, Chinone, Flavonoide, Hämoglobine, Melanine, Ommochrome, Phycobiline und viele mehr. Anbei einige der wichtigsten Naturfarbstoffe:

NATÜRLICHER INDIGO

Bei Indigo handelt es sich um ein organisches dunkelblau-kupferrot schimmerndes Pigment, das wasserunlöslich ist. Indigo ist einer der ältesten Farbstoffe der Menschheit und gehört zur chemischen Gruppe der indigoiden Farbstoffe.

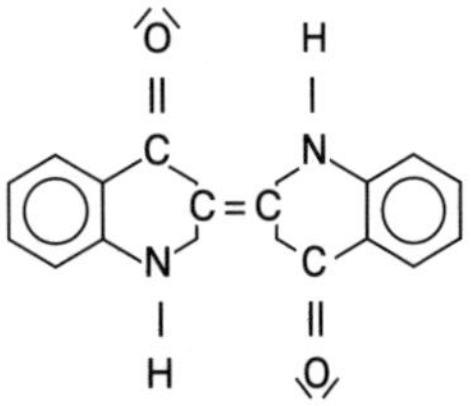

Der Farbstoff kann für das Färben aus verschiedenen Indigopflanzen gewonnen werden:

Name	lateinischer Name	Herkunft
Indigopflanze	Indigofera arrecta	Afrika, Indien, Indonesien
	Indigofera tinctoria	Indien, Asien
	Indigofera suffruticosa	Amerika, Afrika, Asien
Färberwaid	Isatis tinctoria	Kaukasus, Asien, Europa

Indigo konnte bereits in gefärbten Bändern von ägyptischen Mumien nachgewiesen werden. In Europa wurde der »König der Farbstoffe« lange Zeit aus Färberwaid, einer Blütenpflanze aus der Familie der Kreuzblütler, gewonnen. Urkunden aus dem 12. Jahrhundert berichten vom Waidanbau in Thüringen. Im 16. Jahrhundert begannen holländische Seefahrer*innen Indigo aus Indien zu importieren. Da dieser nicht nur preisgünstiger war, sondern auch eine höhere Farbausbeute mit sich brachte, wurde Färberwaid allmählich von der asiatischen Indigopflanze verdrängt. Das Jahr 1878 brachte für den Handel mit Indigo eine entscheidende Wende, da dem deutschen Chemiker Adolf von Baeyer die Herstellung des ersten künstlichen Indigos gelang. Ab 1897 kam dieser synthetische Indigo durch die Badische Anilin- und Sodafabrik (BASF) in Ludwigshafen zu einem sehr günstigen Preis in den Handel.

Gewinnung des Farbstoffes:
Die Indigopflanze enthält keinen blauen Indigo, sondern Indican, eine gelbe Vorstufe des Farbstoffes. Erst nach einer Reihe von chemischen Umwandlungsprozessen entfaltet der äußerst lichtechte Farbstoff seine jeansblaue Farbe.

→ Zur Gewinnung von Indigo aus Färberwaid wurden die Waidblätter in einer Waidmühle zerquetscht und einem Gärungsprozess zugeführt. Aus dem vergorenen Brei wurden Waidkugeln geformt, die auf den Märkten verkauft wurden. Die befeuchteten Waidkugeln wurden mit Urin benetzt und erneut einer Gärung ausgesetzt. Nach einer Lagerzeit von etwa zwei Jahren kam der vergorene Waid in die Färbehäuser, wo er mit Urin und Pottasche verrührt wurde, damit eine Verküpung stattfinden konnte. Die mit der Küpe gefärbten Textilien waren beim Herausziehen zunächst gelb. Erst durch eine Oxidation an der Luft entwickelte sich der blaue Farbton des Indigos.
→ Gewinnung aus der indischen Indigopflanze (Indigofera): Die Pflanzenteile wurden nicht per Schiff eingeführt, sondern in Indien vor Ort verarbeitet. Zur Gärung wurden die Indigopflanzen in große Wasserbecken gegeben, wo sich das Indican in Indoxyl und Traubenzucker umwandelte. Nach ca. 15 Stunden wurde der gelben Flüssigkeit durch einfaches Schlagen oder mit Hilfe von Schaufelrädern Luft hinzugefügt, sodass der eingebrachte Sauerstoff oxidierte und das wasserlösliche, gelbe Indoxyl zu blauem Indigo übergeführt wurde. Der so gewonnene Farbstoff war nicht mehr wasserlöslich und setzte sich am Boden ab. Er wurde getrocknet und danach zu Blöcken verarbeitet.
→ Künstliche Herstellung des Indigos nach Heumann: Bei der künstlichen Herstellung wird Anilin als Ausgangsstoff verwendet. Durch eine Kondensationsreaktion

wird Anilin zu Indoxyl umgewandelt und durch Oxidation mit Sauerstoff in alkalischer Lösung wird dieses zu Indigo übergeführt.

Färben mit Indigo:
Da Indigo selbst nicht wasserlöslich ist, muss er in eine wasserlösliche Form umgewandelt werden. Dies geschieht durch eine Umwandlung des Indigos mit Hilfe von Natriumdithionit zu Indigoweiß, welches mit der zugegebenen Natronlauge ein wasserlösliches Salz bildet. Die Umwandlung heißt auch Verküpung. Die Farbe wechselt dabei von blau-violett nach gelb. Beim Färbevorgang werden die Textilien in die Küpe mit dem wasserlöslichen Salz getaucht. Gelangt das vorerst gelb gefärbte Material an die Luft, wird die Verküpung mit Hilfe des Luftsauerstoffs rückgängig gemacht und es entsteht auf dem Gewebe durch Oxidation wieder Indigo:

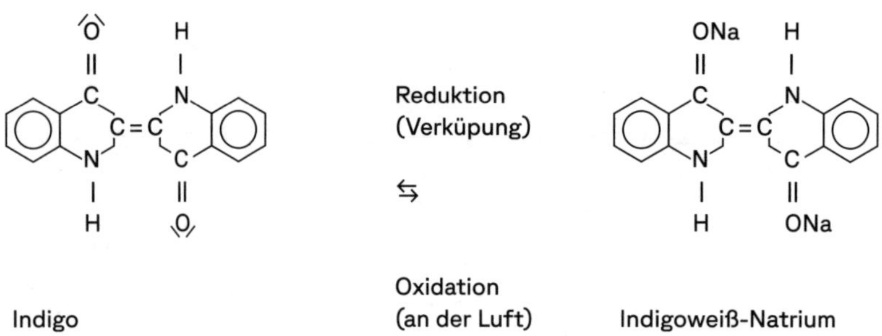

Indigo

Indigoweiß-Natrium

KRAPP

Krapp ist neben Indigo einer der ältesten Pflanzenfarbstoffe. Es gibt schriftliche Aufzeichnungen sowohl von den Griechen als auch den Römern über die Verwendung von Krapp. Es konnten z. B. Spuren im Grab des ägyptischen Pharao Tutanchamun um 1337 v. Chr. nachweisen werden. Es ist bekannt, dass die Römer*innen den roten Farbstoff als Imitat für das Purpur der Purpurschnecken verwendeten.

Krapp ist eine 50–80 cm hohe Schlingpflanze aus der Familie der Rötegewächse. Ihr Farbstoff befindet sich im Zellsaft und in den Wurzeln, die eine hellrote Farbe besitzen. Die rote Farbe entwickelt sich erst durch das Trocknen der Wurzelstöcke, die 1–2 % des Farbstoffes Alizarinrot enthalten. Alizarinrot gehört zur Familie der Anthrachinonfarbstoffe, die drei miteinander verbundene Benzolringe besitzen und sich in Wasser schlecht und in Alkohol relativ gut lösen lassen.

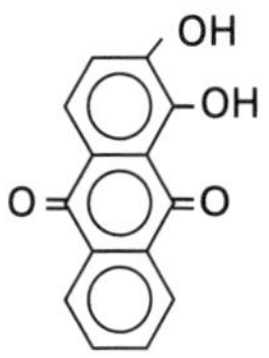

Alizarin-
molekül

Krapp ist ein Beizenfarbstoff für Wolle, Baumwolle und Seide. Für das Färben werden die Wurzeln einen Tag vorher im Wasser eingelegt, anschließend gemeinsam mit dem Textil auf 70–80° C erhitzt. Wird beim Beizen Alaun verwendet, dann können leuchtend rote Farbtöne erzielt werden.

BLAUHOLZ, CAMPECHEHOLZ

Durch die Eroberung Mexikos im Jahr 1522 kam das Blauholz wie auch die amerikanische Cochenillelaus nach Europa. Blauholz ist Rohmaterial für den Farbstoff Hämatoxylin, der in reiner Form gelbe oder farblose Kristalle bildet und sich in heißem Wasser sowie Alkohol gut lösen lässt. Wird Blauholz mit Laugen gekocht, färbt sich die Lösung purpurrot und erst unter Lufteinwirkung bildet sich die blau-violette Farbe. Blauholz wird zum Färben von Baumwolle, Leinen, Wolle, Seide und Leder eingesetzt. Für das Färben werden die Holzspäne mit Wasser gekocht. Anschließend wird das vorgebeizte Textil mit der Farbstoffextraktlösung kochend gefärbt. Es kann mit Alaun, Weinstein oder Eisensalzen vorgebeizt werden. Je nach Vorbeizung ergibt es unterschiedliche Färbungen. Der Farbstoff ist nicht besonders lichtecht.

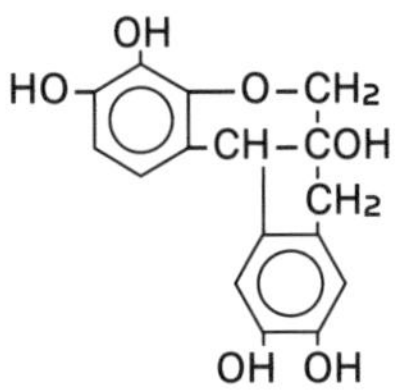

Hämatoxylin

COCHENILLE

Cochenille ist ein roter, wasserlöslicher Farbstoff, der zur Familie der Anthrachinone gehört. Als farbgebender Anteil enthält er Carmin, das sich aus Carminsäure und Kermessäure zusammensetzt. Er kann aus drei verschiedenen Schildlausarten gewonnen werden: Kermes-Schildlaus, polnische Cochenillelaus und amerikanische Cochenillelaus.

Der gewonnene Farbstoff aus Kermesläusen war bereits bei den Ägyptern, Griechen und Römern bekannt. Das Scharlachrot wurde zum Färben von Wolle, Leder und Seide eingesetzt und war für kräftige Rotfärbungen bis zum Aufkommen der künstlich hergestellten Farbstoffe im 19. Jahrhundert neben der Krappwurzel der wichtigste Pflanzenfarbstoff.

Kermesläuse lassen sich auf den Blättern der heimischen Kermeseichen nieder und saugen sich dort fest, wo sie nach der Befruchtung ihre Eier legen. Nach dem Eierlegen sterben die Weibchen und ihre Körperhüllen bleiben als schützender Schild über den Eiern liegen, die anschließend gesammelt und getrocknet werden. Der natürliche Cochenille, der aus getrockneten und gemahlenen Läusen besteht, wird zur Rotfärbung von Textilien eingesetzt. Für die Einfärbung von Lebensmittel ist der Farbstoff nicht geeignet, da er Allergien auslösen kann.

EISENOXIDE, EISENHYDROXIDE

Eisenoxidpigmente werden aus dem in der Natur vorkommenden, braunrot bis leuchtend roten Gestein, dem Eisenerz, wie Roteisenerz, Hämatit, Magneteisenstein oder Magnetit, gewonnen. Die Pigmente sind wasserunlöslich, licht- und wetterfest. Chemisch sind diese Eisen(II)-oxid (Fe_2O_3), Eisen(III)-oxid (Fe_3O_4) oder Eisenhydroxide mit der Formel $Fe_2O_3 xH_2O$. Letzte sind Brauneisenerz oder Gelbeisenerz, die als Eisenoxidgelb Anwendung finden. Eisenpigmente werden in Eisenerzlagerstätten abgebaut, die sich z. B. in den USA, Brasilien, Russland oder Norwegen und vielen mehr befinden.

Eisenoxide und Eisenhydroxide werden als fein gemahlene Pigmente in Anstrichen, Malfarben und Keramiken verwendet. Die künstlichen Eisenoxide werden oft als Lebensmittelfarben eingesetzt, die sich z. B. in Wursthüllen wiederfinden lassen.

ERDFARBEN

Erdfarben sind Pigmente, die aus natürlichen Erden gewonnen werden und vorrangig Eisenoxide enthalten. Sie sind licht- und wetterfest und werden zum Anstreichen von Hausfassaden in Rot- und Gelbtönen verwendet. Rote und gelbe Erdfarben wurden für Höhlenmalereien vor ca. 35.000 Jahren benutzt. In der Freskomalerei wurden neben mineralischen Pigmenten wie Lapislazuli oder Malachit auch der rote Ocker, der einen hohen Anteil an Eisen(III)-oxid-Hydrat besitzt, gefunden. Die grüne Farbe, auch Grünerde genannt, wird aus dem Verwitterungsprodukt von Silicaten wie Augit und Hornblende erzeugt. Sie wurde schon bei den Römern in der Wandmalerei eingesetzt.

PIGMENT VON COBALT

Bei den Cobaltpigmenten handelt es sich um Cobaltsalze, die in Verbindung mit anderen Metallatomen, wie z. B. Aluminium oder Zink, verschiedenartige Färbungen ergeben. Sie sind beständig gegen Licht, Luft sowie gegen verdünnte Säuren. Cobaltsalze wurden im alten Ägypten zur Blaufärbung eingesetzt. Auch in China wurde Cobaltblau während der Tang-Dynastie ca. 618 n. Chr. zur Färbung von Tonwaren verwendet. Um 1800 wurde ein Pigmentherstellungsverfahren entwickelt. Diese Farben wurden unter dem Namen Thénards Blau bekannt und sie wurden von französischen Maler*innen des Impressionismus, wie z. B. Claude Monet, verwendete.

G SYNTHETISCHE FARBSTOFFE

Synthetische Farbstoffe sind organische Farbmittel, die grundsätzlich von der Grundstruktur der Naturfarbstoffe abgeleitet wurden und die gravierenden Nachteile der Naturfarbstoffe ausgleichen sollten, wie z. B. geringe Licht- und Wasserbeständigkeit oder eingeschränkte Farbpalette und viele mehr. Synthetische Farbstoffe besitzen zwar teilweise dasselbe chemische Grundgerüst, aber die farbgebenden Substitute sind doch sehr unterschiedlich. Durch die Errungenschaften in der organischen Chemie ist es möglich, nicht nur eine Vielzahl an farbgebenden chemischen Strukturen zu erzeugen, sondern eine umfangreiche Farbpalette mit hohen Echtheiten anzubieten. Anbei die wichtigsten Grundstrukturen für synthetische Farbstoffe:

→ Azofarbmittel
→ Azomethine und Methine, Isoindolinpigmente
→ Chinone
→ Chinacridone
→ Cyaninfarbmittel: Di- und Triarylmethane, Chinonimine
→ Dioxazine

→ Indigoide Farbmittel
→ Phthalocyanine

AZOFARBSTOFFE

Die größte Gruppe von gelben und roten Farbstoffen sind Azofarbstoffe, die mit zwei Molekülteilen einer Diazogruppe (-N=N-) verbunden sind. Die Diazobrücke wird als Diazokomponente bezeichnet und verbindet die beiden Gruppen Aryl und R. Die Azofarbstoffe bieten eine Vielzahl von Farbstoffen an. Als Substituenten von Diazo- oder Kupplungskomponenten können z. B. Hydroxy-, alkylierte Amino-, Carboxy- oder Nitrogruppen oder Benzolringe fungieren.

Allgemeine Formel für Azofarbstoffe:

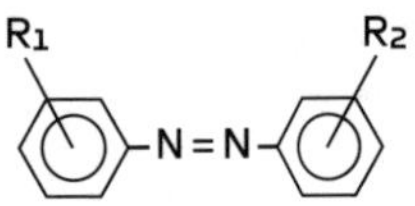

Aryl–N = N–R

Azofarbstoffe

anders dargestellt

Beispiele für Diazokomponenten:

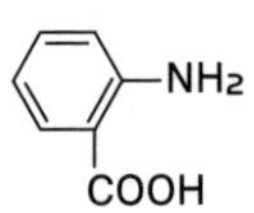

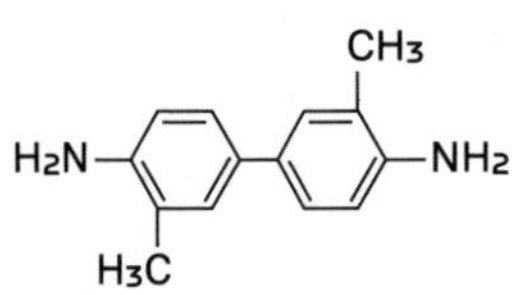

Anthranilsäure

o-Tolidin

Die große Vielzahl von Substituenten ermöglicht nicht nur z. B. die Löslichkeit, die Molekülgröße und vieles mehr zu beeinflussen, sondern auch die Einführung von sauren oder basischen Gruppen. Damit ändert sich die Funktionalität im Einsatz als Reaktiv- oder Direktfarbstoff. Die Molekülgröße wiederum ist verantwortlich für die Löslichkeitseigenschaften. Gerade beim Einsatz als Pigment ist die Löslichkeit entscheidend. Dabei ist zu beachten, ob nicht z. B. in einem Waschvorgang das Färbegut die Farbe verliert. Azofarbstoffe lassen sich in vielen organischen Lösungsmitteln und teilweise auch in wässriger Umgebung lösen. Die Löslichkeit lässt sich grundsätzlich auf zwei Arten verringern: durch Vergrößerung der Molekülgröße oder durch die Einführung von Molekülgruppen, die das Lösungsmittel abstoßen. Azofarben lassen sich nicht nur als Textilfärbemittel einsetzten, sondern werden auch als Pigmente für lichtbeständige Mal- und Lebensmittelfarben verwendet. Azofarbstoffe werden gerne nach Echtheit und Löslichkeit und nach geplantem Einsatz eingeteilt, so z. B. nach Diarylgelbpigmenten oder Benzimidazolonpigmenten. Anbei einige Beispiele von Azofarbstoffen und deren unterschiedliche Strukturen:

→ Monoazogelbpigmente können z. B. mit Acetessigsäurearyliden oder Pyrazolonen substituiert werden. Substituierung mit Acetessigsäurearylid, wobei der Rest R wie folgt sein kann: $-CH_3$, $-OCH_3$, $-OC_2H_5$, -Cl, -Br, $-NO_2$. Disazopigmente mit zwei Azogruppen, wie z. B. Diarylgelbpigmente

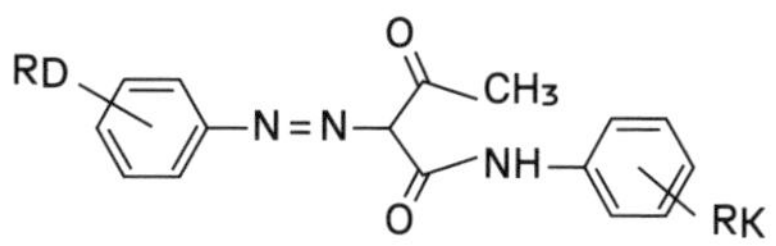

→ Beta-Naphthole wurde bereits 1884 entdeckt und als das gelbe Tartrazin auf den Markt gebracht. Die Reste R können sein: -H, -Cl, $-NO_2$, $-CH_3$, $-OCH_3$.

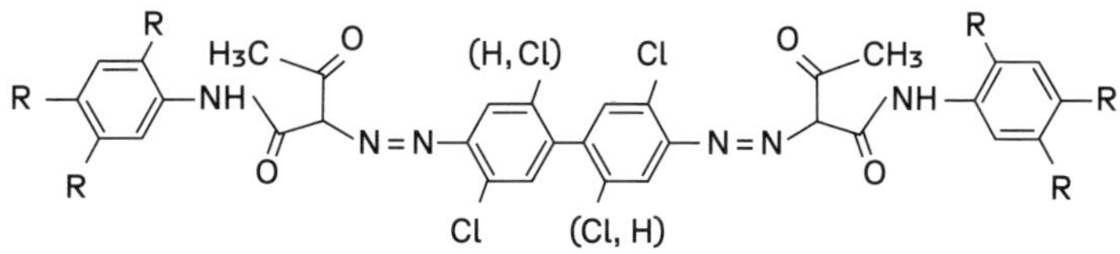

→ Naphthol AS-Pigmente sind Farbstoffe, die ein beta-Naphthol-Derivat als Kupplungskomponente enthalten und eine Farbpalette von gelb bis braun aufweisen. Naphthol AS-Pigmente können verlackt werden. Daraus entstehen unlösliche Pigmente. Der Rest R kann $-COOCH_3$, $-CONH-C_6H_5$, $-SO_2$ sein:

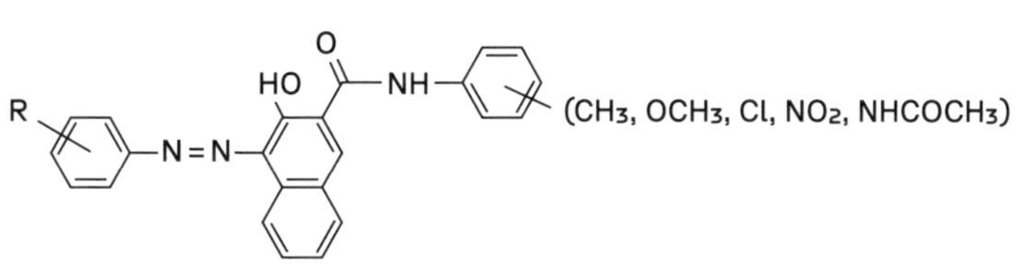

→ Benzimidazolon-Pigmente sind Azofarbstoffe, die einen heterozyklischen Rest besitzen, der die Licht-, Wetter- und Migrationsechtheit verbessern sowie die Löslichkeit. Der Rest R kann sein -Cl, -Br, $-CH_3$, $-NO_2$, $-OCH_3$, -COOH, -COOAlkyl, -CONH(H, C_6H_5).

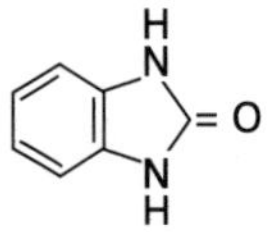

Benzimidazolon

→ Beispiele für weitere Azofarbstoffe:

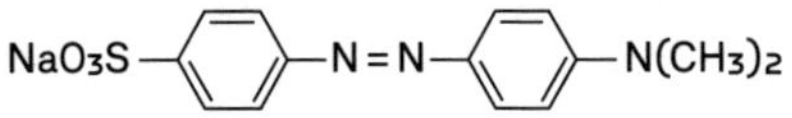

Methylorange

AZOMETHIN-, METHINPIGMENTE

Azomethine und Methine sind Verbindungen, die neben einer Oxo- oder Aminogruppe eine substituierte Aminogruppe aufweisen. Sie unterscheiden sich durch die Substitute. Azomethine werden auch Isoindolins genannt und leiten sich vom Grundkörper des 1,3-disubstituierten Isoindolins ab. Die Reste können sein: -H, -Cl, $-CH_3$, $-OCH_3$, -Cl, $-CH_3$, $-NO_2$.

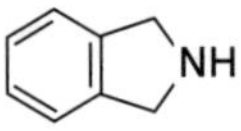

Formel für Azomethine

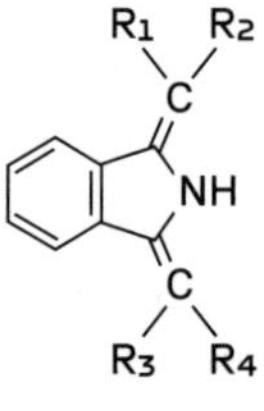

Formel für Methin-Pigmente

Die Pigmente sind gelb, orange, rot bis hin zu braun und durch die Einführung der Tetrachlorisoindolinon-Pigmente entsteht ein verbessertes Migrationsverhalten sowie eine Hitze-, Licht- und Wetterstabilität. Sie besitzen dadurch eine gute Farbstärke und haben eine gute Stabilität gegenüber Säuren und Laugen und sind für den Einsatz von hohen Echtheitsanforderungen geeignet.

CHINONE

Chinone sind Dioxoverbindungen, bestehend aus aromatischen Ringsystemen. Zu den Chinonen gehören z. B. Farblacke, polycarbocyclische Anthrachinone und heteropolycyclische Anthrachinone, die durch das Vorhandensein eines Carbonylchromogens färbig sind.

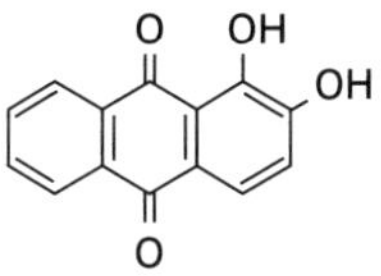

Hellgelbes Anthrachinon

→ Zu der Gruppe der Anthrachinonen gehören auch schwer lösliche Verbindungen wie z. B. die Farblacke. Hierbei bilden mehrfach hydroxylierte Anthrachinone eine Verbindung mit einem Metallion.

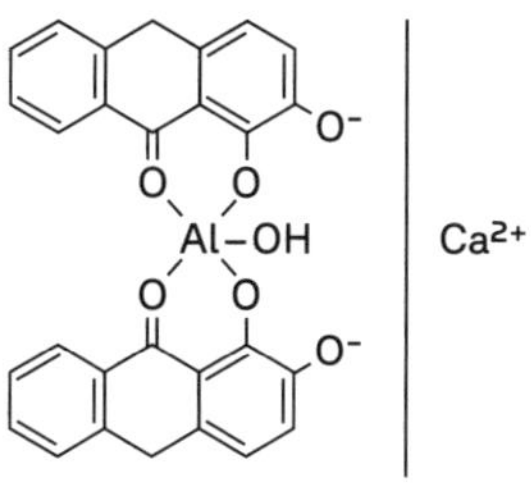

Alizarin

→ Heteropolycyclische Anthrachinon-Pigmente: Durch Kondensation mehrerer Aminoanthrachinone erhält man verschiedene polycyclische Verbindungen wie z. B. Indanthron und Flavanthron, die als Küpenfarbstoffe eingesetzt werden.

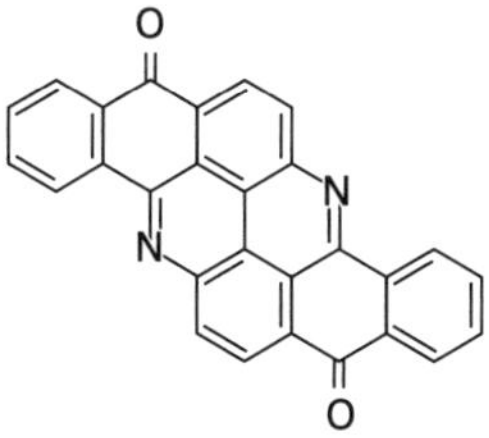

Flavanthron

→ Polycarbocyclische Anthrachinon-Pigmente sind Pigmente, die keine Aminogruppen besitzen, allerdings werden durch Halogenierung unterschiedliche Farbnuancen und bessere Echtheiten erreicht.

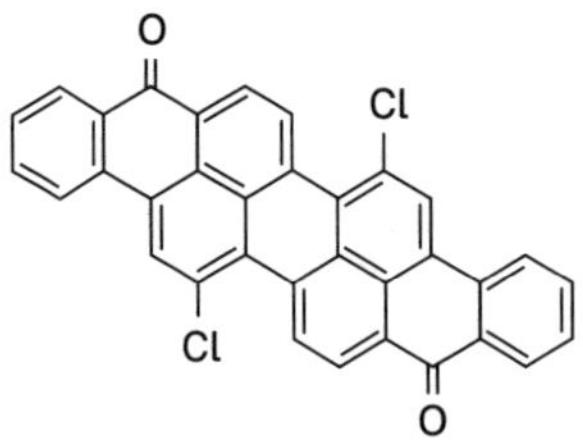

6,15-Dichlor-Isoviolanthron

CHINACRIDON-PIGMENTE

Die Chinacridone leiten sich vom linearen trans-Chinacridon ab und die Farbpalette reicht von gelben bis zu violetten Farbtönen, die gute Migrations-, Licht- und Wetterechtheiten aufweisen und in Lack- sowie Druckfarben eingesetzt werden.

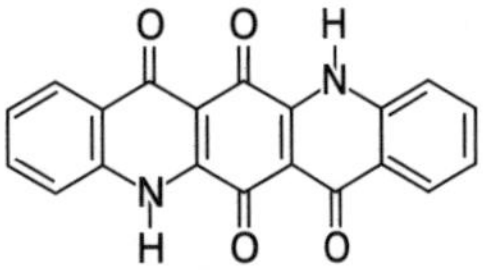

Chinacridonchinon

CYANIN, DI- UND TRIARYLMETHANE, CHINONIMINE

Cyanin, Di- und Triarylmethane, Chinonimine gehören zur Gruppe der Methinfarbstoffe und in den meisten Fällen sind die Endgruppen Sauerstoff- oder Stickstoffatome. Mit den Methinfarbstoffen sind nahezu alle Farben des Spektrums herstellbar. Die meisten Farbstoffe sind in organischen Lösungsmitteln oder in wässriger Lösung lösbar und werden nicht nur in der Textilfärberei, sondern auch in der Einfärbung von Lebensmitteln eingesetzt.

Die wichtigste Gruppe unter den Polymethinen sind die Di- und Triarylmethane, wobei die zentrale Komponente des Triarylmethans das Arylmethin ist, wie z. B. bei Malachitgrün:

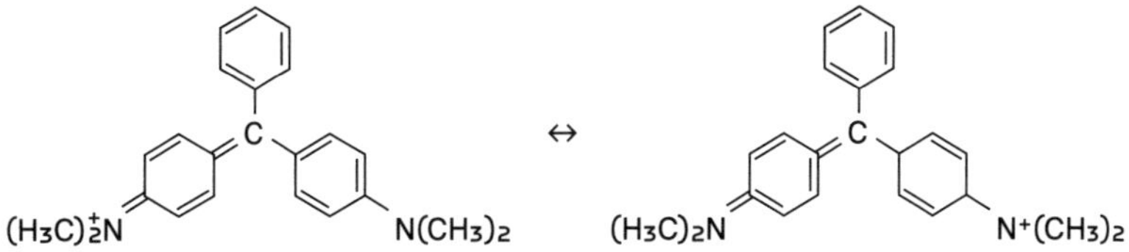

Malachitgrün

→ Eine andere Gruppe von Triarylmethan besitzt einen Anionenkomplex, der besonders für die Erzeugung von violetten oder grünen Tönen eingesetzt wird. Die Reste hierbei sind $-CH_3$, $-C_2H_5$ und $-C_6H_5$.

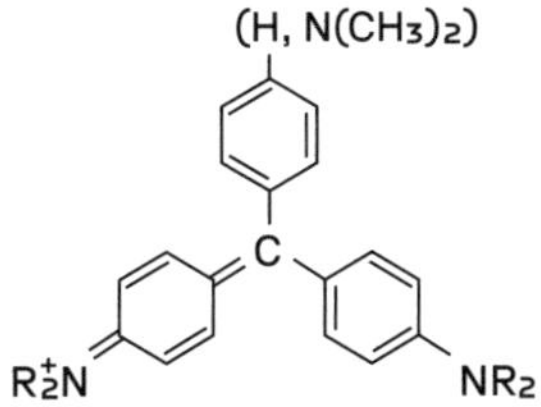

Parafuchsin

→ Eine weitere Möglichkeit, Triphenylmethan zu verändern, ist der Einbau von Sauerstoffbrücken. Die dabei entstehenden Farbstoffe sind rot, violett, blau, grün oder rosa. Sie besitzen keine hohen Echtheiten und sind gegenüber Alkoholen und Alkali unbeständig.

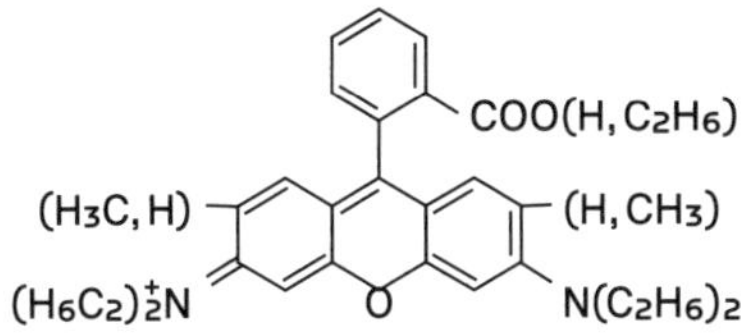

Ruodamin

→ Mit Triphenylmethan können durch den Einbau z. B. von Fluorescein Fluoreszenzfarbstoffe hergestellt werden.

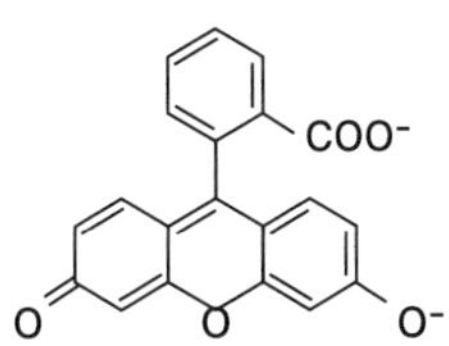

Fluorescein

DIOXAZINPIGMENTE

Dioxazinpigmente leiten sich vom Triphendioxazin ab und werden besonders für orange bis violette Farbpigmente eingesetzt. Die eingesetzten Reste, wie z. B. -Cl, -$NHCOCH_3$, -$NHCOCH_3$, -$NHCOC_6H_5$, entscheiden über den Farbton und Echtheiten. Die Pigmente sind licht- und wetterecht, allerdings neigen sie zum Ausbluten und werden für Lacke, Anstrichfarben und in der Papierdruckerei eingesetzt.

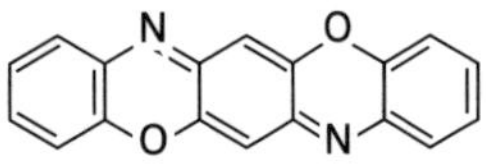

Triphendioxazin

INDAMINFARBSTOFFE

Indaminfarbstoffe sind Stickstoffverbindungen im chinoiden System. Die beiden Ringe der Indamine lassen sich mit einer Kohlenstoff-, Schwefel- oder Sauerstoffbrücke miteinander verbinden. Phenoxazine und Phenthiazine werden besonders zum Färben für Acrylfasern eingesetzt.

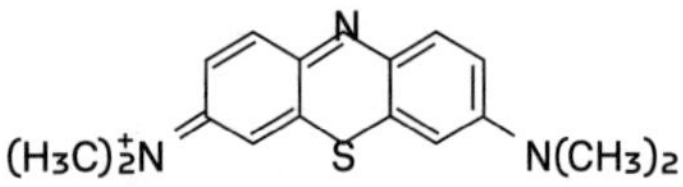

Methylenblau

INDIGOIDE FARBSTOFFE

Indigo ist der älteste Küpenfarbstoff, wobei die Ursprungsfarbe Blau ist. Durch die synthetische Herstellung konnten zahlreiche Derivate erzeugt werden, wobei die Substituenten am Benzenring die Lage des Absorptionsmaximums ändern und damit den Farbton des Indigos. Substituenten können z. B. -NH- (Indigo), -NR-, -S- (Thioindigo III), -O- oder -Se- sein, womit der Farbbereich von gelb bis braun erreicht wird. Indigopigmente haben eine sehr gute Migrations-, Licht- und Wetterechtheit und werden für Lack-, Textilien- und Kunststoffeinfärbung verwendet. Die Farbigkeit des Indigos ergibt sich durch die Carbonylgruppe, speziell durch das sogenannte H-Chromophor.

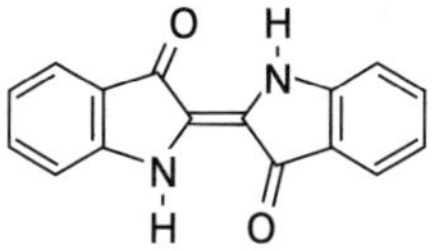

Indigo

PHTHALOCYANIN-PIGMENTE

Die Phthalocyanin-Pigmente sind Verbindungen, die sich vom Phthalocyanin ableiten. Durch Einbau eines zentralen Ions, wie z. B. Kupfer, Nickel, Kobalt, Chlor, Brom oder einem anderen Metall, werden sie besonders säure-, lauge-, hitze-, wetter- und lichtbeständig. Sie zählen zu den bedeutendsten organischen Pigmenten und werden für hochwertige Lacke und Druckfarben eingesetzt. Die Phthalocyaninblau-Pigmente gibt es in fünf unterschiedlichen, kristallinen Modifikationen, die sich in der Anordnung der Moleküle im Kristallgitter unterscheiden und dadurch verschiedene Farbtöne von grünstichigem bis rotstichigem Blau besitzen. Wird z. B. Chlor als Substitut eingesetzt, dann ergibt es ein blaustichiges Phthalocyaningrün-Pigment und bei Brom ergibt es ein gelbstichigeres Grün.

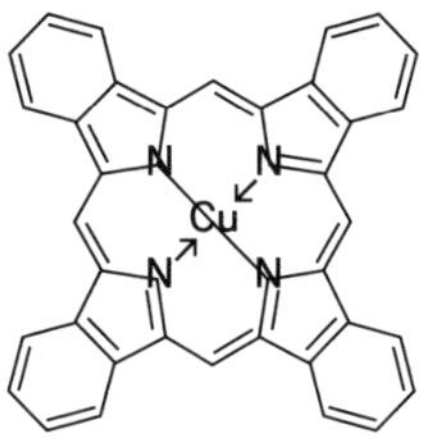

Phthalocyaninblau

1 Wassily Kandinsky, *Über das Geistige in der Kunst*, Bern / Sulgen / Zürich: Benteli 2009, S. 63.

2 Vgl. Max Bill, *Einführung*, Wassily Kandinsky, *Über das Geistige in der Kunst*, Bern / Sulgen / Zürich: Benteli 2009, S. 10–11.

3 Vgl. ebenda, S. 65–69.

4 Vgl. https://www.bauhaus100.de/das-bauhaus/lehre/unterricht/unterricht-wassily-kandinsky/, 24.03.2020.

5 Wassily Kandinsky, *Über das Geistige in der Kunst*, Bern / Sulgen / Zürich: Benteli 2009, S. 131.

6 Ebenda, S. 96.

7 Johann Wolfgang von Goethe, *Zur Farbenlehre*, Altenmünster: Jazzybee 2015, S. 133.

8 Ebenda, S. 133.

9 Aristotle, *Aristoteles über die Farben. Erläutert durch eine Übersicht der Farbenlehre der Alten von Dr. Carl Prantl*, München: Kaiser 1849, S. 70.

10 Gerd Koenen, *Die Farbe Rot. Ursprünge und Geschichte des Kommunismus*, München: C.H. Beck[2], S. 15.

11 Vgl. Norbert Hammer, *Mediendesign für Studium und Beruf: Grundlagenwissen und Entwurfssystematik in Layout, Typografie und Farbgebung*, Berlin / Heidelberg: Springer 2008, S. 191.

12 Wassily Kandinsky, *Über das Geistige in der Kunst*, Bern / Sulgen / Zürich: Benteli 2009, S. 96.

13 Vgl. Joachim Müllerschön, *Die Farbe Blau im historischen Schiffbau: von der Antike bis zur Neuzeit*, Norderstedt: BoD 2018, S. 3.

14 Vgl. ebenda, S. 18.

15 Johann Wolfgang von Goethe, *Zur Farbenlehre*, Altenmünster: Jazzybee 2015, S. 179.

KUNSTSTOFFE

EINFÜHRUNG

Der Name Kunststoff sagt aus, dass es sich um Stoffe handelt, die künstlich (synthetisch) hergestellt werden. Genauer zu definieren sind sie dadurch, dass Kunststoffe Werkstoffe sind, die im festen oder flüssigen Zustand vorhanden sind und durch chemische oder physikalische Manipulationen in den festen Endzustand übergeführt werden. Synthetische Fasern, Klebstoffe, Leime, Lacke und Anstrichstoffe gehören nach dem heutigen Sprachgebrauch nicht zu den Kunststoffen, obwohl sie der vorangegangenen Definition entsprechen. Fast alle organischen Stoffe, ebenso Kunststoffe, die synthetisch aufgebaut sind, haben als Rohstoffbasis Erdöl, Erdgas oder Kohle. Davon hat das Erdöl die größte Bedeutung, denn Rohöl enthält mehr als 1.000 verschiedene Kohlenwasserstoffverbindungen. Die bei der Destillation erhaltenen Fraktionen sind Kohlenwasserstoffe, die sich in ihrem Siedepunkt und damit in ihren Molekülgrößen unterscheiden.

Kunststoffe können in der Regel nicht in der Form, die sie nach Abschluss der Bildungsreaktion haben, verarbeitet werden. Erst durch Zumischen von hochwertigen und kompliziert aufgebauten chemischen Verbindungen, sprich Zusatz- und Hilfsstoffen, erhält man eine verarbeitungsfertige Kunststoffmasse. Zusatz- und Hilfsstoffe verbessern nicht nur die Verarbeitbarkeit, sondern auch die Eigenschaften für den jeweiligen Anwendungsfall. Beispiele für Zusatz- und Hilfsstoffe sind Weichmacher, Stabilisatoren, Gleitmittel, Füll- und Verstärkungsstoffe, Antistatika, Treibmittel, flammhemmende Zusätze, organische Peroxide und Beschleuniger.

Die Kunststoffe werden in drei große Gruppen eingeteilt, in Thermoplaste, kettenförmige, eindimensionale Makromoleküle, Duroplaste, vernetzte, dreidimensionale Makromoleküle und Elastomere, elastische, vernetzte, dreidimensionale Makromoleküle.

K1 GESCHICHTE DES KUNST-STOFFES

A KUNSTSTOFFE VON DER ANTIKE BIS ZUR NEUZEIT

Kunststoffe sind keine Erfindung unserer Zeit, obwohl sie wie kein anderer Werkstoff mit dem 20. Jahrhundert in Verbindung gebracht werden, vielmehr reichen die Anfänge des Kunststoffes bis in die Antike zurück. Im Bestreben, bestimmte Nachteile oder Mängel natürlicher Materialien auszugleichen, wurde seit dem späten Mittelalter mit der Herstellung transparenter, eiweiß- und kaseinhältiger Kunstharze experimentiert. Vorfahren des heutigen Kunststoffes sind z. B. Materialien wie Horn, Schildpatt oder fossile Harze, aus denen in der Antike Zier- und Schmuckgegenstände angefertigt wurden. Diese aufgezählten Materialien gehören zu den natürlichen Thermoplasten, d. h. Stoffen, die in Hitze schmelzen und dadurch modellierbar sind. Sie besitzen eine ähnliche molekulare Struktur wie die heutigen synthetischen Kunststoffe. Bereits im 15. Jahrhundert gab es Schobingers »Kunsthorn«, dessen Ausgangsstoff Milcheiweiß war. Auf dieser Basis wurde Anfang des 19. Jahrhunderts der frühe Kunststoff »Galalith« (1897) entwickelt, eine hornartige Masse aus Kasein, Formaldehyd, Füll- und Ersatzstoffen.[1]

Mitte des 18. Jahrhunderts, mit dem Beginn der industriellen Revolution, gab es einen tiefgreifenden Umbruch in der Gesellschaft. Die sozialen und wirtschaftlichen Lebensbedingungen änderten sich und die Nachfrage nach Gebrauchs- und Schmuckgegenständen stieg. Eine raschere, präzisere, wirtschaftlichere und schnellere Materialverwertung war gefragt und es wurde in dieser Zeit fieberhaft nach Ersatzprodukten gesucht, die die teureren Naturprodukte wie Elfenbein, Schildpatt und viele andere ersetzen sollten. In dieser Zeit wurde z. B. Papier-Maché, basierend auf Cellulose, entwickelt, das besonderen Einsatz in der Möbelindustrie fand, oder Linoleum, das für Bodenbeläge verwendet wurde und als Holzbodenersatz diente. Künstler wie Josef Hoffmann, Bruno Paul und Albin Müller setzten sich mit dem Material Linoleum auseinander und kreierten den »Linoleumstil«.

Im Jahre 1839 gelang es dem amerikanischen Designer Charles Goodyear, den klebrigen und nicht verwertbaren Naturrohstoff Kautschuk zu vulkanisieren. Durch diese chemische Veredelung mittels Zusatz von Schwefel verwandelte sich der Kautschuk in eine formbare, plastische Masse. Der erste »wirkliche« Kunststoff wurde 1851 auf der ersten Weltausstellung in London durch zahlreiche Gegenstände aus Kautschuk-Gummi präsentiert. Goodyear stellte unter dem Handelsnamen »Ebonit« ab 1853 Hartgummi her. Dieses hatte die äußerliche Ähnlichkeit von Ebenholz. Es war schwarz bis schwarzbraun und diente zur Herstellung von Knöpfen, elektrischen Isolatoren, Zier- und Schmuckgegenständen.

Große wirtschaftliche Bedeutung erlangte 1869 das in den USA von John Wesley Hyatt patentierte Celluloid, das das teure Naturprodukt Elfenbein ersetzen sollte.[2] Grundsubstanz dafür lieferte die von Schönbein erzeugte Nitrocellulose. Dieser Werkstoff zeichnete sich zwar durch gute Formbeständigkeit und Färbbarkeit aus, allerdings war er empfindlich gegen Wärme und Licht und somit leicht entflammbar. 1897 entstand der erste duroplastische Kunststoff, genannt Galalith, der sich durch große Härte auszeichnete und für Knöpfe, Dosen, Schirm- und Stockgriffe verwendet wurde. Er wurde aus dem in der Milch enthaltenen Casein, versetzt mit Formaldehyd, hergestellt Erst das Aufkommen von thermoplastischen Kunststoffen verdrängte das Galalith vom Markt.

Der Durchbruch des Kunststoffes gelang in den zwanziger bzw. dreißiger Jahren mit der Erzeugung des ersten vollsynthetischen Kunststoffs namens Bakelit, der sich durch Temperaturbeständigkeit, Festigkeit und Isolierfähigkeit auszeichnete. Bakelit wurde ab 1910 in Deutschland hergestellt und während des ersten Weltkriegs ausschließlich für militärische Zwecke verwendet, z. B. für Schalter, Stecker oder Gehäuse für Radios.

Durch den Ausbruch des Zweiten Weltkriegs und die kriegsbedingte Intensivierung der Forschung kam es in kürzester Zeit zu zahlreichen Entdeckungen und Neuentwicklungen im Bereich synthetischer Materialien. In dieser Zeit wurden Stoffe wie Polymetylmetaacrylat (PMMA), genannt Acryl oder Plexiglas, Polyvinylchlorid (PVC), Polyethylen (PE), Polyurethan (PUR) und viele mehr erfunden.

Die USA und Deutschland lieferten sich zu dieser Zeit ein Kopf-an-Kopf-Rennen, 1938 kam von Du-Pont das bekannte Nylon auf den Markt und im gleichen Jahr Perlon von der deutschen

Firma I.G. Farben, beide wichtige Polyamid-Typen. Polyamid spielte für die Kriegsindustrie eine wichtige Rolle als Ausgangsmaterial für Fallschirmprodukte, heute werden daraus Strumpfhosen erzeugt.

Nachdem die USA den Krieg relativ unbeschadet überstanden hatten, übernahmen sie nicht nur die wirtschaftliche Führungsrolle, sondern bestimmten bis in die fünfziger Jahre hinein die Entwicklung des Designs. Dabei spielte die Nutzbarmachung der Kriegstechnologie für zivile Zwecke eine große Rolle.

Signifikant für die Entwicklung der fünfziger Jahre war »Tupperware«. Der amerikanische Chemiker Earl S. Tupper brachte 1946 seine aus Polyethylen bestehende »Wunderschüssel« auf den Markt. Revolutionär dabei war, dass diese Schüssel einen luftdicht abschließenden Deckel hatte, Polyethylen erstmals im Haushaltsbereich eingesetzt wurde und der eingesetzte Kunststoff biegsam sowie semitransparent war und sich in verschiedenen hellen Farbtönen herstellen ließ.

Bereits einige Jahre später hielt der Kunststoff Einzug in die Auto- und Möbelindustrie. Im Jahre 1952 wurde in den USA der erste Kunststoff-Sportwagen »Kaiser-Franz DKF 161« produziert. Unmittelbar danach kam die Corvette von Chevrolet, eines der erfolgreichsten amerikanischen Kunststoff-Autos, auf den Markt und das ostdeutsche Kunstauto, der Trabant, der bis in die 90iger Jahre erzeugt wurde, prägte mehr als eine Generation. Er ging 1958 in Serie.[3] Im Möbeldesign entstanden radikale Entwürfe, wie z. B. der Sessel PAW – »Plastic Armchair Wood« von dem Designerehepaar Charles und Ray Eames, das erstmals verschiedene Materialien wie Polyester, Holz und Metall kombinierte, oder der Sitzsack »Sacco« aus Polyvinylchlorid von der Firma Zanotta, der mit aufgeschäumten Polystyrolkügelchen gefüllt war und sich jeder Körper- und Sitzhaltung anpassen konnte. 1967 konnte auf der Weltausstellung in Montreal die Zukunft der Architektur besichtigt werden. Der Amerikaner Richard Buckinster Fuller konstruierte einen mächtigen Kuppelbau aus Kunststoff.[4]

1968 schreibt Jean Baudrillard über die Kunststoffe: »[…] so bedeutet die synthetische Herstellung von Stoffen die Abkehr von ihrer natürlichen Symbolik und die Zuwendung zu einem Polymorphismus, einer Abstraktion höherer Ordnung, die das Spiel der universellen Assoziation der Stoffe eröffnet und folglich die formelle Gegenüberstellung von Naturstoff einerseits und Kunststoff andererseits überwindet.«[5]

Durch die Ölkrise 1973 erhielt die Kunststoff-Euphorie einen erheblichen Dämpfer. Die ökologischen Folgen des ungebremsten Massenkonsums und das unbedenkliche Umgehen mit immer knapper werdenden Ressourcen führten zu einem Umdenken größeren Ausmaßes. Damit war auch das Kunststoffdesign am Wendepunkt angelangt. Die enorm hohen Rohstoffpreise verursachten in vielen Bereichen der kunststoffverarbeitenden Industrie einen starken Produktionsrückgang. Kunststoffprodukte zählten von nun an zu den billigen und geschmacklosen Wegwerfprodukten und galten als ökologisch bedenklich. Kunststoffmöbel waren nur noch im Außenbereich im Einsatz. Eine Weiterentwicklung fand allerdings in den Bereichen von Medizin und Sport statt. 1969 kam der erste Vollkunststoff-Schischuh auf den Markt und in der Medizin wurden schon früh Kunststoffe als Ersatzstoffe für Metall, Glas und Keramik eingesetzt, etwa bei Babyflaschen oder bei der Einwegspritze.

Im Laufe der achtziger Jahre wandelte sich der Umgang mit »Plastik« und Kunststoffen in der Kunst insofern, dass Kunststoffe zu einem anspruchsvollen sowie aktuellen Thema wurden. Die außerordentliche Mannigfaltigkeit dieser Werkstoffe stilisiert diese zum idealen Universalmaterial und rasch gelangte es zu seiner eigenen Selbstständigkeit, die ihm den Einzug in alle Lebensbereiche ermöglichte. Die amerikanische Avantgarde-Designer*innengruppe aus Memphis und deren Mitglieder, darunter Ettore Sottsass, Barbara Radice und Matteo Thun, nahmen sich 1981 des altbekannten Laminats an, und in der Folge wurde das Bild laminatbeschichteter Möbel der Postmoderne geprägt. Europäische Designer, wie Ron Arad mit seinem »Bookworm« oder Philippe Starck mit seinem »Stuhl Louis« aus Polypropylen oder Enzo Mari mit seinem Kleiderständer »Alta Tensione«, ließen sich von dem amerikanischen Programm »Komplexität, Widerspruch, Leichtigkeit und Farbigkeit« inspirieren und trafen so den Nerv der Zeit. Damit verhalfen sie dem Kunststoff zu neuem Ansehen und neuer Akzeptanz und dieses künstlich hergestellte Material wurde zum alternativen Symbol der heutigen Konsumgesellschaft, als es nun dafürstand, den Lebensstil revolutionär zu verändern.

Um den Einsatz von Kunststoffen in fast allen Lebensbereichen zu ermöglichen, steht für die Forschung die Oberflächenbehandlung im Vordergrund. Weiters sind Belastbarkeit sowie Leichtigkeit der Kunststoffmaterialien, insbesondere in der Luft- und Raumfahrt und in der Automobil- und Sportartikelindustrie, zu einem wichtigen Thema geworden. Für das moderne Kunststoff-Design spielt die Wiederverwertbarkeit nicht zuletzt aus Marketing- und Imagegründen eine immer bedeutendere Rolle. Hersteller*innen und Designer*innen verwenden zunehmend recycelbare und gut abbaubare Materialien. Auch in der Kunst wird der Werkstoff immer mehr eingesetzt, wobei die Meinungen über die Verwendung und deren Gefährlichkeit auseinandergehen.

Anbei ein Auszug aus einem Gespräch aus der französischen Zeitschrift *Pétrole-Progrès* 1972 mit der französischen Künstlerin Niki De Saint Phalle: »Seit 8 Jahren bediene ich mich des Kunststoffs, und er ist kein Material, das ich gerne habe. Es ist ein Material zu dessen Verwendung ich gezwungen war, weil es kein anderes gab. Und glauben Sie mir, an dem Tag, an dem es ein anderes geben wird, werde ich diesem Kunststoff mit größtem Vergnügen den Rücken zukehren, weil er mich die Hälfte meiner Bronchien, einen Teil meiner Lungen gekostet hat – das ist etwas, was man den Leuten nicht genug klarmacht: Kunststoff kann gefährlich sein, Allergien hervorrufen, und man müsste damit unter den besonderen Sicherheitsbedingungen der Industrie arbeiten. Etwa fünf Jahre vorher hatte ich begonnen, mit Papiermachè zu arbeiten. Das ging sehr gut für Innenräume, aber nicht im Freien. Ich musste Kunststoff verwenden. Anfangs war ich gezwungen, ihn selbst zu bearbeiten, trotz meiner Allergien, wenn ich meine Arbeit ordentlich machen wollte. Deshalb war ich so krank: ich hasse den Kunststoff! Jetzt bearbeite ich den Polyester nicht mehr selbst. Ich wende mich an Techniker in der Industrie.«[6]

Zum Vergleich einen Auszug aus einem Gespräch mit dem französischen Künstler Alexandre Bonnier 1970, der die Verwendung von Kunststoff als überaus wichtig hält:

»Alles, was verpackt wird, was verbraucht oder aufbewahrt wird, verdirbt nicht mehr. Nämlich der Tod selbst: Denn ich kann mir von nun an meinen Leichnam vorstellen, in dieses Material eingeschlossen wie ein Schmetterling und die Skarabäen in luxuriösen Schlüsselringen. Mein geschminkter und einbalsamierter Leichnam könnte in diesen eingeschlossen und durch ihn geschützt werden. Zum ersten Male kann man sich vorstellen, dass die Vorfahren im Hause sichtbar bleiben, inmitten der Möbel und der Kinder, mit mumifiziertem, in diesem kristallartigen Material erhaltenem Körper. Ich stelle mir den Toten in seinem Block in sitzender Stellung vor, in einem transportablen und funktionellen Block, den man an Gedenktagen zum Familientisch bringt, oder aufzustapelnde Blöcke, welche die Generationen einander folgen lassen, wobei jeweils eine auf dem Schoß der anderen sitzt. Ich wehre mich dagegen, hier eine Fiktion dargestellt zu haben. Die Idee des sitzenden Todes fasziniert mich, wenn ich ihn unter dem Gesichtspunkt des Familienlebens und der praktischen Zweckmäßigkeit sehe.«[7]

DATEN UND JAHRESZAHLEN

1530	Bartholomäus Schobinger erfindet das Kunsthorn – Basis Casein
1839	Kautschuk und Schwefel werden miteinander vernetzt – Erfinder Charles Goodyear
1885	Casein wird durch Mischung von Formaldehyd ausgehärtet, in späterer Folge wurde von Wilhelm Krische und Adolf Spitteler der Casein-Kunststoff Galalith entwickelt
1910	Gründung der Bakelitproduktion in Europa
1912	Herstellung von Polyvinylchlorid (PVC) und Polyvinylacetat (PVA)
1923	Aminoplaste aus Harnstoff und Formaldehyd werden von Fritz Pollak entwickelt
1928	Polyvinylchlorid wird in den USA produziert
1928	Polymethylacrylat wurde von Röhm & Haas entwickelt und unter dem Handelsnamen Plexiglas produziert
1930	Produktion von Polystyrol (PS) und Polyacrylnitril (PAN) durch IG Farbenindustrie
1938	Polyamide, PA 6 – Perlon
1938	Melamin kommt auf den Markt
1939	Produktion von Polyäthylen
1942	Technische Entwicklung von glasfaserverstärkten Polyesterharzen
1946	ABS – Kunststoffe
1947	Industrielle Produktion von Epoxidharzen
1948	Patent für die Herstellung wasserlöslicher, härtbarer Kunstharze
1950	Produktionsbeginn von ungesättigtem Polyester (UP)
1953	Patent für Polycarbonat

1954	Herstellung von Polypropylen (PP)
1982	Herstellung von Polycarbonat
1987	Herstellung von Polyacetylen
1990	Herstellung von PET-Flaschen

1 Vgl. Bibliografisches Institut, *Meyers Handlexikon des allgemeinen Wissens*, Leipzig / Wien: Bibliografisches Institut 1912, S. 500.

2 Vgl. Dietrich Braun, *Kleine Geschichte der Kunststoffe*, München: Hanser[2] 2017, S. 312.

3 Vgl. Immo Sievers, »Entwicklung des Kleinwagens in der DDR«, Volker Schindler / Immo Sievers (Hrsg.), *Forschung für das Auto von morgen: Aus Tradition entsteht Zukunft*, Berlin / Heidelberg: Springer 2008, S. 83.

4 Vgl. Pierre Restany, *Kunststoff in der Kunst*, Monte-Carlo: Sauret 1973, S. 167.

5 Jean Baudrillard, »Stimmungswert Material. In: Materialästhetik. Quellentexte zu Kunst«, Dietmar Rübel / Monika Wagner / Vera Wolf (Hrsg.), *Design und Architektur,* Frankfurt am Main: Reimer 2005, S. 29.

6 Pierre Restany, *Kunststoff in der Kunst,* Monte-Carlo: Sauret 1973, S. 157.

7 Ebenda, S. 32.

K2 CHEMISCHER AUFBAU DER KUNSTSTOFFE

A STRUKTUR DER KUNSTSTOFFE

Kunststoffe sind organische, chemische Verbindungen, die sich hauptsächlich aus den Elementen Kohlenstoff und Wasserstoff zusammensetzen. Die Grundbausteine dafür sind ungesättigte Kohlenwasserstoffverbindungen, die in unverzweigten, verzweigten oder / und ringförmigen Ketten vorliegen. In machen dieser »Plastiken«, wie dieser Ausdruck für Kunststoff oft sprachgebräuchlich verwendet wird, befinden sich unter anderem Elemente wie z. B. Sauerstoff, Stickstoff, Schwefel, Chlor, Fluor und Silizium. Die Struktur und Beimischung von Elementen bestimmen die Eigenschaften und die Verwendungsarten des Kunststoffes. Als Kohlenstoffverbindungen weisen die Kunststoffe allgemeine Merkmale auf:

- → Geringe Dichte: Die Dichte liegt zwischen 0,9 und 1,4 g / cm^3.
- → Relativ hohe chemische Beständigkeit: Je nach ihrem chemischen Aufbau unterscheiden sich die Kunststoffe in ihrer Beständigkeit gegen Chemikalien wie Säuren, Laugen, Lösungsmittel.
- → Wetter- und Gebrauchsfestigkeit
- → Hohes Isoliervermögen: Kunststoffe besitzen ein gutes Isoliervermögen, besonders jene, die speziell als Isolierstoffe entwickelt wurden, z. B.: Styropor für Außenwände des Hauses.
- → Die Abhängigkeit der Nebenvalenzkräfte von Molekülstruktur und Molekülordnung ergibt ein vielfältiges mechanisches Verhalten. Es können flüssige, plastische, weichelastische, hartelastische und spröde Kunststoffe erzeugt werden.
- → Begrenzte Temperaturbeständigkeit: Bei Kunststoffen gibt es eine gewisse Wärmeausdehnung, angegeben mit dem Längenausdehnungskoeffizienten. Die Temperaturbeständigkeit ist abhängig von der chemischen Struktur des Kunststoffes.

- → Die mechanische Festigkeit der Kunststoffe ist relativ gering, was durch Einsatz von Glasfasern erhöht werden kann.
- → Brennverhalten: Die Kunststoffe gehören zu den organischen Stoffen und sind deshalb von Natur aus brennbar.
- → Migrationsverhalten der Kunststoffe: Manche Kunststoffe neigen zur Migration, d. h., gewisse Bestandteile der Kunststoffe werden ausgeschwitzt.
- → Zusätzlich besitzen viele Kunststoffe folgende Eigenschaften: Bruchfest, steif, geringes Gewicht, wasserabweisend, geringe Reibung, glatt, Elastizität und Nachgiebigkeit, günstiges Abriebverhalten, gute Gleiteigenschaften, hohe Korrosionsfestigkeit, hohe innere Dämpfung, Geräuscharmut, verschleiß- und druckfest, weitgehend unempfindlich gegen Staub und Fremdkörper und viele mehr.
- → Manche Eigenschaften werden durch Zugabe von Glasfasern verstärkt, wie z. B. Festigkeit, Korrosionsbeständigkeit, Schlagzähigkeit und viele mehr.

B CHEMISCHE VERBINDUNG

Stoffe können Gemische von chemischen Verbindungen oder Elementen sein. Elemente sind die Grundstoffe, die die Stoffe aufbauen. Die kleinste Einheit der Elemente ist das Atom. Gehen mehrere Atome eines Elements oder mehrerer Elemente eine feste Bindung ein, spricht man von chemischen Verbindungen. Moleküle werden durch Bindekräfte (Valenzen) zusammengehalten. Die kleinste Einheit der chemischen Verbindungen ist das Molekül.

Chemische Verbindungen sind aus Elementen aufgebaut, die auch in reiner Form existieren, wie z. B. Wasserstoff (H), Kohlenstoff (C), Sauerstoff (O), Aluminium (Al), Silizium (Si), Schwefel (S), Chlor (Cl), Eisen (Fe), Fluor (F) und viele mehr. Die kleinsten Bausteine der Elemente wiederum sind Atome.

Atome bestehen aus drei verschiedenen Elementarteilchen, den Protonen, den Neutronen und den Elektronen. Im Kern befinden sich die Protonen und Neutronen. Die Neutronen als nicht geladene Teilchen schirmen die positiv geladenen Protonen ab, damit sie sich nicht gegenseitig abstoßen. Die negativ geladenen Elektronen, die in gleicher Anzahl wie die Protonen vorhanden sind, umkreisen mit hoher Geschwindigkeit auf verschiedenen Schalen den Kern. Dabei heben sich die elektrostatische Anziehungskraft und die Zentrifugalkraft gegenseitig auf.

Kohlenstoffatom

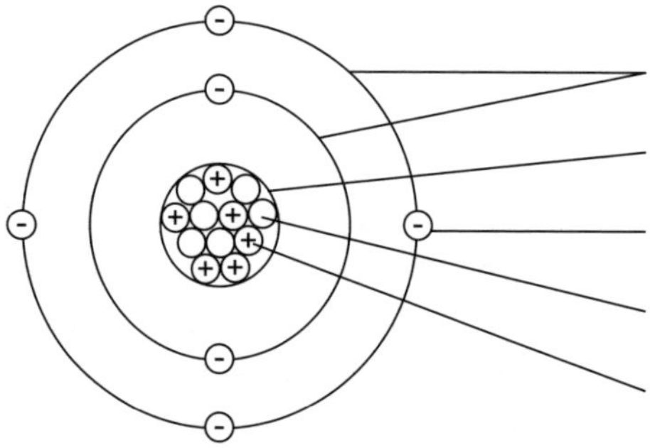

Die kleinste Einheit einer chemischen Verbindung ist das Molekül. Ein Beispiel dafür ist das Wasser: 2 Atome Wasserstoff binden sich mit einem Atom Sauerstoff zu einem Molekül Wasser. Der Zusammenhalt der Elemente erfolgt über Bindungskräfte. Das gegenseitige Bindungsvermögen der Elemente nennt man Wertigkeit oder Valenz. Jedes Atom eines Elementes bekommt eine bestimmte Anzahl von Valenzen zugeteilt.

Alle chemischen Vorgänge bezeichnet man als chemische Reaktionen. Als Anstoß für solche Reaktionen steht das Verbindungsstreben der Stoffe, insbesondere Zufuhr von Wärme, Elektrizität und Licht, im Vordergrund. Die Reaktionen benötigen zu ihrem Ablauf Zeiträume, die je nach Stoff zwischen einer Millionstel Sekunde und Jahrtausenden schwanken. Bei allen Reaktionen ist die gesamte Masse der Reaktionsprodukte stets die gleiche wie die gesamte Masse der Ausgangsstoffe. Der Ablauf einer chemischen Reaktion wird daher immer als Gleichung dargestellt. Allgemein gesagt, entstehen neue Stoffe durch Reaktionen von organischen Verbindungen mit reaktionsfähigen Gruppen. Es werden an den Atomgruppen durch Abspalten oder Anlagern von Atomen oder Atomgruppen neue Verbindungen aufgebaut.

Daneben gibt es noch die sogenannten reaktionsfähigen Verbindungen. Diese lassen sich durch Abspaltung ein oder mehrerer Wasserstoffatome an den Kohlenstoffverbindungen mittels chemischer Reaktion anbauen. Zu dieser Gruppe gehören die Hydroxyl- bez. Alkoholgruppen (-OH), Carboxyl- oder Säuregruppen (-COOH), Amin–oder Aminogruppe (NH2) und die Isocyanatgruppe (-N=C=O). Dies ist grob umrissen, aus welchen chemischen Verbindungen Kunststoffe zusammengesetzt werden können oder meist sind.

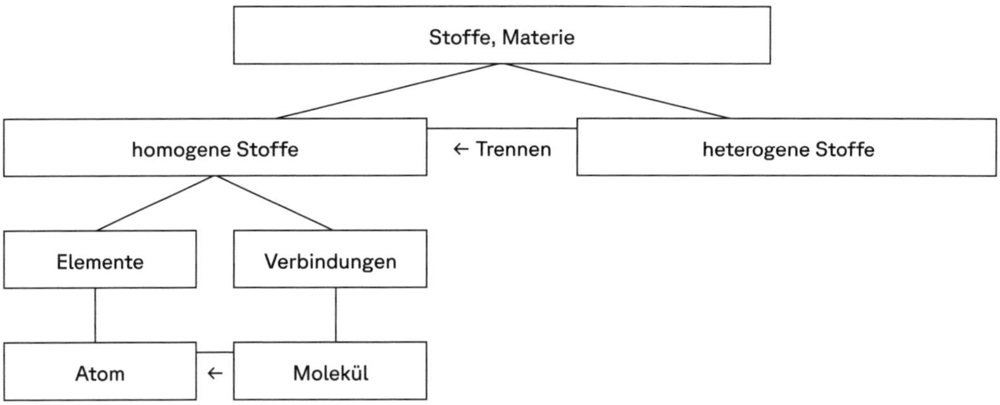

ALKANE

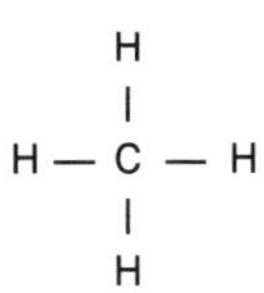

Methan

Gesättigte Kohlenwasserstoffverbindungen werden als Alkane oder Paraffine bezeichnet. Sie liegen in unverzweigten oder verzweigten Ketten vor und besitzen die allgemeine Formel C_6H_{2n+2}. Es gibt auch gesättigte Kohlenwasserstoffverbindungen, die ringförmig vorliegen, genannt Cycloalkane. Die einfachste organisch gesättigte Verbindung ist das Methan mit der Formel CH_4–weiter geht es mit Ethan C_2H_6, Propan C_3H_8, Butan C_4H_{10} und viele mehr. Alkane besitzen eine Reaktionsträgheit sowie eine Wasserunlöslichkeit.

ALKENE

Ungesättigte Kohlenwasserstoffverbindungen werden als Alkene oder Olefine bezeichnet. Sie liegen in unverzweigten oder verzweigten Ketten vor und besitzen die allgemeine Formel C_nH_{2n}. Zwei Kohlenstoffatome sind mit zwei Bindungsarmen, sprich Doppelbindungen, aneinandergekettet, die sich an einer beliebigen

Position befinden können. Es gibt auch gesättigte Kohlenwasserstoffverbindungen, die ringförmig vorliegen, genannt Cycloalkene. Die einfachste, organisch ungesättigte Verbindung ist das Ethylen mit der Formel C_2H_4. Dieses ist ein Gas und gehört zu den wichtigsten Rohstoffen der organischen Chemie. Unter anderem entsteht daraus der Kunststoff Polyethylen. Des Weiteren gibt es Propen C_3H_6, Buten C_4H_8, Penten C_5H_{10} und viele mehr.

Alkene besitzen eine hohe Reaktionsfähigkeit und daher gehören sie zu den wichtigsten Stoffen für Synthesen. Auf Grund ihrer hohen Reaktionsfähigkeit kommen sie im Erdöl nicht vor, sondern werden durch das Crackverfahren unter unterschiedlichen Reaktionsbedingungen hergestellt. Durch die verschiedenen Bedingungen entstehen auch mannigfache Alkene.

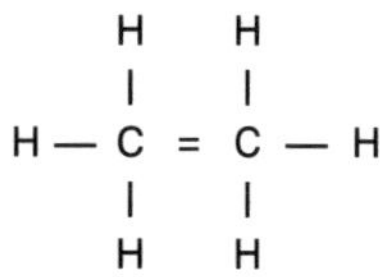

Ethylen

ALKINE

Ungesättigte Kohlenwasserstoffverbindungen mit einer Dreifachbindung zwischen den Kohlenstoffatomen werden Alkine genannt und besitzen die allgemeine Formel C_nH_{2n-2}. Normalerweise werden Alkine durch elektrophile Alkylierung oder Eliminierung von Hologenwasserstoffen hergestellt. Die einfachste, organisch ungesättigte Verbindung mit einer Dreifachbindung ist das Ethin mit der Formel C_2H_2. Des Weiteren gibt es Propin C_3H_4, Butin C_4H_6, Pentin C_5H_8 und viele mehr.

C POLYREAKTIONEN

»Poly« drückt immer aus, dass mehrere Bausteine aneinandergereiht werden, um ein Vielfaches zu ergeben. Ein Polymer ist nichts anderes als die Aneinanderreihung von Monomeren über Polyreaktionen. Die chemische Herstellung von Kunststoffen erfolgt über drei unterschiedliche Polyreaktionen: Polymerisation, Polyaddition und Polykondensation.

Polymerisation: Bei der Polymerisation werden Moleküle gleicher oder ähnlicher Bauart mit Doppelbindungen zusammengebaut. Wärme und Katalysatoren spalten die Doppelbindungen auf, sodass sich an jedes Molekül, das über ein bindungsfreies Molekül verfügt, weitere anbinden lassen. Hergestellt werden nach dieser Methode z. B. Polyethylen, PVC, PS, etc.

In der Literatur ist der Ausdruck von Copolymerisate zu finden. Dies drückt aus, dass zwei oder mehrere Monomere gemeinsam polymerisiert werden. Copolymerisate oder Blends, wie sie auch genannt werden, werden dann hergestellt, wenn bestimmte gewünschte Eigenschaften erzielt werden sollen. Copolymerisat des Styrols wäre z. B. Styrol-Acrylnitril (SAN).

Polykondensation: Bei der Polykondensation werden zwei verschiedene Arten von Molekülbausteinen zusammengebaut unter Abspaltung eines Nebenproduktes z. B. Wasser.

Polyaddition: Bei der Polyaddition werden zwei verschiedene Arten von Molekülbausteinen zusammengebaut ohne Abspaltung eines Nebenproduktes. Neben diesen Reaktionen gibt es kombinierte Bildungsreaktionen, wie z. B. bei Epoxidharzen. Die kurzkettigen Ausgangsstoffe für Epoxidharze entstehen ebenfalls in einer Kondensationsreaktion. Sie liegen dann meist fest oder flüssig vor. Diese enthalten reaktionsfreudige Epoxidgruppen, die in einer Polyaddition mit Härtungsmitteln zum vernetzten Makromolekül werden. Die erklärt auch, warum diese Produkte nicht recycelbar sind.

Polymerisationsgrad: Der Polymerisationsgrad gibt an, wie viele Monomere sich aneinanderreihen, und beeinflusst praktisch alle Eigenschaften eines Polymers. Mit steigendem Polymerisationsgrad verringert sich die Kristallinität und verbessern sich die Festigkeitseigenschaften wie Schlagzähigkeit, Spannungsrissbeständigkeit sowie die elektrischen Isoliereigenschaften. Weiters verbessert sich die chemische Beständigkeit gegenüber organischen Lösemitteln.

K3 ZUR INNEREN STRUKTUR DER KUNSTSTOFFE

A MAKROMOLEKÜLE UND IHRE INNERE STRUKTUR

Werden die Eigenschaften der Kunststoffe betrachtet, ist die Kenntnis über die Gestalt der Makromoleküle, also liegen diese vernetzt oder linear vor, und deren Bindungskräfte, die Haupt- und Nebenvalenzkräfte, unentbehrlich. Das mechanische und thermische Verhalten wird weitgehend durch diese Kräfte bestimmt.

Durch diesen unterschiedlichen Aufbau sind viele Grundeigenschaften der Kunststoffe – wie Festigkeit, Dehnung, Härte, Gasdurchlässigkeit, Löslichkeit und Quellbarkeit – erklärbar. Diese Bindungskräfte werden unterteilt:

→ In chemische Bindungen, d. h. die Bindungen, die zum Aufbau der Molekülketten oder des Raumnetzmoleküls notwendig sind, und
→ Die Nebenvalenzkräfte, dies sind intermolekulare Kräfte – sie verändern sich durch z. B. Licht- oder Wärmeeinfluss.

Bei den Duroplasten und Elastomeren dominieren die Hauptvalenzkräfte, dies führt zu harten und spröden Stoffen, z. B. weitmaschige Raumnetzmoleküle der Elastomere lassen sich durch äußere Krafteinwirkung strecken und nehmen nach Entlastung den alten Zustand wieder ein. Elastomere sind daher gummielastisch.

BINDUNGSKRÄFTE IN KUNSTSTOFFEN

Hauptvalenzkräfte:
Bei den Hauptvalenzkräften handelt es sich um die chemische Atombindung, auch Kovalente Bindung oder Elektronenpaarbindung genannt. Eine Kovalente Bindung ist jene Bindung, die für den festen Zusammenhalt von Atomen in molekular aufgebauten, chemischen Verbindungen verantwortlich ist. Je nach Anzahl der Bindung zwischen zwei Atomen unterscheidet man zwischen Einfach-, Doppel- oder Dreifachbindung.

Nebenvalenzkräfte:
Nebenvalenzkräfte, auch zwischenmolekulare Kräfte oder Van-der-Waals-Kräfte genannt, sind im Gegensatz zu Hauptvalenzkräften von physikalischer Natur. Zwischenmolekulare Kräfte sind jene Kräfte, die zwischen den Makromolekülen wirksam sind und auf der Verteilung und Bewegung der Elektronen beruhen.

Die Eigenschaften der thermoplastischen Kunststoffe werden weitgehend von den Nebenvalenzkräften bestimmt. Diese Nebenvalenzkräfte wirken bei den Thermoplasten zwischen den Molekülketten und halten sie zusammen. Sie sind wesentlich schwächer als die Hauptvalenzkräfte und resultieren aus den elektrostatischen Anziehungskräften, deren Ursachen in der Natur des Atomaufbaues zu suchen sind.

Die Stärke der Nebenvalenzkräfte und damit ihre Bedeutung für die Moleküleigenschaften sind abhängig von:

→ Größe
→ Gestalt
→ Ordnung der Makromoleküle (Molekülart)
→ Äußeren Einflüssen

Beim Erwärmen werden z. B. die Nebenvalenzkräfte zunehmend überwunden und im Fließtemperaturbereich aufgehoben. Dies geschieht bei einer für jedes Molekül charakteristischen Temperatur.

Nebenvalenzkräfte beeinflussen maßgeblich die chemischen, thermischen und mechanischen Eigenschaften. Es wird zwischen folgenden Nebenvalenzkräften unterschieden:

→ Dispersionskräfte
→ Dipolkräfte
→ Induktionskräfte
→ Wasserstoffbrücken

Dispersionskräfte sind in Materie wirkende Anziehungskräfte, die auf beweglichen Elektronen um den positiven Atomkern beruhen. Sie bilden ständig wechselnde, negative Schwerpunkte und lassen bei Nachbaratomen Gegenpole entstehen. Dispersionskräfte sind im kristallinen Bereich besonders groß, weil hier die Moleküle die dichtest mögliche »Packung«, sprich Nähe, besitzen. Dies ist für die beachtliche Festigkeit im hochverstreckten Zustand verantwortlich.

Dipolkräfte entstehen, wenn im Kettenmolekül Elemente enthalten sind, die aufgrund ihrer Stellung im Periodensystem einen starken elektronegativen Charakter besitzen. Damit bilden sie einen Minuspol. Das Nachbaratom wird zum Pluspol und damit hebt sich nach außen hin die unterschiedliche Polarität auf. Die im Kettenmolekül entstehenden Dipole (Plus- und Minuspole) bewirken eine elektronische Anziehung auf die benachbarten Ketten, wie z. B. bei den Chloratomen beim PVC. Dipolkräfte werden durch Wärmeeinwirkung geschwächt, da die Dipole aus ihrer Lage gedreht werden können. Durch Verknotung von Seitenketten kommen sich Dipole oft räumlich näher und damit kann sich ihre Wirkung über größere Molekülketten erstrecken.

Wasserstoffbrücken wirken zwischen Dipolen, die aus einem positiv polarisierten Wasserstoffatom und einem elektronegativen Atom, wie z. B. Sauerstoff (O), Chlor (CL) oder Stickstoff (N), aufgebaut sind. Aufgrund der stark ausgeprägten Wirkung der Dipolkräfte ist die Bindungsenthalpie der Wasserstoffbrücken im Vergleich zu den anderen Nebenvalenzkräften besonders hoch. Die entstehenden Anziehungskräfte bedingen die Festigkeit vieler Polymere (PA, PUR etc.). Die Induktionskräfte können sich von benachbarten Atomgruppen verzerren und somit Ladungsschwerpunkte gebildet werden.

ORDNUNGSZUSTÄNDE DER KUNSTSTOFFE

Der Ordnungszustand im Molekülverband ist von verschiedenen Einflüssen, insbesondere vom chemischen Aufbau der Kettenmoleküle, abhängig. Größere und sperrige Seitenketten an den Makromolekülen oder eine regelmäßige Anordnung der Vernetzungsstellen bei Duroplasten und Elastomeren verhindern eine Annäherung und somit eine regelmäßige Ordnung der Molekülketten, sodass der Molekülverband in idealer Unordnung vorliegt. Bei amorphen Thermoplasten kann dieser Zustand mit einem Wattebausch verglichen werden. Amorphe Thermoplaste sind im ungefärbten Zustand glasklar.

Wie erwähnt, werden Kunststoffe in Thermoplaste, Duroplaste und Elastomere eingeteilt. Daneben gibt es noch die Einteilung in teilkristalline und amorphe Kunststoffe.

Teilkristalline Kunststoffe:
Teilkristalline Kunststoffe bestehen aus Makromolekülen, bei denen ein regelmäßiger chemischer als auch geometrischer Aufbau vorliegt, d.h. linear oder verzweigt. Die einzelnen Molekülfäden werden untereinander ausschließlich durch sekundäre Bindungskräfte zusammengehalten. Die Höhe der Sekundärkräfte ist unter anderem von der Art und Anzahl der Verzweigungen bzw. Seitenketten abhängig, so können z.B. die einzelnen Molekülfäden dicht nebeneinander liegen. Diesen Vorgang der Entstehung eines dichten Packungszustandes der Moleküle wird als Kristallisation bezeichnet. Aufgrund der langen Molekülketten, die sich bei ihrer Synthese um- und ineinander verschlingen, kommt es bei Kunststoffen zu keiner vollständigen Kristallisation. Daher wird hier von teilkristallinen Kunststoffen gesprochen.

Kunststoffe können in bestimmten Bereichen Kristallite bilden. Unter Kristalliten versteht man Parallelbündelungen von Molekülabschnitten. Diese Kristallite sind so klein, dass sie nicht im Lichtmikroskop, sondern nur im Elektronenmikroskop zu erkennen sind. Sie bestimmen die Eigenschaften eines Kunststoffformteils. Je höher dieser Kristallisationsgrad ist, desto steifer und fester, aber auch spröder ist das Formteil. Die Kristallinität wird außer durch die chemische Struktur des Kunststoffes durch den Verarbeitungsprozess und eine eventuelle Wärmenachbehandlung bestimmt.

Teilkristalline Thermoplaste besitzen eine weißliche Eigenfarbe. Aufgrund der dichteren Anordnung im Molekül im Kristallverband wird an den Kristalliten eine Lichtbrechung hervorgerufen, die diese gelblich erscheinen lassen. Beispiele für teilkristalline Kunststoffe sind: PE, PP, PTFE.

Amorphe Kunststoffe:
Amorphe Kunststoffe kann man mit einem wirr verknäuelten Wattebausch vergleichen. Monomere Bausteine der amorphen Kunststoffe stellen komplexe chemische Strukturen dar, bei denen die Molekülketten stark verzweigt und die Seitenketten lang sind. Amorphe Kunststoffe können aufgrund ihres unregelmäßigen Aufbaus den Zustand einer so dichten Packung wie bei teilkristalline Kunststoffen nicht einnehmen, daher ist eine Annäherung und somit eine Regelmäßigkeit der Molekülketten nicht möglich. Sie liegen in ungefärbten Zustand immer glasklar vor, daher werden

sie auch als synthetische oder organische Gläser bezeichnet. Prinzipiell sind amorph vorliegende Kunststoffe sehr schwer zu lösen – dies geht bis zur Unlöslichkeit. In geeigneten Lösungsmitteln können sie quellen. Beispiele für amorphe Kunststoffe sind PS, PVC, PUR, EP-Harze.

K4 KENNWERTE DER KUNSTSTOFFE

A CHARAKTERISTISCHE MERKMALE UND VERHALTENSWEISEN

Trotz aller Vielfalt der Erscheinungsformen haben Werkstoffe, die aus Kunststoffen hergestellt werden, eine Reihe von Eigenschaften gemeinsam, die für sie kennzeichnend sind, auch wenn sie naturgemäß bei den einzelnen Sorten unterschiedlich stark ausgeprägt sind. Kunststoffe weisen zudem charakteristische Merkmale und Verhaltensweisen auf, die sie von anderen Werkstoffen abgrenzen. Die Kenntnis und Beurteilung solcher Unterschiede sind von wesentlicher Bedeutung für einen sachgerechten Einsatz neuartiger Werkstoffe. Das gilt besonders dann, wenn sie an Stelle bisher verwendeter, herkömmlicher Werkstoffe treten sollen oder im Verbund mit anderen Werkstoffen eingesetzt werden.

Formteile aus Kunststoffen zeichnen sich in der Regel durch eine sehr gute Oberflächenbeschaffenheit aus, sowohl hinsichtlich ihrer Glätte als auch ihrer Beständigkeit. Abgesehen von strukturbedingten Einflüssen ist die Oberflächengüte wesentlich durch die Formgebung im Press- oder Spritzgussverfahren bedingt. Nachteilige Beeinflussungen, wie sie sich bei der Warmformgebung von Metallen ergeben können, treten hier nicht auf. Auch Nachbehandlungen wie bei Metallen und der Notwendigkeit, sie durch Anstriche oder Überzüge vor Korrosion zu schützen, ist bei Kunststoffen nicht notwendig. Kunststoffe sind färbbar, was durch Zusatz von Farbpigmenten zu den Formmassen vor der Formgebung geschieht.

Kunststoffe bzw. Produkte aus Kunststoff werden nach Kenngrößen beurteilt. Diese geben Auskunft über das Verhalten bei Inanspruchnahme. Folgende Kenngrößen sind wichtig: Zugfestigkeit, Druckfestigkeit, elastische und plastische Dehnung, Elastizitätsmodul, Schlagfestigkeit, Wärmeleitfähigkeit, Ausdehnungskoeffizient, spezifische Wärme, Erweichungstemperatur, Fließtemperatur, Zersetzungstemperatur, Schmelzindex, Schrumpfung in der Wärme, optischer Brechungsindex, Trübung, spektrale Lichtdurchlässigkeit, Oberflächenglanz.

Anwender*innen von Kunststoffen stellen oft sehr detaillierte Ansprüche bezüglich der Qualitätsmerkmale, wie z. B. Beständigkeit gegenüber Chemikalien, Witterungsbeständigkeit, Wärmedehnverhalten, Schlag- und Formbeständigkeit, Brand- und Verarbeitungsverhalten und viele mehr. Die Erfüllung der gewünschten physikalischen und chemischen Eigenschaften kann durch gezielte Beeinflussung der Polymerstruktur, wie z. B. Polymerisationsgrad, Kristallinität, Verzweigungsgrad, und durch die gezielte Modifikation mit Additiven sowie durch Herstellung von Polymermischungen, wie z. B. Polymerblends, Polymerlegierungen, erfolgen.

Ebenfalls beeinflusst der Verzweigungsgrad die Eigenschaften des Kunststoffes. Eine Verzweigung der Polymerkette liegt vor, wenn an der Hauptkette des Makromoleküls größere Seitengruppen oder -ketten angeknüpft sind. Mit steigendem Verzweigungsgrad ändern sich die Kristallinität, die Rohdichte, die Schmelz- und Einsatztemperatur sowie die Dichtigkeit gegenüber Gasen. Dagegen erhöhen sich die Dehnungswerte und die Schlagzähigkeit.

Wesentliche Eigenschaftsänderungen lassen sich durch das Verstrecken amorpher oder teilkristalliner Plastomere erreichen. Dabei werden die Makromoleküle besonders stark orientiert und so dicht aneinandergelagert, dass die Nebenvalenzkräfte erheblich steigen. Besondere Bedeutung hat die Verstreckung z. B. bei Polyamiden, da hierbei hohe Festigkeitssteigerungen erreicht werden. Je nach praktischen Erfordernissen lassen sich die Eigenschaften der Kunststoffe abwandeln durch :

- → Einarbeiten von Zusatzstoffen
- → Mischen der Molekülbausteine
- → Erhöhung der Molekülordnung
- → Vernetzung der Molekülketten
- → Variation der Molekülgröße
- → Verstrecken von Molekülen

Alle nachstehenden Eigenschaften der Kunststoffe werden durch international anerkannte Prüfvorschriften, sogenannte Normen, festgestellt. Die bekanntesten Normen sind die DIN-Normen. DIN-Norm sind Normen, die im Deutschen Institut für Normung (DIN) in Berlin erarbeitet worden sind und vereinheitlichte Standards für Produkte und Verfahren aufweisen. Sie werden für sämtliche Prüfverfahren, wie z. B. zur Qualitätssicherung von Kunststoffen, von Hersteller*innen, Verbraucher*innen, Handel, Forschungsinstituten oder Behörden herangezogen. Derzeit gibt es weltweit ca. 33.000 Normen. Neben den DIN-Normen gibt es noch z. B. Ö-Normen (bezieht sich auf Österreich), ISO-Normen oder EU-Normen. Alle Normen sind dem internationalen Standard angepasst.

B PHYSIKALISCHE EIGENSCHAFTEN DER KUNSTSTOFFE

DICHTE

Kunststoffe zeichnen sich im Vergleich zu anderen Werkstoffen durch eine relativ geringe Dichte aus. Der Dichtbereich erstreckt sich zwischen 0,9 und 2,3 g/cm^3. Die bekanntesten Kunststoffe mit einer geringen Dichte sind PP und PE, diese besitzen eine geringere Dichte als Wasser. Mit Fasern verstärkte Kunststoffe erreichen Dichten bis ca. 2,3 g/cm^3.

Die geringe Dichte macht die Kunststoffe für schnell bewegte Teile zu einem interessanten Werkstoff. Besonders durch die Möglichkeit der Modifizierungen ihrer Eigenschaften, so auch in diesem Bereich, ist es möglich und üblich, die Dichte zu verändern. Daher werden Kunststoffe oft aufgeschäumt, womit das Volumen des Kunststoffes meist um ein hundertfaches bei gleichbleibender Masse erhöht wird. Gleichzeitig bedeutet dies, dass die Dichte auf weniger als 1 % reduziert wird. Damit erreichen geschäumte Kunststoffe zum Teil Dichten unter 0,01 g/cm^3. Kunststoffe ändern ihre Dichte auch durch Zugabe von Füllstoffen.

Zu geringen Dichtunterschieden kommt es auch während der Verarbeitungsprozesse, deshalb ist eine Dichtemessung unablässig. Die Dichtebestimmung ermöglicht auch eine Grobeinteilung in mehrere Gruppen. Die Dichte von Kunststoffen ist um ein Mehrfaches geringer als bei anderen Werkstoffen (Al ca. 2,7 g / cm^3, Stahl 7,8 g / cm^3). Die höhere Dichte anderer Materialien ist auf zwei Ursachen zurückzuführen: Zum einen sind die einzelnen Atome (wie z. B Eisen, Aluminium) schwerer als Kohlenstoff- (C), Stickstoff- (N), Sauerstoff (O)- oder Wasserstoffatome (H) und zum anderen ist der mittlere Abstand zwischen den Atomen in Kunststoffen teilweise größer als z. B. in Metallen, da Kunststoffe aus Makromolekülen bestehen und nicht aus einzelnen Atomen.

KRISTALLINITÄT

Unter der Kristallinität (Kristallisationsgrad) versteht man den prozentualen Anteil an kristallinen Bereichen in teilkristallinen Thermoplasten. Die Höhe der Kristallinität ist nicht nur vom Polymerisationsgrad, sondern auch von der Art und Menge an Zusatzstoffen sowie den Verarbeitungsbedingungen abhängig.

Mit steigender Kristallinität erhöht sich die Formbeständigkeit in der Wärme und die Rohdichte, gleichzeitig verringert sich die Lichtdurchlässigkeit und die Durchlässigkeit für Gase.

MOLARE MASSE

Einige mechanische Eigenschaften sind von der molaren Masse abhängig. Die Größe der Makromoleküle wird durch

- → Die molare Masse M g / l oder
- → Den Polymerisationsgrad (siehe Polyreaktionen) bestimmt.

Die molare Masse ist die Summe der Atommasse der in einem Molekül enthaltenen Atome. Da Kunststoffe immer ein Gemisch aus verschiedenen Makromolekülen sind, wird deshalb immer ein Mittelwert der molaren Masse und des Polymerisationsgrades angegeben.

Bemerkung:
Die Viskosität steigt mit der molaren Masse. In der Technik wird häufig anstelle der molaren Masse die Viskosität angegeben.

C THERMISCHE WERTE

SCHMELZPUNKT, SCHMELZINDEX, KRISTALLITSCHMELZ-TEMPERATUR

Der Schmelzpunkt ist jener Punkt, in dem die Kristallite vom festen in den flüssigen Zustand übergehen. Durch die Wärmezufuhr wird die innere Energie und das Volumen erhöht, gleichzeitig werden die Dichte und der Brechungsindex vermindert.

Kristallitschmelztemperatur, auch Erweichungstemperatur oder Glasübergangstemperatur genannt, ist die Temperatur, bei der ein amorpher oder teilkristalliner Kunststoff vom flüssigen oder gummielastischen, flexiblen Zustand in den glasigen oder hartelastischen, spröden Zustand übergeht.

Der Schmelzindex, auch Schmelz-Masse-Fließrate (MFR) genannt, gibt das Fließverhalten eines thermoplasten Kunststoffes bei bestimmten Druck- und Temperaturbedingungen an.

WÄRMEAUSDEHNUNG

Kunststoffe dehnen sich bei Erwärmung teilweise deutlich stärker aus als andere Materialien. Dies liegt darin, dass sich die Gebrauchstemperaturen von Kunststoffen nicht weit unterhalb der Schmelztemperatur befinden. Besonders Thermoplaste vergrößern ihre Länge bei Erwärmung sehr stark. Der Wärmeausdehnungskoeffizient von PE oder PP übertrifft den von Eisen oder Aluminium um ein 8–16faches. Um den Nachteil bei Kunststoffen bei der Konstruktion von präzisen Teilen auszugleichen, werden diese häufig mit Fasern versetzt. Beim Füllen des Kunststoffes mit Kohlefasern kann der Wärmeausdehnungskoeffizient sogar ein negatives Vorzeichen erhalten, das bedeutet, dass sich der Werkstoff beim Erwärmen zusammenziehen kann.

Der thermische Längenausdehnungskoeffizient Alpha in K gibt die relative Längenänderung Delta L / L_0 je Temperaturerhöhung.

WÄRMELEITFÄHIGKEIT

Da bei Kunststoffen frei bewegliche Elektronen im Material fehlen, gehören sie zu den Nichtleitern oder Isolatoren. Wie alle Isolatoren, leiten auch Kunststoffe die Wärme sehr schlecht. Im Gegensatz zu Metallen, denn hier sorgen die frei beweglichen Elektronen für eine hohe elektrische Leitfähigkeit und eine gute Wärmeleitfähigkeit. Diese isolierende Eigenschaft ermöglicht den Einsatz von Kunststoffen in vielen Anwendungsbereichen (z.B. Behälter für warme und kalte Flüssigkeiten). Bei der Verarbeitung bereitet diese Eigenschaft allerdings einige Schwierigkeiten, denn die für die Verarbeitung notwendige Wärme kann nur langsam eingebracht werden und ebenso langsam am Ende der Verarbeitung wieder abgeleitet werden.

Die Wärmeleitfähigkeit von Kunststoffen ist etwa dreihundert- bis tausendmal kleiner als von Metallen. Luft leitet die Wärme noch 10 mal schlechter, sodass geschäumte Kunststoffe ein noch besseres Isoliervermögen besitzen und deshalb auch als Wärmedämmmaterial eingesetzt werden. Die Wärmeleitfähigkeit bewegt sich für reine Kunststoffe im Bereich von 15–0,5 $Wm^{-1} K^{-1}$.

Temperaturverhalten der amorphen und teilkristallinen Thermoplaste:
Im normalen Gebrauchsbereich, sprich Raumtemperatur, sind teilkristalline Thermoplaste zähelastisch, amorphe Thermoplaste spröde. Bei steigender Temperatur werden bei teilkristallinen Thermoplasten die sekundären Bindungskräfte der Kettenmoleküle infolge der erhöhten Wärmeschwingung herabgesetzt. Die Temperatur beeinflusst die Wärmeleitfähigkeit bei amorphen Thermoplasten kaum. Bei teilkristallinen Thermoplasten hingegen sinkt die Wärmeleitfähigkeit bis zum Schmelzpunkt mit zunehmender Temperatur.

Die einzelnen Molekülketten lassen sich gegeneinander verschieben, sodass der Kunststoff elastisches Materialverhalten zeigt. Wird die Temperatur noch weiter gesteigert, so gleiten die einzelnen Molekülketten aufeinander ab, und der Kunststoff geht in den Zustand des plastischen Fließens über. Der Übergang vom hartelastischen in den plastischen Zustand kann bei Thermoplasten beliebig durch Aufheizen und Abkühlen wiederholt werden, solange nicht die Temperatur überschritten wird, bei der die

Makromoleküle chemisch abgebaut oder zerstört werden. Thermoplastische Kunststoffe sind daher aufgrund der Beweglichkeit ihrer Molekülketten schmelzbar, schweißbar, quellbar und löslich.

Amorphe Thermoplaste hingegen liegen bei Raumtemperatur als harter, spröder Werkstoff vor. Mit steigender Temperatur sinkt die Festigkeit des Werkstoffes und gleichzeitig steigt die Dehnbarkeit an. Nach Überschreiten der Glastemperatur, bei welcher die bisher eingefrorenen Makromoleküle beweglich werden, fällt die Festigkeit ab, während die Dehnung dagegen sprunghaft ansteigt. In diesem Temperaturbereich befindet sich der Kunststoff in einem kautschuk- oder hochelastischen Zustand. Bei weiterer Temperaturerhöhung geht der Kunststoff bei Überschreitung der Fließtemperatur in den Schmelzzustand über. Wird die Temperatur weiter erhöht, so wird der Werkstoff thermisch zersetzt, d.h. auch Hauptvalenzkräfte werden aufgebrochen. Er verliert dadurch sehr rasch seine mechanischen Eigenschaften.

Als Fließtemperatur wird die Temperatur definiert, bei welcher eine für die Verarbeitung auf handelsüblichen Maschinen ausreichend niedrige Viskosität (Fließfähigkeit) erreicht ist, um eine Überformung zu ermöglichen. Je höher z.B. das Molekulargewicht bei Polymeren ist, umso höher ist, aufgrund der stärkeren Verflechtung der Moleküle, die Fließtemperatur. Dieses Fließverhalten wird meist mittels Kurven dargestellt.

Teilkristalline Kunststoffe können auch amorphe Strukturen aufweisen, somit liegen zwei Phasen vor – kristallin und amorph.

Temperaturverhalten von Duroplasten und Elastomeren:
Neben der Gruppe von Thermoplasten gibt es, wie schon erwähnt, Duroplaste und Elastomere, bei denen die einzelnen Molekülfäden durch Querbrücken miteinander verbunden sind. Diese Querbrücken werden als Vernetzungsstellen bezeichnet. Die Duroplaste werden auch als Raumnetzmoleküle bezeichnet, da die Makromoleküle über chemische Valenzbindungen miteinander verknüpft sind. Diese stark vernetzten Kunststoffe sind bei Raumtemperatur hart und spröde und zeigen gegenüber den Thermoplasten eine wesentlich geringere Erweichung auf. Sie lassen sich ebenso wie die Elastomere weder schmelzen noch sind sie löslich. Im Gegensatz zu den Elastomeren sind sie aufgrund der starken Vernetzung nur schwach quellbar.

Im Temperaturbereich unterhalb der Glasübergangstemperatur ist der Kunststoff ebenfalls hart und spröde. Werden schwach vernetze Elastomere erwärmt, sinkt ihre Steifigkeit zwar, aber im Gegensatz zu den unvernetzten Kunststoffen behält der vernetzte Kunststoff, selbst bei weiterer Temperaturerhöhung, eine gewisse Steifigkeit. Der Grund dafür sind die Vernetzungsstellen im Polymer, die ein Abgleiten der einzelnen Molekülfäden voneinander unmöglich machen. Der Kunststoff schmilzt nicht, sondern zersetzt sich bei weiterer Temperaturerhöhung. Ist ein Kunststoff nun stark vernetzt, nimmt die Steifigkeit auch im Erweichungsbereich nur wenig ab. Bedingt durch die vielen Vernetzungsstellen zwischen den einzelnen Molekülfäden ist die Beweglichkeit der Makromoleküle untereinander sehr stark eingeschränkt. Bei Erreichung der Zersetzungstemperatur wird auch dieser Kunststoff zerstört.

D MECHANISCHE WERTE

DURCHSCHLAGFESTIGKEIT

Bei hohen Wechselspannungen können im Isolierstoff Stromdurchschläge durch Funken- oder Lichtbogenbildung auftreten, die zur Zerstörung des Materials führen. Die auf die Dicke des Isoliermaterials bezogene Spannung (Durchschlagspannung), die zum Durchschlag führt, gilt als Durchschlagfestigkeit. Sie ist zeit- und temperaturabhängig. Wenn der Isolierstoff lange mit hoher Feldstärke beansprucht wird, nimmt die Durchschlagfestigkeit ab und bei zunehmender Erwärmung steigt die Leitfähigkeit. Die Durchschlagfestigkeit ist von der Zusammensetzung der Kunststoffe und in hohem Maße auch von der Materialdicke abhängig. So ist sie bei dünnen Folien wegen ihres homogenen Molekülzusammenhalts wesentlich höher als bei dickeren Platten. Dadurch wird es möglich, in Kondensatoren sehr dünne Isolierfolien zu verwenden.

ELEKTRISCHE LEITFÄHIGKEIT

Kunststoffe sind elektrisch nichtleitend, weil in ihrem Molekülverband keine frei beweglichen Elektronen vorhanden sind. Sie dienen also als Isoliermaterial für elektrische Leiter und als Dielektrikum in Kondensatoren.

Das Isolierverhalten wird durch den Widerstand charakterisiert, den der Werkstoff dem Durchgang des elektrischen Stromes entgegensetzt, also den Isolationswiderstand. Dabei wird zwischen dem elektrischen Widerstand, den der Stoff in seinem Inneren dem Stromdurchgang entgegensetzt, und dem Widerstand an seiner Oberfläche unterschieden. Der Oberflächenwiderstand ist maßgebend für die Isolierfähigkeit zwischen Klemmen, Buchsen und Stromleitern an der Oberfläche des Isolators.

Als elektrisch nichtleitende Werkstoffe lassen sich Kunststoffe elektrostatisch aufladen. Diese Ladung wird durch Reibung oder durch Berühren und wieder Trennen von Oberflächen bewirkt. Diese Eigenschaften werden in manchen Bereichen genutzt, allerdings ist eine unbedingte elektrische Bauteilprüfung notwendig und auch vorgeschrieben. Die Höhe der Ladung hängt vom Kunststoff und der Reibeunterlage ab. Die Ladungen können positiv oder negativ sein und fließen wegen der geringen Leitfähigkeit der Kunststoffe nur langsam zur Erde ab. Die Folge einer elektrostatischen Aufladung sind Staubanziehung und eventuelle Funkenflüge, die beim Umfüllen brennbarer Flüssigkeiten aus Kunststoffbehältern oder beim Aufladen von Kunststoffböden in explosionsgefährdeten Räumen möglich sind und daher berücksichtigt werden sollten.

Die Leitfähigkeit eines Kunststoffes kann erhöht werden, indem leitfähiger Ruß zur Spinnmasse zugesetzt wird. Ruß erhöht übrigens die Alterungsbeständigkeit, denn er wandelt die schädliche kurzwellige Sonnenstrahlung in fast unschädliche Wärme um. Bei teilkristallinen Kunststoffen lagert sich Ruß zwischen den Kristalliten ein und beschleunigt so die Kristallisation.

Kunststoffe werden als Isolierstoffe für spezielle Bereiche in der Hochfrequenztechnik eingesetzt. Die starke Entwicklung der Nachrichtentechnik sowie die gesamte Radartechnik mit ihren vielfachen Aufgabenteilungen sind ohne Kunststoff als Isoliermaterial nicht möglich.

Dielektrische Eigenschaften:
Die Kapazität eines Kondensators, zwischen dessen Platten sich ein elektrisches Feld aufbaut, wird durch das Einbringen eines Isolierstoffs, des Dielektrikums, erhöht. Diese Kapazitätserhöhung wird durch die Dielektrizitätszahl des Isolierstoffes erfasst. Damit die Ladung nicht abfließen kann, sind eine hohe Dielektrizitätszahl und ein hoher Durchgangswiderstand erforderlich. Hingegen werden in Leitern Isolierstoffe mit kleiner Dielektrizitätszahl verwendet, um Energieverluste einzuschränken. Kunststoffe haben gegenüber anderen Isolatoren vergleichsweise niedrige Dielektrizitätszahlen und sind daher gute Isolierstoffe für elektrische Leiter. Je nach Sorte verschieden gibt es hohe dielektrische Verlustzahlen, wobei sich bestimmte Kunststoffe durch extrem niedrige Verlustzahlen auszeichnen. Daher werden sie als Isoliermaterial und Dielektrikum in der Hochfrequenztechnik eingesetzt.

Dielektrischer Verlustfaktor:
Dielektrischer Verlustfaktor ist das Maß für die Energie, die sich in einem elektrischen Wechselfeld befindet, in Wärme umgewandelt wird und damit als elektrische Energie verloren geht. Kunststoffe, die einen hohen Verlustfaktor aufweisen, lassen sich demnach im elektrischen Wechselfeld erwärmen, sprich z. B. schweißen.

Statische Aufladung:
Wie alle Nichtleiter haben Kunststoffe die Neigung, sich elektrostatisch aufzuladen. Die Aufladung beruht darauf, dass bei Reibung mit anderen Stoffen Elektronen aufgenommen werden. Je höher deren Isolationswiderstand ist, desto weniger kann abgeleitet werden. Die Elektronenansammlungen bewirken zum einen lästige Staubanziehung und zum anderen können sie zu einer hohen elektrischen Spannung führen. Bei Berührung oder sonstigem Kontakt zur Oberfläche erfolgt eine Entladung, die meist unter Funkenbildung abläuft. In der Gegenwart leicht entzündlicher Gase oder brennbarer Flüssigkeiten können Brände oder Explosionen verursacht werden. Kunststoffe können antistatisch ausgerüstet werden, damit die elektrostatische Aufladung herabgesetzt oder ganz verhindert wird. Dies geschieht entweder durch Beimischung leitender Substanzen oder durch Auftragen einer leitenden Schicht auf der Oberfläche, z. B. wie bei Fußbodenbelägen.

ELASTIZITÄTSMODUL (E-MODUL)

Der Elastizitätsmodul E in N / mm^2 ist ein Maß für die Steifigkeit des Materials und für den Widerstand gegen Verformung. Es wird aus Zug-, Druck- und Biegeversuchen bestimmt. Je höher der E-Modul, desto mehr Spannung muss bei der Verformung aufgebracht werden. Die tabellierten E-Modul-Kennwerte sind nach DIN ISO 527 bei einer Luftfeuchte von 65 % gemessen, wenn nicht anders angegeben.

KRIECHSTROMFESTIGKEIT

Die Kenntnis von der Kriechstromfestigkeit ist beim Einsatz von Kunststoffen von wesentlicher Bedeutung. Weniger kriechstromfest sind Kunststoffe, bei denen unter der Einwirkung kleiner Lichtbögen eine gut leitende Kohlespur entsteht, die gefährliche Folgen haben kann. Es können sich an der Oberfläche von Isolatoren infolge von Verunreinigungen und Feuchtigkeit Elektrolyte bilden, so kann es zu einem elektrischen Stromfluss kommen. Damit entsteht schon bei kleinen Spannungen eine geringfügige Spur, die zu erheblichen Funktionsstörungen führen kann (z. B. bei Radio, Messgeräten oder Rechenanlagen).

KERBSCHLAGFESTIGKEIT

Kerbschlagfestigkeit ist ein Kennwert für die Widerstandsfähigkeit eines Kunststoffes gegen eine schlagartige, dynamische Beanspruchung. Das bedeutet, dass sie angibt, wie gut ein Werkstoff gegen einen Stoß oder Schlag ist, ohne zu brechen.

SPANNUNGS-DEHNUNGS-VERHALTEN (REIßDEHNUNG)

Bei fast allen Anwendungen sind die mechanischen Eigenschaften in irgendeiner Form mitbestimmend, insbesondere das Spannungs-Dehnungs-Verhalten spielt neben den von außen auf den Werkstoff einwirkenden Faktoren wie Temperatur und Zeitdauer der Belastung eine entscheidende Rolle. Dies ist bei den Thermoplasten weit stärker ausgeprägt als bei den Duroplasten. Für die

Beurteilung des mechanischen Werkstoffverhaltens der Kunststoffe sind daher übliche, Angaben von Festigkeitswerten wie der Zugfestigkeit oder dem Elastizitätsmodul nicht ausreichend. Erst das Spannungs-Dehnungs-Verhalten infolge äußerlich angreifender Kräfte und der damit erzwungenen Materialdehnung stellt für jede*n Konstrukteur*in eine wichtige Information dar.

Beim Zugversuch werden Probekörper bis zum Zerreißen gedehnt und die dazu notwendigen Kräfte ermittelt. Dabei wird die Beziehung zwischen Kraft und Längenänderung in einem Kraft-Längenänderungsdiagramm festgehalten, das in ein Spannungs-Dehnungs-Diagramm umgewandelt wird. Wichtige Kenngrößen dafür sind:

→ Dehnung Sigma ist die ursprüngliche Messlänge l_0 bezogen auf die Längenänderung in % zu jedem beliebigen Zeitpunkt des Versuches
→ Zugfestigkeit ist die Zugspannung bei Höchstkraft
→ Reißfestigkeit ist die Zugspannung im Augenblick des Reißens
→ Streckspannung ist die Spannung, bei der die Steigung der Kraft-Längenänderungskurve zum ersten Mal gleich null wird

Die mechanischen Kennwerte (auch Zugfestigkeit) hängen stark von der Temperatur ab. Der Zugversuch ist eine Kurzzeitprüfung und sagt nichts über das Verhalten des Werkstoffes bei längerer mechanischer Beanspruchung aus.

Die Reißdehnung gibt an, wie hoch die Verformungsfähigkeit während einer Reißprobe ist. Diese misst das Verhältnis der prozentualen Längenänderung zur Anfangslänge nach dem Riss.

ZEITSTANDVERHALTEN

Bei einigen Kunststoffen ist das Zeitstandverhalten wichtig. Es gibt an, wie hoch die elastisch-plastische Formänderung bei konstant bleibender Belastung ist. Eine solche Formänderung macht sich oft schon bei Raumtemperatur bemerkbar und ändert im Laufe der Zeit das Spannungs-Dehnungs-Verhältnis, was durch die Prüfung von Relaxationsversuch und Zeitstand-Zugversuch festgestellt wird.

E VERHALTEN GEGEN UMWELTEINFLÜSSE

Kunststoffe werden in ihrer praktischen Anwendung nicht nur nach physikalischen und mechanischen Kennwerten betrachtet, sondern nach Umweltverträglichkeit wie UV-Strahlung, Brandeinfluss oder Chemikalienbeständigkeit beurteilt.

ATMOSPHÄRISCHE EINFLÜSSE

Unter atmosphärischen Einflüssen werden alle Faktoren verstanden, die bei der Anwendung von Formteilen im Freien auftreten können z. B. Sonnenstrahlung, Sauerstoff, Ozon, weitere gasförmige Bestandteile der Luft, Temperatur, Luftfeuchtigkeit, Niederschläge oder Staubablagerungen. Kurzwellige UV-Sonnenstrahlen können chemische Bindungen der Kunststoffe aufspalten. So entstehende Radikale ergeben bei Abwesenheit von Sauerstoff eine chemische Vernetzung und in Gegenwart von Sauerstoff tritt Photooxidation ein, die bereits durch sichtbares Licht ausgelöst wird. Die Intensität und relative Dauer dieser Einwirkung ist stark von der geografischen Örtlichkeit und der Jahreszeit abhängig. Die Radikale können durch sogenannte Radikalfänger inaktiviert werden, wie z. B. Amine.

BRANDVERHALTEN

Die Kunststoffe gehören zu den organischen Stoffen und sind deshalb von Natur aus brennbar. Deshalb stellt sich nicht die Frage, ob Kunststoff brennt, sondern es geht um den Grad der Entflammbarkeit. Das Brennverhalten des Kunststoffes wird bestimmt durch Entzündlichkeit, Flammenausbreitung, Wärmeentwicklung und Rauchentwicklung. All diese Branderscheinungen hängen neben dem Material zusätzlich noch von Umweltfaktoren wie der Art und Dauer der Einwirkung sowie der Intensität, der Zündquelle, Luftzufuhr, Menge, Form etc. ab.

BESTÄNDIGKEIT GEGEN ORGANISMEN

Kunststoffe sind gegen Organismen wie Schimmelpilze, Algen und Bakterien beständig. Die Beständigkeit gegen Mikroben kann durch Einbau von niedermolekularen Additiven beeinträchtigt werden. Ein möglicher Befall von Nagetieren steht oft im Mittelpunkt von Versuchsreihen. Allgemein gilt, je härter und glatter die Oberfläche ist, desto weniger werden die Kunststoffe angegriffen.

CHEMIKALIEN

Die Widerstandsfähigkeit gegen chemische Angriffe wird in erster Linie durch den chemischen Aufbau des Kunststoffes bestimmt. Grundsätzlich sind hochpolymere Werkstoffe, die aus Kohlenwasserstoffketten bestehen, beständig gegen Säuren, Basen und schwache Oxidationsmittel. Mit der Einführung von Substituten verringert sich die Chemikalienbeständigkeit. Gase, Flüssigkeiten und Feststoffe können in Kunststoffe eindiffundieren und Bestandteile herauslösen, wodurch die Eigenschaften des Kunststoffes beeinflusst werden und die Gebrauchstauglichkeit verloren geht. Die Wirkungsweise aktiver Substanzen beruht darauf, dass die Molekülketten erweitert werden, es kommt zur Quellung, was die Beweglichkeit der Makroketten erhöht und Festigkeit sowie Härte sinken. Das Einwirken solcher Stoffe spielt bei den Kunststoffen eine weit größere Rolle als bei Metallen, da die Vorgänge bei Metallen vorwiegend auf die oberflächennahen Bereiche beschränkt bleiben.

WASSER, FEUCHTIGKEIT

Kunststoffe kommen oft in Kontakt mit festen Stoffen, Gasen oder Flüssigkeiten, deren Bestandteile in das Polymergefüge eindringen können und dadurch die intermolekularen Bindungskräfte reduzieren und die Beweglichkeit der Moleküle steigern. Die Folgen sind: Absinken des Elastizitätsmoduls, Härte- und Festigkeitsverlust, Beeinflussung der elektrischen und physikalischen Eigenschaften. Diese Vorgänge sind physikalischer Natur, das bedeutet, dass diese Einflüsse meist reversibel sind, sofern nicht Bestandteile des Kunststoffes herausgelöst werden. Mit der Wasseraufnahme ist meist eine Volumsvergrößerung verbunden.

Bei hydrolyseempfindlichen Kunststoffen, wie z. B. bei PES, kann schon ein sehr geringer Wassergehalt im Granulat bei der Verarbeitung zu Schlieren, Blasen und Molekülabbau führen. Wichtig ist, dass die Wasseraufnahme bei Polyamid berücksichtigt wird, da dieser Kunststoff die größte Wasseraufnahmefähigkeit aufweist.

ENERGIEREICHE STRAHLUNG (RÖNTGENSTRAHLEN)

Zu den energiereichen Strahlen zählen alle Arten von Teilchen- oder Wellenstrahlen, deren Energie größer ist als die molekulare Bindungsenergie. Zu ihnen gehören energiereiche Elektronen, Protonen, Alpha-Teichen und schwere Kerne, Neutronen, Röntgen- oder gamma-Strahlen. Die Wirkung der Strahlen auf die Materie wird durch deren Absorptionsverhalten bestimmt. Es kommt durch das Eindiffundieren des Sauerstoffes in den Kunststoff zur Schädigung. Kunststoffe mit aromatischen Verbindungen (Benzol) sind beständiger gegen energiereiche Strahlung.

MIGRATIONSVERHALTEN

Manche Kunststoffe neigen zur Migration. Besonders bei Verpackungsmaterial muss das Auswandern von Kunststoffbestanteilen in die Umgebung berücksichtigt werden. Das sogenannte »Ausschwitzen« von Weichmachen und Ausbluten von Farbmitteln kann zu Gewichtsverlust und Oberflächenveränderungen führen. Insbesondere im medizinischen Bereich und in der Verwendung von Gebrauchsgegenständen im täglichen Leben steht die toxische Bewertung im Vordergrund. Kunststoffe die z. B. in der Medizin Anwendung finden, stehen in direktem oder indirektem Kontakt mit lebendem Gewebe oder Flüssigkeiten. Es sind hierbei Überlegungen anzustellen, dass der Kunststoff in keiner Weise den Organismus, mit dem er in Kontakt kommt, schädigt.

OPTISCHES VERHALTEN

Kunststoffe werden häufig als optische Gläser bezeichnet. Dies ist ein Hinweis darauf, dass Kunststoffe für direkte optische Anwendung, wie z. B. für Linsen, Prismen, Augengläser und viele mehr, eingesetzt werden. Viele Kunststoffe weisen gegenüber

Metallen, Holzprodukten und anorganischen Baustoffen den Vorteil der Lichtdurchlässigkeit auf. Besonders in der Augenoptik werden Kunststoffe eingesetzt. Diese transparenten Kunststoffe unterscheiden sich in ihren optischen Eigenschaften nicht wesentlich von anorganischen Gläsern. Vielfach besitzen sie im sichtbaren Spektralbereich eine größere Lichtdurchlässigkeit.

SPANNUNGSRISSBILDUNG

Bei Kunststoffen tritt eine Art von spröden Rissen unter der Einwirkung innerer Abkühlungsspannungen oder äußerer Zugspannung und bestimmter Stoffe auf. Am Beginn einer Schädigung werden meist von der Oberfläche ausgehende feine Haarrisse beobachtet, an denen Licht reflektiert wird. Diese Risse sind jedoch keine echten Risse, sondern Zonen, in denen der Kunststoff in Beanspruchung verstreckt ist. Die Haarrisse werden durch langzeitige Beanspruchung zu echten, klaffenden Rissen weitergebildet, was in späterer Folge zum Bruch führt.

K5 VERARBEITUNGSVERFAHREN FÜR KUNSTSTOFFE

A VERARBEITUNGS-TECHNIKEN FÜR THERMO-PLASTE, DUROPLASTE, ELASTOMERE UND VERBUNDSTOFFE

Im Allgemeinen werden für Kunststoffe Verarbeitungsverfahren wie Extrudieren, Spritzgießen oder Extrusionsblasen eingesetzt. Hingegen sind Laminieren, Kaschieren, Beschichten und Dublieren Verarbeitungstechniken für Duroplaste, Elastomere und Verbundstoffe.

Extrudieren, Spritzgießen und Extrusionsblasen haben in Bezug auf das Erwärmen und Plastifizieren, also beim ersten Schritt, einige gemeinsame Merkmale. Die Rohstoffe werden der Maschine nahezu kalt und in Form von Granulat, in seltenen Fällen in Pulverform, zugeführt. Manche Rohstoffgranulate enthalten flüchtige Substanzen oder nehmen solche während der Lagerung auf, wie z. B. Monomere oder Wasserdampf, die bei keinen der drei angesprochenen Verfahren verdampfen können. Deshalb müssen solche Rohstoffe vor dem Verarbeiten getrocknet werden und andere wiederum werden im Schneckenzylinder mit Hilfe von Unterdruck entgast.

Das Aufheizen des Rohstoffes übernimmt ein Schneckenzylinder, welcher im Wesentlichen aus einem horizontal liegenden Stahlzylinder besteht, in dem eine Förderschnecke fliegend gelagert ist. Diese Schnecke ist an einem Ende über ihren Schaft mit einem stufenlos regelbaren Getriebe verbunden, das durch einen Elektromotor angetrieben wird. Die Drehzahl und die Antriebsleistung des Motors sind wichtig für die Qualität des Extrudates. Der Schneckenzylinder wird meistens von außen durch elektrische Widerstände beheizt. In der Regel sind die Zylinder in drei unterschiedliche beheizte Zonen aufgeteilt: Einzugszone, Plastifizierzone und Ausstoßzone. Durch die Umdrehung der Extruderschnecke soll der Rohstoff nicht nur durchgemischt werden, sondern loses Pulver oder Granulat in der Schmelze verdichtet werden. Anschließend wird diese Schmelze unter erheblichem Druck aus dem Zylinderkopf ausgepresst. Das Einziehen, Verdichten und Fördern des Rohstoffes durch die rotierende Schnecke verursacht eine erhebliche Reibung bei der Zylinderwanderung, was zu einer starken Wärmeentwicklung führt. Für jeden Rohstoff existiert ein bestimmter Temperaturbereich, der die Verarbeitung mit bestem wirtschaftlichem Erfolg und höchster Qualität der Erzeugnisse ermöglicht. Dieser Temperaturbereich ist nicht nur vom Rohstoff, seinen Zusätzen und der Maschinenkonstruktion abhängig, sondern auch vom zu fertigenden Artikel; z. B. Hartpolyethylen 150–200° C, PS 185–240° C.

In jedem Fall muss die Formgebung innerhalb des thermoplastischen Bereiches jedes einzelnen Kunststoffes stattfinden. Wird der Rohstoff wesentlich über die Zerfallstemperatur erwärmt, so zersetzt er sich allmählich. Bleibt die Verarbeitungstemperatur unterhalb der Fließtemperatur, so wird der Artikel entweder nicht ausreichend ausgeformt oder er behält Spannungen und schrumpft in späterer Folge oder bekommt Risse, Fließstreifen und vieles mehr. Bei der gesamten Verarbeitung ist die Molmasse zu berücksichtigen. Die Molmasse muss je nach Kunststoff eine bestimmte Höhe haben, damit die Schmelze nach Austritt aus der Düse nicht zusammenfällt, sondern das Profil beibehält bis die Verfestigung durch Abkühlung eintritt. Einige Kunststoffrohstoffe werden von den Hersteller*innen speziell für die einzelnen Verarbeitungsverfahren hergestellt.

A1 Beschichten, Laminieren, Dublieren und Kaschieren

Während die vorher angeführten Verfahren zur Herstellung von Fertig- oder Halbfertigteilen ausschließlich aus Kunststoffen verwendet werden, wird Beschichten und Laminieren zur Verarbeitung von Kunststoffen zusammen mit anderen Materialien zu Verbundstoffen, Schichtstoffen, Laminaten und Überzügen verwendet.

Der Unterschied zwischen Laminieren, Beschichten, Dublieren und Kaschieren ist, dass beim Dublieren und Kaschieren feste Bahnen miteinander zu einem Verbundstoff vereinigt werden, hingegen beim Laminieren und Beschichten wird der Kunststoff als Rohstoff verwendet, also als Lösung, Dispersion, flüssiges Harz oder auch als festes Pulver.

Beim Dublieren werden als Trägermaterial gleichartige thermoplastische Kunststofffolien verwendet, die durch Walzen oder Pressen mittels Wärme miteinander verbunden werden. Beim Kaschieren werden als Trägermaterial Bleche, Gewebe, Metallfolie und Papiere verwendet und als Kunststoffkomponenten verschiedenartig fertige thermoplastische Folien. Als Verbindungsmethoden werden Walzen oder Pressen in kaltem oder warmem Zustand eingesetzt. Des Öfteren wird dazu ein Klebstoff verwendet.

Unter Beschichten wird das Aufbringen einer flüssigen, zähviskosen, geschmolzenen oder pulverförmigen Masse aus Kunststoff auf ein Trägermaterial und das anschließende Verfestigen der Kunststoffschicht durch eine Wärmebehandlung verstanden. Diese Vernetzung kann chemisch durch eine Vernetzungsreaktion hervorgerufen werden oder durch Abkühlen zu einem geschlossenen Film, der zusammen mit dem Träger ein neues, dauerhaftes Verbundmaterial bildet. Beschichten bezeichnet den Aufbau einzelner Schichten übereinander, wobei sich in der Regel eine flächige Grenzschicht zwischen dem Kunststoffanteil und dem anderen, meist kunststofffremden Werkstoff ausbildet. Beim beschichteten Verbundmaterial oder Schichtstoff fungiert der Kunststoff nicht als Bindemittel, sondern eher als Auflage auf dem Träger. Daher setzen sich die Eigenschaften dieser Materialien fast ausschließlich additiv zusammen. Beim Beschichten werden als Verstärkungsmaterial meist Bleche, Gewebe, Metallfolie und Papiere verwendet. Verbindungsmethoden sind Trocknen und Gelieren durch Wärme. Kunststoffkomponenten sind meist flüssige Thermoplaste wie z. B. PVC, Polymethylacrylsäureester.

Unter Laminieren wird verstanden, dass das kunststofffremde Material zunächst mit einem flüssigen, gelösten oder harzhältigen Kunststoff vollständig durchtränkt und anschließend durch eine chemische Reaktion in eine bestimmte Gestalt oder Form verfestigt wird. Durch die chemischen Vernetzungsreaktionen entstehen ausgehärtete, unlösliche und unschmelzbare Kunststoffschichten aus dreidimensionalen vernetzten Makromolekülen, sogenannte Laminate. Die dabei verwendeten Kunststoffe sind in der Regel Duroplaste. Beim Aushärten bildet sich ein neuer Verbundstoff, der mit ganz neuen Eigenschaften ausgestattet ist. Das Trennen der einzelnen Komponenten ist praktisch unmöglich, da die einzelnen Schichten kaum sichtbar sind. Das neue System reagiert als ein in sich geschlossenes Ganzes und nicht mehr die einzelnen Schichten für sich. Als Verstärkungsmaterialien werden beim Laminieren meist Glasfasermatten, Glasfasergewebe oder Papiere verwendet, die durch Tränken, Härten oder Vernetzen mittels Wärme und eventuell Druck verbunden werden.

Verbundstoffe werden hergestellt, um die Nachteile einer Komponente (Subtraktion) auszuschalten oder eine bzw. mehrere schlechte Eigenschaften eines Stoffes durch gute Eigenschaften eines anderen zu ersetzten (Addition) oder bestimmte Eigenschaften über die reine Summierung hinaus zu verbessern (Potenzierung).

A2 Extrusionsverfahren

Unter Extrusion oder Extrudieren versteht man die kontinuierliche Herstellung eines Halbzeuges, Rohres oder einer Folie aus Kunststoff. Das Extrudieren ist ein kontinuierlicher Umformprozess, bei dem ein Kunststoff im thermoplastischen Zustand zwischen Schnecke und beheiztem oder temperierten Zylinder gefördert, aufgeschmolzen, homogenisiert, entgast, verdichtet und durch ein Werkzeug (Düse) geformt wird. Eine Extrusionsanlage setzt sich zusammen aus:

→ Extruder
→ Extrusionswerkzeug
→ Kalibrierung / Kühlung
→ Abzug
→ Konfektionierung (Säge)

Der Extruder:
Dieser ist das Kernstück einer Extrusionsanlage und hat die Aufgabe, eine homogene Schmelze in ausreichender Menge mit der

notwendigen Temperatur und Druck in das nachfolgende Werkzeug zu fördern. Je nach Anwendung werden verschiede Extruder benutzt. Als Kriterium für die Baugröße eines Extruders und damit auch für die erzielbare Ausstoßleistung gelten Durchmesser und Länge der Schnecke.

Das Aufschmelzen und Plastifizieren des Rohstoffes geschieht dabei meist durch Ein- oder Zweischneckenpressen mit horizontalliegenden Zylindern. Die Formgebung der thermoplastisch erweichten Masse erfolgt durch Auspressen in ein geformtes Düsenmundstück.

Grundsätzlich lassen sich alle thermoplastischen Kunststoffrohstoffe verarbeiten, allerdings muss der Extruder den speziellen Eigenschaften des zu verarbeitenden Rohstoffes angepasst werden. Kenngrößen für diese Verarbeitungsbedingungen bzw. Plastifizierung sind die Viskosität, Wärmeempfindlichkeit, Viskosität in Abhängigkeit von Temperatur und Druck. Durch die Plastifizierung wird das vorliegende Material aufgeschmolzen. Dies geschieht zum einen durch die Beförderung des Materials, wodurch eine innere und äußere Reibung entsteht, und zum anderen wird über beheizte Zylinderwände, wenn notwendig, Wärme zugeführt.

Extrusionswerkzeuge sind an den Extruder angeschlossen und dienen dazu, die angelieferte Schmelze zu der gewünschten Querschnittsform auszuformen. Die Schmelze muss möglichst homogen sein, sonst gibt es Fehlerquellen in der Endproduktion. Querschnittsformen von Werkzeugen können sein: Vollstrang (Rand-, Vierkantstäbe)- oder Hammerprofile (Rollläden-, Fensterprofile), Offene Profile (U-Profile), Rohre, Folien, Platten oder Fäden.

Folienerzeugung:
Der Materialstrang wird mittels einstellbarer Breitschlitzdüsen zu dünnen Folien oder dicken Platte ausgespritzt. Die Schwierigkeit dabei ist, dass der Materialfluss gleichmäßig umgelenkt und verteilt werden muss. Auf Extrudern mit Breitschlitzdüsen werden in großem Maßstab Papier und Kartons für Verpackungszwecke mit Kunststoff beschichtet. In der Regel wird PE dafür verwendet. Eine PE-Auflage dient nicht nur zur Wasser-, Feuchtigkeits- und Aromaabdichtung, sondern auch in vielen Fällen dazu, Papier zu siegeln, d. h., sie brauchen bei der Weiterverarbeitung nicht mehr

verklebt zu werden, sondern können wie reine Kunststofffolien unter Hitze- und Druckeinwirkung durch Heißversiegeln verschweißt werden.

Stangen- und Staberzeugung:
Stangen und Stäbe werden mittels Extruderverfahren erzeugt. Dazu werden Lochdüsen mit einigen Durchmessern verwendet, die Stangen und Stäbe ergeben. Als Rohstoff wird in der Hauptsache Hart-PVC, PA, PE oder PP verwendet. Entsprechend profilierte Düsen werden z.B zum Spritzen von Führungs- oder Gleitleisten, Tür- und Fensterrahmenprofilen etc. verwendet.

Rohre und Schläuche:
Zum Extrudieren von Rohren oder Schläuchen muss das Extrusionswerkzeug einen Ringspalt bilden, also in der Mitte einen Dorn als Verdrängungskörper besitzen. Dazu sind Halterungen notwendig, die als einfache Stege angebracht werden. Sie verteilen die Schmelze in Längsrichtung und wenn die Schmelze hinter dem Steg wieder zusammenfließt, entsteht eine Längsbindenaht.

Beispiel für eine Hohlkörper-Blasanlage für die Herstellung von Extrusion-Hohlkörpern: Ein extudierter Schlauch wird vom Blaswerkzeug umschlossen und nimmt durch Aufblasen die Werkzeuginnenhöhlung an.

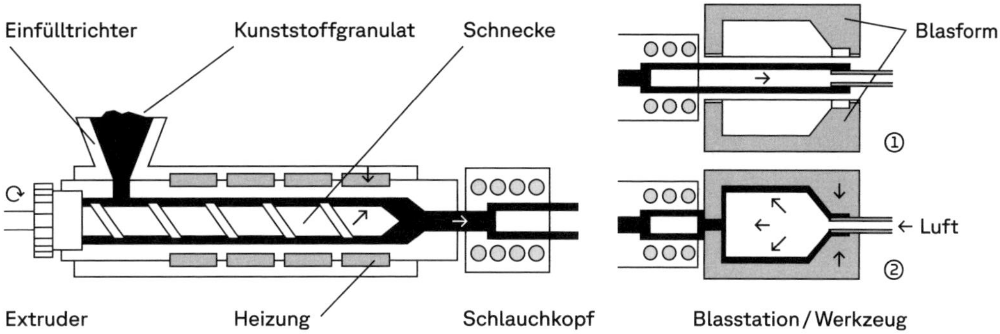

Coextrusion:
Aufgrund der vielfältigen Anforderungen, die verlangt werden, kann es sein, dass sich diese nicht von einem einzigen Material erfüllen lassen. Um diesem Problem gerecht zu werden, wird aus mehreren Materialien ein Verbundstoff hergestellt. Hierbei

wird die Coextrusionstechnik eingesetzt. Dabei wird für jedes Material ein separater Extruder und Schmelzverteiler benötigt, die dann im Coextrusionswerkzeug hintereinander oder ineinander montiert werden. Darüber hinaus gehören Elektrokabel mit Kunststoffisolierungen zu den am häufigsten durch Extrudieren erzeugten Werkstoffverbundstoffen.

A3 Kalandrieren

Das Kalandrieren wird vor allem zur Herstellung von Folien aus solchen Kunststoffen herangezogen, die im thermoplastischen Bereich einen zähflüssig-teigigen (hochviskosen) Zustand aufweisen. Ein Kalander ist eine Walzenanlage, wo verschiedene Walzen, (meist vier) hintereinander geschalten werden. Kalandrieren ist eine Kunststoffverarbeitung zum Ausformen erwärmter, fließfähiger Massen durch mindestens zwei Walzen zu endlosen Bahnen. Am häufigsten werden PVC-Folien hergestellt.

Die Anlagen bestehen aus vorgeschalteten Anlagen, die zur Aufbereitung der Kunststoffmischung dienen: Mischer zur Rezepturerstellung, Extruder zur Plastifizierung und nachgeschaltete Anlagen zum Kühlen, Prägen, Randbeschneiden und Abwickeln der Folien sowie der Kalandrieranlage selbst.

Sehr oft ist es notwendig, dass die Folien geprägt, gedruckt oder dubliert werden. Diese Arbeitsvorgänge werden oft nach dem Kalandrieren angeschlossen. Besonders das Prägen, das in dem Zustand der Thermoplastizität erfolgen muss, wird nach dem Kalandrieren angeschlossen.

Unter Dublieren wird das Zusammenfügen von zwei oder mehreren Lagen von aus dem gleichen Material hergestellten Folien verstanden. Die Durchführung dieses Vorganges erfolgt mit erhitzten Folien zwischen zusammengepressten Vorrichtungen, bestehend aus einem weichelastischen und einem unnachgiebigen Element. Die letzte Vorrichtung sind die Kalanderwalzen. Auch das Kaschieren von Folien wird auf Kalandern durchgeführt. Unter Kaschieren wird das Verbinden mehrerer Lagen gleicher oder verschiedener Materialien verstanden, wobei geeignete Kaschiermittel als Hilfsmittel eingesetzt werden.

A4 Spritzgießen

Spritzgießen von Kunststoffen ist ein Stückprozess für das Urformen von Formteilen. Es stellt heute bei weitem das wichtigste Verfahren zum Herstellen von Formteilen dar. Fertigteile von weniger als 1 mg bis zu mehr als 10 kg können mit Zykluszeiten von Sekunden bis zu mehreren Minuten mit einem Minimum an Nachbearbeitungsaufwand hergestellt werden. Das Spritzgießen besitzt einige Merkmale, die eine vorteilhafte Anwendung dieses Verfahrens in besonderem Maße bei der Herstellung komplizierter Formteile als Massenartikel ergeben: direkter Weg vom Rohstoff zum Fertigteil, keine oder nur geringe Nachbearbeitung des Formteiles notwendig und hohe Reproduziergenauigkeit der Fertigung.

Der Rohkunststoff wird in Form von Granulat oder selten in Pulverform über einen Massetrichter einer sich drehenden Schnecke (Plastifiziereinheit) zugeleitet. Die Plastifiziereinheit hat die Aufgabe das Material zu plastifizieren, zu fördern, homogenisieren, dosieren, speichern und einzuspritzen. Meist wird von außen Wärme zugeführt, um die Masse aufzuschmelzen, allerdings ist dies abhängig vom verwendeten Kunststoff. Die Formmasse wird dann zur Schneckenspitze gefördert, wo ein Polster aufgeschmolzener Masse gebildet wird. Diese Masse wird dann in ein temperiertes Werkzeug gedrückt. Das Werkzeug weist jenen Hohlraum auf, der dem Formteil entspricht. Nach der Verformung folgt meist eine zusätzliche Verweilzeit im Werkzeug, da der Ausstoß des Formteiles erst bei niedriger Temperatur erfolgen kann. Anschließend, wenn die Formstabilität gegeben ist, wird der Spritzling ausgeworfen.

Das Werkzeug:
Das zentrale Bauteil einer Spritzgussmaschine ist das Werkzeug. Es gehört nicht zur Maschine, sondern muss für jeden zu fertigenden Artikel speziell entworfen werden bzw. angepasst werden. Fehler, die bei der Konstruktion eines Werkzeuges gemacht werden, schlagen sich direkt in der Formteilqualität oder in der Wirtschaftlichkeit des Prozesses nieder. Konstruktionsvarianten von Werkzeugen gibt es unüberschaubar viele, jedoch erfüllen sie im Wesentlichen zwei Aufgaben, die in verschiedene Unteraufgaben

unterteilbar sind, nämlich technologische und konstruktive Aufgaben. Zu den technologischen Aufgaben gehören Aufnahme, Verteilung, Ausformung und Abkühlung der Schmelze sowie Entformung. Zu den konstruktiven Aufgaben gehören Kraftaufnahme, Bewegungsübertragung und Führung der Werkzeugteile, da das Werkzeug hydraulisch oder mechanisch gegen den Werkzeuginnendruck zusammengehalten wird.

Ein wichtiger Faktor bei der Spritzgusstechnik ist die Temperaturkontrolle, da die meisten thermoplastischen Kunststoffe eine höhere Temperatur zur Verarbeitung benötigen. Die Temperaturzufuhr erfolgt über Temperaturaggregate. Als Wärmetransportmittel wird meist Wasser oder Öl verwendet. Da eine hohe Qualität von den Spritzgussteilen erwartet wird, werden meist Temperaturfühler in Spritzgusswerkzeuge eingebaut.

Spitzgussteile können auch mehrfärbig oder mit verschiedenen Komponenten hergestellt werden. Dabei wird zunächst ein Teil des Formteiles durch die erste Komponente ausgeformt. Anschließend wird durch einen Schieber oder durch Verdrehen des Werkzeuges ein weiterer Werkzeughohlraum freigegeben und mit der nächsten Komponente gefüllt. Dabei können feste Verschweißungen der einzelnen Kunststoffe miteinander erreicht werden, aber auch gegeneinander bewegliche Verbindungen, wie z.B. Kugelgelenke, können hergestellt werden. Nämlich dann, wenn die Schmelzpunkte der Komponenten so weit auseinander liegen, dass keine Verschweißung möglich ist.

Ein Beispiel für den Spritzguss: Beim Spritzgießen wird der Kunststoff nach der Plastifizierung mit Druck in den Hohlkörper eines formgebenden Werkzeuges gepresst. Dort wird die Masse gekühlt. Danach wird durch Öffnen des Werkzeuges entformt.

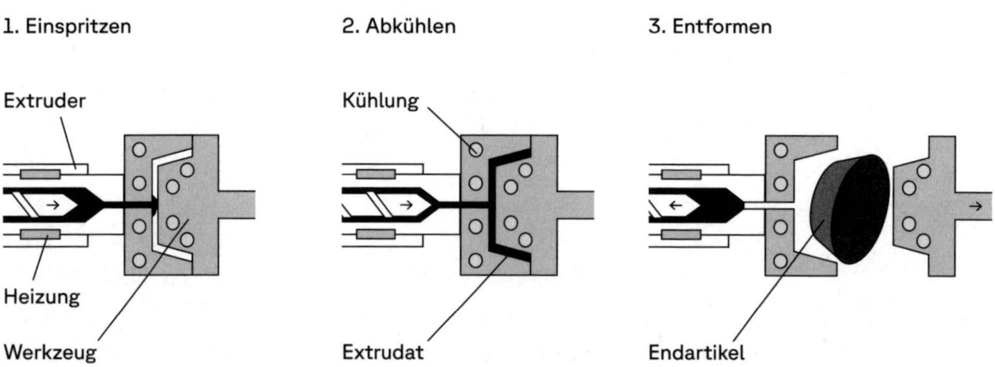

A5 Streckblasen und Extrusionsblasverfahren

Hohlkörper aus thermoplastischen Kunststoffen werden heute überwiegend im Extrusionsblasverfahren sowie im artverwandten Streckblasverfahren hergestellt. Das Extrusionsblasverfahren ist eine Weiterentwicklung des Rohrextrusionsverfahres. Die Produktionsherstellung beim Extrusionsblasverfahren setzt sich aus zwei Arbeitsprozessen zusammen:

→ Kontinuierliche Vorformlingsextrusionsverfahren (Urformen)
→ Zyklische Vorformlingübernahme und Formgebung mittels Blasluft im Werkzeug

Der erste Schritt beginnt, wenn der extrudierte Schlauch die nötige Länge hat. Dann schließt sich das Werkzeug um diesen und ein Messer trennt den Schlauch ab. Anschließend bewegt sich das Werkzeug zur Blasstation. Dort taucht ein Blasdorn ein. Durch diesen wird Druckluft eingeleitet und der eigentliche Formgebungsprozess beginnt. Nach Abkühlung wird der Formteil ausgeworfen.

Entformung und Abtrennen der Butzen erfolgen meist automatisch. Unter Butzen sind Materialränder zu verstehen, die beim Schließen des Werkzeuges an den Quetschkanten entstehen. Je nach Gestalt des Formteils können wenige Prozente bis zu einem Vielfachen des Formteilgewichtes als Butzen anfallen (die anschließend entfernt werden).

Das Streckblasverfahren ist eine Sonderform des Blasformens. Dabei wird der Effekt ausgenützt, dass durch das Verstrecken nahe der Glas- bzw. Kristallitschmelztemperatur hohe Orientierungen in das Material eingebracht werden. Auf diese Weise werden die mechanischen Eigenschaften wesentlich verbessert. Mittels dieses Verfahrens werden Salben, Tuben und Flaschen hergestellt.

Die dazu meist verwendeten Materialien sind: PELD, PET, PP oder PVC.

A6 Pressen und Spritzpressen

Unter Pressen oder Spritzpressen (die Unterschiede sind sehr gering) wird das Urformen einer plastischen Masse in einem durch Stempel und Gesenk begrenzten Hohlraum durch Druckeinwirkung verstanden. Beim Pressen werden im Allgemeinen härtbare Kunstharzmassen wie Formaldehyd-, Melamin- oder Polyesterharze verarbeitet. Diese Pressmassen (Beigabe an Härter erforderlich) werden während der Verarbeitung durch Anwendung von Druck und Hitze gehärtet.

Beim Spritzpressen wird die Pressmasse nicht direkt in die Form, sondern in eine Vorkammer des Werkzeuges gefüllt. In dieser Vorkammer wird sie durch Wärmeeinwirkung aufgeschmolzen und mittels eines Kolbens in den Formenraum des geschlossenen Werkzeuges eingespritzt. Das Spritzpressen hat gegenüber dem Pressen den Vorteil, dass es in vielen Fällen höhere Arbeitsgeschwindigkeiten erlaubt und einfacher automatisiert werden kann. Am günstigsten wird das Spritzverfahren bei kleineren, komplizierteren und mittleren, aber auch bei dickwändigeren Pressteilen angewendet.

K6 ZUSATZ- UND HILFSSTOFFE

A EIGENSCHAFTS-VERÄNDERUNG DURCH ZUSATZSTOFFE

Kunststoffe können in der Regel nicht in der Form, die sie nach Abschluss der Bildungsreaktion haben, verarbeitet werden. Erst durch Zumischen von Zusatz- und Hilfsstoffen, die zum einen die Verarbeitbarkeit und zum anderen die Eigenschaften für den jeweiligen Anwendungsfall verbessern, erhält man verarbeitungsfertige Kunststoffmassen. Bei den Zusatz- und Hilfsstoffen handelt es sich größtenteils um eine außerordentliche, vielseitige Stoffklasse, die aus teilweise hochwertigen und kompliziert aufgebauten chemischen Produkten besteht. Bei der Auswahl der Zusatzstoffe ist zu beachten, dass sich durch die gewünschten Eigenschaftsverbesserungen nicht andere Nachteile ergeben. Grundsätzlich wird zwischen Verarbeitungshilfsstoffen und eigenschaftsändernden Hilfsstoffen unterschieden. Beispiele für Zusatz- und Hilfsstoffe:

→ Weichmacher
→ Stabilisatoren
→ Gleitmittel
→ Füll- und Verstärkungsstoffe
→ Antistatikum
→ Treibmittel
→ Flammhemmende Zusätze
→ Beschleuniger

WEICHMACHER

Weichmacher werden besonders bei thermoplastischen Kunststoffen eingesetzt, die einen Dipolcharakter aufweisen. Grundstoff für Weichmacher sind Esterverbindungen. Es wird zwischen Monomer- und Polymerweichmachern unterschieden. Davon sind Monomerweichmacher jene Weichmacher, die sich durch geeignete Lösungsmittel aus den Kunststoffen herauslösen lassen. Sie sind besonders gefährlich im Einsatz bei Kinderspielzeug.

STABILISATOREN

Um Kunststoffe gegen Umwelteinflüsse wie z. B. Licht, Wärme, Feuchtigkeit und viele mehr zu schützen, müssen sie mit Stabilisatoren versehen werden. Die wichtigsten Stabilisatorengruppen sind Bleiverbindungen, organischer Stickstoff, Metallseifen und viele mehr; z. B. wäre ohne Wärmestabilisatoren bei PVC keine Formgebung in der Schmelze möglich. Die hohen Verarbeitungstemperaturen bewirken eine Abtrennung von Chlorwasserstoff und damit einen Abbau der Polymerkette. Durch die HCL-Abspaltung bilden sich Doppelbindungen aus. Diese Doppelbindungen sind durch Luftsauerstoff angreifbar, was zur Folge hat, dass der Kettenabbau eingeleitet wird. Die Aufgabe der Wärmestabilisatoren bei PVC ist es nun, die HCL-Abspaltung zu verhindern und gebildetes HCl-Gas zu binden, weil dieses auf weitere HCL-Abspaltung katalytisch wirkt.

GLEITMITTEL

Gleitmittel dienen dem Erniedrigen der inneren und äußeren Reibung von Kunststoffschmelzen. Dadurch wird ein Reiben verhindert und ein ungestörter Verarbeitungsprozess garantiert.

FÜLL- UND VERSTÄRKUNGSSTOFFE

Füllstoffe dienen zur Gewichts- und Volumsvergrößerung sowie zur gezielten Eigenschaftsverbesserung von Kunststoffen, wie z. B. der Wärmeformbeständigkeit. Füllstoffe für thermoplastische Kunststoffe sind z. B. Kreide, Quarzmehl, Kaolin und viele mehr. Verstärkungsstoffe dienen dazu, die Festigkeit der Kunststoffe zu erhöhen. Als Verstärkungsstoffe kommen z. B. Glasfasern, Textilien, Cellulose oder Holzmehl zum Einsatz. Besonders bei den Epoxidharzen spielen Glasfasern eine große Rolle.

ANTISTATIKUM

Es erniedrigt den elektrischen Oberflächenwiderstand von Kunststoffen und leitet Reibungselektrizität schneller ab. Antistatika sind chemische Verbindungen, die aus den Kunststoffen an die Oberfläche wandern und aus der Luft Feuchtigkeit aufnehmen.

Der Feuchtigkeitsfilm verhindert eine statische Aufladung durch Elektrizitätsableitung.

TREIBMITTEL

Treibmittel werden zum Herstellen geschäumter Kunststoffe verwendet. Sie werden bereits bei der Kunststoffherstellung oder erst während des Verformungsvorgangs wirksam. Meistens werden jene Treibmittel eingesetzt, die bei einer bestimmten Temperatur verdampfen und gleichzeitig die Kunststoffmasse aufblähen. Grundstoffe dafür sind z. B. Pentan, Hexan oder Chlorfluorkohlenwassserstoffe.

FLAMMHEMMENDE ZUSÄTZE

Kunststoffe sind aufgrund ihres chemischen Aufbaus mehr oder weniger brennbar, daher müssen für eine Reihe von Anwendungsgebieten flammhemmende Zusätze zugeführt werden, wie z. B. für den Einsatz im Bau- und Fahrzeugwesen. Hier wird in vielen Bereichen eine flammhemmende Ausrüstung verlangt. Grundstoffe für eine flammhemmende Ausrüstung sind Hologenverbindungen des Chlors und Broms sowie Phosphor- und Aluminiumverbindungen. Eine flammhemmende Ausrüstung erzielt folgende Wirkung: Abschirmung des Sauerstoffes des Brandherdes, Beeinflussung der Zersetzung des Kunststoffes, Beeinflussung des Verbrennungsmechanismus.

BESCHLEUNIGER

Beschleuniger dienen dazu, chemische Reaktionen zu beschleunigen. Dies geht oft mit einer Wärmeabgabe einher.

K7 FÄRBEN VON KUNSTSTOFFEN

A MASTERBATCHES

Kunststoffe werden mit Masterbatches eingefärbt, die aus einem polymerspezifischen Trägermaterial und aus einem oder mehreren Farbmitteln bestehen. Sie werden als Granulate, Plättchen oder in Pulverform am Beginn der Kunststofferzeugung dazugegeben. Für die Farbauswahl sind die Art der Polymere, deren Verarbeitungstemperatur und die Verweilzeit in der Maschine wichtige Kriterien. Pigmente können die Licht- und Witterungsstabilität sowie die Dielektrizitätskonstante negativ als auch positiv beeinflussen. Auch die mechanischen Werte können durch die Pigmente verändert werden, wie z. B. Zähigkeit, Kristallisationsgeschwindigkeit oder das Schwingungsverhalten, sodass im Fertigungsteil erhöhte Eigenspannung, Verzug, Versprödungsrisse oder Spannungsrisse auftreten können. Daher ist darauf zu achten, dass die Farbmittel folgende Eigenschaften aufweisen.

Abrasivität bei der Verarbeitung:
Zu harte Pigmente können bei der Verarbeitung als auch bei zu langen Mischzeiten zu starkem Abrieb und damit zur Vergrauung führen. Ein starker Abrieb bei der Verarbeitung kann an der Einzugszone von Extrusionsanlagen zu schnellem Verschleiß führen.

Dispergierbarkeit:
Schlechte Dispergierbarkeit führt zu niedriger Farbausbeute und kann zur ungenügenden Zerteilung im Verarbeitungsprozess führen, wie z. B. Stippenbildung im Endartikel, Faserriss bei der Spinnfärbung, oder es kann zu Schwierigkeiten bei der Folien- und Bändchenherstellung führen.

Mechanische Beständigkeit:
Die Farbpigmente müssen eine Abriebbeständigkeit aufweisen. Reibeempfindliche Farbpigmente können bei thermoplastischen Kunststoffen durch zu hohe Friktion zerstört werden.

Einfluss von Feuchtigkeit:
Eine gewisse Oberflächenfeuchtigkeit infolge von Luftfeuchtigkeit von ca. 2 % haben alle Farbpigmente und ist daher unver-

meidlich. Bei zu hoher Feuchtigkeit können Blasen entstehen und somit Oberflächenstörungen herbeiführen. Bei technischen Kunststoffen können sogar Abbaureaktionen hervorgerufen werden.

Lichtechtheit:
Organische Farbmittel werden unter Lichteinfluss angegriffen und verlieren nach einer bestimmten Zeit mehr oder weniger ihre charakteristischen Eigenschaften. Die Lichtechtheit ist abhängig vom Kunststoff, von der Farbmittelkonzentration und dem verwendeten Farbmittel.

Kontakt mit Chemikalien:
Werden Chemikalien wie z. B. Säure, Lauge und viele mehr in Kunststoffbehälter verpackt, so ist neben der Beständigkeit des Kunststoffes auch auf die des Farbmittels zu achten.

Migrationsbeständigkeit:
Ausblühen und Ausbluten beruhen auf einer teilweisen Löslichkeit organischer Pigmente im Kunststoff. Ausblühen bedeutet, dass sich ein Farbbelag auf der Oberfläche von Kunsstoffteilen bildet, der abwischbar ist.

Ausbluten bedeutet, dass das Farbpigment aus einem gefärbten Kunsstoffartikel in einen anderen in Oberflächenkontakt befindlichen Artikel wandert. Die Löslichkeit ist abhängig von der Pigmentkonzentration, der Verarbeitungstemperatur sowie der Art des Kunststoffes. Gleitmittel, Stabilisatoren und Weichmacher schleppen bei der Verarbeitung von Kunststoffen Pigmentteilchen an die Oberfläche und führen zu Farbbelegen an Kontaktflächen.

Orientierungseffekte:
Pigmentkristalle in Form von Nadeln oder Plättchen können sich bei thermoplastischen Fließvorgängen unerwünscht orientieren.

Physiologische Unbedenklichkeit:
Besonders die Verpackungsmittel-Verordnung für Lebensmittel erfordert Farbmittel, welche migrationsecht sind. Dabei sind in den meisten Ländern die Grenzwerte für bestimmte Schwermittelspuren und aromatische Amine genau festgelegt.

Witterungsbeständigkeit:
Die eingesetzten Farbmittel müssen witterungsbeständig sein, da dies für das Endprodukt und deren Einsatz im Außenbereich von großer Bedeutung ist.

K8 EINFACHE METHODEN ZUM IDENTIFIZIEREN VON KUNSTSTOFFEN

A UNTERSUCHUNGS-METHODEN

Auf Grund der großen Anzahl an Kunststoffen und der Vielfalt an Kunststofferzeugnissen, insbesondere der Verbundmaterialien, ist es häufig schwierig, Aussagen über die chemische Zusammensetzung eines Kunststoffes zu machen. Darüber hinaus werden durch Copolymer- und Polyblendbestandteile sowie Zusatzstoffe die Eigenschaftsmerkmale der reinen Kunststoffe wesentlich verändert. Vielfach gelingt es durch einfache Untersuchungsmethoden festzustellen, zu welcher Kunststoffsorte eine unbekannte Probe gehört. Sind allerdings genauere Analysen erforderlich, insbesondere von Hilfs- und Zusatzstoffen, sollte die Untersuchung bei fachkundigen Instituten durchgeführt werden.

Bei der Erkennung eines unbekannten Kunststoffes sollte wie folgt vorgegangen werden:

- → Äußeres Erscheinungsbild
- → Schwimmprobe im Wasser
- → Brandverhalten
- → Geruch der Brandschwaden
- → Lösungsmitteltest
- → Beilsteinprobe
- → Fingernagelritzen
- → Bruchprobe

Schon äußere Erscheinungsmerkmale oder Betasten, Ritzen sowie einfaches Hin- und Herbiegen geben Hinweise auf bestimmte Kunststoffgruppen. Ungefärbte und ungefüllte Kunststoffe sind entweder transparent oder besitzen eine milchig-trübe Eigenfarbe. Durch Betasten kann ein wachsartiger Griff bei den Kunststoffen PE, PP, POM und PETE festgestellt werden.

OPTISCHES ERSCHEINUNGSBILD

Kunststoff durchsichtig / transparent:
PVC, PS, SAN, PAMMA, CA, CAB, CP, PC, UP, EP

Kunststoff milchig-trüb:
PE, PP, SB, ABS, ASA, PA 6, PA 11, Opa, PA 12, PA 66, POM, PTFE

DICHTE

Durch die Dichtebestimmung ungefüllter Kunststoffe kann eine Grobeinteilung in mehrere Gruppen vorgenommen werden. Es genügt hierbei, die Schwebemethode anzuwenden, wobei lediglich Wasser und Lösungen einzusetzen sind. Die Probe wird in die Lösung gegeben und schwebt die Probe in der Flüssigkeit, ist die Dichte gleich der Flüssigkeit. Es ist anzumerken, dass dies bei Kunststoffen nur eine bedingte Kenngröße darstellt, da Kunststoffe oft Hohlräume, Poren oder Fehlstellen enthalten und Zusatzstoffe wie Ruß, Glasfasern oder andere Füllstoffe können die Dichte ebenfalls beeinflussen. Die Dichte r als Quotient aus Masse m und Volumen V eines Stoffes

m
r = ¾ [g / cm^3]
V

Einteilung wichtiger Kunststoffe nach der Dichte:

Dichte g / cm^3	Kunststoff (ungefüllt)
0,9 bis 1,0	PE, PP, PB, PIB
1,0 bis 1,2	PS, SAN, SB, ABS, ASA, PMMA, PPO, CP, CAB, PC, PA
1,2 bis 1,5	PVC hart und weich, POM, CA, PETP, PBTP, PSU, PUR, organisch gefüllte Pressmassen
1,5 bis 1,8	anorganisch gefüllte Pressmassen, Phenoplaste, Aminoplaste
1,8 bis 2,2	PTFE

Lösungen mit unterschiedlichen Dichten Zusammensetzung der Lösung in Gewichtsprozent	Dichte g/cm^3
52% Ethanol + 48% destilliertes Wasser	0,91
37% Ethanol + 63% destilliertes Wasser	0,94
100% destilliertes Wasser	1,10
44% Glycerin + 56% destilliertes Wasser	1,20
93% Glycerin + 7% destilliertes Wasser	1,30
27% Ätznatron + 73% destilliertes Wasser	1,40
37% Ätznatron + 63% destilliertes Wasser gesättigte Zink-Chlorid-Lösung	2,01

LÖSLICHKEIT

Durch die Löslichkeit kann eine weitere Grobeinteilung in lösliche und unlösliche Kunststoffe vorgenommen werden. Allerdings sollten bei der Vielzahl von Lösungsmitteln nur die wichtigsten zur Anwendung kommen. Duroplaste und PTFE sind in den gebräuchlichen Lösungsmitteln unlöslich. Die meisten Thermoplaste sind in irgendeinem Lösungsmittel löslich. Entscheidend für die Löslichkeit ist die Struktur der Polymere und die Größe der mittleren Molekülmasse. Darüber hinaus wird die Lösungsgeschwindigkeit durch folgende Parameter beeinflusst: Spezifische Oberfläche, Temperatur und Diffusionsgeschwindigkeit.

Prinzipiell gilt, dass Säuren, Laugen und Heißwasser den Abbau bei Makromolekülen, die Heterogene (Stickstoff, Sauerstoff) in der Hauptgruppe enthalten, beschleunigen.

Kunststoff	Lösungsmittel	Nichtlöser
PE, PP	p-Xylol, Trichlorbenzol	Aceton, niedrige Alkohole
PS	Benzol, Toluol, Chloroform, Methylchlorid, Aceton	niedrige Alkohole
PVC	Cyclohexanon, Dimetylformamid	Aceton, Methanol, Heptan
PMMA	Toluol, Chloroform, Ethylacetat, Aceton	Methanol, Dietylether
PET	m-Kresol, Nitrobenzol, Trichloressigsäure	Methanol, Aceton, Kohlenwasserstoffe
PA	m-Kresol, Ameisensäure, konz. Schwefelsäure	Methanol, Dietylether
PUR	m-Kresol, Ameisensäure, Dimethylformamid	Methanol, Kohlenwasserstoffe
POM	Benzylalkohol, Butyrolaceton, Dimethylformamid	Methanol, Dietylether
PAN	Dimethylformamid, Dimethylsulfoxid, Schwefelsäure	Alkohole, Dimethylether, Kohlenwasserstoffe

PYROLYSETEST

Zum Prüfen des Verhaltens eines Kunststoffes in der Hitze ohne direkte Flammeneinwirkung bringt man eine kleine Probe in ein Glasröhrchen, das am oberen Ende mit einer Klammer oder Tiegelzange gehalten wird. An das offene Ende des Röhrchens wird ein angefeuchtetes Indikatorpapier wie z. B. Lackmuspapier oder ein pH-Papier gehalten. Das Röhrchen wird mit einem Bunsenbrenner langsam erhitzt (vom Gesicht weggewandt). Nach der Reaktion lassen sich drei Gruppen unterscheiden:

- → 0,5–4,0 sauer (rot)
  PET, UP-Harze, PUR
- → 5,0–5,5 neutral
  PP, PE, EP-Harze, PC, Q
- → 8,0–9,5 alkalisch (blau)
  PA, ABS-Polymere, PAN, Phenol- und Aminoplaste

BRAND- UND GERUCHSPROBE

Um Kunststoffe schnell unterscheiden zu können, wird am häufigsten die Brandprobe angewandt. Allerdings bedarf diese Erkennungsmethode einiger Übung und eine gute Nase. Die Ergebnisse können durch Zusatz- und Hilfsstoffe beeinflusst und verändert werden.

Die Probe wird für kurze Zeit in die Flamme gehalten und die Flammenfärbung beobachtet, danach wird die Probe herausgenommen und wiederum beobachtet, ob die Probe weiterbrennt sowie das Verhalten des Kunststoffs hinsichtlich Blasenbildung oder Abtropfens geschmolzener Teile oder knisterndes bzw. sprühendes Brandverhalten und bezüglich der Rußbildung. Sodann wird die Flamme gelöscht und der Geruch der Rauchschwaden getestet. Die Rauchschwaden haben für die einzelnen Kunststoffe typische Gerüche. Es ist darauf zu achten, dass keine volle Geruchsbrise eingeatmet wird, denn es gibt recht unangenehme und, in höherer Konzentration eingeatmet, gesundheitsschädigende Brandgase (PUR, POM). Bei POM sollte auch darauf geachtet werden, dass die Flamme richtig ausgemacht wird, weil sie kaum sichtbar ist.

PVC und alle anderen chlorhältigen Polymere lassen sich durch die Beilsteinprobe nachweisen. Dafür sind aber eine kräftige, nichtleuchtende Flamme, wie z. B. ein Bunsenbrenner, und ein ausgeglühter Kupferdraht notwendig. Bringt man eine kleine Probe eines chlorhaltigen Kunststoffs gemeinsam mit dem Kupferdraht in die Flamme, dann kann eine intensive Grünfärbung der Flamme beobachtet werden, die sich durch das Kupferchlorid bildet. Brom und Jod rufen die gleiche Färbung hervor.

Kunststoffe	Brennverhalten	Sonstige Merkmale
PE	helle Flamme mit blauem Kern, tropft brennend, Geruch paraffinartig, Gase kaum sichtbar	wachsartiger Griff, mit dem Fingernagel markierbar, unzerbrechlich
PP	helle Flamme mit blauem Kern, tropft brennend, Geruch paraffinartig, Gase kaum sichtbar	wachsartiger Griff, mit dem Fingernagel markierbar, unzerbrechlich
PS	gelbe Flamme, rußt stark, riecht süßlich nach Leuchtgas, tropft brennend	spröde
PVC hart	schwer entflammbar, verlischt nach Entfernen der Flamme, riecht nach Salzsäure	
PVC weich	je nach Weichmacher besser brennbar als PVC, riecht nach Salzsäure	gummiartig flexibel
PMMA	leuchtende Flamme, fruchtiger Geruch, knistert, tropft	uneingefärbt glasklar
PA	blaue Flamme mit gelblichem Rand, tropft fadenziehend, riecht nach verbranntem Horn	zäh-elastisch
PET	gelborange Flamme, stark rußend, riecht süßlich aromatisch	
PUR	gelbe Flamme, stark stechender Geruch	unzerbrechlich
POM	bläuliche Flamme, tropft, riecht nach Formaldehyd	unzerbrechlich
PC	gelbe Flamme, erlischt nach Wegnahme der Flamme, rußt, riecht nach Phenol	hart, unzerbrechlich
PF	schwer entflammbar, gelbe Flamme, verkohlt, riecht nach Phenol und verbranntem Holz	spröde
UP	leuchtende Flamme, verkohlt, rußt	schwer zerbrechlich

K9 KLEBSTOFFE

A KLEBEN VON KUNSTSTOFFEN

KLEBEN VON THERMOPLASTISCHEN KUNSTSTOFFEN

Haftkräfte beim Verkleben von Kunststoffen lassen sich im Wesentlichen auf Nebenvalenz-, Dipol- und Dispersionskräfte zurückführen. Dabei unterscheiden sich die zu verklebenden Kunststoffe nicht nur nach der vorhandenen Oberflächenenergie (Benetzbarkeit), sondern insbesondere nach dem chemischen Aufbau, der die Ausbildung dieser Kräfte ermöglicht. Die bekannt schwierige Verklebung der unpolaren Polyolefine (Polyethylen, Polypropylen) beweist den starken Einfluss der Polaritätseigenschaften. Unpolare Kunststoffe lassen sich daher nur nach einer Oberflächenbehandlung (Oxidation durch Säuren oder Beflammen) verkleben.

Eine Adhäsionsklebung ist bei fast allen Kunststoffen möglich. Sie findet durch physikalische und chemische Bindungsvorgänge zwischen Klebefläche und Klebstoff statt. Im Gegensatz zu den Lösemittelklebstoffen findet bei der Anwendung von lösemittelfreien Reaktionsklebstoffen, sofern sie keine im Fügeteil anlösenden Monomere enthalten, keine Veränderung der Fügeteile statt.

Eingesetzt werden größtenteils Klebstoffe auf Basis von Epoxidharzen (EP), Polyurethanen (PUR), Methylmethacrylaten (MMA) und ungesättigten Polyester (UP). Bei kleinflächigen Kunststoff–bzw. Elastomerklebungen werden Cyanacrylate verwendet.

Das Lösungsvermögen bzw. das Diffusionsverhalten der thermoplastischen Kunststoffe macht in vielen Fällen deren Diffusionsverklebung erst möglich. Die Diffusionsklebung führt zu schweißähnlichen Verbindungen, die jedoch Spannungsrissbildungen fördern. Zum Anlösen bzw. zum Anquellen können folgende Lösemittel verwendet werden:

Polyvinylchlorid (PVC):	Tetrahydrofuran, Cyclohexanon
Polystyrol (PS):	Toluol, Xylol

Polymethylmethacrylat (PMMA):	Methylenchlorid, Methylethylketon
Polycarbonat (PC):	Methylenchlorid
Celluloseacetat (CA):	Methylethylketon, Methylalkohol
Polyphenylenoxid (PPE, PPO):	Chloroform, Toluol
Polyamide (PA):	Ameisensäure
Polyethylenterephthalat (PET):	Benzylalkohol

Kleben von Kunststoffen mit porösen Werkstoffen:
Zum Verkleben von Kunststoffen, insbesondere Folien, mit porösen Werkstoffen (Papier, Pappe, Filz, Textilien, Leder, Holz) eignen sich lösemittelfreie Dispersions-Klebstoffe. Frischer, flüssiger Klebstoff kann mit Wasser entfernt werden, eingetrockneter nicht. Die Klebungen sind weitgehend feuchtfest.

Kleben von Kunststoffen mit undurchlässigen Trägern:
Für das Verkleben von Kunststoffen mit undurchlässigen Trägern (Metall, Beton, Stein, Glas) eigen sich Kontaktklebstoffe auf der Basis von Natur- und Synthese-Kautschuk.

Kleben von duroplastischen Kunststoffen:
Duroplastische Formstücke werden miteinander und mit anderen Werkstoffen mit gleichartigen, kalt oder heiß härtenden Kunstharzen geklebt.

Hochbelastbare Klebeverbindungen:
Hochleistungswerkstoffe, die eine hochbelastbare Klebeverbindung benötigen, werden mit lösemittelfreien Reaktionsharz-Klebstoffen verbunden, wobei häufig Cyanacrylat-Einkomponenten-Klebstoffe in der Feinwerktechnik eingesetzt werden.

A1 Einteilung der Klebstoffe

Unter Klebstoffen versteht man einen nichtmetallischen Stoff, der Fügeteile durch Flächenhaftung und innere Festigkeit (Adhäsion und Kohäsion) verbinden kann. Grundstoffe von Klebstoffen sind mit wenigen Ausnahmen z. B. Glutinleim, Stärkekleister, Wasserglasklebstoffe, Zement-Klebemörtel, thermoplastische oder vernetzbare Kunstharze oder Natur- oder Synthesekautschuk.

Physikalisch abbindende Klebstoffe, d. h. solche, bei denen die Klebung nur durch physikalische Vorgänge entsteht, enthalten als Grundstoffe thermoplastische Kunststoffe oder Kautschuke.

Zusammenstellung thermoplastischer Elastomere:
Ethylen-Vinylacetat-Copolymerisat EVA
Thermoplastisches Polyolefinelastomer
Nitril-Butadien-Kautschuk-Polypropylen-Blend
Styrol-Butadien-Blockcopolymerisat
Styrol-Isopren-Blockcopolymerisat
Copolyester-Elastomer TPE-E
Ethylenvinylacetat-Polyvinylidenchlorid-Blend EVA / PVDC
Ether-Ester-Amid-Copolymerisat PEBA
Polyurethan-Elastomer TPU

Lösungsmittelklebstoffe:
Eine ältere Bezeichnung für diese Klebstoffe ist »Klebelacke«. Lösungsmittelklebstoffe verbinden Fügeflächen durch Verdunsten des Lösungsmittels mittels Diffusionsklebung, wobei die Klebewirkung durch Anlösen der Fügeflächen verstärkt wird.

Untergruppen von Lösungsmittelklebstoffen sind Kontaktklebstoffe, wobei die Grundstoffe hierfür Natur-, Synthesekautschuke oder ähnliche Polymere sind. Sie werden grundsätzlich beidseitig aufgetragen und nach weitgehendem Ablüften des Lösungsmittels werden die Flächen unter kurzem, starken »Kontaktdruck« nahezu sofort zur Endfestigkeit geführt.

Eine weitere Untergruppe sind die Haftklebstoffe, die dauernd klebfähige Schichten ergeben, wie z. B. bei Klebebändern, Briefumschlagsrändern oder Etiketten mit verhältnismäßig geringer Haftfestigkeit. Grundstoffe dafür sind Polyisobutylene, Polyvinylether, Polyacrylester oder auch Natur- bzw. Synthesekautschuke.

Dispersionsklebstoffe:
Dispersionsklebstoffe eignen sich für Flächenklebungen poröser Werkstoffe, die Wasser aufnehmen und abgeben können. Grund-

stoffe dafür sind thermoplastische Kunstharze oder Kautschuke, die im Wasser dispergieren. Eine typische Anwendung hierfür ist PVAC-Dispersion als weißer Holzleim.

Reaktionsharzklebstoffe:
Reaktionsharzklebstoffe sind dünnflüssige bis hochviskose Kunststoffe, die bei Zutritt von Luftfeuchtigkeit oder schwacher Alkalität in 3 bis 15 Sekunden standfest werden und nach einigen Stunden hochfest auspolymerisieren. Grundstoffe hierfür sind z. B. Cyanacrylsäureester wie Methyl-2-cyanacrylat, Cyanacrylat und viele mehr. Reaktionsharzklebstoffe werden für Kleinklebungen in Serienfertigungen der Elektronik-, Spielwaren- und Gummiwarenindustrie verwendet.

K10 EINTEILUNG DER KUNSTSTOFFE

Die Kunststoffe werden in drei große Gruppen eingeteilt:

- → Thermoplaste – kettenförmige, eindimensionale Makromoleküle
- → Duroplaste – vernetzte, dreidimensionale Makromoleküle
- → Elastomere – vernetzte, dreidimensionale Makromoleküle

A THERMOPLASTISCHE KUNSTSTOFFE

Thermoplaste (Plastomere) sind Kunststoffe, die durch Wärme verformbar bzw. schmelzflüssig sind und bei Abkühlung auf Normaltemperatur wieder fest und belastbar werden. Aus der Ordnung und Gestalt der Makromoleküle lässt sich ein gewisses Verhalten ableiten.

Thermoplaste besitzen lineare, kettenförmige oder verzweigte Makromoleküle, wo die einzelnen Monomerbausteine durch Atombindungen miteinander zur Polymerkette verknüpft werden. Zwischen den Polymerketten bestehen relativ schwache elektrostatische Anziehungskräfte, im Wesentlichen Van-der-Waals-Kräfte, Ionen- oder Wasserstoffbrückenbindungen. Die Stärke dieser Wechselwirkungen hängt von der Anordnung der Polymerketten zueinander ab.

Bilden Makromoleküle mit starken Verzweigungen und sperrigen Seitengruppen ein ungeordnetes, verfilztes Haufwerk, liegen amorphe Thermoplaste vor. Langgestreckte, weniger verzweigte Polymerketten können sich in Teilbereichen parallel zueinander ausrichten und es entstehen daraus teilkristalline Thermoplaste.

Je linearer und je isotaktischer die Polymerkette aufgebaut ist, desto höher ist die mögliche Kristallinität und desto größer sind die zwischenmolekularen Wechselwirkungen im Vergleich zum ungeordneten Haufwerk.

Die thermoplastischen Kunststoffe stellen unter den synthetischen Polymeren die größte Werkstoffgruppe dar und sind recycelbar. Grundvoraussetzung für die Wiederverwertung ist, dass die Kunststoffe nach Gruppen getrennt gesammelt werden. Verbundstoffe, auch wenn einige Komponenten aus Thermoplasten bestehen, sind nicht recycelbar.

Allein die drei Massenkunststoffe Polyolefine, Polystyrole sowie das PVC nehmen mengenmäßig mehr als zwei Drittel der gesamten Kunststoff-Palette ein. Darüber hinaus sind in den letzten Jahren die technischen Thermoplaste mit Temperaturbereichen bis 300° C in viele Anwendungsbereiche vorgestoßen, die früher metallischen Werkstoffen vorbehalten waren.

Eine starke Weiterentwicklung von thermoplastischen Elastomeren und Polyblends hat es in den letzten Jahren auf Grund von Umweltfragen gegeben. Hier sind vor allem die biologisch abbaubaren Thermoplaste gefragt. Polyblends sind Mischungen von zwei oder mehreren Polymeren, die sich in ihren Eigenschaften deutlich von den Ursprungspolymeren unterscheiden.

Zu den thermoplastischen Kunststoffen gehören:
Polyethylen, Polypropylen, Polystyrol, Polymethylpentan, Polyvinylclorid, Polyvinylidenchlorid, Styrol-Acrylnitril-Copolymerisat, Polycarbonat, Acrylnitril-Butadien-Styrol-Terpolymer, Polymethylmethacrylat – Acrylglas, Polyacrylnitril, Polyacetal, PA, Polyetylentherephthalat, Polyphenyloxid, Polyetheretherketon, lineare Epoxidharze, Celluloseester, hochtemperaturbeständige Kunststoffe (Polyimide, Polyethersulfon, Polyphenylensulfid etc.)

Die handelsüblichen Verarbeitungstechniken sind je nach thermoplastischer Kunststoffart Spritzgießen, Extruderverfahren, Extrusionsblasverfahren und Streckblasen oder Aufschäumen. In den meisten Fällen wird bei der Verarbeitung (siehe Kapitel 5) Wärme zugeführt bzw. erzeugt der Rohstoff eine gewisse Eigenwärme durch die rotierenden, zum Weitertransport verwendeten Walzen. Durch Zuführung thermischer Energie wird die molekulare Beweglichkeit einzelner Kettenabschnitte zwischen noch existierenden Haftpunkten erhöht, sodass der Thermoplast in den weichelastischen Zustand übergeht. Weitere Temperaturerhöhung führt zu einer weiteren Abnahme der zwischenmolekularen Wechselwirkungen bzw. der Verfilzung, sodass die Polymerketten leicht aneinander abgleiten können. Der Kunststoff besitzt jetzt eine teigig-zähe bis flüssige Konsistenz.

Wird die Schmelztemperatur überschritten, beginnt die thermische Zersetzung der Plastomere, da die Schwingungsenergien der Molekülbausteine gleich den Atombindungskräften werden. Die Polymerketten brechen dann auf. Die thermische Zersetzung ist irreversibel (Ausnahme: PTFE infolge stark polarer C-F-Bindungen bis ca. 325° C temperaturbeständig).

A1 Der wichtigste thermoplastische Kunststoff und dessen Eigenschaften

POLYETHYLEN

PE ist ein teilkristalliner thermoplastischer Kunststoff und besitzt die einfachste Molekülstruktur von allen Kunststoffen. PE-Typen gehören zu den weichen und flexiblen Thermoplasten. Die Molmasse, Kristallinität, Struktur und damit ihre Eigenschaften hängen in großem Maße vom Polymerisationsverfahren ab. Die Eigenschaftspalette des PE ist sehr groß, da sehr viele Copolymerisate und Polymermischungen hergestellt werden. Die bekanntesten Typen sind PE-LD, PE-HD und die Sondertypen wie PE-LLD. Je höher der Verzweigungsgrad desto niedriger sind die Dichte und der Schmelzpunkt und desto höher ist die Kristallinität. Durch die Variation des Verzweigungsgrades und der Molmasse lassen sich PE-Sorten für den jeweiligen Verwendungszweck herstellen. Langsames Abkühlen der Schmelze führt zu hoher Kristallinität und zu Schwingungen von bis zu 1,5 bis 2,5 %. Wenn zu rasch abkühlt wird, kann es zu einer Nachkristallisation kommen, was zu Schwingungen und innerer Spannung führen kann. Dies hat zur Folge, dass es zu einer Verformung bzw. Rissbildung kommt.

Neben dem Verzweigungsgrad ist die Kettenlänge des PE und damit die mittlere Molmasse ein wichtiges Merkmal. Die Molmasse liegt bei PE zwischen 5.000 bis 50.000, bei PE-HD liegt die Molmasse zwischen 6.000 bis 4.000.000 g / mol.

Eigenschaften:
PE ist ein extrem langkettiges Paraffin mit einer wachsartigen Oberfläche und einem milchigen Aussehen sowie einer guten chemischen Beständigkeit.

PE besitzt eine sehr geringe Wasseraufnahmefähigkeit und Festigkeit und weist eine geringe Quellung in polaren Lösungsmitteln auf. Die mechanischen und thermischen Eigenschaften sowie das Quellvermögen sind stark von der Kristallinität und Molmasse abhängig. Dichte und Schmelzindex sind deshalb wichtige Eigenschaften.

PE ist je nach Kristallinität weich und steif bis zäh und die einzelnen Typen weisen eine gute Schlagzähigkeit auf. Durch Variation des Verzweigungsgrades und der Molmasse lassen sich PE-Sorten mit den für den jeweiligen Anwendungszweck gewünschten Eigenschaften herstellen. Veränderungen in den Eigenschaften kann auch durch Copolymerisation, durch Mischen mit anderen Polymeren und durch nachträgliche chemische Umwandlung erzeugt werden.

Wässrige Säuren, Laugen und Salzsäure greifen PE nicht an, konzentrierte oxidierende Säuren wirken zersetzend. PE wird durch Licht, Sauerstoff und Wärme (25° C) abgebaut. Diesem Abbau kann durch Zugabe von Antioxidantien z. B. durch 2% Ruß, vorgebeugt werden. Kommt es zu einem Abbau, dann treten durch die dabei auftretende Radikalbindung Kettenbruch und Kettenvernetzung ein, was zur Versprödung und zur Herabsetzung des Schmelzindex führt. Gegen nicht zu starke ionisierende Strahlung ist PE gut beständig und wird nicht selbst radioaktiv, daher wird es als Neutronenbremse in Kernreaktoren und für spezielle Laborgeräte eingesetzt.

Durch seinen unpolaren Charakter besitzt PE besonders gute elektrische Eigenschaften, wie hohen spezifischen Widerstand wegen geringer Feuchtigkeitsaufnahme sowie niedrige Dielektrizitätskonstante und niedrigen dielektrischen Verlustfaktor.

Umweltverhalten des PE:
Wird PE verbrannt, dann entsteht Wasser und CO_2. Auf der Mülldeponie gefährdet PE das Grundwasser nicht, manchmal werden PE-Folien eingesetzt, um Schadstoffe vom Grundwasser fernzuhalten. Die meisten PE-Typen sind zum Lebensmittelverzehr

zugelassen und daher werden reine Typen in der Medizin eingesetzt, z. B. für künstliche Hüftgelenke. Beimischungen können die Umweltverträglichkeit allerdings verändern, besonders wenn flammhemmende Mittel eingesetzt werden.

PE ist gut schweißbar, geruchlos, geschmacklos, physiologisch indifferent und es brennt wie Wachs. Bestimmte Eigenschaften werden durch Zusatzstoffe verändert, z. B. durch Beigabe von Glasfasern wird die Steifigkeit und Belastbarkeit und durch dauerhafte Antistatikumausrüstung, Ruß und andere Mittel kann die elektrische Leitfähigkeit erhöht werden. Durch UV-Stabilisatoren wird die Lichtbeständigkeit verbessert und PE kann im Außenbereich verwendet werden Geringe Zusätze von Fluorelastomeren verbessern die Schmelzfestigkeit und die Fließfähigkeit.

Beim Kleben und Dekorieren von PE bereitet die Unpolarität und die schlechte Lösbarkeit Schwierigkeiten, daher lassen sich PE-Oberflächen nur nach oxidierender Vorbehandlung im Hochspannungsbereich, mit oxidierender Ozonflamme oder mit Chromschwefelsäure haftfest bedrucken oder lackieren oder bei Verwendung von Klebstoffen verkleben. Diese Klebeverbindungen sind allerdings nicht hoch belastbar und beim mechanischen Bearbeiten von PE ist darauf zu achten, dass der Werkstoff nicht zu warm wird, da er sonst zum Schmieren neigt.

PE-LD:
PE-LD besteht aus verzweigten Kettenmolekülen, wobei bei der radikalen Polymerisation viele Kurzkettenverzweigungen mit überwiegend 2 oder 4 C-Atomen entstehen. PE-HD hingegen hat lineare, kaum verzweigte Ketten, daher neigt das PE-HD zu einer starken Kristallinität. Je geringer der Verzweigungsgrad, desto höher die Kristallinität. Vom Verzweigungsgrad abhängig sind unter anderem auch die Dichte und der Schmelzpunkt. PE-LD wird für Folien, Verpackung, Schwersackfolien, Tragtaschen oder auch zur Beschichtung von Stahlrohren verwendet.

PE-HD:
PE-HD wird für Druckrohre für die Trinkwasserversorgung, Abwasserentsorgung, Flaschenkisten, Benzinkanister, Mülltonnen, Fässer und viele mehr eingesetzt.

PE:
PE wird mit den handelsüblichen Verarbeitungstechniken verarbeitet, wie Spritzgießen, Extruderverfahren, Extrusionsblasverfahren, Streckblasen oder Aufschäumen.

Sondertypen:
Durch chemische Zusätze, z. B. mit Schwefel und Chlor, können manche Eigenschaften von PE im Wesentlichen verbessert werden.

PE-LLD:
PE-LLD ist ein PE mit niedriger Dichte und hat vorwiegend lineare Makromolekülstruktur. Dadurch bleiben die wesentlichen Eigenschaften des PE erhalten, allerdings einige davon werden erheblich verbessert, wie z. B. die Reißfähigkeit, die Kältezähigkeit und die Spannungsrissanfälligkeit. Diese PE-Type wird meist für Verpackungsfolien eingesetzt.

PE-HD-UHMW:
PE-HD-UHMW ist ein ultrahochmolekulares Polyethylen, das als technischer Werkstoff verwendet wird. Die wichtigste Eigenschaft dieses Materials ist eine besonders gute Schlag- und Verschleißfestigkeit. Spritzgießen oder Schweißen ist auf Grund der schlechten Fließeigenschaften nicht mehr möglich, daher erstreckt sich die Verarbeitung auf das mechanische Bearbeiten wie z. B. Pressen.

COC:
COC sind amorph transparente Copolymere auf der Basis von Ethylen und Cycloolefinen. Die Eigenschaften können bei der Polymerisation variiert werden. Insbesondere kann die Wärmebeständigkeit durch einen höheren Gehalt an Cycloolefin bis auf 170° C erhöht werden.

A2 Einige Kennwerte der thermoplastischen Kunststoffe

POLYETHYLEN LDH (WEICH)

Formel:

$(-CH_2-CH_2)_n-$

Dichte:	0,915 bis 0,924 g / cm³
Streckspannung:	9 bis 11 N / mm²
Reißdehnung:	500 bis 650 %
E-Modul:	200 bis 500 N / mm²
Kerbschlagzähigkeit:	ohne Bruch (kJ / m²)
max. Gebrauchstemperatur:	60, kurzzeitig 90 bis 100° C
Kristallitschmelztemperatur:	105 bis 115° C
Schmelztemperatur:	105 bis 115° C
unbeständig gegen:	Benzin, aromatische Kohlenwasserstoffe, chlorierte Kohlenwasserstoffe
beständig gegen:	Salzlösungen, Säuren, Basen
Fließfähigkeit:	leicht bis mittel
Verarbeitungsverfahren:	Spritzguss, Extrusion, Blasformen, Thermoformen

POLYETHYLEN HOHER DICHTE, HDPE (PE HART)

Formel:

$-(CH_2-CH_2)_n-$

Dichte:	0,945 bis 0,960 g / cm³
Streckspannung:	22 bis 30 N / mm²
Reißdehnung:	500 bis über 800 %
E-Modul:	900 bis 1.500 N / mm²
Kerbschlagzähigkeit:	4 kJ / m² bis ohne Bruch
max. Gebrauchstemperatur:	70 bis 80, kurz 90 bis 120° C
Kristallitschmelztemperatur:	124 bis 133° C
Schmelztemperatur:	130° C

unbeständig gegen: oxidierende Säuren, Halogene, Chlorkohlenwasserstoffe, aromatische Kohlenwasserstoffe

beständig gegen: Salzlösungen, Säuren, Basen, Speiseöle, Fette, Waschmittel

Verarbeitungstemperatur: 190 bis 280° C

Fließfähigkeit: mittel bis schwer

Verarbeitungsverfahren: Spritzguss, Extrusion, Blasfomen, Thermoformen

POLYPROPYLEN, PP

Formel:

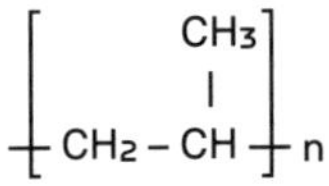

Dichte: 0,900 bis 0,906 g / cm^3

Streckspannung: 22 bis 35 N / mm^2

Reißdehnung: 500 bis 1.000 %

E-Modul: 700 bis 1.500 N / mm^2

Kerbschlagzähigkeit: 10 bis 40 kJ / m^2

max. Gebrauchstemperatur: 100 bis 110, 130 bis 140° C

Kristallitschmelztemperatur: 160 bis 165° C

Schmelztemperatur: 160 bis 165° C

unbeständig gegen: oxidierende Säuren, Halogene, Chlorkohlenwasserstoffe, Brom, Kohlenwasserstoffe

beständig gegen: Salzlösungen, Säuren und Basen, Speiseöle, Fette und Waschmittel

Verarbeitungstemperatur: 200 bis 270° C

Fließfähigkeit: mittel bis schwer

Verarbeitungsverfahren: Spitzguss, Extrusion, Blasformen

POLYSTYROL, PS

Formel:

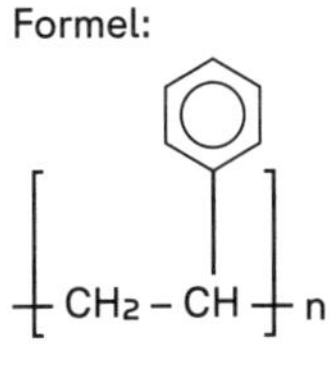

Dichte: 1,05 g / cm^3

Reißfestigkeit: 34 bis 51 N / mm^2

Reißdehnung: 4 %

E-Modul: 3.200 N / mm^2

Kerbschlagzähigkeit: 1,5 bis 3 kJ / m^2

max. Gebrauchstemperatur: 50 bis 70, kurzzeitig 60 bis 80° C

Schmelztemperatur: 90° C

unbeständig gegen: Ester, Ketone, Ether, Benzin, aromatische Kohlenwasserstoffe,

	Öle, Chlorkohlenwasserstoffe
beständig gegen:	verdünnte Säuren und Basen, Methanol, Ethanol
Verarbeitungstemperatur:	160 bis 250° C
Fließfähigkeit:	leicht fließend
Verarbeitungsverfahren:	Spritzguss, Extrusion, Blas- und Thermoformen

SCHÄUMBARES POLYSTYROL, EPS

Formel:

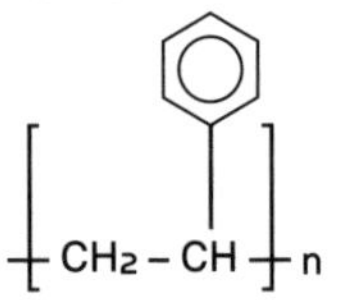

Treibmittel n-Pentan

Dichte:	10 bis 50 (100) g / cm³
Zugfestigkeit:	0,17 bis 1,1 N / mm²
Wärmeleitfähigkeit:	0,027 bis 0,040 W / K / m
max. Gebrauchstemperatur:	50 bis 70, kurzzeitig 60 bis 80° C
Schmelztemperatur:	90° C
unbeständig gegen:	Ester, Ketone, Ether, Benzin, aromatische Kohlenwasserstoffe, Chlorkohlenwasserstoffe
beständig gegen:	verdünnte Säuren und Basen, Methanol, Ethanol
Verarbeitungstemperatur:	110 bis 120° C
Fließfähigkeit:	leicht fließend
Verarbeitungsverfahren:	Formschäumen, Extrusionsschäumen

STYROL-BUTADIEN-COPOLYMERISAT, SB

Formel:

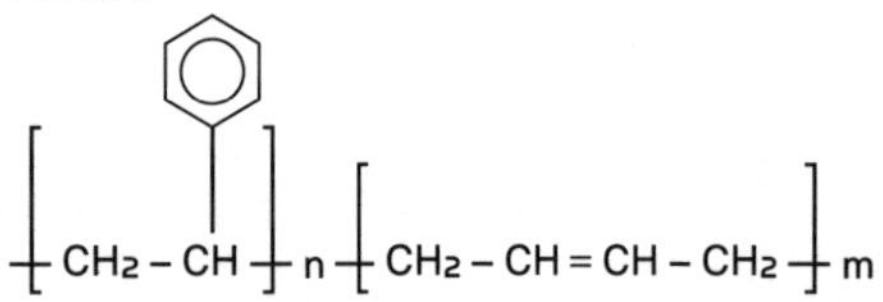

Dichte:	1,04 g / cm³

Reißfestigkeit:	26 bis 40 N / mm²
Reißdehnung:	30 bis 45 %
E-Modul:	1.800 bis 2.500 N / mm²
Kerbschlagzähigkeit:	5 bis 20 kJ / m²
max. Gebrauchstemperatur:	50 bis 70, kurzz. 60 bis 80° C
Schmelztemperatur:	90° C
unbeständig gegen:	Ester, Ketone, Ether, Benzin, aromatische Kohlenwasserstoffe, Chlorkohlenwasserstoffe
beständig gegen:	verdünnte Säuren und Basen, Methanol, Ethanol
Verarbeitungstemperatur:	160 bis 250° C
Fließfähigkeit:	leicht fließend
Verarbeitungsverfahren:	Spritzguss, Extrusion, Blas- und Thermoformen

STYROL-ACRYLNITRIL-COPOLYMERISAT, SAN

Formel:

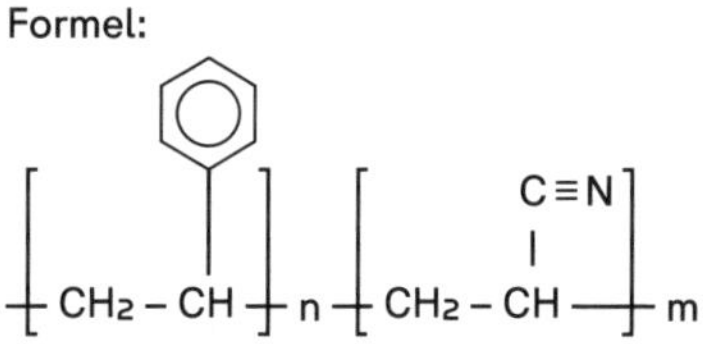

Dichte:	1,08 g / cm³
Reißfestigkeit:	82 bis 110 N / mm²
Reißdehnung:	2 bis 3,5 %
E-Modul:	3.600 N / mm²
Kerbschlagzähigkeit:	2 bis 3 kJ / m²
max. Gebrauchstemperatur:	85, kurzzeitig 95° C
Schmelztemperatur:	100° C
unbeständig gegen:	Ester, Ketone, Ether, Benzin, aromatische Kohlenwasserstoffe, Chlorkohlenwasserstoffe
beständig gegen:	verdünnte Säuren und Basen, Methanol, Ethanol
Verarbeitungstemperatur:	180 bis 260° C
Fließfähigkeit:	mittel
Verarbeitungsverfahren:	Spritzguss, Extrusion, Blas- und Thermoformen

ACRYLNITRIL-BUTADIEN-STYROL-COPOLYMERISAT, ABS

Formel:

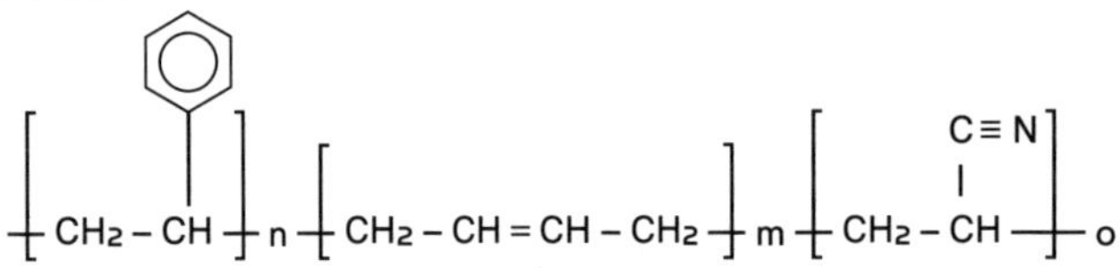

Dichte:	1,03 bis 1,07 g / cm^3
Streckspannung:	45 bis 58 N / mm^2
Reißdehnung:	15 bis 25 %
E-Modul:	1.900 bis 2.700 N / mm^2
Kerbschlagzähigkeit:	7 bis 25 kJ / m^2
Kugeldruckhärte:	88 bis 120 N / mm^2
max. Gebrauchstemperatur:	75 bis 85, kurzzeitig 85 bis 100° C
Schmelztemperatur:	105° C
unbeständig gegen:	Ester Ketone, Ether, Benzin, aromatische Kohlenwasserstoffe, Chlorkohlenwasserstoffe
beständig gegen:	verdünnte Säuren und Basen, Methanol, Ethanol
Verarbeitungstemperatur:	180 bis 260° C
Fließfähigkeit:	mittel bis schwer
Verarbeitungsverfahren:	Spritzguss, Extrusion

POLYMETHYLMETHACRYLAT, PMMA

Formel:

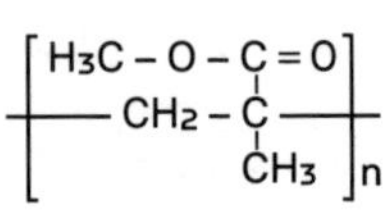

Dichte:	1,18 g / cm^3
Reißfestigkeit:	ca. 80 N / mm^2
Reißdehnung:	4 %
E-Modul:	2.700 bis 3.200 N / mm^2
Kerbschlagzähigkeit:	1,5 bis 3 kJ / m^2
max. Gebrauchstemperatur:	65 bis 90, kurzzeitig 85 bis 100° C
Schmelztemperatur:	105° C

unbeständig gegen:	aromat. Kohlenwasserstoffe, Chlorkohlenwasserstoffe
beständig gegen:	verdünnte Basen und Säuren, Benzin, Öle
Verarbeitungstemperatur:	200 bis 250° C
Fließfähigkeit:	mittel
Verarbeitungsverfahren:	Spritzguss, Extrusion

POLYVINYLCHLORID, HART UND ERHÖHT SCHLAGZÄH, PVC

Formel:

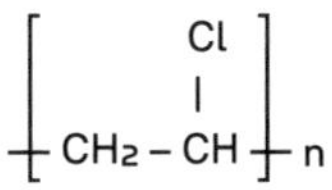

Dichte:	1,38 bis 1,40 g / cm³
Reißfestigkeit:	ca. 55 N / mm²
Reißdehnung:	20 bis 40 %
E-Modul:	1.000 bis 3.500 N / mm²
Kerbschlagzähigkeit:	2 bis 5 bzw. bis 50 kJ / m²
max. Gebrauchstemperatur:	55 bis 65, kurzzeitig 70 bis 80° C
Schmelztemperatur:	90° C
unbeständig gegen:	aromatische Kohlenwasserstoffe, Chlorkohlenwasserstoffe
beständig gegen:	verdünnte Säuren und Basen, Benzin, Öle
Verarbeitungstemperatur:	160 bis 180° C
Fließfähigkeit:	schwer fließfähig
Verarbeitungsverfahren:	Spritzguss, Extrusion, Blas- und Thermoformen

CELLULOSEACETAT, CA

Formel:

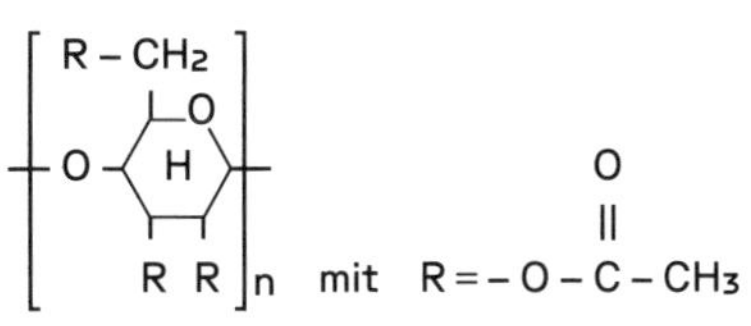

Dichte:	1,26 bis 1,32 g / cm³
Reißfestigkeit:	35 bis 42 N / mm²
Reißdehnung:	6 %
E-Modul:	2.200 bis 2.700 N / mm²
Kerbschlagzähigkeit:	2 bis 40 kJ / m²

max. Gebrauchstemperatur: 50 bis 70, kurzzeitig 80 bis 90° C
Schmelztemperatur: 100° C
unbeständig gegen: Säuren, Chlorkohlenwasserstoffe
beständig gegen: Öle, Benzin, aromatische Kohlenwasserstoffe
Verarbeitungstemperatur: 160 bis 230° C
Fließfähigkeit: leicht fließend
Verarbeitungsverfahren: Spritzguss, Extrusion

POLYAMIDE, INSBES. PA 6, PA 66

Formel PA 6 »Perlon«:

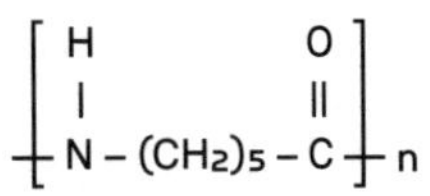

Formel PA 6 »Nylon«:

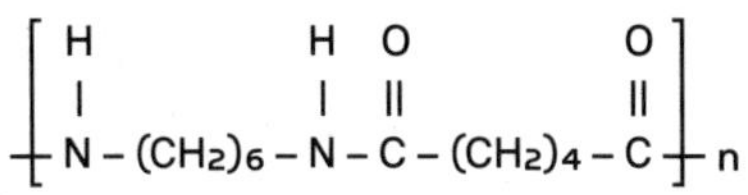

Dichte: 1,13 bis 1,14 g / cm^3
Reißfestigkeit: 45 bis 65 N / mm^2
Reißdehnung: 40 bis 150 %
E-Modul: 1.400 bis 3.200 N / mm^2
Kerbschlagzähigkeit: 3 kJ / m^2 bis o.B.
max. Gebrauchstemperatur: 80 bis 120, kurzz. 170 bis 200° C
Schmelztemperatur: 250° C
Kristallitschmelztemperatur: 225 bis 235° C
unbeständig gegen: Säuren, Basen
beständig gegen: Öle, Benzin, aromatische Kohlenwasserstoffe, Ammoniak
Verarbeitungstemperatur: 260 bis 300° C
Fließfähigkeit: leicht bis mittel
Verarbeitungsverfahren: Spritzguss, Extrusion

POLYACETAL ODER POLYOXIMETHYLEN, POM

Formel:

$(CH_2OCH_2O)_n$

Dichte: 1,41 bis 1,43 g / cm^3
Streckspannung: 70 bis 80 N / mm^2
Reißdehnung: 45 bis 70 %

E-Modul:	2.800 bis 3.200 N / mm²
Kerbschlagzähigkeit:	5 bis 10 kJ / m²
Kugeldruckhärte:	150 bis 170 N / mm²
max. Gebrauchstemperatur:	90 bis 110, kurzz. 110 bis 140° C
Schmelztemperatur:	170° C
Kristallitschmelztemperatur:	164 bis 172° C
unbeständig gegen:	konzentrierte Säuren
beständig gegen:	verdünnte Säuren und Basen, Benzin, Öle, Alkohole, aromatische Kohlenwasserstoffe,
Verarbeitungstemperatur:	200 bis 220° C
Fließfähigkeit:	mittel
Verarbeitungsverfahren:	Spritzguss, Extrusion

POLYCARBONAT, PC

Formel:

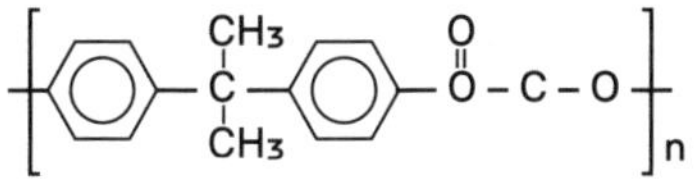

Dichte:	1,20 bis 1,24 g / cm³
Streckspannung:	62 bis 67 N / mm²
Reißdehnung:	12 bis 60 %
E- Modul:	2.100 bis 2.400 N / mm²
Kerbschlagzähigkeit:	20 bis 35 kJ / m²
max. Gebrauchstemperatur:	135, kurzzeitig 145° C
Schmelztemperatur:	220 bis 230° C
unbeständig gegen:	Basen, konzentrierte Säuren, Chlorkohlenwasserstoffe, aromatische Kohlenwasserstoffe, Methanol
beständig gegen:	verdünnte Säuren, Öle, Ethanol
Verarbeitungstemperatur:	250 bis 300° C
Fließfähigkeit:	schwer fließfähig
Verarbeitungsverfahren:	Spritzguss, Extrusion

POLYETHYLENTHEREPHTHALAT, PET

Formel:

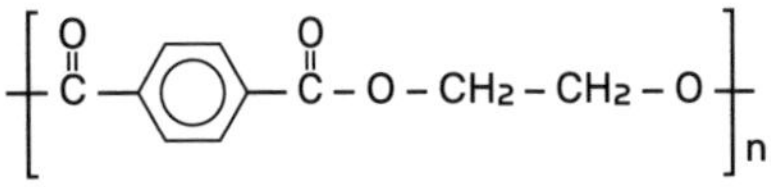

Dichte:	1,34 bis 1,37 g / cm³
Streckspannung:	50 bis 60 N / mm²
Reißdehnung:	200 %
E-Modul:	3.100 N / mm²
Kerbschlagzähigkeit:	3 bis 6 kJ / m²
max. Gebrauchstemperatur:	100, kurzzeitig 200° C
Kristallitschmelztemperatur:	255 bis 258° C
Schmelztemperatur:	240 bis 258° C
unbeständig gegen:	konzentrierte Säuren und Laugen, Chlorkohlenwasserstoffe, Ester, Ketone, heißes Wasser
beständig gegen:	verdünnte Säuren u. Laugen, Salzlösungen, Kraftstoffe, Öle, Fette
Verarbeitungstemperatur:	260 bis 280° C
Fließfähigkeit:	mittel
Verarbeitungsverfahren:	Spritzguss, Extrusion, Reckverfahren, Fasern

POLYTETRAFLUORETHYLEN, PTFE

Formel:

$\left[CF_2 - CF_2 \right]_n$

Dichte:	2,14 bis 2,17 g / cm³
Reißfestigkeit:	13 bis 16 N / mm²
Reißdehnung:	100 bis 250 %
E-Modul:	1.100 N / mm²
Kerbschlagzähigkeit:	13 bis 15 kJ / m²
Kugeldruckhärte:	30 bis 40 N / mm²
max. Gebrauchstemperatur:	260° C
Kristallitschmelztemperatur:	305 bis 310° C
Schmelztemperatur:	327° C
unbeständig gegen:	elementares Fluor, ClF_3,

	Alkalimetalle
beständig gegen:	fast alle Chemikalien
Verarbeitungstemperatur:	ca. 340°C
Fließfähigkeit:	kaum fließfähig
Verarbeitungsverfahren:	(Spritzguss, Extrusion), Sinterverfahren

B DUROPLASTISCHE KUNSTSTOFFE

Duroplaste (lat. durus = hart) sind chemisch vernetzte, hochpolymere Werkstoffe, die bei niederen Temperaturen fest und hartelastisch sind. Duroplaste können durch Polykondensation, Polyaddition oder vernetzende Polymerisation hergestellt werden. Sie ähneln in ihrem strukturellen Aufbau den Elastomeren, sind jedoch engmaschiger vernetzt und daher in der Wärme nicht erweichbar. Sie sind im Gebrauchsbereich meist hart und spröde, in organischen Lösemitteln unlöslich, nur schwach quellbar, nicht schweißfähig und chemisch sehr widerstandsfähig. Bei höheren Temperaturen fließen sie nicht bis zum Zersetzungspunkt, sondern bleiben elastisch oder hart und lassen sich nur begrenzt deformieren. Ihre Anwendungs-Grenztemperaturen liegen, je nach Harzart und Füllstoff, in Bereichen zwischen etwa 80 °C und 150 °C. Ihre Kriechneigung ist gering und wird durch die zugesetzten Füllstoffe noch vermindert. Die Dehnung beim Bruch liegt nur zwischen 0,3% und etwa 2%. Ein örtlich begrenzter Spannungsabbau durch Fließen ohne Bruch ist daher, ebenso wie eine größere Arbeitsaufnahme, kaum möglich. Im Endzustand können Duromere nur noch spanabhebend bearbeitet werden.

Es liegen linear aufgebaute Vorprodukte vor, die als Gießharze vergossen, als Laminierharze verstrichen oder als rieselfähige oder knetbare Massen verpresst werden. Bei härtbaren Formmassen erfolgt die endgültige Vernetzung während der Formgebung unter Druck und Wärmezufuhr.

Bei Reaktionsharzen werden unmittelbar vor der Verarbeitung Reaktionsmittel zugegeben, die gegebenenfalls auch eine drucklose Formgebung bei Raumtemperatur ermöglichen. Die Ausgangsprodukte werden häufig gemeinsam mit Füllstoffen verarbeitet, deren Art und Menge die mechanischen und elektrischen Eigenschaften der reinen Harze weitgehend verändern. Für die Eigenschaften ist die feste Verankerung der einzelnen Monomere durch Atombindungen verantwortlich.

Temperaturabhängige, zwischenmolekulare Wechselwirkungen spielen nur eine untergeordnete Rolle. Trotzdem erfolgt bei einer Temperaturerhöhung auch bei Duroplasten ein Erweichen, dessen Umfang unter anderem von der Vernetzungsdichte abhängig ist. Der Erweichungsvorgang ist in der Regel mit einer Verschlechterung der physikalischen und chemischen Eigenschaften verbunden.

Duroplaste sind bei niedrigen Temperaturen glasig-hart (energie-elastisch) und auch bei hohen Temperaturen nicht viskos-flüssig, sondern zwischen 50°C oder einer höheren Temperatur und der Zersetzungstemperatur bei sehr begrenzter Deformierbarkeit elastisch.

Die Duromere können im Allgemeinen durch spannende Formgebung, wie z. B. Bohren, Sägen mit Spezialblättern, verarbeitet werden. Bei hohen Temperaturen werden sie zersetzt, und beginnen zu brennen.

Die Ausgangsmaterialien der Duroplaste sind entweder feste, vorgeformte Pressmassen aus Harzen mit Zusatzstoffen wie Füllstoffen, Farben, Gleitmittel, Stabilisatoren oder flüssige, meist zähflüssige Reaktionsharze, z. B. Gießharze, Laminierharze oder Binder der 2-Komponenten-Klebstoffe. Unter Druck und Hitze erfolgt bei den Pressmassen die räumliche Vernetzung der Moleküle, die Kunststoffaushärtung. Die Aushärtung ist irreversibel, d. h. nicht umkehrbar.

Die Reaktionsharze, wie z. B. Polyester- oder EP-Harze, können drucklos bei Raumtemperatur aushärten. Dazu wird ein Härter, je nach Art des Harzes z. B. ein Peroxid, zugegeben. Die Vernetzungszeit kann durch weitere Zumischung eines Beschleunigers, wie z. B. Kobaltnaphthenat, und / oder durch Erwärmung verkürzt werden.

Gemeinsam mit Verstärkungs- und Zuschlagsstoffen entstehen Formstoffe bzw. Formteile. Diese zeichnen sich durch gute Temperaturbeständigkeit und ein hohes Niveau der mechanischen und elektrischen Eigenschaften aus. Die ersten vollsynthetischen Kunststoffe waren die Phenolplaste, die aus Phenol, Kresol und Xylenol mit Formaldehyd durch Polykondensation hergestellt wurden. Der größere Teil dieser Formmassen findet Anwendung als wesentliche Stoffkomponente bei Holzwerkstoffen, Lacken, Klebstoffen und Bindemitteln in der Gießereitechnik, bei Schleifscheiben, Brems- und Kupplungsbelägen. Weniger als die Hälfte der duroplastischen Harze wird als Formmasse im Sinne der Kunststoffverarbeitung eingesetzt. Neben den härtbaren Formmassen gibt es sogenannte Polymerisations- und Polyadditionsharze.

Allgemeine Eigenschaften der Harze:
Hohe Festigkeit, Steifigkeit, Härte, schwer entflammbar, beständig gegen organische Lösungsmittel, hohe Oberflächenhärte, hoher Oberflächenglanz, Eigengeruch, Berührung mit Lebensmitteln unzulässig, beständig gegen starke Säuren und Laugen. Zu dieser Gruppe gehören z. B. Formaldehydharze, ungesättigte Polyesterharze, Silikonharze, Epoxidharze und vernetzte Polyurethane. Diese Harze werden, wie die meisten duroplastischen Formmassen, durch Pressen, Spritzpressen oder Spritzgießen unter Einwirkung von Wärme und Druck verarbeitet.

Verwendet werden Formaldehydharze für:
Hartfaserplatten, Leim und Klebstoffe, Gießharze und Schichtpressstoffe oder als Herdleisten, Steckdosen, Schaltergehäuse und vieles mehr. Darüber hinaus werden sie als Bindemittel, Lackharze, korrosionsbeständiger Oberflächenschutz sowie als Beschichtungsmittel im textilen Bereich eingesetzt.

UNGESÄTTIGTE POLYESTERHARZE

Ungesättigte Polyesterharze gehören zu der Gruppe der Reaktionsharze, da die Vernetzung durch eine Copolymerisation hervorgerufen wird. D. h., es liegt das ungesättigte Polyesterharz vor und erst durch Zugabe von einem Reaktionsmittel erfolgt die Aushärtung. Ungesättigte Polyesterharze entstehen durch Veresterung von organischen Säuren und Alkoholen und vernetzt werden sie meist mit Peroxiden. UP-Harze werden sehr oft mit Glasfaser verstärkt verwendet. UP-Harze zeichnen sich, je nach Verstärkungs- und Zuschlagsstoffen, durch gute Temperaturbeständigkeit und ein hohes Niveau der mechanischen und elektrischen

Eigenschaften aus. Ihr Einsatzgebiet reicht von Tennisschlägern, Surfbrettern, Schwimmbecken, Rennwagen, Radkästen, Abwasserkanälen bis hin zu Spachtel- und Reparaturmassen, Kitte oder als Reaktionslacke und Klebstoffe.

Falls UP-Harze selbst verarbeitet werden sollen, ist Folgendes zu beachten: Die UP-Harze sind hoch giftig, greifen die Schleimhäute an und der PES-Staub zerfrisst die Lungen. Daher ist es wichtig, Schutzvorkehrungen für den Körper zu treffen, wie Gesichtsmaske, Hand-, Augen- und Körperschutz.

EPOXIDHARZE

EP-Harze gehören ebenfalls zu den Reaktionsharzen. Die EP-Harze sind Umsetzungsprodukte, die auf der Basis von Aminen, hologenierten Phenolen oder Cycloaliphaten aufgebaut sind, aber vorwiegend aus Epichlorhydrin und Bisphenol A bestehen. Um die EP-Harze auszuhärten, ist es notwendig, einen Härter zuzusetzen und hierfür kommen aliphatische und cycloaliphatische Amine in Frage. EP-Harze haben, je nach verwendetem Härter, eine geringe Wasseraufnahmefähigkeit sowie eine gute Chemikalien- und Witterungsbeständigkeit. Sie besitzen gute thermische Eigenschaften und um die mechanischen Eigenschaften zu verbessern, wird vielfach mit Glasfasern verstärkt.

Die EP-Harze haben ein sehr gutes Haftungsvermögen auf nahezu allen Werkstoffen, daher werden sie hauptsächlich als Klebstoffe und Lacke verwendet, aber auch als Türen, Gepäckablagen, Rohre, Sitze, Rennboote, Fahrradrahmen, Hockeyschläger und vieles mehr.

Falls EP-Harze selbst verarbeitet werden sollen, ist Folgendes zu beachten: Die UP-Harze sind hoch giftig, greifen die Schleimhäute an und der PES-Staub zerfrisst die Lungen. Daher ist es wichtig, Schutzvorkehrungen für den Körper zu treffen, wie Gesichtsmaske, Hand-, Augen- und Körperschutz. Härter und Beschleuniger außerhalb des Harzes nicht zusammenmischen, da Explosionsgefahr besteht.

VERNETZTE POLYURETHANE

Duroplastische Polyurethane werden durch Polyaddition von Isocyanaten und Polyolen hergestellt und anschließend mit weiteren reaktiven Gruppen auf der Basis von Polyol (sind Verbindungen mit OH-Gruppen) zu einem dreidimensionalen Netzwerk vernetzt. Durch die chemische Struktur und Molekülgrößen der Polyole sowie durch die Verwendung von Zusatzstoffen werden die Eigenschaften der PUR stark beeinflusst.

Diese Werkstoffgruppe wird in vielfältigster Art verwendet. Die wesentlichen Typen von PUR sind: Weich-, Hart-, und Integralschaumstoffe, vernetzte und thermoplastische Elastomere, PUR-Gießharze, Lacke und Klebstoffe.

PUR-Lacke zeichnen sich durch die hohe Festigkeit und eine sehr gute Haftung auf nahezu allen Werkstoffen aus, daher werden sie oft in Lacksystemen eingesetzt. Ihr Anwendungsgebiet reicht von Lackierungen von Karosserien in der Automobilindustrie, Maschinen und Anlagen bis hin zu Beschichtungen von Papier, Kunststoffen und Textilien und als Zwei- und Einkomponentenklebstoffe.

SILIKONHARZE

Silikonharze sind unregelmäßige, dreidimensionale, verzweigte Polymere und gehören der Klasse der Organopolysiloxane an. Sie bestehen hauptsächlich aus Methyl oder Phenyl, Wasserstoff, einer Hydroxylgruppe, Chlor oder einer Alkoxygruppe.

Silikone sind in der Regel hydrophob und wärmebeständig sowie dielektrisch. Sie gelten als physiologisch verträglich, das bedeutet, sie sind nicht gesundheitsschädlich, daher werden sie oft in der kosmetischen Hautpflege, also als Hautschutz, und in der plastischen Chirurgie, wie z. B. als Brustimplantate, verwendet. Des Weiteren werden sie in vielen Ölen und industriellen Schmiermitteln beigesetzt, wie z. B. bei Motorölen oder auch bei Schmiermittel für Getriebe.

B1 Einige Kennwerte von duroplastischen Kunststoffen

PHENOPLASTE, PHENOL-FORMALDEHYD-FORMMASSEN, PF

Formel:

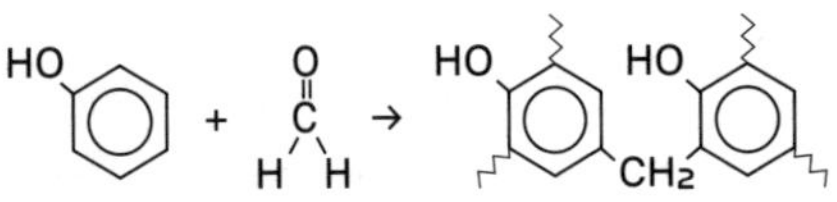

Dichte:	1,25 g / cm3
Reißfestigkeit:	55 N / mm2
E-Modul:	3.200 N / mm2
Kerbschlagzähigkeit:	1,2 bis 1,5 kJ / m2
max. Gebrauchstemperatur:	130 bis 150° C
unbeständig gegen:	konzentrierte Basen und Säuren
beständig gegen:	verdünnte Basen und Säuren, Benzin, Öle, aromatische Kohlenwasserstoffe, Alkohole
Verarbeitungsverfahren:	Spritzguss, Formguss und Reaktion, nur spannende Weiterverarbeitung in der Kälte möglich

AMINOPLASTE, MELAMIN-FORMALDEHYD-FORMMASSE, MF

Formel:

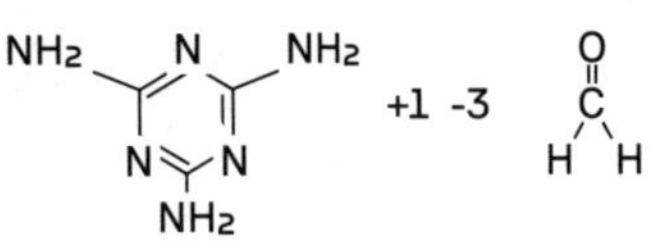

Dichte:	1,48 g / cm^3
Reißfestigkeit:	30 N / mm^2
E-Modul:	8.000 bis 10.000 N / mm^2
Kerbschlagzähigkeit	1,5 kJ / m^2
max. Gebrauchstemperatur:	100 bis 120° C

unbeständig gegen:	konzentrierte Basen und Säuren
beständig gegen:	verdünnte Basen und Säuren, Öle, Benzin, Bromat, Alkohole
Verarbeitungsverfahren:	Spritzguss, Reaktionsformen, nur spannende Weiterverarbeitung in der Kälte

POLYURETHAN, PUR

PU-Elastomer, Hartschaum, Weichschaum

Formel Polyurethane:

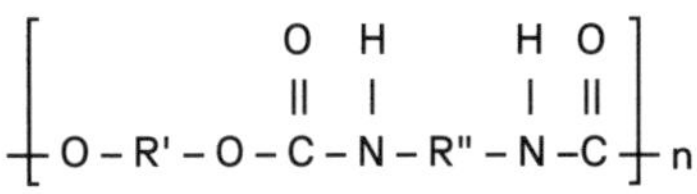

Dichte:	1,18 bis 1,24 g / cm³
Reißfestigkeit:	35 bis 40 N / mm²
Reißdehnung:	350 bis 550 %
E-Modul:	60 bis 2.000 N / mm²
Kerbschlagzähigkeit:	kein Bruch
max. Gebrauchstemperatur:	80, kurzzeitig 110° C, Einzeltypen bis 180° C
Schmelztemperatur:	je nach Molekülstruktur 140 bis 200° C
unbeständig gegen:	heißes Wasser, starke Säuren oder Basen
beständig gegen:	Benzin, Aromate, Öle, Fette, kaltes Wasser
Verarbeitungstemperatur:	je nach Rohstoff 90 bis 240° C
Fließfähigkeit:	mittelschwer fließend, in der Kälte zäh
Verarbeitungsverfahren:	Spritzguss (RIM), Extrusion, Gießen, Walzen, Schäumen

UNGESÄTTIGTE POLYESTER-FORMMASSE, UP (ÄHNLICH: EPOXID-HARZE EP)

Formel:

o-Phthalsäure + Maleinsäure + Diol, wechselnde Zusammensetzung (Vinylester)

Dichte:	1,1 bis 1,3 g / cm^3
Reißfestigkeit:	40 N / mm^2
Kerbschlagzähigkeit:	22 kJ / m^2
Kugeldruckhärte:	200 N / mm^2
max. Gebrauchstemperatur:	150° C
unbeständig gegen:	konzentrierte Laugen und Säuren, Ester, Ketone, Ether, aromatische Kohlenwasserstoffe, Chlorkohlenwasserstoffe
beständig gegen:	verdünnte Laugen und Säuren, Alkohole, Öle, Benzin
Verarbeitungsverfahren:	manuelle Einzelteilfertigung, Gießen, Press- und Spritzverfahren

C ELASTOMERE

Elastomere bestehen aus weitmaschig dreidimensional vernetzten Makromolekülen, wobei die Vernetzung nicht nur über Atombindungen, sondern auch über Wasserstoffbrückenbindungen zwischen benachbarten Polymerketten erfolgen kann. Intensive Wechselwirkungen zwischen lokalisierten Kettenabschnitten führen dann zu teilkristallinen Bereichen, sodass z. B. bei linearen Polyurethanen eine hartelastische und eine weichelastische Phase unterschieden werden können. Elastomere sind bei tiefen Temperaturen unterhalb der Glasübergangstemperatur hart und spröde. Bei Einwirkung einer äußeren Kraft oberhalb der Glasübergangstemperatur können die Polymerhauptketten unter Streckung der vernetzenden Kettenteile aneinander abgleiten. Sie bleiben jedoch miteinander verbunden und stehen unter dem Einfluss einer Rückstellkraft. Lässt die äußere Kraft nach, so nehmen die Kettenteile wieder die ursprüngliche verknäuelte Lage ein. Diese Gummielastizität mit Bruchdehnungen bis etwa 1.000 % wird bis zur Zersetzungstemperatur beibehalten. Elastomere sind somit in der Wärme nicht plastisch verformbar, da die Polymerketten aufgrund der Vernetzung nicht wie bei den Thermoplasten frei beweglich werden. Elastomere sind nicht schmelz- oder schweißbar und in organischen Lösemitteln kaum löslich, aber quellbar, wobei Lösemittelmoleküle in das weitmaschige Netzwerk eingelagert werden. Vor der Verarbeitung liegen sie meist im plastischen oder gelösten Zustand oder als Dispersion vor.

Die Werkstoffgruppe der Elastomere wird aus Natur- oder Synthesekautschuk durch Vernetzungsreaktionen (Vulkanisation) gewonnen. Sie stellen eine bedeutende Wekstoffgruppe dar, da sie ein ausgezeichnetes Rückfederungsverhalten gegenüber großen Verformungen in einem weiten Temperaturbereich aufweisen. Ein anderes wichtiges Merkmal ist die hohe Zähigkeit, die Abriebfestigkeit, die Gasdurchlässigkeit und die Chemikalienbeständigkeit. Des Weiteren zeichnen sich die Elastomere durch ihre gute Haftfähigkeit gegenüber metallischen und textilen Werkstoffen aus. Es gibt eine Vielfalt von Spezialkautschukarten und deren Mischungskomponenten, wodurch sich zahlreiche Anwendungsgebiete für die Autoindustrie, den Maschinenbau, die Elektroindustrie und die Bauwirtschaft ergeben.

NATURKAUTSCHUK

Ausgangsprodukt für den Naturkautschuk ist der Saft kautschukähnlicher Pflanzen, auch Latex genannt. Aus dem wird der Kautschuk durch Koagulation bzw. Trocknungsverfahren gewonnen. Der wichtigste Latex liefernde Baum ist Hevea Brasiliensis. Die Kautschukpflanzen haben einen hohen Harzanteil, daher ist der Saft der Pflanze sehr klebrig und liegt in plastischer Form vor. Neben Brasilien gibt es Kautschukvorkommen in Indonesien, Malaysia und Südamerika (Balata). Alle Naturkautschuktypen zeigen durch unterschiedliche Anbaugebiete, Koagulation und Aufbereitung mehr oder minder starke Unterschiede in Verarbeitung und Vulkanisationsgeschwindigkeit.

Allgemeine Eigenschaften und Struktur:
Der Naturkautschuk besteht aus Polymerverbindungen von Isoprenmolekülen mit einem Molgewicht zwischen 200.000 und 400.000 g / mol. In den meisten Fällen ist der Naturkautschuk zu zäh, um eine homogene, verarbeitungsfähige Masse daraus herstellen zu können, daher muss er mastiziert werden. Dies bedeutet, dass mit Hilfe von Mastiziermitteln die Ketten aufgebrochen und auseinandergerissen werden, um eine niedrige Viskosität zu

erreichen. Anschließend wird der Naturkautschuk vulkanisiert, das bedeutet, dass die zähflüssige Masse mit Schwefel bzw. schwefelhältigen Verbindungen versetzt wird.

Der Naturkautschuk besitzt sehr gute Eigenschaften, die zwar partiell von synthetischen Kautschuken übertroffen werden können, allerdings ist der NR für manche Anwendungsgebiete unerlässlich. Der Naturkautschuk zeichnet sich durch folgende Eigenschaften aus, die wichtigsten: sehr hohe Festigkeit, hohe Bruchdehnung, ausgezeichnete Weiterreißfestigkeit, sehr hohe Stoßelastizität, geringe Wärmebeständigkeit (durch Zuschlagsstoffe erhöht), sehr geringe Erwärmung bei dynamischer Beanspruchung, hervorragende Kälteflexibilität, gute Widerstandswerte, mäßige Alterungsbeständigkeit, unbefriedigende UV- und Ozonbeständigkeit, relativ beständig gegen polare Lösungsmittel.

Durch die guten mechanischen Eigenschaften und das geringe Erwärmungsverhalten ist der Naturkautschuk der optimale Werkstoff bei dynamischer Belastung, wie z. B. für Reifen. Daher ist das Hauptanwendungsgebiet die Reifenherstellung für Lkw und Pkw. Der Einsatz als Zweckkautschuk geht zurück, weil die Entwicklung synthetischer Spezialtypen gezielter auf die verschiedenen Anwendungsfälle eingehen kann.

Folgende kautschukähnliche Typen werden z. B. hergestellt: Butadienkautschuk, Butylkautschuk, Chloroprenkautschuk, Acrylnitril-Butadien-Kautschuk, Fluorkautschuk, Epichlorhydrinkautschuk, Isoprenkautschuk (kommt in seinen Eigenschaften an den NR heran), Styrol-Butadien-Kautschuk (Einsatzgebiet: Pkw-Reifensektor, Schläuche in pharmazeutischen, chirurgischen und sanitären Artikeln, Lebensmittelbedarfsgegenstand).

Die meisten dieser synthetisch hergestellten Kautschuktypen finden Anwendung als Schläuche, Ventile, in der Automobil-, Luft und Raumfahrtindustrie etc. (durch die vielen Modifikationen sind die synthetischen Kautschuke alterungsbeständig).

POLYURETHAN-ELASTOMERE

Polyurethan-Elastomere sind hochmolekulare Werkstoffe mit Urethangruppen, die die charakteristischen Eigenschaften eines Kautschuks besitzen. Es ist nicht einfach, die PUR-Elastomere von den PUR-Duroplasten abzugrenzen. Denn bei den flexiblen PUR-Schäumen sind eigentlich auch Elastomere mit im chemischen Verband. Zu den wichtigsten Hauptgruppen der PUR-Elastomere gehören die PUR-Gießsysteme. Diese thermoplastischen PUR-Elastomere lassen sich im Unterschied zu anderen PUR-Typen aufschmelzen und in eine Formmasse gießen. Damit ist es möglich, diese PUR-Gießsysteme nach einem traditionellen Kunststoffverarbeitungsverfahren, wie z. B. Extruder, Spritzgießen und vielen mehr, zu verarbeiten.

Die PUR-Kautschuke finden Anwendung z. B. in der Herstellung von Sportschuhsohlen, Beschichtungen und Folien und vielem mehr.

SILIKONKAUTSCHUK

Silikonkautschuk gehört seiner Zusammensetzung nach zu der Stoffklasse, die als Silicone bezeichnet werden und deren Grundgerüst aus Siliziumsauerstoffketten besteht. Der Silikonkautschuk weist folgende Eigenschaften auf, wie z. B. Dauerwärmebeständigkeit bis 250° C, Kältebeständigkeit bis -110° C, Witterungs- und Alterungsbeständig und viele mehr.

Das Einsatzgebiet ist daher sehr vielseitig: Leitfähige Dichtprofile, Zündkerzenkappen, Fenster- und Türdichtungsprofile, Dichtungen in medizinischen Geräten, Herzklappenventile, Babysauger, Dialyseschläuche, Schläuche für Getränkeautomaten und Kaffeemaschinen, Bildröhren, Scheinwerfer, Klebmassen zum Verbinden von Glas, Metallen, Keramik und Kunststoff, für die Restaurierung in der Denkmalpflege, Abdichtungen aller Art, Werbeartikel und vieles mehr.

K11 KUNSTSTOFFE, COMONOMERE UND IHRE ABKÜRZUNG

KURZZEICHEN	CHEMISCHE BEZEICHNUNG
A/B/A	Acrylnitril-Butadien-Acrylat-Copolymerisat
A/EP (D)M/S	Acrylnitril-Ethylen-Propylen-(Dien)-Styrol-Copolymerisat
A/MA	Acrylnitril-Methacrylat-Copolymerisat
A/MMA	Acrylnitril-Methylmethacrylat-Copolymerisat
A/PE-C/S	Acrylnitril-chloriertes Polyethylen-Styrol-Copolymerisat
ABS	Acrylnitril-Butadien-Styrol-Copolymerisat
AES	Acrylnitril-Ethylen-Propylen-Styrol-Copolymerisat
APE	Aromatische Polyester
ASA	Acrylnitril-Styrol-Acrylester-Copolymerisat
BMI	Bismaleinimid
BS	Butadien-Styrol-Copolymerisat
CA	Celluloseacetat
CAB	Celluloseacetobutyrat
CAP	Celluloseacetopropionat
CF	Kresol-Formaldehyd-Harz
CH	Cellulose-hydratisiert, Zellglas
CMC	Carboxymethylcellulose
CN	Cellulosenitrat, Celluloid
CP	Cellulosepropionat
CS	Casein gehärtet, Kunsthorn
CSF	Casein- Formaldehyd-Harz
CTA	Cellulosetriacetat
DAP	Diallylphthalat
E-PVC	Emulsions-Polyvinylchlorid
E/AA	Ethylen-Acrylsäure-Copolymerisat
E/BA	Ethylen-Butylacrylat-Copolymerisat
E/CTFE	Ethylen-Chlortrifluorethylen-Copolymerisat
E/EA	Ethylen-Ethylacrylat-Copolymerisat
E/MA	Ethylen-Methacrylat-Copolymerisat
E/MAA	Ethylen-Methacrylsäure-Copolymerisat
E/TFE	Ethylen-Tetrafluorethylen-Copolymerisat
E/VA o. EVA	Ethylen-Vinylacetat-Copolymerisat
E/VAL o. E/VOH	Ethylen-Vinylalkohol-Copolymerisat
EB	Ethylen-Buten-Copolymerisat

EC	Ethylcellulose
ECB	Ethylen-Copolymer+Bitumen
EP	Epoxidharz
EP(D)M	Ethylen-Propylen-(Dien)Copolymerisat
EPS	Styrol-Partikelschaum, expandiertes Polystyrol
EVA oder E/VA	Ethylen-Vinylacetat-Copolymerisat
FEP	Polyfluorethylenpropylen
FF	Furan-Formaldehyd-Harz
HDI	Hexen-Diisocyanat
HFP	Hexafluorpropylen
IM	Ionomer
IPDI	Isophoren-Diisocyanat
LCP	Liquid Crystal Polymers, flüssig kristalline Polymere
M-PVC	Masse-Polymerisations-Polyvinylchlorid
MABS	Methylmethacrylat-Acrylnitril-Butadien-Styrol-Copolymerisat
MBS	Methylmethacrylat-Butadien-Styrol-Copolymerisat
MF+UP	Melamin-Polyesterharz-Formmasse
MMA	Methylmethacrylat-Harz
MPF	Melamin-Phenol-Formaldehyd-Harz und Formmasse
MS	Alpha-Methylstyrol
NBR/AN	Nitril-Butadien-Kautschuk-Acrylnitril-Copolymerisat
NDI	Naphthylen-Diisocyanat
PA 11	Polyamid 11, Poly-11-aminoundecanamid
PA 12	Polyamid 12, Polyaurinlactam
PA 46	Polyamid 46, 1,4-Diaminobutan-Adipinsäure-Copolymerisat
PA 6	Polyamid 6, Polycaprolactam
PA 6–3-T	Polyamid 6–3-T, Polytrimethylhexamethylenterephthalamid
PA 6/6T	Polyamid 6-Therephthalsäure-Copolymerisat
PA 66	Polyamid 66, Polyhexamethylenadipamid
PA 69	Polyamid 69, Hexamethylendiamin-Azelatsäure-Copolymerisat
PA 610	Polyamid 610, Polyhexamethylensebacamid

PA 612	Polyamid 612, Polyhexamethylendodecanamid
PA 61	Polyamid 61, Polyhexamethylenisophthalamid
PA MXD 6	Polyamid MXD 6, Polyarylamid
PA-PDA-T	Polyamid-PDA-T, Polyamid-Phenylendiamin-Copolymerisat
PAA-Cop.	Acrylsäure-Copol, mit PS, PVC, VA, MA, AN
PAE	Polyarylether
PAEK	Polyaryletherketone, Oberbegriff
PAI	Polyamidimid
PAI	Polyarylamid
PAMI	Polyaminobismaleinimid
PAR	Polyarylate
PB	Polybuten-I
PBA	Polybutylacrylat
PBI	Polybenzimidazol
PBMI	Polybismaleinimid
PBO	Polyoxadiazobenzimidazol
PBT, PTMT	Polybutylentherephthalat, Polytetramethylenterephthalat
PC	Polycarbonat
PCTFE	Polychlortrifluorethylen
PDAP	Polydiallylphathat
PE	Polyethylen
PE abbaubar	Polyethylen, abbaubar
PE ion.	Ethylen-Ionomer-Copolymer
PE-C	Polyethylen, chloriert
PE-HD	Polyethylen hoher Dichte (high densivity)
PTMT, BPT	Polytetraethylenterephthalat, Polybutylenterephthalat
PUR	Polyurethan
PVAC	Polyvinylacetat
PVAL	Polyvinylalkohol
PVB	Polyvinylbutyral
PVC	Polyvinylchlorid
PVC-C	Polyvinylchlorid, chloriert
PVC-P	Polyvinylchlorid, weich
PVC-U	Polyvinylchlorid, hart
PVDC	Polyvinylidenchlorid

PVDF	Polyvinylidenfluorid
PVF	Polyvinylfluorid
PVFM	Polyvinylformal
PVK	Polyvinylcarbazol
PVME	Polyvinylmethylether
PVP	Polyvinylpyrrolidon
RF	Resorcin-Formaldehyd-Harz
S-PVC	Suspension-Polyvinylchlorid
S/B	Styrol-Butadien-Copolymerisat
S/B/S	Styrol-Butadien-Styrol-Block-Copolymerisat
S/EB/S o. SEBS	Styrol-Ethenbuten-Styrol-Copolymerisat
S/I/S o. SIS	Styrol-Isopren-Styrol-Block-Copolymerisat
S/MA	Styrol-Maleinsäureanhydrid-Copolymerisat
S/MA/B	Styrol-Maleinsäureanhydrid-Butadien-Copolymerisat
S/MMA	Styrol-Methylmethacrylat-Copolymerisat
S/MS	Styrol-Alpha-Methylstyrol-Copolymerisat
SAN	Styrol-Acrylnitril-Copolymerisat
SI	Silikon
TDI	Toluylen-Diisocyanat
TFE/HFP/VDF	Tetrafluorethylen-Hexafluorpropylen-Vinylidenfluorid-Copolymerisat
TPE	thermoplastische Elastomere
TPE-A, PEBA	thermoplastische Polyamid-Elastomere
TPE-E	thermoplastische Polyester-Elastomere
TPE-O	thermoplastische Polyolefin-Elastomere
TPE-S	thermoplastische Styrol-Oligoblock-Elastomere
TPE-U, TPU	thermoplastische Polyurethan-Elastomere
UF	Harnstoff-Formaldehyd-Harze und -Formmassen
UP	Polyester-Harze (ungesättigt) und -Formmassen
VC/E	Vinylchlorid-Ethylen-Copolymerisat
VC/E/MA	Vinylchlorid-Ethylen-Methacrylat-Copolymerisat

K12 EIGENSCHAFTEN WICHTIGER KUNSTSTOFFE IN STICHWORTEN

Kunst-stoff	Struktur	Aussehen ohne Zusätze	mechanische Eigenschaften	Span-nungs-riss-bildung	elektro-statische Auf-ladung
PE	teilkristallin, 40 bis 80 %	milchig, opak	weich bis steif, zäh, niedrige Festigkeit	ja	stark
PP	teilkristallin, 60 bis 70 %	Oberflächenglanz milchig	formsteif, hart, fest, geringere Kerb-schlagzähigkeit	möglich	stark
PB	teilkristallin, ca. 50 %		ähnlich wie PE und PP, wesentlich höhere Festigkeit	wenig	stark
PS	amorph	glasklar, Oberflä-chenglanz	Spröde, sehr kerb-empfindlich, steif, hart	sehr stark	ja
SB	amorph	trüb, opak	wenig kerbempfind-lich, stoßfest	gerin-ger als bei PS	stark
SAN	amorph	glasklar, Oberflä-chenglanz	höhere Schlag-zähigkeit als PS, geringere als SB, hoher E-Modul	wesent-lich geringer als PS	gering
ABS	amorph	gelblich weiß, opak Oberflächenglanz	zäh auch bei tiefen Temperaturen, hart, steif und relativ kratzfest, sehr schlag- und kerb-schlagfest, gute Schalldämpfung	gering	gering
ASA	amorph	gelblich, opak	schlagzäh auch in der Kälte, große Härte und Festig-keit, E-Modul wie SB und ABS (aber geringer als PS und SAN)	gering	gering
PVC hart	amorph	z. T. glasklar	fest, steif, hart, kerbempfindlich	gering	sehr

Kunststoff	Struktur	Aussehen ohne Zusätze	mechanische Eigenschaften	Spannungsrissbildung	elektrostatische Aufladung
PVC weich	amorph, Weichmacher	z. T. glasklar	flexibel, weich, stärkere Schwingungsdämpfung als Weichgummi, gute Abriebfestigkeit, geringe Einreißfestigkeit	nein	gering
PTFE	teilkristallin, 53 bis 70 %	weiß opak	flexibel, zäh, geringe Festigkeit und Härte, nicht besonders verschleißfest, Reibungskoeffizient	nein	ja
PMMA	amorph	glasklar brillant, Oberflächenglanz	hart, steif, gute Werte für Zug-, Druck- und Biegefestigkeit, splittert nicht beim Bruch	möglich	ja
PA	teilkristallin, bis 60 %	milchig, opak	steif, hart, sehr fest, durch Verstrecken noch wesentlich höhere Festigkeit, sehr zäh, kerbschlagzäh, abriebfest, gute Leiteigenschaft	gering	keine
PC	weitgehend amorph	glasklar	hohe Festigkeit, Härte und Zähigkeit, sehr gute Formsteifigkeit, gute Zeitstandfestigkeit auch bei hohen Temperaturen. nicht besonders abriebfest, schlagzäh, stoßfest	ja	ja
PET	teilkristallin, 30 bis 40 % oder amorph	opak, weiß, glasklar	teilkristallin, hart, steif, fest, zäh, gute Gleiteigenschaften	nein	

Kunststoff	Struktur	Aussehen ohne Zusätze	mechanische Eigenschaften	Spannungsrissbildung	elektrostatische Aufladung
PBT	teilkristallin	opak, weiß Oberflächenglanz	weniger gute mechanische Festigkeitswerte als PET, aber leichter verarbeitbar, auch bei tiefen Temperaturen zäh	nein	
POM	hochkristallin 70 %	opak, weiß	fest, steif, zäh (auch bei tiefen Temperaturen), zeitstandfest, elastisches Federungsvermögen, gute Verschleißfestigkeit	wenig	ja
PPE	amorph	opak, beige	formstandfest, hart, zäh, abriebfest, relativ kratzfest	möglich	ja
PSO	amorph	gelblich, durchsichtig	fest, steif, geringe Kriechneigung auch bei höheren Temperaturen und gute Zähigkeit bei tiefen Temperaturen, nicht besonders kerbfest		
PI	linear oder vernetzt	dunkel undurchsichtig	fest, steif, gute Wechselbiegefestigkeit, gute Gleiteigenschaften bei geringem Abrieb, gutes Zeitstandverhalten, aber kriecht unter hohem Druck		
PPS-GF	teilkristallin	dunkelbraun	fest, steif (auch bei hohen Temperaturen), geringe Kriechneigung, gute Abriebfähigkeit		

Kunststoff	Struktur	Aussehen ohne Zusätze	mechanische Eigenschaften	Spannungsrissbildung	elektrostatische Aufladung
Phenoxy	amorph	glasklar	fest, zäh, schlagzäh aber kerbempfindlich, zeitstandfest, gute Haftfestigkeit		
PF, CF	vernetzt	gelbbraun	hart, spröde, hoher E-Modul, Festigkeit vom Füllstoff abhängig	möglich	wenig
UF, MF	vernetzt	farblos	hart, spröde, MF weniger kerbempfindlich als UF	ja	
UP	vernetzt	gelblich, glasklar	spröde bis zäh (je nach Typ), nicht sehr fest, Kriechneigung, mech. Eignung durch Glasfasern wesentlich verbessert	möglich	ja
EP	vernetzt	gelb getrübt	sehr fest, steif bis zäh, hart, wenig schlagempfindlich, abriebfest, maßhaltig, sehr hohe Haftfestigkeit, durch Glasfasern wesentlich erhöhte Festigkeit	gering	
CA, CP, CAB	amorph	glasklar, Oberflächenglanz	sehr zäh und fest (CP und CAB fester als CA), relativ kratzfest, gutes Schalldämmvermögen	an der Luft nicht	gering

K13 KUNSTSTOFF-ANWENDUNGEN

A ANWENDUNGSBEISPIELE NACH EINSATZGEBIETEN

Die Auswahl eines geeigneten Kunststoffes richtet sich nach dem Anforderungsprofil, der gewünschten Eigenschaften, der Bedingungen sowie nach dem Anwendungsgebiet. Die nachstehenden Tabellen bieten einen kleinen Einblick in das weite Verwendungsbild der Kunststoffe. Diese Aufzählungen sollten als Vorschläge betrachtet werden, die jederzeit erweiterbar sind oder eingeschränkt werden können.

Die Kunststoffe müssen vor dem Einsatz Funktionstests, praxisnahen Langzeitprüfungen und unter verschärften Umgebungs- und Umweltbedingungen erhöhten Wechselbelastungen unterzogen werden.

Bautechnik Anwendungsbeispiel	Kunststoff
Baufolien, Folien zum Grund- und Druckwasserschutz, Dachabdeckfolien, Dichtungsbänder, Kitte für Fugen	PE, ECB, PUR, SIR
Fußbodenheizung	PVDF, ABS, GFK, PP, PE-V
Dachrinnen	PVC + PE-C
Bodenbeläge aller Art	PVC-P
Fensterprofile	PVC + PE-C
Rollläden	PVC
Rohrleitungssysteme	PP, PE, PVC,
Sonnenkollektoren und deren Rohrverbindungen	PP, PE-V
Sanitäre Ausstattungsteile	PMMA, PP, GF-UP, MF
Kunststein (Kunstharzbeton), Fußböden, Verkleidungen, Duschwannen	UP, EP+Steinmehl, Sand
Einschalungen für Betonguss freitragende Hallen und Überdachungen	GFK

Stegdoppelplatten, Lichtreklame, Lichtkuppeln, Fassadenverkleidungen, Werbeflächen	PMMA, PC, GFK, PVC, CAB
Schwimmbecken	GFK
Möbel, Leime, Spanplatten, Kleinmöbel, Möbelteile	PF, GFK, ABS, PUR
Stahlhochbau, Verklebungen von Brücken, Rohrleitungen, Spannglieder für Spannbetonbrücken	EP, GFK-Stäbe
Imprägnieren von Mauerwerk gegen Feuchte und Umweltschadstoffe	Si

Haushalt Anwendungsbeispiel	Kunststoff
Toaster	PC, PBT, PP
Geschirr, Besteck, Küchenmaschinenteile und Gehäuse, Gartenmöbel	PE, PP, PA, SAN, PC, ASA, UP-GF
Kühlschrankeinsätze, Oberflächen von Küchenmöbeln, Tischdecken, Verkleidungen, Badezimmerausstattungen, Mülltonnen	S/B, MF, UP, PVC, S/B, PMMA, PE

Elektrotechnik, EDV Anwendungsbeispiel	Kunststoff
Telegrafenmasten, Geräte- und Maschinenteile, Gehäuse	GFK, ABS, S/B, SAN, PVC, PF, MF
Schalter, Bedienungsknöpfe, Steckdosen Leuchtenabdeckungen	PF, MF, ABS, S/B, PMMA, PS, PVK
Flexible und glatte Rohre für Kabelinstallation Kabelisolierungen	PVC, PVC, PS, PE, VPE, PTFE, PI, ACM
Elektronikplatinen, Einbetten elektrischer Teile gedruckte Schaltungen, Kondensatorfolien, halbleitender Kunststoff, Batterien, optische EDV-Speicher	PPS, GFK, UP, EP, GFK, PTFE, PS, PPY
Telefonkarten	ABS
CD-ROM	COC, PC
Datenübertragung über Lichtleitfaser	PMA fluoriert, COC
Isolierung	Si
Tastaturen	ABS
Dünnfolien für Büroartikel	PP, PS, S/B, PET

KFZ-Technik Anwendungsbeispiel	Kunststoff
Reifen	BR, SBR, NR mit Verstärkungsfasern aus Reyon, Stahl, PET, PA 66 oder Aramid
Sitzschalen, Polsterbezüge, Polsterung Wagenhimmel, Türverkleidungen, Motorraumkapselung	UP-GF, PP-GMT, Weich-PUR-Schaum, Weichfolien, geschäumtes PS, GFK, PUR-Schaum
Sicherheitsverbundglas	PVB, PUR
Sicherheitsgurte, Griffe, Fensterkurbeln usw. Vordersitzrücklehnen, Lenkräder, Armaturenbretter, Verkleidungen, Windschutzscheiben, Rückfenster	PET-Fasern, POM, ABS, PVC,UP-GF, PA6-GF, CAB, CP, PUR-Integralschaum, S/B, ABS, PP, PPO
Luftführungskanäle, Filtergehäuse, Vergaserteile, Zündverteiler, u.a. Teile im Motorraum, Zündkerzenkappen, Kurbelwelle, Pleuel, Kolbenbolzen, Batteriegehäuse Federelemente, Dichtungen, Manschetten Kabelisolierungen, Benzinleitungen, Bremsflüssigkeitsbehälter, Dichtungen, Benzintanks, Lüfter, Rücklicht- und Blinklichtabdeckungen, Scheinwerfer, KFZ-Außenteile: Lack, Karosserien, Heckspoiler, Stoßfänger, Front-Ends, Kardanwelle, Blattfeder, Motorrad-Schutzschild	PP, PE, POM, PF, PTFE-GFN, SIR, CFK, PUR, PVC, PA, CFM, PMMA, PC, Acrylat-PUR GFK, Aramid-SFK, PE, GFK, PP-GMT, PC
Sitzschalen, Sitzlehnen, Motorkapselung, Unterbodenverkleidung	PP-GMT

Landwirtschaft und Gartenbau Anwendungsbeispiel	Kunststoff
Abdeckfolien für Frühbeete, Futtermittel-Landmaschinen, Gewächshausbau, Überdachungen, Behälter, Futtersilos, Bewässerungsrohre, Sprühschläuche, Wärmeisolierungen	PE, PVC, GFK, PMMA, PVC, PS

Luft- und Raumfahrt Anwendungsbeispiel	Kunststoff
Kabinenteile, Höhenruder, Tragflächen, Luftschrauben Verkleidungen, Isolatoren, Beschichtungen, Klarsichtscheiben	GFK, CFK, Aramid-SKF, PE, PA, PTFE, PMMA
Hitzebeanspruchte Flächen, Hitzeschilde, Brennkammern von Raketenmotoren	glasfasergefüllte Phenolharze, EP, Phenyl-SI
Aufblasbare Reflektoren von Nachrichtensatelliten	PET-Folien
Raumanzüge	PET-Fasern
Rotorblätter	EP-GF, EP-CF
Flugzeugaußentüren	PPS-CF

Kernkraftwerkstechnik Anwendungsbeispiel	Kunststoff
Reaktorabschirmung, Neutronenmoderator, Laborgeräte, Rohre, Schläuche	PE, PE, Hart- und Weich-PVC
Elektroisolierbauteile, Beschichtungen	EP

Medizin Anwendungsbeispiel	Kunststoff
Verschlüsse, Klammern, Bluttransfusionsgeräte	PA, PS, PC, COC, PSU, PPSU
Bauteile der Herz-Lungen-Maschine	PC; EPDM
Organprothesen, Beschichtungen für Herzventile, Lichtleitfasern für Endoskopie	Zellglas, E/VAL; PC/PEOX, Polysiloxane, PA, Fluorkunststoffe, Polysiloxane + PET-Fasern; PE, PUR
Künstliches Herz	PUR
Künstliche Augenlinsen, künstliche Hornhaut, Knochenersatz, Sehnenersatz, Gelenkpfannen	PMMA, Fluorkunststoffe, Titan mit Hydroxylapatit CA2 , SI, PA, PE, PET, C-Faser, PE-UHMW
Beschichtung von inkorporierten Herzschrittmachern, Chirurgie-Fäden, Knochenschrauben, Sicherheits-Trachealtubus zur Narkose, Zahnfüllung, Zahnersatz	SIR, EP, PET, PA6, PP, Weich-PVC, SIR PMMA-Harz
Schläuche, Behälter, Röhren, Injektionsspritzen, Beutel, Bandagen	PE, PP, PVC

Maschinenbau und Apparatebau Anwendungsbeispiel	Kunststoff
Zahnräder, Lager, Kugellager	PA, POM, PE, PA,
Kühltürme, Überdachungen, Großbehälter, Heizöltanks, Getriebeverkleidungen, Schaltstationen	GFK - glasfaserverstärkt
Auskleidungen für Metall-, Holz-, Beton- und GFK-Behälter, Korrosionsschutz, Folien, Lacke, bes. Pulverlacke, Stahlrohrbeschichtungen	PVC, PE, PP, PE, PB, Fluorkunststoffe EP, PUR, PA 11, GFK, EP

Sport Anwendungsbeispiel	Kunststoff
Hochsprungstab, Segeljacht, Segelmast, Segelflugzeug, Skier, Skistöcke, Tennisschläger, Fahrräder, Segelflugzeuge	GFK, CFK, PE, CFK
Sohlen der Laufschuhe	PUR, SBR, NR
Surfboard	Schale PC, PP, ASA, PUR

Verpackung Anwendungsbeispiel	Kunststoff
Verpackungsfolien, Tragetaschen, dichte Verbundfolien für Lebensmittel, Schrumpffolien für enganliegende Verpackungen, Kochbeutel, Einstellbeutel für Flüssigkeitstransport (Getränke, Öle, Spülmittel, Lösungsmittel), Verpackungsdosen, Becher, Obstkörbe, Sortiereinsätze	Zellglas, CA, PE, PE, PP PET, PVC, PS
Hohlkörper, Großbehälter, Flaschen, Kanister	PP-O, PET-O, PE, PP, PVC, COC-O

TEXTILIEN

EINFÜHRUNG

Textilien spielten lange Zeit keine Rolle in der Kunst, da sie als minderwertiges Material galten, weiblich besetzt waren und einen Gebrauchsgegenstand darstellten. Daher wurden Textilien dem Kunsthandwerk, welches Weben, Knüpfen, Sticken, Häkeln oder Nähen unter sich vereint, zugeordnet. Die ältesten Fundstücke an Textilfasern, die nachweislich von Menschen verwendet wurden, sind etwa 30.000 Jahre alt.[1] Am Beginn der Menschheitsgeschichte wurden Textilien ausschließlich für die Bekleidung verwendet, die verschiedene Funktionen zu erfüllen hatte. Ursprünglich diente sie zum Schutz vor Kälte, Nässe sowie anderen schädlichen Einflüssen der Außenwelt. In späterer Folge wurden Kleidungsstücke Statussymbole und repräsentierten den gesellschaftlichen Stand ihrer TrägerInnen.

Jede Zeitepoche brachte ihre eigene Geschichte der Mode und Bekleidung hervor, die die gesellschaftlichen und ökonomischen Rahmenbedingungen, den vorherrschenden Geschmack und die ästhetische Ausdruckweise repräsentierten. »[...] Mode als vestimentäre Praxis liefert ein eindrückliches Beispiel für die Komplexität des menschlichen Eingebundenseins in die materielle Kultur.«[2] Kleidung hat auch immer eine soziale Bedeutung, sie dient als Kommunikationsmittel. 1911 hatte der Soziologe Georg Simmel mit seinem Essay »Die Mode« das Thema »Mode« für die Soziologie entdeckt und gewissermaßen nobilitiert.[3] Die Persönlichkeit eines Menschen soll mit Kleidung unterstrichen werden, ebenso Abgrenzung oder Anpassung. Dabei spielen Farben, Musterung und Schnitt eine besondere Rolle. Durch Kleidung wird der Körper kulturell kommunizierbar. Sie dient als Zeitzeugin, denn der abwesende Körper hinterlässt authentische Spuren.[4] Ein gutes Beispiel dafür ist die Uniform des Thronfolgers Franz Ferdinand, der am Sonntag, dem 28. Juni 1914, in Sarajevo zusammen mit seiner Gemahlin, Herzogin Sophie von Hohenberg, von Gavrilo Princip erschossen wurde. Der Waffenrock des Erzherzogs ist im Heeresgeschichtlichen Museum Wien in der Permanentausstellung zu sehen. An dieser Kleidung sind deutlich Blutspuren zu erkennen, die vom Einschuss herrühren. Der Waffenrock erzählt die Geschichte des Vorgangs und dient somit als Zeuge des Geschehens.

»Textile Dinge und Kleidung können symbolische, zeremonielle Funktionen in Übergangsriten haben, die das Leben für das Individuum und für die sozialen, kulturellen Gemeinschaften strukturieren. Beispiel hierfür sind Taufkleidung, Kommunionskleidung, Hochzeitskleidung, Kleidung zur Beschneidung oder Totenkleidung.«[5] Als Beispiel mag das alte Ägypten dienen, wo Kleidung Luxus repräsentierte und die Beschaffenheit der Textilien die adelige von der bürgerlichen Bevölkerung abgrenzte. Bei den antiken Griechen konnte anhand von Material, Drapierungen und Verzierungen der gesellschaftliche Status des Trägers bzw. der Trägerin festgestellt werden. »Kostbare Seide aus China und indische Baumwolle waren nur der Oberschicht vorbehalten, genauso wie Schmuck und ein dekorativer Gürtel.«[6]

Das europäische Mittelalter wiederum war geprägt von Kleiderordnungen, die den sozialen Stand und den Rang innerhalb einer Sippe zeigten und das Individuelle des Menschen bewusst zurückdrängten. Erst das aufstrebende Bürgertum und die Aushöhlung der mittelalterlichen Weltanschauung im 16. Jahrhundert räumten der Einzelpersönlichkeit gewisse Freiheiten ein. Der Mensch als Individuum rückte ins Zentrum des Geschehens, womit eine revolutionäre Entwicklung der Bekleidung stattfinden konnte. Das neugewonnene Selbstbewusstsein brachte »[...] notwendige ›Erfindungen‹ und ›Erkundungen‹ im Bekleidungskomplex«[7] mit sich. Spanien, das zur damaligen Zeit durch Philipp II. die Vorherrschaft in Europa einnahm, gab dabei den entscheidenden modischen Ton an.[8]

Erst im 20. Jahrhundert, mit der Herausbildung der abstrakten Kunst und der Möglichkeit der technischen Entwicklung von neuen Materialien, kam es zu einer Aufwertung der Textilien. Künstler wie Pablo Picasso, Paul Klee, Oskar Schlemmer oder Georges Braque verwendeten textile Materialien in ihrer Kunst und trugen so zu einer Renaissance der Textilien bei. Vor allem beschäftigten sich die KünstlerInnen mit der Herstellung von ganzen Textilstücken, »Tapisserien«, wie z. B. Goblins. Besonders der Filz gewann in den 1960er-Jahren durch den Künstler Joseph Beuys an Bedeutung. Dem Vorbild Beuys folgend, setzten sich Künstler wie Raffael Rheinsberg, Robert Morris oder Barry Le Va mit dem Material auseinander. Sie schätzen daran dessen Flexibilität, Wärmespeicherung, Freiräume sowie den Austausch zwischen Kraft und Bewegung. Außerdem ist kaum ein Stoff mit so vielen Ursprungsmythen und Legenden behaftet wie Filz. Der Zusammenhang zwischen Filz und Körper sowie sämtliche Filztechniken basieren auf Bewegungen verbunden mit Kräften, die nach außen und nach innen gerichtet werden und sich im Wechsel befinden.[9] Ebenso verhalten sich Organe und Systeme in unserem Körper und letztendlich der menschliche Organismus als Ganzes, denn Zellen dehnen sich aus und ziehen sich wieder zusammen, wofür die Grundlage Energie ist und die Bewegung der Energie erzeugt Leben.[10] Filz ist ein aus tierischen Fasermaterialien erzeugtes Stoffstück, das durch die Verschiebung der Schuppenschicht durch gleichzeitig chemische oder / und mechanische Behandlung entsteht.

Heute ist nahezu jeder Mensch, egal welchen Alters, mit Textilien jeder Art in jedem Moment seines Lebens umgeben. Das wichtigste Einsatzgebiet ist sicherlich die Kleidung, darüber hinaus werden Textilien im Haushalt in Form von Bettwäsche, Teppichen, Vorhängen, Sitzbezügen, Handtüchern oder Tischtüchern verwendet und in der Technik werden sie im Baubereich, in der Medizin oder als Zelte, Fallschirme, Filter, Netze und vieles mehr eingesetzt. Der Einsatz textiler Faserstoffe richtet sich hauptsächlich nach ihren Eigenschaften.

Obwohl es in der Natur eine Vielzahl von Fasern gibt und es auch möglich wäre, vielerlei Arten von Chemiefasern zu erzeugen, verwendet man im Verhältnis nur wenige. Wirtschaftlichkeit, Einsatzmöglichkeiten, Umweltbelastung sowie Pflegeeigenschaften stehen beim Einsatz und Gebrauch von Textilien im Vordergrund.

1 Vgl. Alfons Hofer, *Stoffe 1. Rohstoffe: Fasern, Garne und Effekte*, Frankfurt am Main: Deutscher Fachverband[8] 2000, S. 24.

2 Gudrun König M. / Gabriel Mengtes / Michael R. Müller, *Die Wissenschaft und Mode*, Bielefeld: transcript 2015, S. 7.

3 Vgl. ebenda, S. 12.

4 Vgl. Monika Wagner, *Das Material der Kunst. Eine andere Geschichte der Moderne*, München: Beck 2013[2], S. 95.

5 Beate Schmuck, »Vom Textilen aus! Konzeptionelle Überlegungen zu einer kulturanthropologischen Textildidaktik«, Waltraud Rusch (Hrsg.), *Textil-Kultur-Mode: 40 Jahre Fachverband Textil,* Norderstedt: BoD 2015, S. 73.

6 http://geschichte-der-mode.de/griechische-mode, 28.03.2018.

7 Annemarie Bönsch, *Formengeschichte europäischer Bekleidung*, Wien: Böhlau[2] 2011, S. 120.

8 Vgl. ebenda, S. 120.

9 Vgl. Claudia Gemein, »Filzteppiche neu interpretiert«, Marlène Lang (Hrsg.), *Filzkunst. Tradition und Experiment,* Bern/ Stuttgart/ Wien: Haupt 2001, S. 168

10 Vgl. ebenda, S. 168–170.

K1 AUFBAU UND EINTEILUNG DER FASERSTOFFE

A EINTEILUNG DER FASERN

Je nachdem, aus welcher chemischen Substanz Fasern aufgebaut sind, wie ihr physikalischer Aufbau ist, und ob sie von der Natur oder von Menschenhand (men made fibre) geschaffen werden, unterscheidet man Natur- und Chemiefasern.

A1 Naturfasern

PFLANZLICHE FASERN

Pflanzenhaare

Baumwolle	Bw
Kapok	
Akon	
Heimische Pflanzenhaare	

Bastfasern

Flachs	Fl
Hanf	Ha
Jute	Ju
Ramie	Ra
Sonstige Stängelfasern	

Hartfasern

- Agavefasern
- Bananenfasern
- Lilienfasern
- Grasfasern
- Palmfasern
- Bromeliafasern
- Kokos
- Torffasern

TIERISCHE FASERN

Wolle und Haare			
	Wolle		Wo
	Schafkamelwolle		
		Alpakawolle	
		Lamawolle	
		Vikunjawolle	
		Guanakowolle	
	Kaninchenhaar		
		Kaninchenhaar	
		Angora(Kanin-)Wolle	
	Ziegenhaar		
		Mohair	
		Kaschmirhaar	
		Tibethaar	
	Rosshaar und andere		
		grobe Tierkörperhaare	
Seide			
	Seide (Maulbeerseide)		
	Tussahseide (Wilde Seide)		

MINERALISCHE FASERN

Asbest

A2 Chemiefasern

AUS NATÜRLICHEN POLYMEREN

Pflanzlicher Herkunft			
	Regenerierte Cellulosefasern:		
		Viskose	CV
		Cupro	CC
		Acetat	CA

Cellulose Esterfaser

Triacetat
Papierfasern
Alginatfasern
Gummifasern

Tierischer Herkunft

Kasein
Muskelprotein
Fibroin

AUS SYNTHETISCHEN POLYMEREN

Polymerisationsfasern

Polyacrylnitril	PAC
Polyvinylchlorid	PVC
Polyolefine:	
Polypropylen	PP
Polyäthylen	PE
Polystyrol	PS
Polytetrafluräthylen	PTF

Polykondensationsfasern

Polyamid	PA
Polyester	PES

Polyadditionsfasern

Polyurethane	PUR
Elastane	PUE

Komponentenfasern

ANDERE INDUSTRIELL HERGESTELLTE FASERN

Glasfasern
Gesteinsfasern
Schlackenfasern
Metallfasern

B AUFBAU TEXTILER FASERSTOFFE

Der Einsatz textiler Faserstoffe richtet sich hauptsächlich nach ihren Eigenschaften. Die Ursache dieser Eigenschaften ist im chemischen und physikalischen bzw. morphologischen Aufbau zu suchen. Textile Faserstoffe sind der organischen Chemie zugeordnet, da ihr Grundbaustein Kohlenstoff (abgekürzt: C) ist.

Chemiefasern sind textile Faserstoffe, die aus natürlichen oder synthetischen Polymeren hergestellt werden. Zu den natürlichen Polymeren zählen regenerierte Cellulosefasern (Viskose, Cupro, Acetat), Cellulose-Esterfasern (Triacetat, Papierfasern, Gummifasern) und Pflanzeneiweißfasern (Kasein). Je nach Verarbeitungsart wird bei den synthetischen Polymeren zwischen Polymerisationsfasern (Polyacrylnitril-PAC, Polyvinylchlorid-PVC etc.), Polykondensationsfasern (Polyamid-PA, Polyester-PES etc.) und Polyadditionsfasern (Polyurethan-PUR, Elastane-PUE etc.) unterschieden. Chemiefasern haben gegenüber natürlichen Fasern den Vorteil, dass sie chemisch erzeugt werden und die Eigenschaften dadurch beeinflussbar sind. Viele Chemiefasern sind den Naturstoffen nachgebaut, da sie aus den gleichen chemischen Grundsubstanzen hergestellt werden, so ist z. B. Polyamid mit der Wolle und Viskose mit der Baumwolle vergleichbar. Chemiefasern sind Werkstoffe nach Maß, denn alle Eigenschaften sind mit chemischen Zusätzen beeinflussbar. Besondere Unterscheidungsmerkmale betreffen daher die pflanzlichen und tierischen Fasern. So z. B. weist das Wollhaar eine dreidimensionale Kräuselung auf, im Gegensatz zur Baumwolle. Je stärker gekräuselt die Faser ist, desto glanzarmer, feiner und kürzer ist diese, und umgekehrt bewirkt die hohe Kräuselung einen großen Lufteinschluss und eine große Fülligkeit (Volumen), woraus sich ein gutes Wärmerückhaltevermögen ableitet. Das ist auch der Grund, warum Wolle im Winter getragen wird und Baumwolle im Sommer. Baumwolle hingegen ist kochbeständig, anders als Wolle, und eignet sich daher besonders für Textilien, die durch kochende Wäsche keimfrei gemacht werden müssen, wie z. B. Leibchen, Säuglings- und Bettwäsche, Hand- und

Badetücher. Baumwolle besitzt eine hohe Quell- und Saugfähigkeit, d.h., sie nimmt bis zu 20% Feuchtigkeit aus der Luft auf. Sie gibt diese relativ langsam wieder ab, jedoch schneller als Wolle, denn Wolle nimmt bis zu 33% Feuchtigkeit auf. Dies begünstigt allerdings einen guten Tragekomfort, da es zu einer guten Schweißaufnahme kommt. Chemiefasern, wie z.B. Polyamid wiederum, nehmen nur 5% Feuchtigkeit ihres Eigengewichtes auf. Deshalb wird auch Polyamid für Badekleidung verwendet, da diese eine schnellere Trocknungszeit besitzt als Baumwolle und Wolle. Mit der Aufnahme von Wasser, das durch zahlreich vorhandene hydrophile Gruppen begünstigt wird, findet gleichzeitig eine Quellung (Volumszunahme) der Faser statt, hauptsächlich in den nichtorientierten, amorphen Bereichen. Das erhöht deren Angreifbarkeit gegenüber Luft, Licht und chemischen Agenzien.

B1 Grundbausteine – Monomere – Polymere

MONOMERE

Alle textilen Faserstoffe bestehen aus Monomeren (Molekülen), die aus Atomen bzw. Atomgruppen entstehen (Monomere; griechisch monos: ein; meros: Teil). Der Kohlenstoff, der sich als einziges Element mit sich selber zu Ketten, Ringen und räumlichen Gebilden verbinden kann, spielt dabei eine besonders wichtige Rolle. Außerdem verbindet er sich leicht und häufig mit Wasserstoffatomen, wodurch es zur Bildung von Kohlenwasserstoffen kommt. Zwischen bzw. in den am Faserstoffaufbau beteiligten Monomeren und Polymeren wirken unterschiedliche Kräfte, sprich Haupt- und Nebenvalenzkräfte.

POLYMERE

Monomere sind die Grundbausteine für Molekülketten (Makromoleküle), auch genannt Polymere (griechisch poly: viel), Hochpolymere oder hochmolekulare Stoffe. Die Anzahl der Monomere, aus denen eine Kette (Polymer) besteht, wird durch den Polymerisationsgrad ausgedrückt.

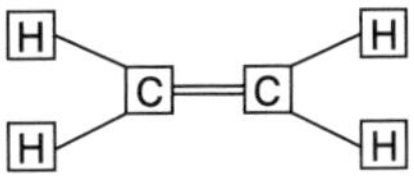

Monomer

Der Polymerisationsgrad drückt aus, wie hoch die Anzahl der Monomere ist, aus denen eine Kette besteht. Die einzelnen Ketten haben keine einheitliche Kettenlänge. Weil die einzelnen Ketten, aus denen sich ein Faserstoff zusammensetzt, keine einheitliche Kettenlänge haben, wird ein Durchschnittspolymerisationsgrad (abgekürzt DP) bestimmt.

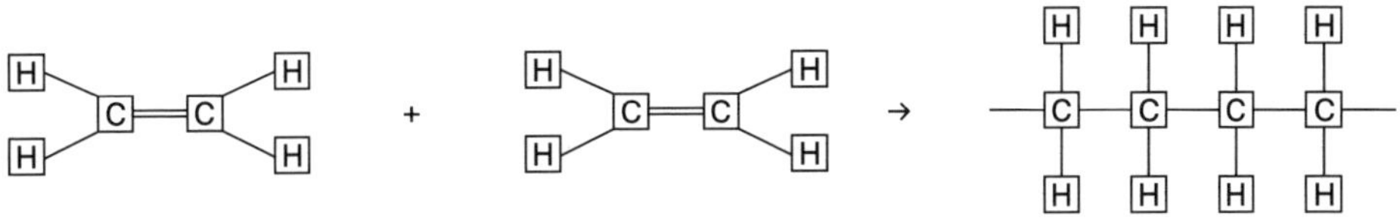

Monomer Monomer Polymer

Die Anordnung der Monomere kann:

a isotaktisch, d. h. die Monomere liegen regelmäßig in der Kette,

b ataktisch, d. h. die Monomere unregelmäßig in der Kette,

c syndiotaktisch sein, d h. die Monomere liegen regelmäßig, aber entgegengesetzt in der Kette.

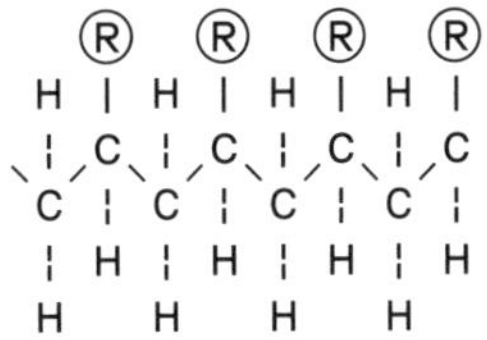

a
Anordnung der Monomere

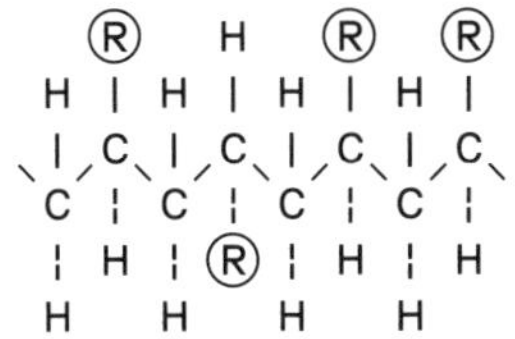

b
Anordnung der Monomere

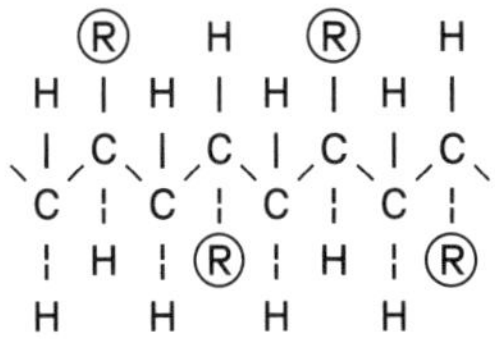

c
Anordnung der Monomere

B2 Bindungskräfte

Zwischen Monomeren und Polymeren, die eine Faser aufbauen, wirken die unterschiedlichsten Kräfte (Valenzen – valere: wert sein). Zum einen gibt es die echte chemische Bindung, die sogenannte Hauptvalenzbindung, und zum anderen wirken die sogenannten Nebenvalenzbindungen. Zu den Hauptvalenzkräften gehört die Atombindung, die zwischen gleich- und ungleichartigen Atomen in Längsrichtung der Kette wirkt.

Zu den Nebenvalenzkräften gehören Dipolbeziehungen, Wasserstoffbrücken, Ionenbindungen und Van-der-Waals-Kräfte. Sie alle wirken zwischen gleich- und ungleichartigen Monomeren und Polymeren meist in Querrichtung des Faserstoffes und beeinflussen dadurch besonders die Dehnbarkeit, Quellfähigkeit und Temperaturbeständigkeit und die Festigkeit der Faserstoffe.

→ Eine Ausnahme stellen die verschiedenartigen Brücken (hauptsächlich Cystin und Salzbrücken) dar, welche die Hauptketten miteinander verbinden (z. B. bei Wolle oder Seide). Sie wirken in der Querrichtung.

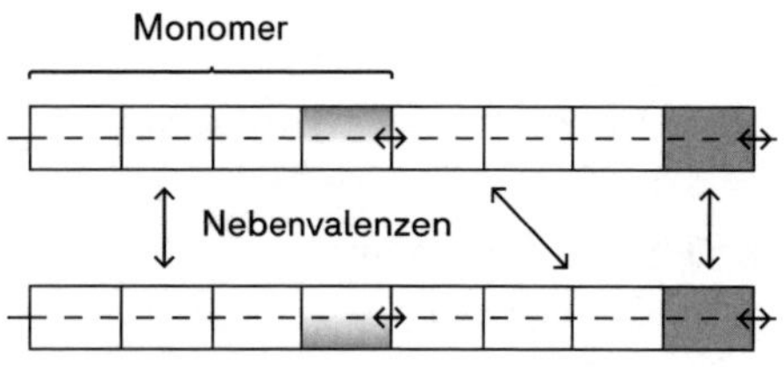

Nebenvalenzkräfte

B3 Polyreaktionen

Der chemische Aufbau der Polyreaktion ist mit der Bildung der Kette abgeschlossen. Je nachdem, wie die Bindung zustande kommt, unterscheidet man drei Arten aufgrund des Bindungsvorgangs. Nachdem werden die Faserstoffe eingeteilt: Polymerisat-, Polykondensat- und Polyadditiatfasern.

→ Polymerisation bedeutet, dass gleiche oder ähnlich chemisch aufgebaute Monomere am Aufbau von Polymeren verantwortlich sind. Dabei gibt es keine Nebenprodukte.

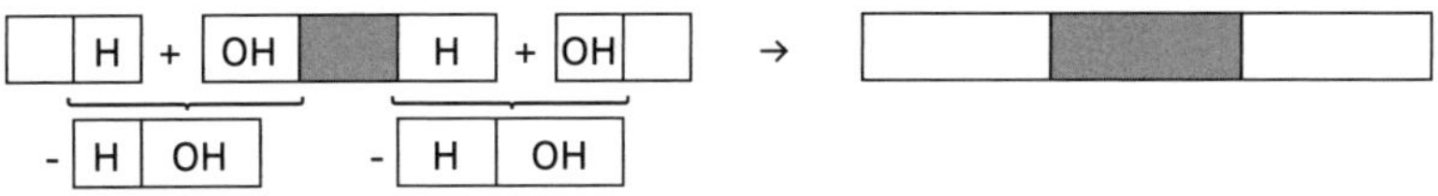

Polymerisation

→ Polykondensation (lat. condensare: verdichten) bedeutet, dass am Aufbau von Polymeren verschiedene Monomere beteiligt sind, wobei Nebenprodukte (z. B. Wasser, Alkohole) entstehen.

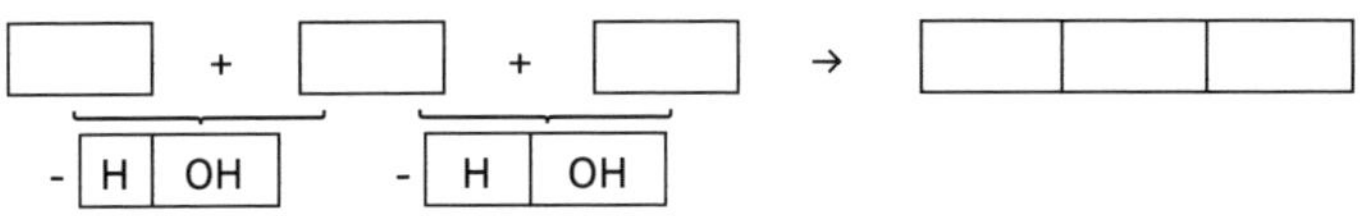

Polykondensation

→ Polyaddition bedeutet, dass am Aufbau von Polymeren verschiedene Monomere beteiligt sind und kein Nebenprodukt entsteht.

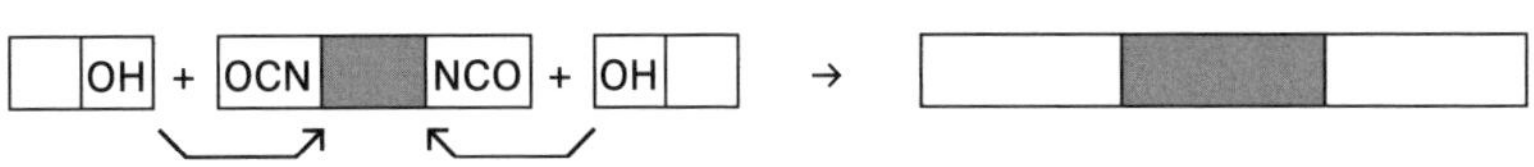

Polyaddition

B4 Bindungsarten

Unter Bindungsarten (Alkohol-, Ester-, Amidbindung etc.) werden jene chemischen Bindungen verstanden, die in den textilen Faserstoffen vorkommen können.

Bindungsarten hochmolekularer Stoffe	Polymere natürliche	Polymere synthetische
Kohlenstoff-Kohlenstoff 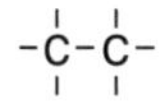	Kautschuk	Polyvinylchlorid Polyacrylnitril Polyäthylen Polypropylen Synth. Kautschuk
Acetalbindung (Sauerstoffätherbrücke) 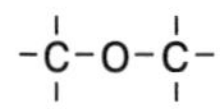	Cellulose Stärke, Glykogen	Polymerisate vom Formaldehyd
Esterbindung 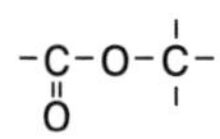	Nukleinsäure	Polyester
Amidbindung 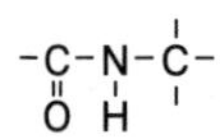	Eiweiße, Wolle, Seide	Polyamid
Urethanbindung 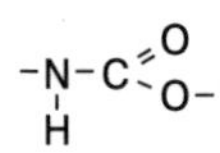		Polyurethane

Bindungsarten

Weiter wird unterschieden zwischen:

→ Natürliche Polymere: Die Kettenbildung findet in der Natur statt (Naturfasern).

→ Chemiefasern aus natürlichen Polymeren: Bausteine von natürlichen Polymeren versetzt mit chemischen Mitteln–es entstehen dabei umgewandelte natürliche Polymere. Umgewandelte natürliche Polymere (z. B. Viskose etc.) entsprechen in den meisten Fällen dem chemischen Aufbau der Grundsubstanz (Cellulose, Eiweiß), doch ist der DP-Grad wesentlich niedriger. Das Acetat bildet dabei eine Ausnahme, da bei der Umwandlung Gruppen eingeführt werden, die mit der Cellulose eine dauerhafte Verbindung eingehen.

→ Synthetische Polymere (Chemiefasern aus synthetischen Polymeren: Synthetics): Ketten aus chemischen Verbindungen, die aus Erdöl, Erdgas und Kohle hergestellt werden–es entstehen künstliche Polymere (z. B. Polyester, Polyamid etc.).

Je nachdem, ob die Kette linear, verzweigt, vernetzt oder kugelförmig ist, weisen hochmolekulare Stoffe unterschiedliche Eigenschaften auf. Daraus ergibt sich auch deren Bezeichnung. Bei den Chemiefasern wird dann, je nach Verbindungsart sowie möglicher Weiterverarbeitung und Eigenschaften unterschieden zwischen:

→ Thermoplaste: Sind Stoffe aus linearen, verzweigten und vernetzten Ketten – in Wärme formbar und recycelbar.
→ Elastomere: Sind Stoffe aus vernetzten hochmolekularen Ketten – besitzen hohe Elastizität und sind nicht recycelbar.
→ Duroplaste: Sind Stoffe aus hochmolekularen Ketten – hart, temperatur- und lösungsmittelbeständig und sind nicht recycelbar.

Je nachdem, wie die Polymereketten im Faserstoff angeordnet sind, wird zwischen kristallinen und amorphen Bereichen unterschieden. In den amorphen Bereichen sind die Ketten wenig geordnet und unregelmäßig gelagert, wodurch sich Hohlräume bilden, in die Lösungsmittel eindringen können:

→ Je mehr amorphe Bereiche in einem Faserstoff vorhanden sind, umso unregelmäßiger sind die Nebenvalenzkräfte angeordnet. Bei äußeren Einflüssen, die bis ins Innere wirken, werden diese Kräfte verschoben bzw. aufgehoben. Dadurch werden folgende Fasereigenschaften beeinflusst: Temperaturbeständigkeit, Zugfestigkeit, Feuchtigkeitsaufnahme, Quellfähigkeit, Anfärbbarkeit, Biegefähigkeit und Dehnbarkeit.

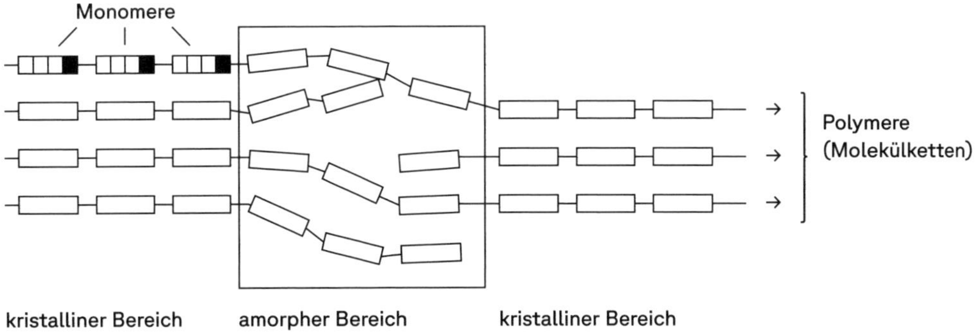

B5 Physikalischer (morphologischer) Aufbau

Je nach Anordnung der Molekülketten im Faserstoff können verschiedene Aufbaustufen unterschieden werden:

- → Elementarfibrille (Einzelfibrille, Mizelle): Ist die kleinste Einheit aus parallel gelagerten Ketten (Fibrille = feinstes Fäserchen; Kristallit) und bildet bereits kristalline und amorphe Bereiche.
- → Mikrofibrille: Sie besteht aus mehreren Elementarfibrillen und besitzt Bereiche mit niedrigerem und höherem Orientierungsgrad.
- → Makrofibrille (Fibrillenbündel): Sie besteht aus vielen Mikrofibrillen. Diese besitzen auch Hohlräume, dadurch sind sie nicht immer dicht aneinandergelagert. Diese Hohlräume sind wichtig für die Einlagerung von Farbstoffen und Chemikalien bei der Veredelung.
- → Fibrillenstrang: Er besteht aus Makrofibrillen
- → Faserschicht (Lamelle): Sie besteht aus gleichartig ausgerichteten Fibrillensträngen, die eine ringförmige Schicht bilden.

Während Chemiefasern meist aus Faserschichten bestehen, weisen die Naturfasern einen höheren Aufbau auf, der wie folgt dargestellt ist:

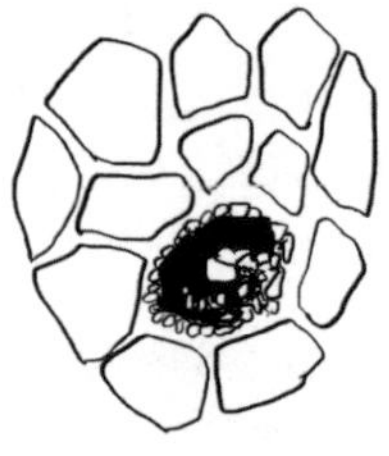

Bartfaserbündel

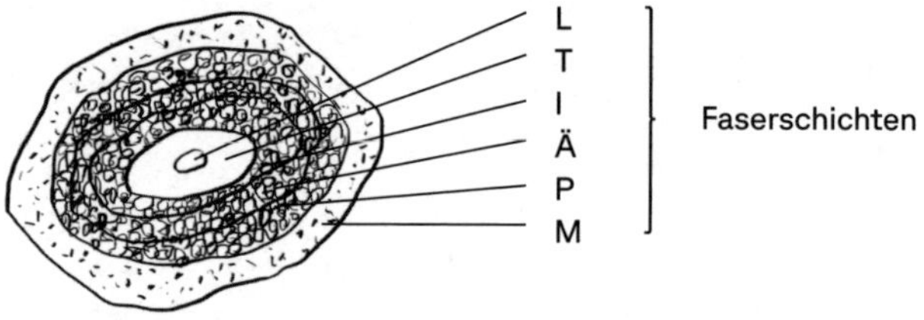

Einzelzellen

Morphologischer Aufbau einer Faser

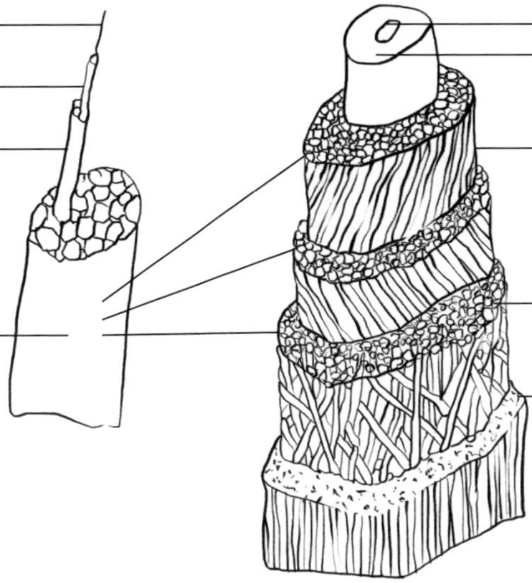

C GESCHICHTLICHE ENTWICKLUNG DER MUSTERUNG

Einfache Mustertechnik wurde bereits in der Altsteinzeit als Schmuck eingesetzt und geht auf die Zeit um 20.000 v. Chr. zurück. Einige diesbezügliche Abbildungen findet man auf den Höhlenwänden von El Castillo und Altamira in Spanien und in der Pech-Merle-Grotte in Frankreich. Sie zeigen vorwiegend Menschenhände, bei denen mit Ocker um die Hand herum geblasen wurde. Bei diesen Bildern handelt es sich vermutlich um die ältesten Beispiele für Schablonendruck. In der Jungsteinzeit (2.000 v. Chr.) wurden kleine Modelle aus getrocknetem Ton oder Terrakotta zum Verzieren des Körpers verwendet. Die Modelle werden nach dem spanischen Wort »pintar« bezeichnet. Pindaderas werden heute noch von den Indianerstämmen am Gran Chaco in Südamerika verwendet. Diese Stämme versehen ihre Haut mit Wiederholungsmustern, für die sie Farbpasten aus Ocker und Schlamm verwenden.

In der Jungsteinzeit wurden bestimmte Mineralien und Pflanzen entdeckt, die auf Stoff eine begrenzte Menge an Farbe entstehen ließen. Creme- und Brauntöne erhielt man von den Gerbsubstanzen, die in Rinde, Samen und Pflanzenstängeln enthalten waren, während Gelb-, Orange- und Rottöne aus Blättern von Pflanzen wie Henna, Färberdistel und Krapp stammten. Gerbsubstanzen aus Gebieten, in denen der Schlamm oder das Flusswasser Eisen enthielten, lieferten schwarze Farbstoffe. Ton und Schlamm werden noch heute von bestimmten Stämmen verwendet, z. B. Bamana in Mali oder Maoris in Neuseeland.

Vor etwa 4.000 Jahren gewannen die Ägypter Farbstoffe aus Pflanzenblättern. Hierbei ist der bekannte Indigo zu erwähnen. Indigo stammt aus den Blättern der Pflanzen »Indigoferra tinctoria« (Indigo), »Isatis tinctoria« (Färberwaid) und »Polygonium tinctoria« (einer Knöterichart). All diese Pflanzen enthalten die blaue Färbsubstanz Indigotin. Diese blaue Färbesubstanz wurde dadurch gewonnen, dass die Blätter zerstoßen und anschließend mit Urin (wegen der Alkalien), Pflanzenasche und Kalkwasser versetzt wurden. Einzelne Stämme, wie die Yoruba in Nigeria, Miao in China und Stämme im Jemen, gewinnen die blaue Färbesubstanz heute noch so.

Bevor man dazu überging, Fäden miteinander zu verzwirnen und zu verweben, sodass Stoffe entstanden, kleidete sich der Menschen zum Schutz in Felle, Baumrinden und Blätter. Später wurden die Muster, mit denen der Körper geschmückt wurde, auf Stoff übertragen.

Der asiatische Kontinent hat die Dekoration von Stoffen im Verlauf der Geschichte vielleicht am längsten beeinflusst. Man hat Druckmodelle gefunden, die bis auf das Jahr 3.000 v. Chr. zurückreichen, und als Alexander der Große im Jahre 327 v. Chr. in Indien einfiel, waren farbenfrohe, bedruckte und gefärbte Stoffe aus Chintz zusammen mit leuchtend bunten Baumwollstoffen, die im Abbindverfahren gefärbt wurden, überall auf dem Subkontinent zu finden.

Alexanders Invasion führte zur Gründung neuer Handelsrouten, sodass sich die gemusterten Stoffe aus Indien in ganz Asien, Ägypten und Griechenland ausbreiteten. Arabische Händler*innen brachten indische Stoffe im zweiten Jahrhundert n. Chr. über das rote Meer nach Europa und erweiterten somit die Handelsrouten nach Zentral- und Westafrika, sodass die weltweite Verbreitung der indischen Techniken und Mustermethoden sichergestellt war. Zur selben Zeit, etwa im dritten und vierten Jahrhundert n. Chr., wurde von den Chinesen der Reservedruck mit Schablonen entwickelt, der zu äußerst komplizierten Musterungen führte.

Der Reservedruck selbst stammt wahrscheinlich aus Peru um 200–100 v. Chr. – zumindest wurden dort die ersten Beispiele dafür gefunden. Auf Grund von Unterschieden in Umwelt und Kultur hat sich die Reservedrucktechnik weltweit einzigartig entwickelt und ihr Einsatz führte schließlich zu den Abbind- und Batiktechniken, die wir heute noch kennen.

Die ständige Nachfrage nach bedruckten Baumwollstoffen aus Indien wurde anfänglich mit Hilfe portugiesischer Handelsschiffe erfüllt, die die Stoffe zusammen mit Gewürzen und Parfüm beförderten.

Gegen Ende des 18. Jahrhunderts führte die größere Nachfrage nach bedruckten Stoffen zur Erfindungen automatischer Druckmaschinen. Um 1750 schuf der Ire Francis Nixon ein Drucksystem mit Kupferplatten. Die Entdeckung von Verdickungsmitteln Mitte des 18. Jahrhunderts, die zusammen mit Beizen verwendet werden konnten, ermöglichte es den Drucker*innen, waschbare Stoffe herzustellen. Diese Drucke wurden meist in den Farben Blau, Karmesinrot oder Purpur hergestellt. Die Muster zeigten vorwiegend Blumen, Vögel und ländliche, klassische Szenen. Nach dem Modeldruck folgte bald die Entwicklung für einen Rollmechanismus. 1785 erfand Thomas Bell die erste praktische Walzendruckmaschine. Dies hatte den Niedergang des Handmodeldruckes zur Folge.

Erst mit William Morris erlebte der Handmodeldruck eine gewisse Renaissance. Morris erforschte Techniken mit Indigo- und Krappätzen. Seine Entwürfe und sein Stil hatten bis zum ersten Weltkrieg große Erfolge und noch heute ist der Einfluss auf dekorative Stoffe zu spüren.

Mit der Entwicklung des ersten synthetischen Farbstoffes »Mauvein« im Jahre 1853 veränderte sich die gesamte Farb- und Druckindustrie. Anilinfarben wie Chromgelb und Preußisch Blau, die aus Steinkohlenteer hergestellt wurden, ersetzten bald natürliche Farben wie Indigo und Krapp. Diese neuen Farben waren leichter zuzubereiten und zu verwenden als natürliche Farbstoffe, obwohl sie am Anfang gewisse Nachteile hatten. Sie waren sehr grell, nicht licht- und waschecht.

Um die Mitte des 19. Jahrhunderts entwickelte sich der Siebdruck zu einer lebensfähigen Drucktechnik. Drucker*innen in Lyon gingen daran, Schablonen mit feingewebter Seide zu überziehen, und in den zwanziger und dreißiger Jahren wurde der von Hand ausgeführte Schablonendruck zu einer preiswerten und vielseitigen Mustertechnik. Diese Technik befreite die Designer*innen von den Grenzen der teuren Modeldruckmethoden oder gravierten Walzendruckmaschinen (im Design begrenzt – es konnten größere und feinere Muster gedruckt werden).

In den vierziger Jahren führte die Entwicklung von PES und PA zu größerer Stabilität und Lagegenauigkeit eines Musters. Die Mechanisierung des Verfahrens mit Hilfe automatisierter Siebdrucktische und später mit der Einführung von Rotationsfilmdruckmaschinen hat dieses Verfahren zu einer der vielseitigsten Techniken in der Geschichte dekorierter Stoffe gemacht.

Es hat die Kupferdruckmaschine abgelöst und ist heute die wichtigste Methode des Stoffdruckes.

D FARBEN AUF TEXTILIEN

Menschen haben sich seit gedenken mit Kleidung und Farben beschäftigt und umgeben. Farben wirken durch ihr Wellenlänge und Energie auf den menschlichen Köper, indem sie Emotionen und Stimmungen auslösen, die das Denken, Fühlen und Handeln beeinflussen können. Das individuelle Farbempfinden ist von Erfahrungen, von Denkmustern sowie dem Kulturkreis abhängig.

Unter »Farbe« wird ein durch das Auge übermittelter Sinneseindruck verstanden, der mit Hilfe von elektromagnetischen Strahlen Wahrnehmungen hervorruft.[1] Farben sehen entsteht, wenn Licht in Wellenlängen zwischen 400 und 800 nm auf die Netzhaut trifft. Farbe wird außerdem wahrgenommen, wenn die Netzhaut gereizt wird oder wenn Partien des Gehirns, die für das Sehen zuständig sind, angeregt werden. In der Farbenlehre wird Farbe durch drei Eigenschaften beschrieben: Farbton, Helligkeit und Sättigung, wobei jede Wellenlänge einer bestimmten Farbe und einer bestimmten Energie entspricht. Als Farbton wird die Eigenschaft nach der Farbempfindung bezeichnet, z. B. Rot,

Gelb oder Grün. Unter Farbsättigung wird die Qualität der Farbwirkung verstanden. Der menschliche Farbsinn und die primären Farbeindrücke werden durch drei Arten von Zapfen in der Retina erzeugt, was als trichromatisch bezeichnet wird.[2] Trichromatische Theorie, auch genannt Dreifarbentheorie oder Young-Helmholtz-Theorie, ist eine historische Theorie zur Farbwahrnehmung des menschlichen Auges, die um 1850 maßgeblich von Hermann von Helmholtz entwickelt wurde.[3] Als Farbmittel werden alle farbgebenden Substanzen bezeichnet, die sowohl organisch als auch anorganisch sein können und je nach Löslichkeit Pigmente oder Farbstoffe sind, wobei Pigmente wasserunlöslich und Farbstoffe wasserlöslich sind.

Im Allgemeinen werden Farben mit Wörtern und Eigenschaften in Verbindung gebracht, wie z. B. Licht, Wärme, Blut, Feuer, Eifersucht, Kühle, Frühling, Reinheit, göttlich, beruhigend und viele mehr. Schon in der Antike gab es Überlegungen für die Einteilung und Ordnung einer Farbskala. Auch Aristoteles beschäftigte sich damit und teilte sieben Farben – wie Weiß, Gelb, Rot, Grün, Violett, Blau und Schwarz – in ein eindimensionales Farbmodell ein. Einige Jahrhunderte später fand der englische Naturforscher Isaac Newton heraus, dass durch die Zerlegung des Tageslichts mit Hilfe eines Prismas sieben Hauptfarben entstehen würden: Gelb, Orange, Rot, Grün, Cyan-Blau, Ultramarinblau und Violett-Blau. Der Naturwissenschaftler setzte dabei auf eine quantitativ mathematische Vorgehensweise und stellte fest, dass sich weißes Licht aus allen Spektralfarben zusammensetzt. So konnte Newton die Entstehung eines Regenbogens erklären.[4]

Weitere Informationen über Farbe und Farbenlehre: siehe Kapitel Farbstoffe.

1 Vgl. Brednich Rolf Wilhelm / Heinz Schmitt (Hrsg.), *Symbole. Zur Bedeutung der Zeichen in der Kultur*, Münster/New York/Berlin: Waxmann 1997, S. 19.

2 Vgl. https://www.itp.uni-hannover.de/fileadmin/arbeitsgruppen/zawischa/static_html/farbeinf.html, 20.03.2020.

3 Vgl. https://www.enzyklo.de/Begriff/trichromatisch#:~:text=Adj.,Blau)%20alle%20anderen%20Farben%20erzeugt., 24.03.2020.

4 Vgl. http://www.farbenlehre.com/grundlagen-der-farbenlehre/lehre-nach-newton, 09.04.2022.

K2

EIWEIß-FASERN

Die tierischen Fasern sind, je nachdem von welchem Tier die Fasern stammen, in verschiedene Gattungen eingeteilt und es wird zwischen Wollen und Haaren, wie z. B. Schafwolle (Hausschaf), Schafkamelwolle (Alpaka, Lama-, Vikunja- und Guanakowolle), Kaninchenhaar (Angorawolle), Ziegenhaar (Mohair, Kaschmirhaar, Tibethaar), und Seide unterschieden. Tierische Fasern sind, so wie jede andere Lebenstätigkeit, an Eiweißstoffe gebunden. Eiweiße bauen Zellkerne und Protoplasma pflanzlicher und tierischer Zellen auf und bilden die Grundsubstanz der tierischen Zellwände. Als Hauptbestandteil des Protoplasmas finden sich Proteine in jeder lebenden Zelle. Entsprechend den vielen Aufgaben des Protoplasmas sind die einzelnen Eiweißarten sehr kompliziert zusammengesetzt und daher empfindlich gegen äußere Einflüsse. Wird der Wassergehalt abgerechnet, so besteht der Tierkörper, aber auch der menschliche Körper, zum größten Teil aus Eiweiß. Proteine bauen die Muskeln, Nervenzellen, Zellkerne, Haut und Haare auf. Die Proteine sind aus Aminosäuren aufgebaut und enthalten außer Kohlenstoff, Wasserstoff und Sauerstoff auch Stickstoff, Schwefel und teilweise Phosphor. Die Eiweißstoffe sind aus sogenannten Polypeptidketten aufgebaut. Polypeptide sind Verbindungen, in denen sich Aminosäuremoleküle amidartig verknüpfen. Diese bilden das Grundgerüst der tierischen Zellwände. Eiweißfasern können allerdings auch chemisch hergestellt werden, z. B. PA 6.6 (Nylon) und 6 (Perlon). Es wird wie folgt unterschieden:

→ Wolle und Haare: Die meisten Säugetiere besitzen als Schutz vor Witterungs- und anderen Umwelteinflüssen ein Haarkleid. Haare wachsen einzeln aus der Haut von Säugetieren (z. B. Ziegenarten, Kühe etc.). Bei der Wolle (z. B. Schafwolle etc.) wachsen die Haare in Gruppen aus der Haut, um Tieren verstärkten Schutz zu geben. Eine Trennung zwischen Wollen und Haaren ist nicht immer möglich, da die meisten Tierarten beide Formen aufweisen.

→ Seide: Ist ein Endlosfaden, der von einer Seidenraupe zu einem Kokon gesponnen wird.

A ARTEN VON EIWEIẞFASERN

WOLLE

Als Wolle bezeichnet man ausschließlich das Haar vom Schaf. Dieses ist auch mit dem Wollsiegel gekennzeichnet (Wolle wird ausführlich im Kapitel »Die Schafwolle« behandelt).

SCHAFKAMEL

Schafkamele sind in Südamerika heimisch. Sie sind wildlebend oder werden als Haus- und Tragtiere gehalten.

→ Guanako ist ein wildlebendes Schafkamel in Argentinien und Chile, das sowohl im Flachland als auch in Höhen bis über 5.000 m heimisch ist. Guanakowolle hat geringe Handelsbedeutung.

→ Alpaka ist eine wildlebende Guanakoart und kommt vor allem in Peru, Bolivien und Chile vor und lebt in einer Höhe von ca. 3.000–5.000 m. Flaumhaare werden eher in Mischungen mit Schafwolle, Mohairwolle, Kamelhaar oder synthetischen Fasern verwendet. Indios erzeugen daraus Ponchos, Decken und Tischtücher.

→ Das Lama stammt ebenfalls vom Guanako ab und lebt vorwiegend in Höhen zwischen 2.000–4.000 m in Bolivien, Peru, Chile, Ecuador und Argentinien. Von der Lamawolle werden vor allem die Flaumhaare für Wollmischungen verwendet und im Oberbekleidungsbereich eingesetzt.

→ Vikunja sind kleine, wildlebende Schafkamele und in den wüstenartigen Hochflächen Boliviens, Perus, Chiles und Argentiniens zu Hause. Die Flaumhaare sind ähnlich der Kaschmirwolle und werden ausschließlich für Mischungen mit Schaf- oder Ziegenwolle verwendet.

HASENHAAR UND KANINHAAR

Das Hasenhaar stammt vom europäischen Feld- und Schneehasen. Eigenschaften und Verwendung sind ähnlich wie bei Kaninhaar.

→ Das Kaninchen kommt in fast allen Ländern der Erde als Hauskaninchen oder Wildkaninchen vor. Die Haare werden nicht geschoren, sondern fallen erst bei der Gerbung an. Von einem Fell gewinnt man zirka 200 g Haare, die glänzend, glatt, weich, geschmeidig und weiß bis schwarz sind. Kaninchenhaare werden nur in Mischungen verwendet.

→ Das Angorakaninchen kommt aus dem asiatischen Raum. Die Flaumhaare sind seidig glänzend, sehr weich, meist blütenweiß und die Feinheit ist außerordentlich hoch. Meist werden sie in Mischungen verwendet und für Heil- und Gesundheitswäsche eingesetzt.

ZIEGENHAAR

→ Die Mohairwolle stammt von der Angora- oder Kamelziege, die vorwiegend in Nordamerika, Südafrika, Südrussland und Südeuropa gezüchtet wird. Die Flaumhaare sind stark glänzend, leicht gekräuselt, hart, nicht filzend und weiß bis schwärzlich. Der Begriff »Mohair« wird nicht nur für Stoffe, die Mohairwolle enthalten, verwendet, sondern auch für Stoffe mit Haareffekt in der Art echter Mohairgewebe (Imitationen). Die Mohairwolle stammt zwar von der Angoraziege ab, allerdings ist der Begriff Angora der Wolle des Angorakaninchens vorbehalten.

→ Die Lammwolle wird oft als »Kid-Mohair« bezeichnet, da sie besonders fein, kurz und seidig glänzend ist.

→ Die Kaschmirziege ist im Kaschmir-Gebirge beheimatet und lebt dort in großen Höhen und extremer Kälte. Die Flaumhaare sind seidig, glänzend, gewellt, weich und meist grau bis schwärzlich und der Griff ist besonders weich und angenehm.

→ Kaschmir wird rein und in Mischungen vor allem mit

feinster Merinowolle, Wolle, Baumwolle und Synthetics versponnen. Kammgarne werden für Strickwaren, Krawattenstoffe und handgewebte Schals verwendet, Streichgarne für feine Damentücher und Stoffe mit gerauter oder pelziger Oberfläche.

→ Die Tibetziege stammt aus Tibet und die Haare davon weisen ähnliche Eigenschaften auf wie die der Kaschmirziege, mit der sie eng verwandt ist.

→ Die europäische Hausziege besitzt kurze, steife, grobe und glatte Haare, die schwer zu verspinnen sind und nur zur Herstellung von Haarteppichen für Pinsel und Borsten verwendet werden.

KAMELHAAR

→ Das Kamelhaar stammt vom Dromedar (einhöckrig) oder vom Trampeltier (zweihöckrig) Kamele werden nicht geschoren, die Haare fallen büschelweise aus und werden eingesammelt. Die Flaumhaare sind mildglänzend, schlichtbogig, seidig weich, glatt und sandgelb bis hellbraun und werden in Mischungen verwendet.

RINDERHAAR UND ANDERE GROBE TIERKÖRPERHAARE (ROSSHAAR)

→ Kuh- und Kälberhaare stammen von weiblichen Rindern und Kälbern, die erst nach dem Gerben anfallen. Sie sind sehr kräftig, glatt, kurz, gelblich bis schwärzlich und werden für grobe Filze, Teppiche und Decken verwendet.

→ Das Rosshaar stammt von den Schweif- und Mähnenhaaren und ist glatt, steif, fest und wird ausschließlich in Mischungen verwendet. Seit einiger Zeit gibt es Matratzen mit Rosshaar.

→ Weitere Tierhaare, die Verwendung finden, sind Körperhaare von der Katze, vom Pudel, Affen, Rentier, Yak, Dachs, Biber, Otter oder Seehund, die als Schmuckhaar für Glanz- und Farbeffekte eingesetzt werden.

B SCHAFWOLLE

Als der Mensch sesshaft wurde, zähmte er das Schaf und machte es zu seinem ersten Haustier und bereits 9.000 Jahre v. Chr. gab es Schafherden. Funde aus dem Jahre 5.000–4.000 v. Chr. (mittlere Steinzeit) beweisen, dass in Ägypten und China bereits Wollfilze bekannt waren. Offensichtlich fanden unsere Vorfahren schnell heraus, welche Tiere ein Haarkleid aufweisen, das sich verspinnen und filzen lässt.

Jahrhundertelange Zuchtbemühungen haben dafür gesorgt, dass es zur Entwicklung der heutigen Schafrassen kommt. Je nach Schafrasse und deren Eigenschaften hinsichtlich Haarart und Eigenschaften des Wollhaars wird grundsätzlich zwischen drei Arten unterschieden:

→ Merinowolle (Feinwolle): Diese ist fein, weich, stark gekräuselt, wenig glänzend, relativ kurz (35–150 mm).

→ Cheviotwolle (Grobwolle): Diese ist mittelfein bis kräftig, hart, wenig gekräuselt, glänzend, lang (150–350 mm) und wenig geschuppt.

→ Crossbredwolle: Dessen Eigenschaften liegen zwischen den beiden Extremen von Merino und Cheviotwolle. Sie stellt den weitaus größten Teil der verarbeiteten Wollen dar (Weltmarktanteil etwa 33 %).

Die großen Zuchtgebiete sind bestrebt, nicht eine Vielzahl von verschiedenen Rassen zu züchten, sondern möglichst große Herden mit einheitlichen und gleichartigen Gattungen.

Aussagen über Wollqualitäten werden entweder nach Schafrassen und deren Herkunftsländern oder nach deren Verwendungszweck (Kammwollen, Waschwollen und Teppichwollen) getroffen. Die Klassierung hat den Zweck, die finanzielle Bewertung zu erleichtern und die Wollarten für bestimmte Verwendungszwecke zusammenzustellen. Die Einteilung erfolgt nach folgenden Qualitätskriterien: Länge, Kräuselung, Farbe, Zugfestigkeit und Feinheit.

Die häufigsten Herkunftsländer von Wolle sind Australien, Russland, China, Neuseeland, Indien, Bangladesch, Argentinien, Südfrankreich, Italien, Ungarn, Bulgarien, Südafrika.

B1 Verwendung der Wolle

Auf Grund ihrer guten Eigenschaften, wie hohe Elastizität, gute Bauschfähigkeit, hohes Wärmerückhaltevermögen und Luftdurchlässigkeit, angenehmer Glanz, geringes Gewicht und hohe Saugfähigkeit, wird Wolle häufig rein verarbeitet. Darüber hinaus wird sie in Mischungen zur Erzeugung von Geweben, Maschenwaren, Spitzen, Watten, Filzen, Stickereien, Nähwirkwaren, beschichteten Stoffen sowie Flächenschichtstoffen verwendet.

Wolle wird dann in Mischungen verwendet, wenn die Zugfestigkeit oder das Waschverhalten verbessert werden sollen oder es stehen preisliche Überlegungen im Vordergrund. Wolle wird mit Baumwolle oder Chemiefasern mit wollähnlichen Eigenschaften gemischt. Bei letzten wird Wolle häufig mit Polyester im Mischungsverhältnis 45:55 gemischt; darüber hinaus dient als Mischungskomponente Polyacryl und Polyamid. Beträgt der Mindestschurwollgehalt für bestimmte Endprodukte mindestens 60 %, kann hierfür das Combi-Wollsiegel vom Internationalen Wollsekretariat vergeben werden.

Wolle und Wollmischungen werden besonders für die Erzeugung von Oberbekleidung wie Mäntel, Anzüge, Kostüme, Kleider, Blusen, Pullover, Jacken, Schals, Socken und Handschuhe und vieles mehr, verwendet.

B2 Aufbau der Wolle

CHEMISCHER AUFBAU DER WOLLE

Wolle gehört als Tierfaser zu den Keratinfasern. Der Begriff Keratin ist nicht eindeutig definiert, daher werden im Allgemeinen jene Proteine der Wolle und Haare verstanden, welche im unbehandelten Zustand von Enzymen nicht angegriffen werden. Wollfasern werden, wie auch andere Tier- und Menschenhaare, von Follikeln gebildet. Diese stellen Einstülpungen der Epidermis in die Haut dar, an deren Basis sich Papillen aus mesodermalen Zellen befinden.

Die Keimschicht ist für die Entwicklung des Wollhaares verantwortlich. In sackähnlicher Vertiefung der Haut, dem Haarschaft, bildet sich die sogenannte Haarpapille. Aus ihr entwickelt sich das Wollhaar. Die Zuleitung der Talgdrüse mündet in die Oberschicht, deren Aufgabe es ist, das fertige Wollhaar einzufetten. Am Anfang des Haarschaftes wird die Mündung der Schweißdrüse hermetisch abgeschlossen. Das Haar wächst schubweise und nach Verlassen der Keimschicht ist es praktisch ausgebildet.

In der molekularen Faserwissenschaft werden physikalische, chemische und technologische Eigenschaften zurückgeführt auf die Primärstruktur der linearen Makromoleküle. Entscheidend für die Eigenschaften der Wolle ist allerdings auch die Tertiärstruktur (Chemie der Seitenketten). Da die Wolle aus ca. 18 verschiedenartigen Monomeren, sprich Aminosäuren, aufgebaut ist, wird besonders die Tertiärstruktur durch intra- und intermolekulare Querbrücken fixiert.

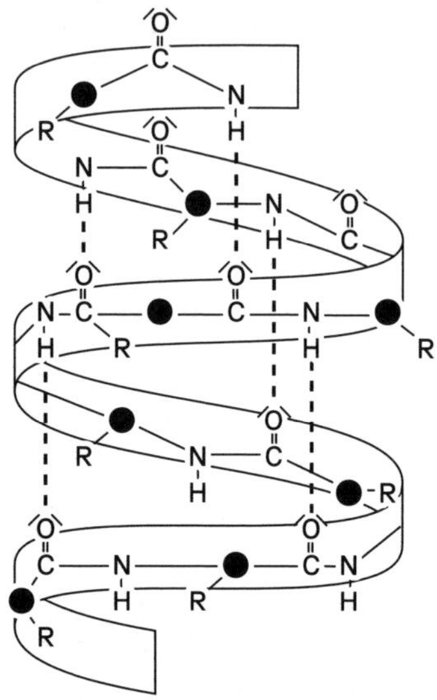

Alpha-Helix, schraubenförmig gewundene Anordnung einer Polypeptidkette

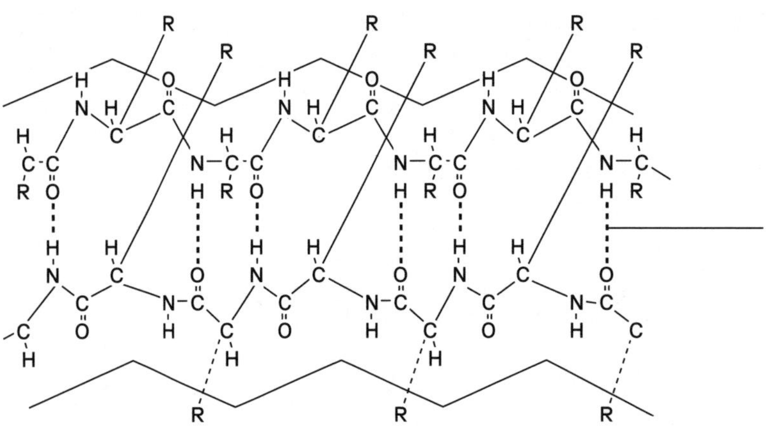

H-Brücken

Faltblattstruktur, Beta-Keratin

Wie eingangs schon erwähnt, ist jede Lebensform an Eiweißstoffe gebunden und die bilden den Hauptbestandteil des Protoplasmas, das sich in jeder lebenden Zelle befindet. Entsprechend den vielen Aufgaben des Protoplasmas sind die einzelnen Eiweißarten äußerst kompliziert und daher sehr empfindlich. Proteine sind Moleküle, die aus Aminosäuren in unterschiedlicher Größe und Reihenfolge amidartig aufgebaut und durch sogenannte Polypeptidketten verknüpft sind. Hauptbestandteil der Wollpolypeptidketten ist das a-Keratin. a-Keratin gehört zu der Gruppe der Skleroproteine – einfache Eiweißstoffe, die wasserunlöslich und in Salzlösungen oder verdünnten Säuren und Laugen sowie enzymatisch nicht aufspaltbar (daher auch nicht verdaubar) sind.

Neben dem Keratin sind in der Wolle auch noch Nichtkeratinproteine und molekulare Substanzen enthalten. Die Nichtkeratinproteine zeichnen sich durch einen niedrigen Cystingehalt gegenüber den Keratinproteinen aus. Außerdem enthalten diese Verbindungen neben Kohlenstoff (C), Wasserstoff (H) und Sauerstoff (O) auch Stickstoff (N), Schwefel (S) und teilweise Phosphor (P).

Die Anzahl und Arten der Aminosäuren, die Form der Hauptkette, die Größe und Anzahl der Seitenketten sowie deren Bindung sind für die Art des Eiweißes und damit für dessen Eigenschaften ausschlaggebend. Man unterscheidet das Alpha-Keratin, das der Wolle und dem Haar zugeordnet wird, und das ß-Keratin, das dem Seidenfibroin Federkeratin sowie gedehnten Wollen und Haaren zugeordnet wird. Der DP-Grad beträgt bei Wolle ca. 100 und bei Seide ca. 1.300. Bei Wolle ist die Kette schraubenförmig (Alpha-Keratin) angelegt, bei Maulbeerseide ist sie gefaltet (ß-Keratin).

Aus der Natur sind ca. 40 Aminosäuren bekannt, ca. 20 davon sind in der Wolle enthalten:

AMINOSÄUREN	SEITENGRUPPE
Glyzin	-H
Alanin	$-CH_3$
Leucin	$-CH_2CH(CH_3)_2$
Isoleucin	$-CH(CH_3)CH_2CH_3$
Valin	$-CH(CH_3)_2$
Phenylalanin	$-CH_2(C_6H_5)$
Serin	$-CH_2OH$
Threonin	$-CH(OH)CH_3$
Tyrosin	$-CH_2(C_6H_4)OH$
Asparginsäure	$-CH_2COOH$
Glutaminsäure	$-(CH_2)_2COOH$
Arginin	$-(CH_2)_3NH-C(NH)NH_2$
Cystin	$-CH_2SH$

Methionin	$-(CH_2)_2SCH_3$
Lysin	$-(CH_2)_4NH_2$
Prolin	$-CH_2CH_2CH_2-$
Histidin	$-CH_2(C_3H_3N_2)$
Tryptophan	$-CH_2(C_8H_6N)$
Asparagin	$-CH_2CONH_2$
Glutamin	$-(CH_2)_2CONH_2$

→ Aminosäuren: Sie entstehen aus Halogenfettsäuren versetzt mit Ammoniak, durch den Austausch des Cl-Atoms durch eine Aminogruppe.

$$CH_3-\underset{\displaystyle Cl}{\underset{|}{CH}}-COOH \rightarrow CH_3-\underset{\displaystyle NH_2}{\underset{|}{CH}}-COOH + HCl$$

MORPHOLOGISCHER AUFBAU DER WOLLE

→ Markschicht: Besteht aus Markzellen, die durchlaufend als Markkanal oder als Markinseln erscheinen. Feinere Wollen sind ebenso wie Haarspitzen oft markfrei.

→ Spindelzellschicht (Cortex): Besteht aus einzelnen Spindelzellen und bildet den Faserstamm, der eine bilaterale Struktur aufweist und die Orthocortex besteht aus chemisch labilen, saugfähigen und dehnbaren Spindelzellen.

→ Paracortex: Besteht aus chemisch stabilen, weniger saug- und dehnfähigen Spindelzellen; Ortho- und Paracortex beeinflussen z. B. die Reaktionen gegenüber Wärme und Wasser.

→ Schuppenschicht–Cuticula: Ist die äußerste Faserschicht und besteht aus Schuppenzellen, die entweder aneinanderstoßen oder (bei Schafwolle) bis zu einem Drittel überlappt sein können. Die Schuppenschicht besteht aus drei Teilen, die als Schutz dienen. Außenmembran ist ein dünnes Häutchen mit Spaltöffnungen, welches Wasser in Tropfenform abweist, aber Wasser in Dampfform in das Innere dringen lässt.

→ Innen- und Zwischenmembran: Ist eine Abgrenzung

zu den Spindelzellen und dient auch als Stütze der Schuppenschicht. Je nachdem, aus welchen Schichten ein Haar aufgebaut ist und in welcher Stärke die Schichten vorkommen, unterscheidet man:

→ Unter-, Grund- oder Flaumhaare (markfrei, fein gekräuselt; Merinowolle)
→ Ober-, Deck- oder Grannenhaare (meist markhaltig, gröber, wenig gekräuselt; Cheviotwolle).
→ Stichel- oder Schielhaare (immer markhaltig, dicker, steif, kurz).

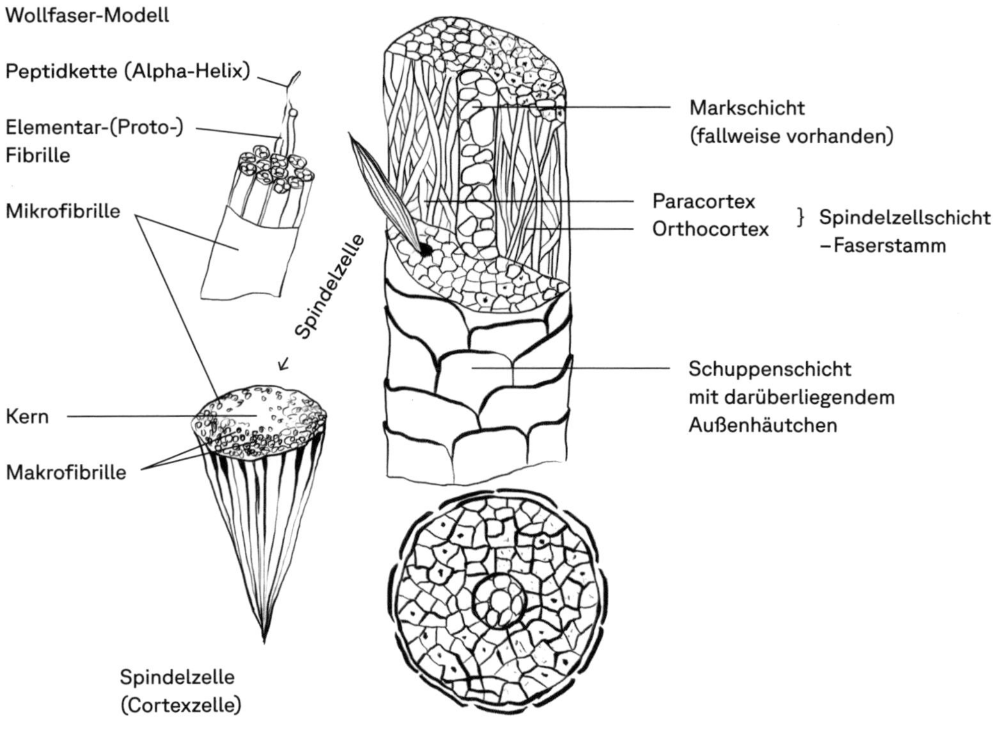

B3 Eigenschaften der Wolle

DEHNUNG UND ELASTIZITÄT

DEF: Unter Dehnung versteht man eine Längenänderung, die durch Zugbeanspruchung hervorgerufen wird. Meist führt diese zum Bruch.

Wolle weist einen hohen Dehnungsgrad im trockenen Zustand auf, es ist der höchste aller Naturfasern. Die Bruchdehnung im nassen Zustand ist ebenfalls sehr hoch. Wolle besitzt mittlere Elastizität, die jedoch die höchste aller wichtigen Naturfasern ist.

DICHTE

DEF: Dichte wird als spezifische Masse bezogen auf Volumen angegeben. Die Dichte gibt an, um wie viel schwerer oder leichter eine Substanz ist als die dem Rauminhalt entsprechende Wassermenge bei gleicher Temperatur. Grundlage bildet hierfür das Dichtemaximum des Wassers, d. h. 1 ml Wasser bei +4° C ergibt eine Dichte von 1.

$$\text{DICHTE} = \frac{\text{MASSE}}{\text{VOLUMEN}}$$

Unter den wichtigsten Naturfaserstoffen weist die Wolle die geringste Dichte auf.

ELEKTROSTATISCHE AUFLADUNG

Wolle neigt nur im trockenen Zustand zu starker elektrostatischer Aufladung, allerdings wird durch einen ausreichenden Feuchtigkeitsgehalt die Leitfähigkeit der Wolle herabgesetzt.

FARBE

DEF: Die Farbe entsteht durch einen Farbreiz, also eine optische Erscheinung, die vom Auge an das Gehirn weitergeleitet wird und dort die Farbempfindlichkeit auslöst. Farbe ist primär eine Lichtfunktion. Die Farbwahrnehmung ist immer subjektiv, das bedeutet, dass jedes Auge Nuancen unterschiedlich sieht. Die Farbe ist durch Farbmessung objektiv überprüfbar. Man unterscheidet:

→ Licht- oder Spektralfarben, die eine bestimmte Lichtart charakterisieren, wie z. B. als farbige Lichtquelle oder Beleuchtung.

→ Körperfarben, die entstehen, wenn auf farbige, nicht selbstleuchtende Körper sichtbares Licht trifft. Dies ruft eine selektive Absorption und Reflektion im Auge hervor, die sogenannte Farbempfindung. Die völlige Absorption des bestrahlten Körpers erscheint daher schwarz, bei restloser Reflektion dagegen weiß. Nur ein kleiner Teil wird reflektiert und dieser erscheint als Komplementärfarbe.

Zu den Körperfarben als Sinneseindruck werden praktisch nicht nur die unlöslichen Mineralstoffe und Farbpigmente gezählt, sondern im weiteren Sinne auch die löslichen Farbstoffe und deren Färbungen.

Je nach Rasse ist die Eigenfarbe der Schafwolle weiß, aber auch in den Abstufungen von gelb, grau, naturfarbig bis hin zu dunkelgrau, braun bis schwarz anzutreffen. Die Reinheit hängt von Rasse, Zuchtbedingungen bzw. Körperteilen des Schafes ab, von dem die Wolle gewonnen wird sowie von der Art der Wäsche.

FEINHEIT

DEF: Feinheit ist das Verhältnis zwischen Länge und Gewicht und wird in Tex ausgedrückt. Diese Messeinheit ist seit 1974 weltweit in Verwendung.

Die Feinheit, die bei der Wolle von 1–8 dtex angegeben wird, schwankt genauso wie der Querschnitt und die Länge des Wollhaares sehr stark (ca. 12–70 My m). Je kürzer eine Wollfaser, desto feiner ist sie. Der Faserdurchmesser ist für Merino mit

16–24 My m, für Crossbred mit 25–37My m und für Cheviot mit 32–40 My m angegeben. Der Durchmesser kann von der Wurzel bis zur Spitze stark schwanken, was »untreue Wolle« genannt wird.

FORMBESTÄNDIGKEIT UND KNITTERVERHALTEN

Die Formbarkeit bei der Wolle ist im trockenen Zustand gering und im nassen Zustand hoch. Durch Einwirkung von Feuchtigkeit (z. B. Schweiß) knittert Wolle leichter. Bei zusätzlichem Druck und längerer Wärmeeinwirkung (z. B. Einbügeln von Falten) können Knitterfalten sogar fixiert werden, allerdings nur vorübergehend, also temporär. Die hier beschriebenen Situation kann schon beim normalen Sitzen auf dem Kleidungsstück passieren. Durch Wärme, Feuchtigkeit und Druck versuchen sich die Kettenmoleküle gegeneinander zu verschieben und so die Faser zu verformen.

Die vorübergehende Fixierung (z. B. Tragefalten) kann bereits durch kalte Wassereinwirkung oder Aushängen der Kleidungsstücke in feuchter Luft gelöst werden. Eine dauerhafte Fixierung (z. B. Dauerbug) kann nur durch eine chemische Veredelung erreicht werden. Dann sprich man von einem sogenannten »Plissee«.

GLANZ

DEF: Glanz ist ein subjektiv wahrnehmbarer, optischer Eindruck des menschlichen Auges, der eine Oberfläche beschreibt. Er ist eine physiologisch-optische Kontrastempfindung einer Fläche, die glänzt. Bei unterschiedlicher Betrachtungs- und Lichteinfallsrichtung werden unterschiedlich helle Effekte wahrgenommen.

Je nach Feinheit und Oberflächenbeschaffenheit weist die Wollfaser einen unterschiedlich starken Glanz auf. Feine, stark gekräuselte Wolle hat einen geringeren Glanz als eine Faser, die grob und flachbogig ist. Diese Wollfaser wird oft als »Glanzwolle« bezeichnet, da sie einen besonders starken Glanz aufweist. Beschädigte Wolle hat einen Matt- oder »Glasglanz«. Durch den Gebrauch kann die Schuppenschicht abgestoßen werden und es kommt zu einem sogenannten speckigen Tragglanz, der nicht mehr reversibel ist. Durch Veredelung kann der Glanz erhöht werden

– mechanisch durch z. B. Dekatieren oder durch eine chemische Oberflächenbehandlung mit Duroplasten.

LÄNGE

DEF: Länge ist die Ausdehnung der Faserstoffe in Längsrichtung.

DEF: Kammgarn entsteht durch Kämmen von Wolle und besitzt eine Länge von über 100 mm.

DEF: Streichgarn wird aus ungekämmter Wolle gewonnen und liegt daher in ungleichmäßiger Anordnung vor. Die Länge ist meist unter 100 mm.

Die Wolle besitzt je nach Sorte unterschiedliche Längen, die von fein gekräuselter Wolle bis hin zu gröberen und weniger stark gekräuselten Wollarten reicht. Die Wollfaserlänge ist mitentscheidend für deren Verarbeitung zu Kamm- oder Streichgarnen.

KRÄUSELUNG

DEF: Die Kräuselung ist jener Verlauf von Faserstoffen, der entweder zweidimensional, also in einer Ebene, verläuft oder räumlich, dann dreidimensional.

Die Kräuselung des Wollhaares ist meist dreidimensional. Feine Wollen weisen fast immer eine höhere Kräuselung auf als grobe Wollen, was auf die Lage und Anteile von Ortho- und Paracortex im Faserstamm zurückzuführen ist. Je stärker gekräuselt die Faser ist, desto glanzarmer, feiner und kürzer ist diese und umgekehrt. Kurze, feine Wollfasern besitzen ein ausgeprägtes Filzvermögen, da sie ein fülliges, moosiges Geflecht mit offener Struktur bilden können. Bei zu hoher Kräuselung können Schwierigkeiten beim Verspinnen auftreten, deshalb wird in diesem Fall die Faser unter Dampfeinwirkung gestreckt und somit entkräuselt. Je höher die Kräuselung, umso größer ist der Lufteinschluss zwischen den Fasern und das Volumen, dadurch ergibt sich ein hohes Wärmerückhaltevermögen. Die Kräuselung ist auch für die Bauschfähigkeit von Fasern, Fäden und textilen Flächen ausschlaggebend.

Je nach Art und Anzahl der Kräuselbögen gibt es vor allem flach-, normal- und hochbogige Wollen. Durch die Kräuselung und die ausgeprägte Schuppenschicht ergibt sich ein kerniger, oft rauer und »warmer« Griff.

MIKROORGANISMEN UND MOTTEN

Wolle ist gegenüber Mikroorganismen ausreichend beständig. Allerdings gilt, je höher der Feuchtigkeitsgehalt der Faser ist, desto rascher wird die Fasersubstanz angegriffen (Verrottung). Durch Mischung und Veredelung kann die Widerstandsfähigkeit gegenüber Verrottung erhöht werden. Durch das Vorhandensein starker Schuppen und Mikroorganismen bzw. Waschmittel- und Schmutzresten kann es beim Tragen von wollhaltigen Textilien zu Allergien kommen.

Die Beständigkeit der Wolle gegenüber Motten ist sehr schlecht. Durch Veredelung kann die Widerstandsfähigkeit wesentlich erhöht werden (z. B. »Eulan«). Motten fressen nur eiweißhaltige Fasern.

OXIDATIONSMITTEL UND REDUKTIONSMITTEL IM VERHALTEN MIT WOLLE

Die Beständigkeit der Wolle gegenüber Oxidationsmitteln und Licht ist sehr schlecht. Besonders pastellfarbene Wollstoffe neigen bei starker Sonnenbestrahlung leicht zum Vergilben. Ebenfalls sehr schlecht ist die Wetterbeständigkeit der Wolle, außer sie besitzt einen hohen Restfettgehalt oder ist hydrophob ausgerüstet.

Durch die vorhandenen Disulfidbrücken wird das Verhalten der Wolle gegenüber Oxidationsmitteln bestimmt. Durch eine vollständige Oxidation der Cystingruppen werden nicht nur kovalente Bindungen gespalten, sondern auch Salzbrücken aufgehoben:

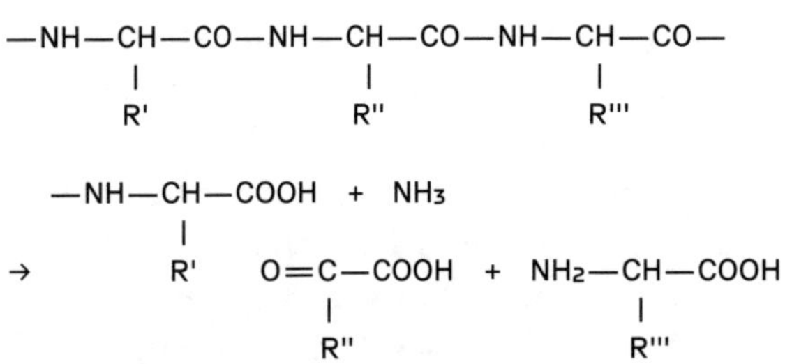

Oxidationsmittel können das Molekül an mehreren Stellen angreifen: Die phenolische Hydroxylgruppe kann oxidiert und die reaktiven Wasserstoffatome im Phenolkern können substituiert werden. Schließlich kann es über Zwischenprodukte zu einer Peptidkettenspaltung am Tyrosylrest kommen:

Eine Zunahme an Cysteinsäure ist das charakteristische Merkmal einer oxidativen Veränderung. Bei der oxidativen Filzfreiausrüstung und Bleiche ist ein oxidativer Abbau von Cystinbrücken wegen der damit verbundenen Schädigung und des Gewichtsverlustes höchst unerwünscht. Daher muss stets unter milderen Bedingungen gearbeitet werden, die eine Cystinoxidation ohne Spaltung der Brücken bewirken. Zusätzlich kann es an der Hauptkette zu einer oxidativen Spaltung zwischen der NH-Gruppe und dem R-CH-Rest kommen.

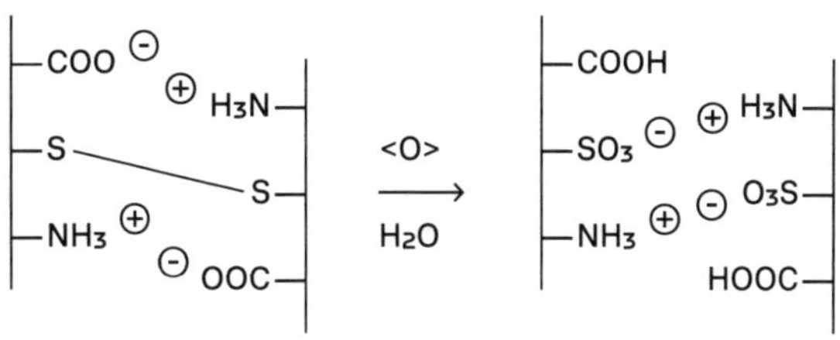

unbehandelte Wolle

oxidierte Wolle

Beim Chlorieren kommt es zuerst zur Bildung von Chlorverbindungen mit Stickstoff und dann zur Oxidation von Disulfidbindungen und Spaltung von Tyrosylbindungen. Im Gegensatz zur Oxidation erfolgt der Angriff von Reduktionsmitteln bevorzugt am Cystinschwefel. Die reduktive Spaltbarkeit der Cystinbrücken macht man sich bei der Flächenfixierung von Wollgewebe zunutze. Im ersten Schritt der chemischen Fixierung werden die Disulfidbrücken aufgebrochen, wozu verschiedene Reduktionsmittel eingesetzt werden können:

a) Sulfitolyse (Natriumhydrogensulfit)

$$\text{Ⓦ}-S-S-\text{Ⓦ} \xrightarrow{NaHSO_3} \text{Ⓦ}-SH + \text{Ⓦ}-S-SO_3Na$$

b) Hydrolyse (Wasser und Alkali in der Hitze)

$$\text{Ⓦ—S—S—Ⓦ} \xrightarrow{H_2O} \text{Ⓦ—SH} + \text{Ⓦ—S—OH}$$

c) Thiolyse (Schwefelwasserstoff)

$$\text{Ⓦ—S—S—Ⓦ} \xrightarrow{H_2S} \text{Ⓦ—SH} + \text{Ⓦ—S—SH}$$

d) Mercaptolyse (Thioglykolsäure: $HOOC\text{-}CH_2\text{-}SH$)

$$\text{Ⓦ—S—S—Ⓦ} \rightarrow \text{Ⓦ—SH} + \text{Ⓦ—S—S—}CH_2\text{—COOH}$$

Die entstandenen Thiolgruppen reagieren im zweiten Schritt mit benachbarten Disulfidbrücken in einem sogenannten Thiol-Disulfid-Austausch, der zu einer partiellen Neuordnung der Schwefelbrücken führt. In einem letzten Schritt werden die Disulfidbrücken durch Oxidieren wieder geschlossen und stabilisieren damit einen neuen Formungszustand der Faser.

Thiolgruppen liegen in kleiner Menge in den Wollfasern vor. Ihre Menge wird durch Reaktion mit Reduktionsmitteln oder durch Reaktion mit Heißwasser, Dampf oder Alkali erhöht. Bei einer gedehnten Wollfaser gerät eine Thiolbindung in die Nähe einer Disulfidbindung; dabei wird die Disulfidbindung unter Bildung einer neuen Thiolgruppe und einer neuen Disulfidbindung durch die freie Thiolgruppe gespalten. Die neue freie Thiolgruppe spaltet ebenfalls eine Disulfid-Brücke, wobei wieder eine freie Thiolgruppe und eine neue Disulfidbindung entstehen. Der »Reißverschluss«-Mechanismus, mit dem Thiol katalysierte Disulfid-Austauschreaktionen die Fixierung fördern und stabilisieren.

Die für die Stabilisierung von Wollfasern verantwortlichen Brücken sind nicht nur kovalente Brücken, sondern vor allem Wasserstoffbrücken. Die Funktion von Fixiermitteln besteht darin, genügend Disulfidbrücken zu spalten, um die Stabilität der Wollfasern zu schwächen, was eine leichtere Verformung zur Folge hat.

QUERSCHNITT UND LÄNGSANSICHT

DEF: Der Querschnitt ist jenes Schnittbild, das nach senkrechtem Schnitt im Querschnitt der Faser verläuft.

Die Wolle besitzt einen rundlichen Querschnitt mit kleinen Punkten in der Mitte. Die Längsansicht der Wollfaser zeigt im Mikroskop charakteristische Schuppen über die gesamte Oberfläche. Das Mark ist sowohl im Querschnitt als auch in der Längsansicht erkennbar.

SÄUREN UND LAUGEN IM VERHALTEN MIT WOLLE SOWIE WASCH- UND CHEMISCHE REINIGUNG

Während der textilen Fertigung durchläuft die Wolle verschiedenste Veredelungsprozesse und wird hierbei unter anderem mit Alkalien, Säuren, Oxidations- und Reduktionsmitteln behandelt. Alkali wird z. B. in einer sodaalkalischen Rohwollwäsche oder in der alkalischen Walke eingesetzt. Säure wird z. B. zur Entfernung von vegetativen Anteilen oder im Färbeprozess verwendet.

Da Proteine gleichzeitig viele kationische und anionische Gruppierungen besitzen, sind sie regelrechte Puffersubstanzen, welche sowohl Säuren als auch Alkalien neutralisieren können:

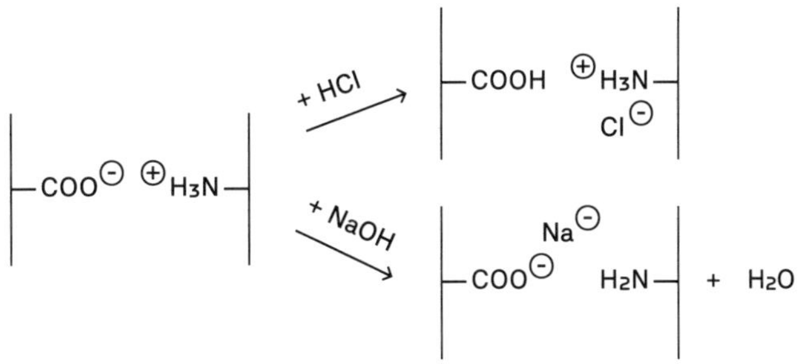

Zu den charakteristischen Eigenschaften der Wolle gehört ihre Beständigkeit gegen Mineralsäuren. Jedoch kann es unter Einwirkung konzentrierter Säure in Gegenwart von Wasser zur Hydrolyse der Peptidbindung kommen; dies geschieht z. B., wenn der Karbonisierungsprozess falsch geführt wird. Des Weiteren ist eine N-O-Peptidylverschiebung möglich, da das Esterpeptid weit mehr hydrolysegefährdet ist als die Carbonamidgruppe:

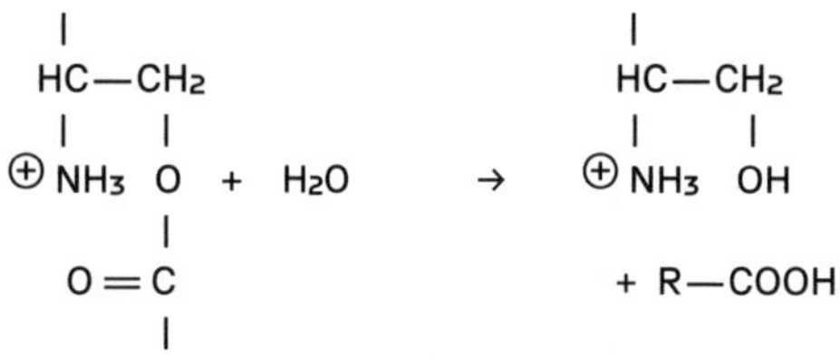

Je nach Stärke und Temperatur bewirkt der Einfluss von Alkalien in unterschiedlichem Maße eine Spaltung der Wasserstoffbrücken, eine Veränderung der Aminosäureketten und den Umbau der Peptid- und Disulfidbindungen. Während starke Alkalien Wolle unter Aufspaltung der Peptidbindungen auflösen, bleibt bei relativ milder Alkalibehandlung die Faserstruktur erhalten. Jedoch wird ein Teil des Cystinschwefels als Schwefelwasserstoff abgespalten, wobei der Cystingehalt abnimmt. Der verbleibende Schwefel liegt in anderer Form vor.

Aufgrund der sehr schlechten Laugenbeständigkeit und geringen Widerstandsfähigkeit gegenüber heißem Wasser und ihrer geringen Farbechtheit, darf Wolle nur in handwarmem Wasser (30–40° C) mit Feinwaschmitteln gewaschen werden, wobei Reiben und starkes Drücken vermieden werden müssen. Um ein Verziehen von Formartikeln zu vermeiden, sollen sie nur auf einer Unterlage liegend getrocknet werden. Um weniger oft waschen zu müssen und dadurch die Wolle zu schonen, kann durch Veredelung die Anschmutzbarkeit herabgesetzt werden.

Wolle ist gegenüber Säuren sehr gut beständig, was bei der Entfernung pflanzlicher Verunreinigungen ausgenützt wird (z. B. Karbonisieren in 80 %iger Schwefelsäure bei 25° C).

Wolle kann sowohl sauer als auch basisch reagieren und lässt sich daher in vielen lebhaften, leuchtenden und / oder zarten Farben sehr gut mit Wollfarbstoffen färben. Allerdings ist es aufgrund der unterschiedlichen Haarstrukturen sogar innerhalb einer Wollqualität oft schwer möglich, eine gleichmäßige (egale) Färbung zu erreichen. Deshalb kommen viele melierte oder moulinierte Stoffe auf den Markt. Weil Wollstoffe selten heiß gewaschen und nie gekocht werden dürfen, verzichtet man häufig auf die Farbechtheit »kochecht«.

SCHEUERFESTIGKEIT

DEF: Die Scheuerfestigkeit ist die Widerstandsfähigkeit eines Materials gegen Scheuerbeanspruchung. Im SI-System entspricht die Zugfestigkeit der angemessenen Zugkraft in Newton, dividiert durch die Fasereinheit im Tex.

Wolle besitzt mittlere Scheuerfestigkeit. Die Scheuerfestigkeit, aber auch das Verschleißverhalten richten sich besonders nach dem Aufbau der Textilien.

Ein dichtes Kammgarngewebe aus gezwirnten Fäden in Leinwandbindung weißt während des Tragens und der Pflege eine höhere Scheuerfestigkeit und ein besseres Verschleißverhalten auf als ein schütteres Streichgarngewebe aus Garnen in Köperbindung.

WÄRMEEINFLUSS BEI WOLLE

Wolle lässt sich mit mittleren Temperaturen bügeln. Bei Einwirkung trockener Wärme wird sie spröde, verliert an Zugfestigkeit und Elastizität. Wolle sollte daher in feuchtem Zustand gebügelt werden. Wolle schrumpft bei einer Trockenhitze bei ca. 220–230° C und im Wasserbad bei 100° C.

WÄRMERÜCKHALTEVERMÖGEN

Dank der dreidimensionalen Kräuselung und der Schuppenschicht kommt es zu einem hohen Lufteinschluss in der Wolle, dadurch ist das Wärmerückhaltevermögen sehr hoch. Damit sind die Eiweißfasern selbst Wärmeleiter.

Bei Fäden und Flächen mit geringer Drehung und schütterer Verarbeitung kann das Wärmerückhaltevermögen durch Aufrauen (z. B. bei Loden, Tweed) oder durch Verdichten der Fläche z. B. durch Walken (Filzen) erhöht werden. Die Luftdurchlässigkeit ist im Allgemeinen geringer als bei Cellulosefasern.

WASSER IM VERHALTEN MIT WOLLE

Wolle ist in kochendem Wasser ohne Laugenzusätze schwer löslich und besitzt die höchste Quell- und Saugfähigkeit aller wichtigen Faserstoffe. Wolle kann bis zu ca. 33 % Feuchtigkeit aufnehmen, ohne dass sie sich nass anfühlt. Dadurch ergibt sich eine sehr gute Schweißaufnahmefähigkeit. Die aufgenommene Feuchtigkeit wird allerdings nur sehr langsam nach außen abgegeben, sodass es lange Trocknungszeiten gibt.

Trotz der hohen Saugfähigkeit dringt Wasser in Tropfenform nur schwer in das Faserinnere, da ein sogenannter »Abperl-Effekt« vorhanden ist. Obwohl die Oberfläche der Wolle hydrophobe Eigenschaften aufweist, ist sie eine typisch hygroskopische Faser, welche in der Lage ist, aus der Luft Feuchtigkeit aufzunehmen (Adsorption) bzw. im nassen Zustand Wasser an diese abzugeben (Desorption). Die Menge an gebundenem Wasser, bezogen auf das Trockengewicht der Faser, kann, wie schon erwähnt, bis zu 33 % (Sättigungsfeuchte) betragen und ist abhängig von dem Feuchtgehalt der Luft, der Temperatur sowie davon, ob die Angleichung aus dem nassen oder trockenen Zustand erfolgte. Mit der Aufnahme von Wasser findet gleichzeitig eine Quellung, sprich Volumszunahme der Faser statt. Diese ist am isoelektrischen Punkt am geringsten, sie nimmt aber mit sinkendem bzw. steigendem pH zu.

Die Quellung, die hauptsächlich in den nichtorientierten, amorphen Bereichen der Faser stattfindet, erhöht deren Angreifbarkeit gegenüber Luft, Licht und chemischen Agenzien. Die Wasseraufnahme findet in den zahlreich vorhandenen hydrophilen Gruppen, wie Amino-, Carboxyl- und Hydroxylgruppen, statt. Diese miteinander in Wechselwirkung stehenden hydrophilen Gruppen werden bei Wassereinwirkung teilweise freigelegt und von Wassermolekülen umgeben. Gleichzeitig werden Wasserstoffbindungen zwischen den benachbarten Polypeptidketten aufgehoben. Der hydrophile Faserstamm ist von der hydrophoben Cuticula in Form einer sich überlappenden Schuppen eingehüllt. Die Oberseite einer Cuticulazelle bezeichnet man als Exocuticula, die Unterseite als Endocuticula. Auf der Schuppenzelle liegt die Epicuticula, eine Zelle, die nach außen von einer dünnen Haut eingeschlossen wird (siehe Wollaufbau).

Unter dem Einfluss von Feuchtigkeit, hoher Temperatur oder Wasserstoffbrücken-spaltenden Mitteln wie Harnstoff wird eine Wasserstoffbrückenumorientierung einer Fixierung bewirken. Dies wird besonders in einem Färbe- oder Druckprozess genützt, dadurch kommt es zur Farbstoffanlagerung in der Faser. In vielen Fällen ist eine permanente Fixierung von Wollgeweben notwendig. Die permanente Fixierung einer gedehnten Wollfaser lässt sich zusammenfassend wie folgt erklären:

→ Durch die Dehnung sind die im Keratingefüge stabilisierenden Wechselwirkungen unter Spannung. Heißes

Wasser oder Wasserdampf spalten die Wasserstoffbrückenbindungen und Salzbindungen, was eine Auflockerung und Schwächung der Molekülstruktur zur Folge hat. Reduktionsmittel können einfacher und schneller zu den kovalenten Bindungen vordringen und spalten diese nach dem Thiol-katalysierten Disulfid-Austausch-Mechanismus.

→ Nach der Verformung der Wollfaser und Entfernung des heißen Wassers oder Dampfes bilden sich neue Wasserstoffbrücken und Salzbindungen aus, die die neue, erzwungene Form der Wollfaser stabilisieren.

ZUGFESTIGKEIT

DEF: Die Zugfestigkeit ist der Widerstand eines Materials gegen Zugbeanspruchung. Im SI-System entspricht die Zugfestigkeit der angemessenen Zugkraft in Newton, dividiert durch die Fasereinheit im Tex.

Wolle hat im trockenen Zustand die geringste Zugfestigkeit aller Naturfasern, die Nassfestigkeit ist noch geringer. Die geringe Zugfestigkeit der Wolle im trockenen und nassen Zustand wird zum Teil durch deren hohe Elastizität ausgeglichen. Um strapazierfähige Wollstoffe zu erzeugen, wird häufig gezwirnt (z. B. Kammgarn). Bedingt durch die geringe Zugfestigkeit im nassen Zustand muss Wolle während und nach der Wäsche schonend behandelt werden.

B4 Vorbehandlung und Gewinnung der Wolle

Die Wolle wird durch Schur gewonnen und bleibt das abgetrennte Wollkleid weitgehend zusammen, bezeichnet man dies als Vlies. Vor der Schur werden die Schafe nach Alter und Geschlecht eingeteilt: Lammwolle, Jährlingswolle, Mutterwolle, Bock- oder Widderwolle, Hammelwolle.

Die Schafwolle weist nach der Schur noch zahlreiche Begleitstoffe (bis zu 70%) wie Wollfett, Schweiß (wasserlösliches Ausdünstungsprodukt), Kot, Pflanzenteile, Sand, Staub und Ähnliches auf. Die Verunreinigungen hängen von der Bodenbeschaffenheit ab. Schafe werden auf Grund der Verkühlungsgefahr selten gewaschen. Der Wolleschweiß, der dadurch im Fell bleibt, ist der beste Schutz gegen das Seewasser beim Transport und Schweißwolle ist praktisch unbegrenzt lagerfähig. Diese Wolle bezeichnet man als Rohwolle.

ROHWOLLE

Rohwolle muss vor der Weiterverarbeitung von Wollfett, Schweiß, Schmutz und kleinen pflanzlichen Bestandteilen befreit werden. Schweiß und Wollfett werden zur Hauptsache durch eine Wäsche entfernt, die unter möglichster Schonung der Wollfaser zu erfolgen hat. Die Haarspitzen der Wolle sind oft mit Pech und Asphalt verunreinigt. Hier ist es notwendig, ein Fettlösepräparat anzuschließen. Es wird eine alkalische, saure oder neutrale Wäsche mit waschaktiven Substanzen angeschlossen.

Das Wollfett ist ein Sekret der Talgdrüse. Es ist eine schmierige, klebrige, gelbe bis braune Masse, welche aus freien Fettsäuren, wachsähnlichen Estern und Kohlenstoffen besteht. Wollfett ist kein eigentliches Fett, sondern ein Wachs, welches das Wollhaar vor äußeren Einflüssen schützt.

BLEICHEN

DEF: Bleichen ist eine chemische Behandlung von Textilien. Sie wird eingesetzt, um die in den Rohstoffen durch Wachstum oder Herstellung enthaltene Farbtönung mit geeigneten Bleichmitteln aufzuhellen oder zu beseitigen. Bleichverfahren und Methoden richten sich nach Faserart.

Die Wolle weist je nach Provenienz eine Eigenfarbe von nahezu weiß über creme, gelb, braun bis braunschwarz auf. Die durch mechanische und Lichteinwirkung geschädigten Wollspitzen sind in der Regel stärker getönt als der Haarschaft. Ebenso ist die sogenannte Urinwolle stark gelb gefärbt. Durch Lichteinfluss kann die Vergilbung verstärkt werden. Beim Sortieren der Vliese werden diese Nuanceunterschiede berücksichtigt. Wolle hat manchmal eingelagerte Melanin-Pigmente, die die Wolle braun bis braunschwarz färben. Die Entfernung dieser Pigmente ist nur durch gleichzeitige Zerstörung des Keratins möglich, daher werden diese Wollen für Teppiche oder Decken verwendet.

Aufgrund der unterschiedlichen Farbschattierungen ist eine Bleiche meist unerlässlich. Vor der Bleiche muss die Wolle unbedingt durch eine Wäsche gründlich gereinigt werden. Es werden zwei verschiedene Bleichverfahren angetroffen:

→ Reduktive Methode
→ Oxidative Methode

Reduktive Bleiche:
Für eine reduktive Bleiche werden Reduktionsmittel wie Schwefeldioxid und dessen Derivate sowie schweflige Säure verwendet. Als Hilfsmittel (Chemikalien) werden Natriumbisulfat oder Hydrosulfit verwendet.

Durch die Reduktionsmittel werden zwar die gelben Verunreinigungen der Wolle zu farblosen Leukoverbindungen reduziert, die jedoch bei Sonnenbelichtung, Oxidation und alkalischer Waschbehandlung wieder die ursprüngliche Farbe annehmen. Diese Methode wird daher eher selten angewendet.

Oxidative Bleiche:
In den häufigsten Fällen wird die oxidative Bleiche angewendet. Zur oxidativen Zerstörung wird vor allem Wasserstoffperoxid eingesetzt. Mit steigender Menge von Peroxid erfolgt eine Schädigung des Keratins und damit ein Abbau des DP-Grades (Cystin oxidiert dabei zu Cystinsäure). Vor jeder Wasserstoffperoxidbleiche ist auf Metallflecken auf der Ware zu achten. Schwermetalle können einen katalytischen Zerfall der Wasserstoffperoxidbleiche und damit Bleichschäden verursachen.

Rezept:
0,5 g/l Stabilisator (z. B. Wasserglas)
15–20 ml/l Wasserstoffperoxid (35 %–50 %-konz.)
0,5 g/l nichtionogenes Waschmittel
pH 9 mit Trinatriumphosphat einstellen.
T: 40° C,
Z: 5 Stunden behandeln, anschließend warm und kalt spülen.

KARBONISIEREN

Das Karbonisieren dient zur Entfernung von vegetativen Fasern und Verunreinigungen wie Kletten, Strohteilen und vieles mehr aus der Wolle. Wolle kann als Flocke, am Stück oder als Reißwolle karbonisiert werden, was auf chemischem Wege erfolgt. Dabei werden durch Hydrolyse die zellulosischen Anteile zerstört. Die Wolle bleibt bei richtiger Arbeitsweise vor dieser Hydrolyse verschont. Die Durchführung:

- → Karbonisiert wird meist mit Schwefelsäure, Salzsäure bzw. Magnesiumchlorid.
- → Gleichmäßiges Schleudern
- → Trocknen bei 40° C
- → Brennen in der Brennkammer bei 80° C
- → Rumpeln, d. h. mechanisches Entfernen der verbrannten Cellulosebestandteile im Schlagwolf oder in der Rumpelwalke – verkohlte Verunreinigungen lassen sich relativ leicht entfernen.
- → Neutralisieren in der Waschmaschine

Wichtig dabei ist, dass die Schwefelsäure zur Gänze entfernt wird, sonst kommt es zur Wollschädigung und dies könnte Nachteile in der anschließenden Veredelung bringen.

OPTISCHE AUFHELLER

DEF: Optische Aufheller sind organische Verbindungen, die für das menschliche Auge unsichtbare, ultraviolette Strahlen in sichtbares Licht umwandeln. Durch die Behandlung mit optischen Aufhellern erscheint die Ware nicht nur weißer, sondern auch heller. Das optische Aufhellen wird dann angewandt, wenn der Weißgrad erhöht werden soll.

Der Aufhelleffekt beruht auf einem Fluoreszenzvorgang bestimmter organischer Verbindungen. Diese organischen Verbindungen wandeln kürzere Licht-Wellenlängen (300–400 nm) in längere Licht-Wellenlängen (400–500 nm) um.

B5 Färben von Eiweißstoffen

FARBSTOFFKLASSEN

Wolle als natürliche Polypeptidfaser liegt in ihrem färberischen Verhalten sehr nahe bei den synthetisch hergestellten Polyamidfasern und lässt sich demzufolge mit ähnlichen Methoden und Verfahren veredeln.

Vorrausetzung für das Färben von Wolle mit anionischen und kationischen Farbstoffen ist das Vorhandensein von sauren und basischen funktionellen Gruppen, die in den Seitenketten der Faserproteine vorhanden sind. Zum Färben von Wolle eignen sich auf Grund des chemischen Aufbaus folgende Farbstoffe:

→ Säurefarbstoffe
→ Metallkomplexfarbstoffe
→ Chromierungsfarbstoffe
→ Reaktivfarbstoffe

Saure funktionelle Gruppen

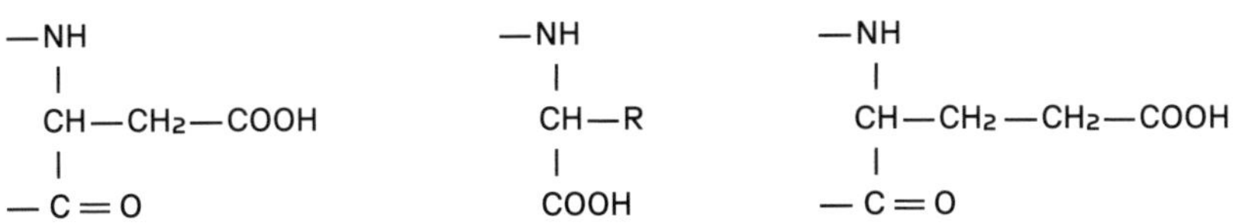

Asparaginsäure — C-terminale Aminosäure — Glutaminsäure

Basische funktionelle Gruppen

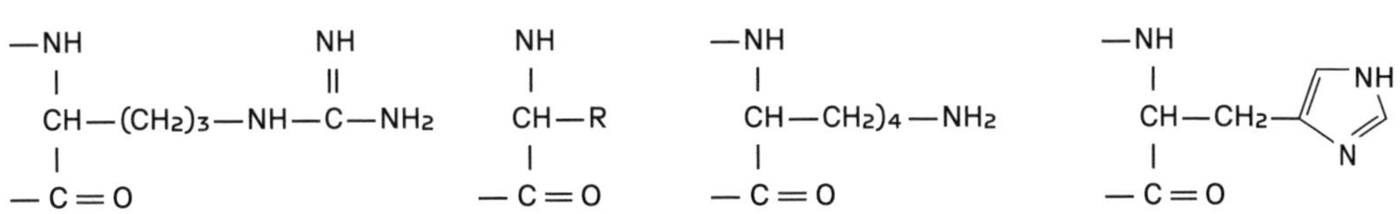

Arginin — N-terminale Aminosäure — Lysin — Histidin

MECHANISMUS DES FÄRBEPROZESSES

Folgende Eigenschaften bestimmen das koloristische Verhalten:

→ Affinität
→ Aufziehvermögen
→ Migrationsvermögen
→ Dispersionsvermögen

Die Aufziehgeschwindigkeit der Fasern wird in erster Linie bestimmt durch das Diffusionsvermögen der Farbstoffe. Kleinmolekulare Farbstoffe zeigen aufgrund ihres hohen Diffusionsvermögens Aufziehgeschwindigkeit. Die Färbegeschwindigkeit ist außerdem abhängig vom Grad der Affinität zwischen Faser und Farbstoff. Die Farbstoff-Faserbindung beruht auf physikalischer und chemischer Wechselwirkung, wobei die zwischenmolekularen Wirkungskräfte eine große Rolle spielen.

Als allgemeine Regel für das Migrationsvermögen gilt, dass Farbstoffe mit kleiner Molekülgröße (Egalisierungsfarbstoffe) ein hohes Diffusionsvermögen und eine hohe Aufziehgeschwindigkeit besitzen. Die Bindung erfolgt über Van-der-Waals-Kräfte, das bedeutet allerdings, dass manche Farbstoffe nur geringe Echtheiten besitzen. Verschiedene Echtheiten, wie z. B. die Nassechtheit von Wollfärbungen, stehen in direktem Zusammenhang mit dem Migrationsvermögen der Farbstoffe.

Farbstoffe mit großem Molekül (Metallkomplexfarbstoffe) dagegen migrieren aufgrund ihrer hohen Affinität und ihres geringen Diffusionsvermögens kaum oder wenig und können deshalb trotz ihrer relativ langsamen Adsorption leicht unegal aufziehen.

Die Farbstoff-Faserbindung beruht auf physikalischen und chemischen Wechselwirkungen, was mehr oder weniger eine Immobilisierung der Farbstoffe zur Folge hat. Die wichtigsten Bindungskräfte neben den Wasserstoffbrücken, Van-der-Waals-Kräften und hydrophoben Wechselwirkungen sind:

→ Ionogene Bindung:
Bei anionischen Farbstoffen sind die ionogenen Bindungen auf die elektrostatischen Anziehungskräfte zwischen positiv geladenen Aminogruppen der Wolle

und negativ geladenen Farbstoffionen zurückzuführen. Die ionogene Bindung ist relativ schwach und kann durch Umladung der Wolle (Erhöhung des pH) aufgehoben werden. Zusätzliche Kräfte sind daher nötig, um ausreichende Echtheit zu erzielen.

→ Koordinative Bindung:

→ Bei Chromierungs- und Metallkomplexfarbstoffen wirken neben den bereits genannten Kräften koordinative Bindungen zwischen dem Chromatom des Farbstoffkomplexes und den Amino- und Iminogruppen der Wolle.

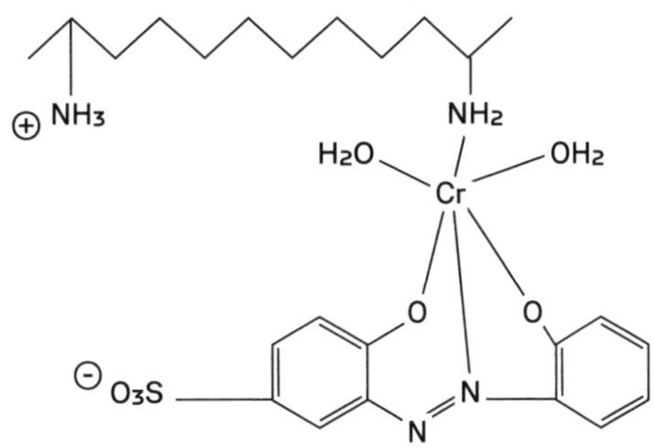

→ Reaktivfarbstoffe können zusätzlich eine kovalente Bindung mit den reaktiven Gruppen der Wolle eingehen. Unter Färbebedingungen sind es vermutlich die Thiol-, Amino- und Iminogruppen, die als Reaktionspartner zur Verfügung stehen. Bei Metallkomplexfarbstoffen besteht diese Möglichkeit nicht, da bei diesen die Koordinationsstellen des Chromatoms durch die beiden zugehörigen Farbstoffmoleküle abgesättigt sind. Die Bildung des Metallkomplexes findet erst beim Spülen im schwach sauren Bereich statt, wobei die zur Reaktion befähigten Aminogruppen aus den im sauren Bereich vorliegenden Ammoniumionen gebildet werden.

PH-Wert und der Säurezusatz im Färbeprozess:
Unter stark sauren Bedingungen werden zunächst die Carboxylatgruppen der Wolle protoniert. Die Säureanionen diffundieren schnell in die Faser und stellen elektrische Neutralität her. Aufgrund der Affinität zwischen Farbstoff und Faser ersetzen die langsam diffundierenden Farbstoffanionen mit zunehmender Färbedauer die anorganischen Anionen, d. h., dass der Farbstoff im Ionenaustausch als Farbstoffsäure an die Faser gebunden wird. Derartige Färbebedingungen sind hauptsächlich bei Farbstoffen mit geringerer Affinität zur Wolle (z. B. egalisierende Säurefarbstoffe) zu finden.

Die hohe Konzentration an den kationischen Gruppen bei pH-Wert von 2 gibt die nötige Anziehungskraft für die Farbstoffanionen. Unter diesen Bedingungen kann der Zusatz von Salz, z. B. Natriumsulfat, Säure oder Natriumchlorid eine egalisierende Wirkung haben. Die zusätzlichen Sulfationen konkurrieren aufgrund ihrer zahlenmäßigen Überlegenheit mit dem Farbstoff die kationischen Ammoniumgruppen der Wolle.

Bei Farbstoffen mit hoher Affinität (z. B. Metallkomplexfarbstoffe) reichen die nichtpolaren Wechselwirkungen zwischen Farbstoff und Faser für das Aufziehen aus, sodass unter neutralen Bedingungen gefärbt werden kann. Das Farbstoffanion zieht zuerst auf die Faser auf und die Natriumionen ziehen nach, um die elektrische Neutralität zu gewährleisten. Dabei wird das Natriumsalz des Farbstoffes gebunden. Der Einsatz von Natriumsulfat führt meist zu einem »Aussalzen« des Farbstoffes auf die Faser, das bedeutet, dass es hier nicht zu einer retardierenden, egalisierenden Wirkung kommt, sondern zu einer größeren Baderschöpfung.

Egalisiermittel:
Bei stark sauren Färbungen übernimmt, wie bereits erwähnt, Natriumsulfat die Rolle als Egalisiermittel. Farbstoffe mit hoher Affinität benötigen im Färbeprozess ein Egalisiermittel, das die Affinität vorübergehend herabsetzt, die Aufziehgeschwindigkeit verringert und das Migrationsvermögen verbessert sowie die Affinitätsunterschiede in der Wolle ausgleicht. Das Egalisiermittel wird anhand der Ionogenität und Affinität in faser- bzw. farbstoffaffine Hilfsmittel unterschieden. Für Metallkomplexfarbstoffe besitzen die nichtionogenen und amphoteren Hilfsmittel, welche stark farbstoffaffin sind, eine größere Bedeutung.

Wird mit einem Egalisiermittel gefärbt, so kann sich ein Farbstoff-Hilfsmittel-Komplex ergeben, der einen raschen Badauszug verhindert. Erst in späterer Folge, durch Erhöhung des Säurezusatzes, ergibt sich ein erhöhter Badauszug, eine tiefere Anfärbung und eine ökonomischere Färbeweise. Unter Normalbedingungen einer Wollfärbung im schwach sauren Bereich ist die treibende Kraft für den Badauszug die Potentialdifferenz zwischen dem negativ aufgeladenen SO_3-Gruppen-haltigen Farbstoff und der positiv aufgeladenen Wolle.

Egalität wird erzielt, wenn das Egalisiermittel bei niedriger Temperatur von der Faser aufgenommen wird und erst bei hoher Färbetemperatur zerfällt. So kann der Farbstoff in die Faser diffundiert und das Egalisiermittel aus der Faser in die Flotte verdrängt werden.

Werden SO_3-Gruppen-freie Farbstoffe verwendet, dann gibt es zwei Möglichkeiten für die Wechselwirkung zwischen Farbstoff-Egalisiermittel-Faser. Entweder dominiert eine retardierende Funktion des Hilfsmittels, dann kommt es zu einer hohen Affinität zwischen Hilfsmittel und Faser, damit die Faserladung umpolt oder erniedrigt. Oder es kommt zu einer hohen Affinität zwischen Farbstoffmolekül und Hilfsmittel, dann wird der Farbstoff so lange am Aufziehen gehindert, bis die Temperatur und der Säurezusatz erhöht werden. Durch den Säurezusatz werden die reaktiven Gruppen in der Wolle aktiviert, dass die Affinität zwischen Farbstoff und Faserstoff zu wirken beginnt und das Hilfsmittel zurück in die Flotte gedrängt wird.

Die Wolle bekommt bei einem pH-Wert von 5 einen leicht kationogenen Charakter. Dies wird bei der Wolle als isoelektrischer Punkt bezeichnet. Dieser isoelektrische Punkt eignet sich am besten zum Färben für anionische Farbstoffe wie Säure, Metallkomplex- und ausgewählte Direktfarbstoffe. Bedingt durch die vorhandenen freien Carboxylgruppen, können auch basische Farbstoffe eine ionische Verbindung mit der Faser eingehen.

SÄURE- UND METALLKOMPLEXFARBSTOFFE

Säurefarbstoffe oder Metallkomplexfarbstoffe sind synthetische Farbstoffe, die auf tierischen Fasern, wie allen Wollarten und Seide, aber auch auf die Synthesefasern Polyamidfasern aus saurer oder neutraler Flotte direkt aufziehen. Die Färbung der Wolle beruht auf einer Salzbildung zwischen den basischen Gruppen des Wolleiweißes und den sauren Gruppen der Säurefarbstoffe.

Säure- und Metallkomplexfarbstoffe besitzen gute Wasserlöslichkeit und ausgezeichnete Affinität zu Wolle, Seide und Polyamid. Säurefarbstoffe sind gut egalisierend, gleichmäßig aufziehend und haben eine ausgezeichnete Durchfärbbarkeit.

Die maßgebenden Faktoren, die das Aufziehen dieser Farbstoffe auf die Faser beeinflussen, sind:

→ pH-Wert des Färbesystems
→ Färbetemperatur
→ Färbezeit
→ Chemikalien (als faseraffine und farbstoffaffine Hilfsmittel)

Die Färbeverfahren mit anionischen Farbstoffen sind dem Färbeverhalten der Wolle anzupassen.

Grundrezept:

Bis 6% Farbstoff
20–50 g/l Salz (Glaubersalz)
3–5 ml/l Essigsäure

Färbediagramm:
Aufgrund der hohen Anfärbegeschwindigkeit der Wolle ist es empfehlenswert, die Temperatur bei Färbebeginn möglichst niedrig zu halten. Dadurch wird eine gleichmäßige Farbstoffverteilung ermöglicht, was für egale Färbungen notwendig ist.

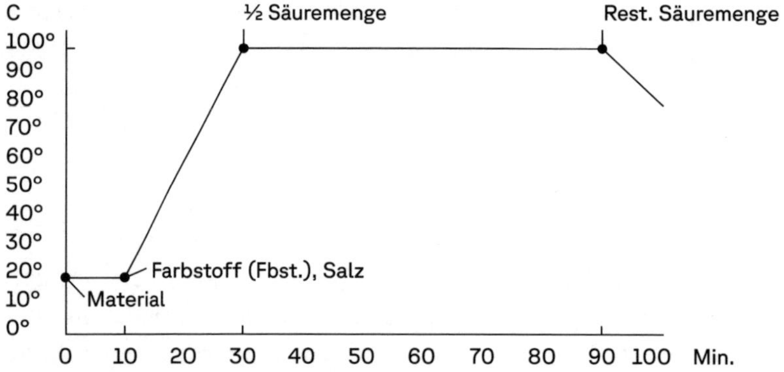

Wichtig ist, dass die Säure erst am Ende des Färbebades eingesetzt wird, da der Säurezusatz die Färbegeschwindigkeit erhöht. Salzzusatz verzögert die Aufziehgeschwindigkeit des Farbstoffes. Bei sauren Färbungen übernimmt das Natriumsulfat die Rolle als Egalisiermittel. Bei Farbstoffen mit hoher Affinität wäre es besser ein Egalisiermittel zu verwenden.

→ Färbetemperaturen: 80–90° C
→ pH-Wert: 5–7
→ Färbezeit: 1–1 ½ Stunden

Bei ganz dunklen Nuancen, so z. B. bei Marineblau, Schwarz und Dunkelbraun, ist es zweckmäßig, bei pH 4,5–4 zu arbeiten.

Nachwäsche: Die Nachwäsche ist sehr wichtig, da hier der überschüssige Farbstoff entfernt wird. Wird dies nicht durchgeführt, dann kommt es bei der nächsten Wäsche zum Auswaschen des Überschusses, wo andere Textilien angefärbt werden können. Daher ist zu empfehlen, dass zuerst kalt, dann warm und anschließend wieder kalt gespült wird, bis kein Farbstoff mehr im Wasserbad zu sehen ist.

REAKTIVFARBSTOFFE

Bei den Reaktivfarbstoffen handelt es sich im Prinzip um Säurefarbstoffe mit mehreren Sulfonsäuregruppen, die zusätzlich über eine reaktive Gruppe verfügen, die sich mit den Amid-Gruppen der Wolle oder des Polyamids verbinden. Dabei spielt die Affinität und Reaktivität des Reaktivfarbstoffes sowie das Aufziehvermögen der Wolle eine wesentliche Rolle. Die Reaktivität eines Reaktivfarbstoffes lässt sich durch die Temperatur und den pH-Wert steuern. Reaktivfarbstoffe gehen kovalente, hochnassechte Verbindungen mit der Wollfaser ein. Je nach Reaktivität unterteilt man die Reaktivfarbstoffe in Heiß- und Kaltfärber:

→ Heißfärber: 60–80° C
→ Kaltfärber: 40–50° C

Die bevorzugte Anwendung liegt:
→ Im Garnbereich für Buntgewebe und Effektfäden
→ Im Druck für Hemdenstoffe und Waschartikel

→ Für das Kolorieren von Ätzböden auf Webware, wegen der guten Ätzbarkeit.

Grundrezept:

Bis 6% Farbstoff
20–60 g/l Salz (Glaubersalz–bei Schwarzfärbungen bis 100g/l).
2–5 g/l Natriumbicarbonat

Färbediagramm:

→ Färbetemperaturen: 80–90° C
→ pH-Wert: 5–7
→ Färbezeit: 1–1½ Stunden

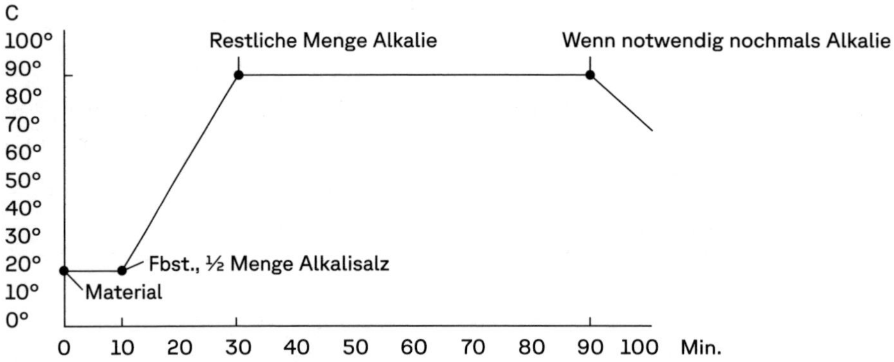

Nachwäsche: spülen, kalt dann warm, wieder kalt. Als Voraussetzung für eine perfekte Nassechtheit ist es unumgänglich, die Ware nach dem Färben und Spülen 30 min. bei 70° C mit einem Waschmittel und Natriumbicarbonat zu waschen (seifnen) und anschließend wird das Wolltextil so lang mit kaltem Wasser gespült, bis kein Farbstoff mehr im Wasserbad ist.

CHROMIERUNGSFARBSTOFFE

Chromierungsfarbstoffe sind hochkomplexe Gebilde mit funktionellen Gruppen, die ein Chrom-Element enthalten. Bei der Färbung zieht der Farbstoff zunächst wie ein Säurefarbstoff auf. Durch die Fixierung der Chrom-Ionen werden die Echtheiten der gefärbten Wolle verbessert.

Wichtig dabei ist, dass der Farbstoff möglichst vollständig aus der Flotte auszieht, weil sonst der Farbstoff, der sich in der Flotte noch befindet, nachchromiert wird. Dieser lagert sich dann an der Oberfläche der Faser ab und führt zu schlechten Abriebechtheiten.

Grundrezept:

Bis 6 % g Farbstoff
20–50 g / l Salz (Glaubersalz)
3–5 ml / l Essigsäure

Färbediagramm:

→ Färbezeit: 2 Stunden
→ Temperatur: 70–80° C
→ pH: 3,5–4

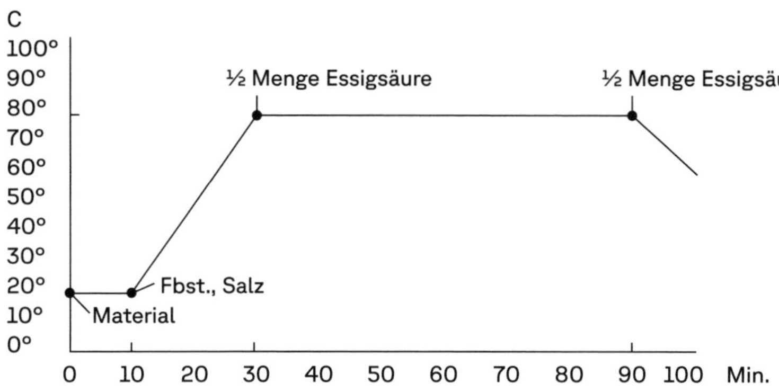

Anschließend muss die Färbung mit Chromkali bei Kochtemperatur nachchromiert und danach kalt gespült werden. Dabei werden die Farbtöne in unlösliche Farblacke auf der Faser übergeführt. Chromierungsfarbstoffe haben zwar ein hohes Echtheitsniveau, allerdings können damit nur gedeckte Farbtöne gefärbt werden und sind auf Grund des hohen Säureeinsatzes zum Färben für Seide nicht geeignet. Sie belasten durch das Chrom-Ion die Abwässer und werden daher nicht mehr sehr oft verwendet.

FEHLERQUELLEN BEIM FÄRBEN

Leider passieren beim Färben häufig Fehler, die durch die richtige Auswahl an Hilfsmitteln, Farbstoffen und den nötigen apparativen

Vorausetzungen vermieden werden können. Fehler sind mit enormen Kosten verbunden und besonders bei Wolle nicht immer reversibel.

UNEGALITÄTEN

Diese werden hauptsächlich durch zwei Ursachen hervorgerufen:

- → Ungeeignete Färbebedingungen
- → Durch unsorgfältiges und / oder unregelmäßig es Vorbehandeln der Ware.

Wie schon mehrmals erwähnt, besitzt die Wolle eine hohe Affinität zur Farbe, das bedeutet, dass auf die Anfärbegeschwindigkeit geachtet werden muss. Je höher die Temperatur und je höher der Säureeinsatz, desto schneller färbt die Wolle an. Dies kann zu Unegalitäten führen, die sich in der nachfolgenden Färbephase nur schlecht ausegalisieren lassen.

Vielfach wird im Färbeprozess der pH-Wert zu wenig beachtet, was dazu führt, dass es zu ungenügender Durchfärbung, beispielsweise bei Garnspulen oder dichtgewobenen Gewebequalitäten, kommt. Der Einsatz von farbstoffaffinen Färbehilfsmitteln verringert in der Anfärbephase die zu schnelle Farbstoffaufnahme der Wolle und sichert in den meisten Fällen eine bessere Durchfärbung. Eine schlecht vorbehandelte Ware, die stellenweise unterschiedliche Restmengen an Vorbehandlungschemikalien enthält, führt meistens zu unegalen Färbungen. Daher empfiehlt es sich, die Wolle vor der Färbung zu waschen.

B6 Filzen von Wolle

DEF: Filze sind textile Flächen, die aus einem wirren Fasergut mechanisch oder chemisch gebildet werden.

Filzen ist eine Eigenschaft, die nur tierischen Fasern zu eignen ist, indem sie unter bestimmten Vorausetzungen schrumpfen. Die genaue Ursache der Filzung ist nicht ganz geklärt, allerdings beruht das Filzen auf einigen bestimmten Faktoren:

- → Primäre: Auf Eigenschaften wie Oberflächenstruktur, Reibungsverhalten, längs- und querelastische Ausrichtungen
- → Sekundäre: Auf Eigenschaften wie Feinheit, Länge, Kräuselung, Fettgehalt
- → Und äußere Faktoren: Wie pH, Temperatur und Walkhilfsmittel – Bedingungen, die beim Filzen und Walken vorhanden sein müssen.

Es gibt verschiedene Filzarten, die nach Herstellungsart eingeteilt werden:

- → Nadel-Filz: Diese Filzart wird durch die Behandlung eines Wollstückes mit Nadeln hergestellt.
- → Walk-Filz: Diese Faservliese werden durch Einwirkung von Feuchtigkeit, Wärme, Druck und Bewegung hergestellt.
- → Web-Filz: Beim Web-Filz wird zuerst ein Wollgewebe hergestellt, das anschließend durch Walken oder Filzen behandelt wird, sodass sich die Haare untrennbar im Gewebe miteinander verbinden und eine geschlossene, homogene Oberfläche mit innerer Gewebestruktur, besserer Zugfestigkeit und besonderer Elastizität bilden.

FILZFREIAUSRÜSTUNG

Nachdem die Wolle bei unsachgemäßer Behandlung, wie z. B. beim Einsatz von zu hoher Temperatur oder zu hohem Druck, zum Verfilzen neigt, empfiehlt es sich, die Wolle filzfrei auszurüsten. Bei der Filzfreiausrüstung wird die Schuppenstruktur der Wollfaser mittels verschiedener Verfahren dahingehend beeinflusst, dass sie sich nicht mehr negativ auswirkt. Für die Ausrüstung werden meist duroplastische Kunststoffe eingesetzt, die das Verschieben der Schuppenschicht und somit den Filzprozess verhindern. Vorrausetzung dafür ist, dass die eingesetzten Polymere löslich und dispergierbar sind.

B7 Bedrucken von Wolle

Kurzer Einblick in die Geschichte der Druckerei:
Im 16. Jahrhundert werden von Indien die ersten bedruckten textilen Faserstoffe nach Europa gebracht. Alsbald begann in Europa die Entwicklung des Handmodeldrucks, der bis zum Ende des 17. Jahrhunderts die einzige Form des Hochdrucks blieb. Handmodeln wurden aus quadratischen oder rechteckigen Hartholzstücken hergestellt, wo erhabene Muster ausgeschnitten wurden oder durch Einsatz von Metallstiften gebildet wurden. Durch den versetzten Musterauftrag und die Musterverbindungstifte mit dem Model auf dem Gewebe wird eine gleichmäßige Musterung erzielt.

Durch die aufkommende Mechanisierung entwickelten sich der Rouleauxdruck und in späterer Folge die Rotationsfilmdruckmaschine sowie die Flachdruckmaschine mit Schablonen. Bei der Rouleauxdruckmaschine wird das Muster in die Kupferwalze eingraviert und mittels innerliegender Rakel wird die Farbe auf die Ware gebracht. Die Rakel ist eine Metallstange, die durch einen Magneten mit der untenliegenden Führung verbunden ist. Der Rouleauxdruck hat in der heutigen Zeit stark an Interesse eingebüßt und wird nur noch wenig eingesetzt, da die gravierten Walzen nur für ein bestimmtes Muster verwendet werden können und die Herstellung sehr teuer ist. Seine Stärke war vor allem die Feinheit der Muster, wie z. B. Molettengravur für Krawatten oder ganz feine Längsstreifen und Konturen.

In den 30iger Jahren wurde die Gravurtechnik der Rotations- und Flachschablone entwickelt, die erstaunliche Effekte ermöglichte. Diese Effekte reichen von der Möglichkeit, große Flächen zu drucken, bis hin zu kleinen, feinen Konturen mit hervorragender Druckschärfe. Besonders beim Bedrucken von Wolle, entsprechend dem hohen Wert der Wollendrucke, sind die Ansprüche an Feinheit, Druckschärfe der Motive und Egalität der Flächen besonders gefragt.

Der Hauptteil bedruckter Wolle entfällt auf die Flachschablone, die entweder auf dem Tisch oder auf der Flachdruckmaschine eingesetzt wird. Im Wesentlichen ist die Drucktechnik von der verwendeten Gewebekonstruktion abhängig. Wichtig ist vor allem die gute Befestigung der Stoffe auf der dafür geeigneten Druckunterlage. Kleber, wie z. B. Thermoplast- oder Dauerkleber, sind entsprechend der Druckmethode und dem Artikel auszuwählen. Bei sehr dünnen Artikeln wie Chiffon, Voile und Georgette ist es heute noch üblich, auf dem Tisch ein Untertuch vorzukleben und die Stoffe mit Nadeln zu befestigen.

Wichtigste Drucktechniken:
→ Filmdruck auf flachem Tisch mit Schablonen
→ Flachdruck-Maschine mit Schablonen
→ Rotationsfilmdruckmaschine

Folgende Druckarten werden auf Wolle durchgeführt:
→ Direktdruck
→ Ätzdruck
→ Reservedruck

Und dazu werden folgende Farbstoffe-Klassen eingesetzt:
→ Säurefarbstoffe
→ Metallkomplexfarbstoffe
→ Reaktivfarbstoffe
→ Direktfarbstoffe
→ Pigmentfarbstoffe

Das Fixieren der Farbstoffe-Klassen wie Säurefarbstoffe, Metallkomplexfarbstoffe, Reaktivfarbstoffe und Direktfarbstoffe wird mit Sattdampf gemacht. Als Dämpfer sind der Sterndämpfer oder der Hängeschlaufendämpfer üblich. Die Entwicklung des Hängeschlaufendämpfers hat besonders im Ätzdruck auf Wolle gegenüber dem Stern große Vorteile gebracht. Die Ätzwirkung ist regelmäßiger, die Aureolenbildung (Ätzränder) geringer. Wo keine derartigen Dämpfer vorhanden sind, ist es oft schwierig, im Stern gleich gute Effekte zu erzielen.

Pigmentfarbstoffe werden mit einer Trockenhitze von 150° C oder kalt bei Raumtemperatur fixiert.

DIREKTDRUCK

DEF: Als Direktdruck wird jene Druckart bezeichnet, wo weiße oder hellgefärbte Wolle mit mit Farbstoffen enthaltenen Druckpasten bedruckt wird.

Druck mit Säure-, Metallkomplex- und Direktfarbstoffen:
Für den Direktdruck werden nur ausgewählte Säure- und Metallkomplexfarbstoffe eingesetzt, die eine hohe Echtheitsqualität besitzen. Besonders die Wasser- und Schweißechtheiten werden mit einer anschließenden kationaktiven Nachbehandlung erhöht.

Druckrezept:
besteht aus: Farbstoff, Lösemittel, Wasser, Verdickung und Säurespender

→ Farbstoff: Der Farbstoff muss vor dem Einsatz in die Druckpaste aufgelöst werden. Gerade beim Wollendruck werden oft koloristische Ansprüche gestellt, die ein Lösen der Farbstoffe in hohen Konzentrationen erfordern. Daher lässt sich in Bezug auf die Stabilität der Druckpaste sowie bezüglich der Echtheiten nicht ohne Kompromisse auskommen, was bedeutet, dass entweder höhere Konzentrationen an Lösungsmitteln verwendet werden müssen oder mehr heißes Wasser als üblich.

→ Wasser: Das Mischungsverhältnis zwischen Wasser und Verdickung ist besonders wichtig für den Dampfprozess. Es ist darauf zu achten, dass die beiden Komponenten so gemischt werden, dass die erforderliche Viskosität erreicht wird. Zu viel Wasser kann ein Auslaufen des Farbstoffes während des Dampfprozesses bewirken. Jede Faser und jedes Gewebe fordert ein eigenes Mischungsverhältnis.

→ Lösemittel: Harnstoff begünstigt das Lösen, aber auch die Fixierung der meisten Farbstoffe. Besteht entsprechend den Dampfbedingungen große Fließgefahr, so muss die Menge reduziert oder eventuell ganz weggelassen werden.

Zusätzlich zum Harnstoff werden noch weitere Lösemittel verwendet. Als klassisches Lösemittel dient Thiodiethylenglykol. Die meisten Farbstoffe lassen sich damit sehr gut lösen. Lösemittel wirken farbstoffspezifisch. Der Lösevorgang geschieht meist mit kochendem Wasser.

→ Verdickung: Die früheren, klassischen Verdickungen wie Kristallgummi und Tragant sind aus wirtschaftlichen Gründen kaum mehr anzutreffen. An ihre Stelle sind vor allem Kernmehl-Verdickungen oder auch für große Flächen mit guter Egalisierwirkung Alginate getreten.

→ Säurespender: Zur besseren Fixierung werden organische Säuren, aber vor allem deren Salze verwendet.

→ Flüchtige Säuren sind nicht zu empfehlen, da diese während des Dampfprozesses entweichen und die vollständige Farbfixierung verhindern.

Fixieren:
Die Farbstoffe werden durch Dämpfen (Sattdampf) fixiert. Das Dampfverfahren dauert ca. 30–60 min. bei 102° C. Die Dampfzeit richtet sich jeweils nach der Farbtiefe des Kolorits und dem Bedeckungsgrad des Musters sowie der Stärke der Wollfaser und der Viskosität der Druckpaste.
Waschen:
Drucke mit Säure-, Metallkomplex- und Direktfarbstoffen werden nach dem Dämpfen vielfach gründlich gespült. Je nach Kolorit kann die Anwendung warmer Waschbäder wegen des Einblutens riskant sein. Nach dem Waschen sind die Drucke so rasch wie möglich zu trocknen, um ein Abflecken zu verhindern.

DRUCKEN MIT REAKTIVFARBSTOFFEN

Infolge der höheren Anforderungen an die Waschechtheiten werden vermehrt Reaktivfarbstoffe eingesetzt.

Druckrezept:
besteht aus: Farbstoff, Lösemittel, Alkali, Verdickung

→ Farbstoff: Der Farbstoff muss vor der Zugabe in die Druckpaste gelöst werden bzw. gibt es Farbstoffe, die in die fertige Druckpaste eingestreut werden. Falls eine Lösung des Farbstoffs notwendig ist, dann wird dieser mit Harnstoff gemischt und mit heißem bez. kaltem Wasser übergossen. Es muss so lange gerührt werden, bis sich alle Partikel gelöst haben.

→ Lösemittel: Im Allgemeinen wird Harnstoff verwendet, denn der Harnstoff unterstützt die Fixierung. Bei Fließgefahr muss die Harnstoffmenge reduziert werden.

→ Alkali: Normalerweise wird als Alkali Natriumbicarbonat eingesetzt. Je nach Ausbeute und Echtheitsanforderungen ist die Alkalimenge zu erhöhen oder herabzusetzen (hier sind Erfahrungswerte aus der Praxis wichtig).

→ Verdickung: In den meisten Fällen wird eine Alginatverdickung mit einer Trockensubstanzmenge von 5–10 % verwendet. Bei Überdruckmotiven, wo besonders scharfstehende Effekte gewünscht werden, muss eventuell die Alginatverdickung durch Kernmehl ersetzt werden. Je nach Verdickung kann bei flächigen Partien dann eine Griffbeeinflussung möglich sein. Durch Austausch von Natriumbicarbonat gegen z. B. Natriumacetet kann der Griff verbessert werden.

Fixieren:
Es wird durch Dampf fixiert bei 102° C für 10–20 min. Je nach Farbstoff kann die Dampfzeit verlängert werden.

Waschen:
Die Reaktivfarbstoffe müssen für gute Echtheiten bei höheren Temperaturen (80–90° C) gewaschen werden, anschließend ist ein Absäuern mit Essigsäure zu empfehlen.

ÄTZDRUCK

DEF: Als Ätzdruck wird jene Druckart bezeichnet, bei der durch das Bedrucken von gefärbter Wolle mit einer Ätzdruckpaste die Färbung örtlich zerstört wird, wo darunter der Fond zum Vorschein kommt oder an der Ätzstelle die Farbe, die durch die Ätze entsteht. Es wird zwischen Weißätze und Buntätze unterschieden. Weißätze liegt dann vor, wenn der weiße Fond durch die Ätze zutage kommt. Werden der Ätzdruckpaste ätzbeständige Farbstoffe zugesetzt, so erzielt man an der Ätzstelle andersfarbige Effekte, dies wird Buntätze genannt.

Der Ätzdruck ist für die Kolorierung von Wolle von großer Bedeutung. Er gehört zum klassischen Wissen und Können der Wolldrucker*innen und eine erfolgreiche Praxis setzt viel Erfahrung voraus. Die ätzbaren Färbungen, aber auch die ätzbeständigen Farbstoffe müssen gut aufeinander abgestimmt werden. Im Laufe der Jahre wurden viele Farbstoffe wegen den Umweltschutzauflagen aus dem Sortiment der Hersteller*innen gestrichen und es ist kaum möglich, dass eine einzige Lieferantin oder ein einziger Lieferant die ganze Farbpalette abdecken kann.

Im Ätzdruckbereich sind die Echtheiten teilweise recht bescheiden, insbesondere da, wo sehr leuchtende Buntätzeffekte verlangt werden–hier sind die meisten Beanstandungen wegen ungenügender Echtheiten.

Rezeptur für Weißätzen:
Wasser, Lösevermittler, Natriumformaldehydsulfoxylat (besonders bei dunklen Färbungen zu verwenden) oder anderes geeignetes Ätzmittel und Verdickung.

Rezeptur für Buntätzen:
Wasser, Lösevermittler, Farbstoff, geeignetes Ätzmittel, Verdickung, eventuell Chemikalienzusätze wie Ammoniumclorid, Natriumnitrit etc.

Übersicht über die Ätzmittel:

→ Natriumformaldehydsulfoxylat:
Es ist bestens für Weißeffekte geeignet. Seine Zersetzung vor dem Dämpfen ist relativ groß. Es wird manchmal für Buntätzen verwendet; dabei ist auf die Dosierung genau zu achten, da bei bestimmten Farbstoffen die Gefahr einer Überreduktion besteht.

→ Zinkformaldehydsulfoxylat:
Dieses Salz wird hauptsächlich bei Buntätzen eingesetzt, denn bei Weißätzen wird nur ein geringer Weißeffekt erzielt. Seine Ätzwirkung liegt im sauren Bereich.

→ Kaliumformaldehydsulfoxylat:
Dieses Salz wird hauptsächlich für Buntätzen eingesetzt, da es kaum eine Überreduktion bei empfindlichen Buntätzen gibt.

Folgendes ist beim Ätzdruck zu beachten:

→ Für Weißätzen wird meistens Natriumformaldehydsulfoxylat, in wenigen Fällen Zinksalz genommen. Bei der Prüfung auf Ätzbarkeit empfiehlt es sich, beide Ätzmöglichkeiten in Betracht zu ziehen (besonders bei Buntätzen).

→ Für eine gute Reproduzierbarkeit der Buntätzen ist es besonders wichtig, die Menge des Ätzmittels entsprechend auf die Ätzbarkeit des Fonds anzupassen. Dies, um einerseits Flussränder, aber vor allem, um starke Überreduktionen der Buntätzen zu vermeiden.

→ Große Probleme bereitet bei Buntätzen die Überreduktion. In manchen Rezepten werden Zusätze wie Ammoniumclorid oder Natriumnitrit empfohlen (Hier sind Erfahrungswerte von großer Bedeutung. Sie richten sich größtenteils nach der betrieblichen Gegebenheit).

→ Das Resultat der Ätzbarkeit ist bezüglich des Nachdunkelns zu überprüfen. Ätzfarben neigen dazu nachzudunkeln, daher muss die benötigte Farbstoffmenge im Vorfeld überprüft werden.

→ Nach dem Bedrucken der Ware sollten ein sofortiger Trocknungsprozess und ein möglichst rascher Dampfprozess erfolgen, da sonst die Gefahr besteht, dass sich die Farbstoffe durch die Chemikalien an der Luft entwickeln. Das wäre für den weiteren Dampfprozess und in späterer Folge für die Echtheiten ein großer Nachteil.

→ Nach dem Dampfprozess muss sofort ein Waschprozess erfolgen, da der Farbstoff sonst überreduziert wird. Dies kann entstehen, wenn der Ätzdruck vor dem Waschen zu lange dem Licht ausgesetzt wird. In Ausnahmefällen kann ein Nachdämpfen nach dem Waschen zur Wiederherstellung der überreduzierten Nuancen beitragen.

→ In manchen Farbrezepturen wird der Zusatz von Harnstoff oder Thiodiethylenglykol empfohlen. Dies ist allerdings auf ein Minimum zu beschränken, wegen der Fließgefahr.

→ Welche Chemikalieneinsätze, Ätzmitteleinsätze eingesetzt werden und wie die Zusammensetzung des endgültigen Rezeptes aussieht, hängt alleine von den betrieblichen Bedingungen (Dampfqualität, Ätzbarkeit und Trocknung) sowie von der Beschaffenheit der zu bedruckenden Ware ab. Es ist wichtig, vor dem eigentlichen Druckprozess viele Probenversuche zu machen.

Dämpfen im Ätzdruck:
Dampfbedingungen:

→ Bei Weißätzen: 10–15 min. bei 102° C
→ Bei Buntätzen: 10–30 min. bei 102° C

Besonders geeignet sind hierfür Hängeschleifendämpfer. Im Sterndämpfer ist die Reproduzierbarkeit schwierig und die gleichmäßige Ätzwirkung ist ebenfalls nicht gewährleistet.

Waschen des Ätzdrucks:
Nach dem Dampfverfahren müssen die Drucke ausgewaschen werden. In Folge ihrer geringen Wasch- und Nassechtheit dürfen diese nicht oberhalb von 30° C gewaschen werden. Nach dem Waschen empfiehlt sich ein Absäuern mit Essig- oder Ameisensäure.

RESERVEDRUCK

In dieser Druckart wird die Druckpaste auf die ungefärbte Wolle aufgebracht, die diese örtlich reserviert, d. h., an diesen Stellen wird beim nachträglichen Färben oder Überdrucken eine örtlich andersfärbige Gestaltung ermöglicht. Ohne Verwendung von Farbstoffen in der Druckpaste entsteht an der reservierten Stelle ein Weißeffekt. Die Reservewirkung beruht sowohl auf einem mechanischen als auch auf einem chemischen Effekt, wobei die Auswahl der geeigneten Farbstoffe besonders wichtig ist. Nicht jeder Farbstoff ist für einen Reservedruck geeignet.

Rezeptur für Reservedruck:
Wasser, geeigneter Farbstoff bei Buntreserve, Lösevermittler, Chemikalien (je nach eingesetzten Farbstoffklassen), Verdickung.

→ Fixiert werden die Drucke bei 102° C für 40 min.
→ Gewaschen wird bei ca. 30–40° C mit einem nichtionogenem Waschmittel.

WASCHEN UND TROCKNEN BEDRUCKTER WOLLE

Durch das Waschen werden überschüssiger Farbstoff, Verdickungsmittel und Chemikalien entfernt. Dabei ist auf folgende zwei Hauptfehlerquellen zu achten:

→ Die mechanische Beschädigung der Faser
→ Das Anfärben / Abflecken.

Der Wasserverbrauch beim Waschen von Wolle ist im Allgemeinen sehr hoch, denn nur mit entsprechend hohem Wassereinsatz können gute Resultate erzielt werden.

→ Mechanische Einflüsse: Im Gegensatz zu den anderen Fasern ist die Wolle gegen mechanische Einwirkung wie Scheuern und Reiben der Oberfläche sehr empfindlich. Im Weiteren gibt es Qualitäten, die wegen ihrer webtechnischen Konstruktion sehr faltenempfindlich sind, sodass diese weder im Strang noch auf der Entwässerungszentrifuge behandelt werden dürfen. Die zu wählende Waschmethode ist vorgängig festzulegen, da sich bei Fehlbehandlungen irreparable Schäden ergeben können.
→ Verfahrenstechnische Fehler (Anfärben / Abflecken): Fehlerhaftes Anfärben oder Abflecken tritt vor allem im Druck mit Säure- und Metallkomplexfarben auf. Das erste Spülen der Wolle ist daher besonders wichtig, denn falls die Stücke längere Zeit in den gleichen Falten laufen, kann es zu einer Abfleckgefahr kommen. Abflecken bedeutet, dass der Druck auf einer anderen nicht gewollten Stelle der textilen Fläche sichtbar wird. Das Entfernen von solchen Abflecken ist besonders schwierig und in manchen Fällen auch unmöglich. Jedes Kolorit und Design kann sich in Bezug auf das Anfärben anders verhalten.

  Wie oft eine Flotte (Wasserbad) gewechselt werden muss, hängt davon ab, wie stark die Farbe ausblutet. Wichtig ist, dass die Flotte während des Waschvorgangs genau beobachtet wird, um diese im richtigen Moment zu erneuern. Als Grundregel gilt frischgedämpfte Stücke im feuchten Zustand nicht liegen zu lassen und möglichst rasch auszuwaschen und anschließend zu trocknen. Dies ist im Ätzdruck, z. B. mit Säurefarbstoffen, besonders wichtig. Ausgewaschen wird in großen Druckereien entweder auf der Haspelkufe oder in einer Breitwaschmaschine. Beide Apparaturen sind auf Grund der großen mechanischen Beanspruchung der Wollfaser nicht besonders geeignet dafür.

Die Trocknung der Wolle ist sehr wichtig und daher ist diesem Arbeitsvorgang besondere Beachtung zu schenken. Der eigentliche Trocknungsvorgang hat möglichst spannungsfrei zu erfolgen.

FEHLERQUELLEN BEIM DRUCK

Fehlerquellen beim Drucken:
Es handelt sich hier um allgemeine Fehler, die aber besonders bei Wolle wegen der oft sehr dünnen Stoffqualitäten verstärkt in Erscheinung treten, z. B.:

→ Unegalitäten von flächigen Partien (schipprig): Diese Fehler sind meist auf das Rezept zurückzuführen.
→ Seitenungleich von Kante zu Kante: Diese Fehler sind meist auf Rakeldruck und Rakelführung zurückzuführen.
→ Verquetschen beim Nass-in-Nass-Druck: Meist herbeigeführt durch zu hohen Rakeldruck oder durch zu starke Führung, Abdrucke von Schablonenrändern etc.

Fehlerquellen beim Dämpfen:
Hauptsächliche Fehler sind: Wassertropfen, Fließen der Farbe, Fließränder, unregelmäßige Fixierung, Geisterbilder

Fehlerquellen beim Waschen:
Hauptsächliche Fehlerquellen sind: eingeblutete Druckfarben in den Fond, abgefleckte Stellen, Aufhellen der Druckfarben (z. B. zu warm gewaschen), mechanische Schäden an der Ware.

K3 SEIDE

Bereits vor rund 7.000 Jahren wurde die Seide entdeckt und fasziniert bis heute noch durch ihren eigenen Charme und ihren Glanz.

Der Legende nach wurde die Seide von der Frau des Kaisers von China, namens Si-ling-shi, um 3.000 v. Chr. bei einem Spaziergang in den Palastgärten entdeckt. Verdutzt blieb sie vor einem Maulbeerbaum stehen, in dessen Zweigen an kurzen seidigen Fäden ganze weiße Früchte hingen, die sie nie zuvor gesehen hatte. Noch rätselhafter wurde die Erscheinung, als sich aus der Frucht ein Schmetterling ins Licht zwängte. Die sorgfältige Inspektion des Gehäuses, des Kokons, ergab, dass die Stätte der Metamorphosen aus einem zusammenhängenden, hauchdünnen, doch bemerkenswert festen Faden bestand, der sich abwickeln lies. Si-ling-shi entwickelte die Seidenzucht, die dann im 500 Jahrhundert n. Chr. von zwei Pilgern nach Europa gebracht wurde.[1]

In den 30iger Jahren, also vor dem Zweiten Weltkrieg, erreichte die Seide ihre größte Produktionsziffer. In Folge sank die Gewinnung dieser Faser auf ein Minimum und die Synthesefasern schienen der Seide nach dem Krieg den Rang abzulaufen. Mit dem Trend »Zurück zur natürlichen Faser« konnte sich die Seide in den 70iger Jahren erholen und in der Zwischenzeit ist die Produktion ständig gestiegen. Im Jahre 1980 hatte Seide mit ungefähr 54.000 t einen Anteil von etwa 0,2 % der Welt-Faser-Produktion. Diese Zahl beinhaltet nur die gezüchtete Seide (Bombyx mori); dazu kommen noch etwa 20 % an Wildseide (Tussah). Nach 1980 ist die Gewinnung von Seide weiterhin gestiegen und beträgt ca. 180.000 t pro Jahr.

Seide ist in modischen Kollektionen stets an der Spitze anzutreffen und behält in den Kreationen der Haute Couture nach wie vor ihren ersten Platz. Der optische Eindruck, der Griff sowie die klassische Drapierung der Faser führen neben den physikalischen und physiologischen Eigenschaften zum begehrten Textilmaterial.

A GEWINNUNG DER SEIDE

Unter den Sammelbegriff »Seide« fallen die eiweißhaltigen Sekrete, die als Fäden aus den Drüsen von Raupen verschiedener Schmetterlingsarten anfallen. Es werden verschiedene Seidenarten unterschieden:

→ Der gezüchtete Seidenspinner: »Bombyx mori«, »Maulbeerseidenspinner«
→ »Wildlebender und kultivierter Seidenspinner«, »Tussah-« oder »Eichenspinner« genannt

Der größte Teil der produzierten Seide und Seidenprodukte stammt aus China oder Japan – ca. 90 %. Ebenso sind Indien, Thailand, Südkorea, Russland, Bulgarien und Brasilien in der Seidenproduktion hinzugekommen. Da es sich bei der Seide um ein Naturprodukt handelt, kommen je nach Zucht Unterschiede in Bezug auf Farbe, Feinheit und Regelmäßigkeit des Fadens vor. Kokons, Garn oder Gewebe werden daher sehr oft auch unter dem Namen der entsprechenden Region gehandelt.

B SEIDENZUCHT

DER GEZÜCHTETE SEIDENSPINNER: BOMBYX MORI (MAULBEERSEIDENSPINNER)

Der kultivierte oder auch gezüchtete Seidenspinner (Raupe des Schmetterlings), wie er genannt wird, gehört der großen Gattung der Schuppenflügler (Lepidoptera) an, von welcher etwa 20.000 Arten bekannt sind. Der Seidenspinner ist sehr bescheiden gefärbt. Seine Grundfarbe bildet ein schmutziges Weiß und über die Flügel verlaufen einige bunte Querlinien.

Je nach Klima lassen sich pro Jahr mehrere Raupengenerationen züchten (z. B. im heutigen China ein- bis achtmal). Für eine erfolgreiche Züchtung ist das Auslegen der Raupen im

Stadium der Reife äußerst wichtig. Der Maulbeerseidenspinner durchläuft während seiner Entwicklung vier Stadien: vom Ei über die Raupe zur Verpuppung im Kokon bis dann zum Schmetterling.

DAS EI

In einem Gehege werden ca. 100 Maulbeerspinner gehalten, wobei die weiblichen Schmetterlinge um die 40.000–50.000 stecknadelkopfgroße Eier legen. Nach 10–14 Tagen und einer Temperatur über 13° C wird die Schale durchbrochen und die Raupen schlüpfen aus. Nach dem Ausschlüpfen ist die Raupe am ersten Tag ca. 3 mm lang und wiegt 0,47 mg. Die Tiere entwickeln sich sehr rasch, denn bis zum 30/33. Tag wird die Raupe 3,65–4 g schwer sein und hat eine Länge von ca. 9 cm. Dabei hat die Raupe ihre Länge um das 30fache, ihre Größe um das 400–500-Fache und ihr Gewicht um das 7.000 bis 10.000-Fache vergrößert. Diese Entwicklung findet unter vier Häutungen statt, die im Abstand von 5–6 Tagen stattfinden. Die Tiere fressen, wie der Name schon sagt, nur Maulbeerblätter. Bei 50.000 Raupen werden an die 1,5 Tonnen Maulbeerblätter benötigt. Nach alter chinesischer Überlieferung müssen Raupen im Frühstadium jede halbe Stunde gefüttert werden.

Auf Grund des großen Aufwandes zur Gewinnung der Maulbeerblätter hat man sich besonders in Japan mit der Ernährung der Seidenraupe näher befasst. Es soll nun durch Chemie gelungen sein, eine entsprechend proteinhaltige, künstliche Nahrung herzustellen. Inwieweit der so gewonnene Faden dem mit natürlicher Nahrung produzierten Seidenfaden unter Beurteilung aller Eigenschaften entspricht, muss noch dahingestellt bleiben.

DER KOKON

Im Reifestadium werden die Raupen selektiert und eingesammelt. Die Raupen kommen, damit das Einspinnen erleichtert wird, auf von unten beheizte Bambusgitter, wo sich die Seidenraupe zum Einspinnen die günstigste Position aussucht. Sie beginnt sofort mit dem Puppenbett, um dann durch Kopfbewegungen einer Achterform den Faden zu spinnen und den eigentlichen Kokon aufzubauen. Die beiden Spinnorgane, genannt Seidendrüsen, befinden sich am Unterkiefer und erzeugen zwei unterschiedliche Substanzen: den Seidenleim (Serizin) und den Seidenbast (Fibroin). Durch die Spinnöffnungen wird das Fibroin durch zwei Seidendrüsen gepresst. Die beiden Einzelfäden werden, bevor sie die Spinndrüse verlassen, mit dem Seidenleim umhüllt und zusammengeklebt. Serizin wird erst an der Luft beim Verstricken wasserunlöslich. Er entstammt aus dem Magen der Raupe.

Vom Einspinnen der Raupe (3 Tage) über die Verwandlung zur Puppe (3–4 Tage) und die Entwicklungsruhe (14 Tage) bis zum Ausschlüpfen des Schmetterlings dauert es etwa 20 Tage. Im richtigen Zeitpunkt müssen die Kokons für die Seidengewinnung eingesammelt werden.

Ebenso wichtig ist auch die Auswahl der geeigneten Puppen für die Weiterzucht. Dies fordert große Erfahrung, da sich die Weibchen nur geringfügig von den Männchen unterscheiden. Nur geübte Züchter*innen können diese feinen Unterschiede erkennen und tragen durch gezielte Kreuzungen guter Schmetterlinge zu hochwertiger Seide bei. Zu den wesentlichen Merkmalen dieser Seidenart gehört, dass diese aus feinen, beinahe (nach dem Entbasten) weißen, weichen und diskret glänzenden Fäden besteht (etwa 80–85% der gesamten Kokonernte der Welt entfallen auf diese Seidenart).

Es gibt zwei Arten: den wildlebenden Seidenspinner und den kultivierten Tussah-Spinner. Der in China und Indien wildlebende Seidenspinner legt seine Eier auf die Blätter des Baumes. Die Raupen fressen dort, verspinnen sich und im entsprechenden Zeitpunkt müssen die Kokons eingesammelt werden. Diese Tussah-Seide ist von großer Unregelmäßigkeit und stark unterschiedlicher, natürlicher Farbe von hell bis dunkelbeige oder braun gekennzeichnet.

Der kultivierte Tussah-Spinner hingegen wird im Gehege gezüchtet. Durch jahrelange Auswahl und Kreuzung entsprechender Arten wurde bis heute ein sehr feiner und regelmäßiger Faden erreicht, der sich in gewissen Belangen nicht so stark von demjenigen von Bombyx mori unterscheidet.

Unterschiede der beiden Seidenarten:
Die beiden Seidenarten bestehen aus einem im Querschnitt trilobal geformten Doppelfaden, dem »Fibroin«, der in einem eiweißhaltigen, aber löslichen Leim, dem »Serizin«, eingebettet ist. Sie unterscheiden sich neben dem Aussehen in der Fadenstruktur,

der Eigenfarbe, dem Faserquerschnitt und der Faseroberfläche sowie durch verschiedene Mengen an Serizin – bei Bombyx mori ca. 20–30 %, bei Tussah ca. 8–15 %. Bombyx-mori-Seide ist meistens glatt, Tussah-Seide hingegen sehr streifig und unregelmäßig dick.

c SEIDENGEWINNUNG

Der Kokon ist das Ausgangsmaterial zur Gewinnung des Fadens, dessen Farbe, Größe und Form je nach Art oder Gattung verschieden sind.

Die Farbe des Kokons ist weiß, gelb, orange, grün bis hin zu dunkelbraun – je nach Art der Raupe. Die Farbe des Kokons stammt von Farbpigmenten, die während der Entwicklung der Raupe gebildet werden und aus dem letzten Teil der Spinndrüse stammt, bevor der Seidenleim (Serizin) von der Raupe hinzugefügt wird. Für eine hochwertige Seide sollten Kokonpartien gleicher Farbe zusammengestellt werden.

Die Kokons haben eine sehr unterschiedliche Form. Sie sind kugel- bzw. eiförmig und manche besitzen eine erdnussförmige Einbuchtung. Außen ist die Oberfläche uneben/körnig, innen glatt. Die grobkörnige Form der Oberfläche ist für die Bearbeitung und Qualität der Seide wichtig. So wird beispielsweise die Anzahl der auf einen Quadratzentimeter entfallenden Kügelchen definiert. Je nach der Körnigkeit wird die Güte der Seide beurteilt. Die Entstehung der Körner wird dadurch erklärt, dass die Raupe auf das weitmaschige Hüllengewebe die Fäden in achtförmigen Figuren legt, die dabei in die breiten Maschen hineinhängen und dadurch kleine Kügelchen oder Körner bilden.

HASPELN DER SEIDE

Das Abhaspeln der Seide wird meistens in den Ländern der Seidenzucht durchgeführt. Nachdem die Puppen in den Kokons entweder durch Heißluft-Behandlung oder Eintauchen in heißes Wasser abgetötet sind, werden die Kokons in ein dampfbeheiztes Vorspinnbecken mit Wasser gelegt. Die getötete Seidenraupe gehört in vielen Länder auf Grund ihres hohen Anteils an Proteinen zu einer Delikatesse und wird gegessen. Durch wechselweises Drehen mit Bürsten werden diese Kokons unterhalb der Oberfläche gehalten und der Seidenbast wird aufgeweicht. Die Flockseide, gemeint ist die äußerste Schicht, wird gelöst und der Anfang des abhaspelbaren Fadens ist sichtbar. Die vorbereiteten Kokons gelangen nun ins eigentliche Spinnbecken und werden dort entsprechend der Zahl der gewünschten Feinheit (z. B. 5 bis 10 Fäden) gemeinsam abgezogen, angetrocknet und zu einem Strang aufgehaspelt.

Die so entstandene Rohseide oder Haspelseide wird als »Grége« bezeichnet. Die gesamte Länge des abgehaspelten Fadens beträgt bei Bombyx mori ca. 2.500–3.000 cm. Davon sind ca. 1.200 m abhaspelbar und der Restwert für wertvolle Nebenprodukte wie Schappe- und Bourette-Seide gewonnen (wird heute als Kettgarn und Nähseide verwendet). Grége-Fäden können direkt als Schuss- oder Kettmaterial eingesetzt werden. Das durch das Abhaspeln im heißen Wasser aufgequollene Serizin verleimt die Fäden und gibt ihnen die nötige Scheuerfestigkeit für den Webvorgang. Ein klassisches Seidengewebe entsteht durch entsprechendes Zwirnen von Grége-Fäden. Die Anzahl der Fäden ist maßgeblich für die Feinheit, die Drehzahl und -richtung. Sie beeinflusst wesentlich das Aussehen, den Griff und den Fall der Gewebe.

C1 Aufbau der Seide

Die Seidenfaser ist ein endloser Doppelfaden. Der Doppelfaden besteht aus dem Fibroin (ca. 72–81 %) und wird von dem Seidenbast (Serizin, ca. 19–28 %) umhüllt. Das Serizin ist amorph und löst sich in heißer Seifenlösung. Das Fibroin besitzt hochorientierte, kristalline Bereiche und ist unlöslich. Die Kristallite sind in Mikrofibrillen, Makrofibrillen und in einem Fibrillenbündel zusammengefasst. Mehrere Fibrillenbündel bilden den Fibroin-Einzelfaden.

Sowohl das Fibroin als auch das Serizin sind aus Aminosäuren aufgebaute Eiweißkörper. Das Serizin setzen sich wie folgt zusammen:

→ Das auffälligste Merkmal des Fibroins ist der hohe Anteil an chemisch einfachen Aminocarbonsäuren wie

Glyzin, Alanin und Serin. Fibroin enthält kaum schwefelhaltige Aminosäuren wie z. B. Cystin und nur einen geringen Anteil an Aminosäuren mit Säuregruppen als Seitenketten. Der Anteil an basischen Seitengruppen ist verhältnismäßig klein, daher kann die Seide wesentlich weniger Säuremengen aufnehmen oder Alkalienmengen absorbieren als Wolle. Der isoelektrische Punkt der Seide liegt bei ca. pH 5.

→ Die geringe Anzahl von Seitenketten ermöglicht eine dichte Packung der Polypeptidketten bei der Seide. Wasserstoffbrücken leisten einen wichtigen Beitrag zur Strukturierung des Fibroins. Wie Röntgenstrukturanalysen der kristallinen Bereiche des Fibroins zeigen, liegen die Peptidketten in völlig gestreckter Form vor.

C2 Eigenschaften der Seide

ALKALIEMPFINDLICHKEIT

Alkalien bauen die Kettenenden des Peptids ab und in höherer Konzentration bewirkt dies eine Auflösung des Seidenfadens. Dieser Abbau wird nicht nur durch den pH-Wert, sondern auch durch die Art des Kations im Alkali bestimmt. Seide sollte daher nicht mit üblichen Haushaltswaschmitteln gewaschen werden, da diese stark alkalisch sind, sondern nur mit Woll-Seiden-Waschmitteln. Bei unsachgemäßer Wäsche kann es nicht nur zur Knitterbildung kommen, sondern es löst sich der noch vorhandene Seidenleim, der kleinere Knötchen bildet und die sogenannten, unbeliebten Seidenläuse bildet. Es empfiehlt sich, die Seide chemisch reinigen zu lassen.

BAKTERIEN

Seide kann in feuchtem Zustand beim Lagern durch Bakterien abgebaut, d. h. beschädigt, werden. Es kommt dabei zu Stockflecken, die nicht mehr entfernbar sind. Seide ist so wie die Wolle bei Motten sehr beliebt.

DICHTE, FARBE UND FEINHEIT

Rohseide kommt in vielen Nuancen zwischen Weiß, Gelb, grünlich bis bräunlich vor. Die entbastete Seide ist reinweiß. Die Feinheit liegt je nach Herkunftsland zwischen ca. 1–3 dtex. Die Dichte ist bei Seide sehr gering. Sie gehört zu den leichtesten Naturfasern.

GLANZ UND GRIFF

Im Rohzustand ist der Seidenfaden matt. Durch Entfernen des Serizins erhält die Seide ihren Glanz.

Die Seide erhält durch das Entbasten den bekannten weichen und edlen Griff – dieser ist knirschend, genannt »Seidenschrei«.

LICHTEINFLUSS, OXIDATIONS- UND REDUKTIONSMITTEL

Oxidations- sowie Reduktionsmittel, die beim Bleichen oder im Ätzverfahren verwendet werden, werden von der Seide in üblichen Konzentrationen gut vertragen.

Bei sehr langer Belichtungszeit durch direktes Sonnenlicht kann die Faser beschädigt werden.

REIẞFESTIGKEIT

Die Reißfestigkeit des Tussah-Fadens ist manchmal geringer und entspricht in der Größenordnung einer schlechteren Qualität von Bombyx mori.

SCHEUERFESTIGKEIT

Die Seide besitzt vor dem Entbasten eine hohe Scheuerfestigkeit. Danach wird die Oberfläche der Seide durch Scheuern sehr leicht aufgeraut. Dies muss in allen Veredelungsstufen, vor allem im nassen, aufgequollenen Zustand, berücksichtigt werden. Durch das Erschweren wird die Scheuerfestigkeit noch einmal herabgesetzt. Seide hat die Fähigkeit, gewisse Metallsalze, z. B. Zinnchlorid, chemisch zu binden. Dies wird zum Beschweren der Seide genutzt, allerdings kann es bei zu starker Erschwerung zur Schädigung der Seide kommen, da die Metallsalze die Faser brechen.

TEMPERATUREMPFINDLICHKEIT

Seide lässt sich bei mittlerer Temperatur gut bügeln. Eine Behandlung mit zu hoher Temperatur führt zu nicht reversibler Vergilbung, außerdem wird die Seide spröde. Die Faser zersetzt sich bei 170° C.

WASSEREINFLUSS

Die Seide besitzt eine hohe Saugfähigkeit und kann bis zu 30 % Feuchtigkeit aufnehmen, ohne dass sich die Faser nass anfühlt. Es besteht eine gute Schweißaufnahme, was bei manchen Färbungen zu Schweißrändern führen kann. Schweißränder sind nicht mehr reversibel. Nachdem Seide nicht kochend gewaschen wird, wird bei den Färbungen weitgehend auf kochfeste Farbstoffe verzichtet. Dadurch kann es allgemein bei den Echtheiten, wie z. B. Schweißechtheit, Waschechtheit etc. Probleme geben.

Die Polypeptidketten des Fibroins können in kochendem Wasser oder Dampf hydrolysieren. Diese Hydrolyse ist jedoch sehr langsam und wird erst bei Anwesenheit von Mineralsäuren oder Alkalien kritisch. Bei oftmaligem Waschen mit alkalischen Waschmitteln wird Seide spröde, glanzlos und brüchig.

Rohseide ist gegenüber Wasser besonders empfindlich, da sich der Seidenleim löst und dies kommt einem Entbasten gleich. Darüber hinaus löst sich der Seidenleim unregelmäßig und es kann zu Wasserflecken oder Knittereffekten kommen, was bei der weiteren Verarbeitung Schwierigkeiten aufwirft.

VERHALTEN GEGENÜBER SÄURE

Die Faser besitzt eine verhältnismäßig gute Beständigkeit gegen organische Säuren. Die Seide ist aber nicht so widerstandsfähig wie Wolle. Bei Anwesenheit starker Säuren spalten sich die Peptidketten der Seide statisch verteilt auf. Dies führt zu einem raschen Reißfestigkeitsverlust (DP-Abfall). Serizin und Threonin sind gegenüber Säuren besonders anfällig. Verdünnte organische Säuren verträgt die Seide gut, sie erhöhen den Glanz der Seide und verbessern deren Griff.

D VORBEHANDLUNG UND VEREDELUNG DER SEIDE

Die Vorbehandlung besteht je nach Seidenqualität und Qualitätsanforderungen aus zwei Stufen:

→ Entbasten (Abkochen) und eventuell Entschichten
→ Bleichen

Bei der Vorbehandlung muss nicht nur der Seidenbast (Serizin), sondern es müssen auch Begleitsubstanzen wie Fette, Öle, natürliche Farbstoffe und mineralische Bestandteile entfernt werden sowie – je nach Seidenart – auch Schlichten (z. B. Stärke).

Entsprechend der Seidenprovenienz ist die natürliche Anfärbung sehr schwach bis stark (z. B. durch Chlorophyll, Karotin). Bei den wilden Seiden ist diese Anfärbung zum Teil so stark, dass auch ein Bleichprozess daran nichts ändert. Ein gutes und gleichmäßiges Entfernen all dieser Verunreinigungen ist für ein einwandfreies Färben, aber auch für einen guten Druckausfall wichtig.

Bei der ganzen Vorbehandlung ist auf geringste mechanische Beanspruchung zu achten, damit die Seidenfäden nicht aufgespalten werden. Dies kann in den weiteren Veredelungsstufen, so in der Färberei und Druckerei, wo weitere mechanische Behandlungen hinzukommen, zu schweren und irreparablen Schäden führen. Der Wahl der richtigen Entbastungsmethode ist daher besonderes Augenmerk zu schenken.

D1 Entbasten

Das Ablösen des Bastes beruht auf der Wasserlöslichkeit und der höheren Alkaliempfindlichkeit des Serizins. Das Fibroin löst sich erst bei einem höheren pH-Werten bei ca. 10 liegt. Allerdings kann ein zu hoher Alkalieneinsatz sowie eine zu lange

Behandlungszeit das Fibroin angreifen. Der Bastgehalt variiert je nach Seidenqualität und nach Provenienz. Bombyx-mori-Seide hat etwa 20–30 % Bast, Tussah-Seide zwischen 5–15 %. Der Anteil an Fetten und Ölen beträgt etwa 0,5–1 %. Nicht in jedem Fall wird der Bast vollständig entfernt. Für bestimmte Effekte wird entweder wenig, teilweise oder vollständig entbastet. Dafür sind folgende Bezeichnungen in der Fachsprache üblich:

→ Ecru-Seide (Entfernen von Fett/Wachs und von ca. 2–5 % Bast)
→ Souple-Seide (Entfernen von ca. 6–15 % Bast)
→ Cuite-Seide (vollständig entbastet).

In der Praxis werden drei Verfahren angetroffen:

→ Das traditionelle Verfahren mit Marseiller Seife
→ Das Entbasten mit synthetischen Detergenzien
→ Das enzymatische Verfahren

TRADITIONELLE METHODE MIT MARSEILLER SEIFE

Die Wasserqualität (Weichwasser) ist für einen guten Warenausfall mitentscheidend. Es gibt erhebliche Schwierigkeiten, wenn keine entsprechende Wasserqualität zur Verfügung steht. Daher empfhielt es sich, in der Flotte Weichwasser einzusetzen.

Wenn mit Marseiller Seife gearbeitet wird, ist der Vorteil, dass die Seide einen besonders guten, weichen Griff erhält. Der Nachteil beim Arbeiten mit Marseiller Seife ist die lange Behandlungszeit (2 bis etwa 6 Stunden), die möglicherweise eine starke Beschädigung der Seide nach sich zieht. Nach dem Entbasten muss gespült werden.

Rezeptur:

8–10 g/l Marseiller Seife
pH 9,5 mit Soda
2–6 h bei 90–95° C

Spülen:

1 ml/l Ammoniak
50° C und anschließend bei 40° C und kalt spülen

Teilentbastungen:

→ Ecru-Seide: Es geht hier vor allem um das Entfernen von Verunreinigungen wie Fette/Wachse. Bei der Behandlung werden auch ca. 2–5 % des Bastes gelöst. Der Faden verbleibt so im rohen Zustand und ist relativ steif.

Damit diese Behandlung einigermaßen sicher unter minimalem Bastverlust durchgeführt werden kann, wird die Seide über Nacht in einer schwachen, 4–5 %igen Formaldehydlösung bei ca. 20° C behandelt. Anstelle dessen kann man auch eine 15 %ige Formaldehydlösung bei 75° C eine Stunde lang einwirken lassen. Behandelt wird dann in einer schwachen Seifenlösung, wobei darauf zu achten ist, dass der Bast nicht angegriffen wird.

→ Souple-Seide/Assouplieren: Diese Teilentbastung (Souple-Seide) erfolgt nicht im alkalischen, sondern in einem sauren Bad. Der Gewichtsverlust liegt bei ca. 6–15 % des ursprünglichen Rohgewichtes. Es wird dabei weniger als die Hälfte des Bastes entfernt. Der Vorgang wird auch als »Assouplieren« bezeichnet und kommt nur für Grége-Seide in Betracht. Der verbleibende Bast wird durch diese Behandlung geschmeidiger und biegsamer. Er quillt dabei auf und nimmt an Volumen zu.

Nach dieser Behandlung ist der Faden eher steif und weist einen geringen Glanz auf. Durch weitere mechanische Behandlungen des Stranges in Form von Strecken, Schlagen oder »Chevillieren«, bedeutet starkes Verdrehen und Strecken, wird der Faden weich und glänzend. Die letzterwähnte Behandlung kann nach dem Färben durchgeführt werden.

Beispiel einer Badfolge für die Teilentbastung:

→ Entfetten bei 30–40° C in einem schwach alkalischen Seifenbad,

→ Bei Kochtemperatur in Schwefelsäure/Seifenbad während 1–3 Stunden behandeln,

→ Sorgfältig spülen,
→ Falls noch klebrig, im Seifenbad bei 30–40° C kurz nachbehandeln.

ENTBASTEN MIT SYNTHETISCHEN DETERGENZIEN

Beim Entbasten werden verstärkt synthetische Produkte eingesetzt, die wesentlich kürzere Behandlungszeiten, die bei ca. 1 Stunde liegen, zulassen. Die Behandlungszeit ist von der Seidenqualität und den Bastgehalt abhängig. Bei dieser Methode muss der pH-Wert genau überwacht werden, sonst kann es rasch zum Abfall des Entbastungseffekts kommen. Meistens findet die Entbastung zwischen einem pH-Wert von 11,2–11,5 statt.

ENTBASTEN MIT ENZYMEN

Entbasten mit Enzymen wird auf Grund der sehr langen Behandlungszeit kaum mehr durchgeführt.

FEHLER BEIM ENTBASTEN – PRÜFMETHODEN DER ENTBASTUNG

Bei der Entbastung können verschiedene Fehler auftreten, die meist auf mechanische Ursachen zurückzuführen sind. Weiters sind Unregelmäßigkeiten wie Flecken anzutreffen, die sich in späteren Behandlungen negativ bemerkbar machen. Einige wichtige Fehler sind z. B. aufgeraute Oberflächen, Metallflecken, Öl- oder Paraffinflecken und viele mehr.

Prüfmethode:
Diese unerlässliche Kontrolle bezweckt einerseits das Bestimmen des gewünschten Reinheitsgrades und anderseits das Absichern gegen einen zu hohen Gewichtsverlust, verbunden mit einer möglichen Schädigung der Seide. Es gibt zwei Methoden zur Prüfung der Entbastung: die gravimetrische Methode und den Färbetest.

D2 Bleichen und optisches Aufhellen

Je nach dem weiteren Veredelungszweck wird oft auch möglichst weiße Ware gewünscht. Seidengewebe der kultivierten Raupe sind im Aussehen nach dem Entbasten leicht gelblich. Bei Bombyx-mori-Seide ist es relativ einfach, den gewünschten Weißgrad zu erzielen, hingegen bleibt bei den Tussah-Seiden – je nach Provenienz – eine leichte bis stärkere Gelbbraun-Tönung unvermeidlich. Helle Färbungen und Drucke werden dadurch beeinträchtigt, daher ist bei Tussah-Seide der Bleichvorgang besonders wichtig. Es gibt zwei verschiedene Bleichverfahren, die auf der Seide durchgeführt werden können, nämlich die reduktive Bleiche oder die oxidative Bleiche.

D3 Erschweren oder Chargieren von Seide

Da beim Entbasten ein substantieller Gewichtsverlust entsteht, war von jeher bei diesem Material das Interesse vorhanden, diesen Gewichtsverlust nicht nur teilweise oder ganz wettzumachen, sondern in bestimmten Fällen sogar über das ursprüngliche Gewicht zu erschweren. Das Erschweren wird auch als »Chargieren« der Seide und die aufgebrachten Produkte werden als »Charge« bezeichnet. Das Erschweren der Seide ist sowohl im Garnstrang als auch im Stück möglich.

Für den Grad der Erschwerung wurde das Wort »pari« eingeführt, so z. B. 10 % leichter als die Ausgangsseide bedeutet 10 % »unter pari«. Bei »pari« entspricht die Erschwerung dem Gewicht der Ausgangsseide, während bei »überpari« die Ware schwerer als die ursprünglich entbastete Seide ist. Je nach Erschwerungsverfahren kann die Ware bis 300 % des Gewichtes an Charge aufnehmen. Zusätzlich können durch die Erschwerung Eigenschaften des

Fadens verbessert werden, wie z. B. Fülle, Griff, schönerer Glanz, besseres »Wash-and-Wear«-Verhalten und viele mehr.

Je nach Erschwerung und Gewichtszunahme sind aber auch empfindliche Nachteile möglich, wie z. B. verringerte Farbstoffaffinität, d. h. schlechteres Farbstoffaufnahmevermögen, Brüchigkeit, starke Abnahme der Reißfestigkeit, Beeinflussung der Ätzbarkeit. Folgende Erschwerungsmethoden sind üblich:

→ Vegetabilische Erschwerung – dieses Verfahren wird Heute kaum mehr verwendet
→ Mineralische Erschwerung
→ Polymer-Erschwerung

MINERALISCHE ERSCHWERUNG

Die mineralische Erschwerung wird mit Zinn(IV)-Chlorid-(Pinksalz)-Phosphat-Silikat durchgeführt. Diese erfolgt in mehreren Stufen, je nach gewünschter Gewichtszunahme. Im ersten Schritt wird Zinntetrechlorid appliziert und nach dem Spülen wird im zweiten Bad der Seidenfaden mit einer Dinatriumphosphatlösung behandelt. Im dritten Bad wird das Phosphat mit Wasserglas (Natriumsilikat) fixiert. Es ist üblich, mehr als 25 % »überpari« zu chargieren.

POLYMER-BEHANDLUNG

Die Polymer-Behandlung wird auch als organische Erschwerung durch Verpfropfung bezeichnet. Die Erschwerung beruht auf der Behandlung von Methacrylamid und Ammonpersulfat. Die Erschwerung, bezogen auf entbastete Seide, kann bis zu 50 % des Warengewichtes ohne wesentliche Griffbeeinträchtigung ausmachen. Bei 100 % Gewichtszunahme verändert sich der charakteristische Griff der Seide wesentlich. Diese Behandlung verändert die färberischen Eigenschaften der Seide, daher empfiehlt es sich, davor durch Experimente Erfahrungswerte zu sammeln.

D4 AUSRÜSTEN DER SEIDE

Die traditionelle und modische Bedeutung dieser edlen Faser erfordert es, dass bei Fertigprodukten aus Seide nicht nur der optische Effekt, wie z. B. der Seidenglanz, sondern auch der seidene Knirschgriff und der Fall des Stoffes erhalten bleiben. Beim Ausrüsten von Seide wird daher diesen marktkonformen Ansprüchen erste Priorität eingeräumt. Der Wunsch nach besseren Trage- und Pflegeeigenschaften hat sich im Laufe der Jahre geändert und gesteigert, zudem steht die Seide in Konkurrenz zu anderen Fasern. Dem Trend zu »Wash-and-Wear« kommt in der Seidenindustrie mit dem Einsatz von Weichmachern, Elastomeren und zum Teil auch Kunstharzen vermehrt Bedeutung zu. Die neuen Bedürfnisse in Bezug auf zeitgemäße Trage- und Pflegeeigenschaften müssen diese Tatsache miteinbeziehen. Eine Ausnahme bilden Artikel für Unterwäsche, bei denen die physiologischen Eigenschaften im Vordergrund stehen. Im Zuge der verbesserten Eigenschaften stehen folgende Begriffe zur Diskussion: Knitterfestigkeit, Antistatikeffekte, Fleckenresistenz, Flammfestigkeit, Dimensionsstabilität, »Wash-and-Wear-«-Eigenschaften. Seitens der Industrie werden immer wieder gezielt Projekte als Forschungsaufträge vergeben, um marktgerecht neue Möglichkeiten und Anwendungsbereiche der Seide zu eröffnen.

Kurzer Überblick über Maschinen zur Ausrüstung von Seide. Je nach Artikel und zum Teil nach Kund*innenwünsche kommen verschiedene Vorrichtungen, entweder einzeln oder in Kombination, zum Einsatz. Wichtig ist, dass die zur Ausrüstung gelangten Stoffe nicht überspannt werden. Dies ist speziell bei allen Crêpe-Artikeln zu beachten. Folgende Maschinen und Apparaturen kommen zum Einsatz:

→ Chemikalien-Foulard
→ Kalander: Durch das Kalandrieren werden Griff und Aussehen der Ware beeinflusst. Meist wird kalt kalandriert, womit ein weicher Griff erzielt wird. Beim Heißkalandrieren entsteht ein hoher Glanz.
→ Siededämpfer oder Krumpfmaschine: Beide bezwecken das Schrumpfen und Entspannen der Ware.

- → Spannrahmen mit Heißluft zum Trocknen der Ware
- → Dekatiermaschine: Durch das Dekatieren wird die Dimensionsstabilität erhöht, Falten werden entfernt und die Ware wird geglättet. Beim Dekatieren wird die Ware zuerst aufgerollt, dann gedämpft und wieder entrollt.
- → Palmer- oder Filzkalander: Diese Maschine glättet die Gewebe und verleiht der Ware ein glänzendes Aussehen. Sie wird vor allem für taffetartige Gewebe mit glattem Charakter sowie für Serge-Artikel (z. B. Twill und Pongé) eingesetzt.
- → Brechmaschine: Mit der Brechmaschine erreicht man einen besonderen Griff.
- → Tamponiermaschine: Auf dieser Maschine werden Stoffe behandelt, die eine aufgeraute Oberfläche anzeigen (z. B. mit Farinage). Durch die Tamponiermaschine wird eine hauchdünne Ölschicht aufgetragen, um so die Gewebestücke optisch zu verbessern. Damit wird eine ordnungsgemäße Weiterverarbeitung gewährleistet.

PRÜFUNG AUF SCHÄDIGUNG DER SEIDE

Die Prüfung auf Schädigung der Faser ist besonders bei der Seide wichtig und ausschlaggebend für jede weitere Verarbeitung. Als Indikator kann das sogenannte Pauly-Reagens herangezogen werden. Bei Schädigung zeigt der Seidenfaden eine andere Färbung an, wie z. B. bei normaler Entbastung färbt das Fibroin goldgelb an, bei geschädigter Ware ist die Färbung rot-orange. Seide kann auf drei Arten geschädigt werden:

Biologische Schädigung:
Diese kann beim Lagern – besonders in entbastetem Zustand – durch Bakterien stattfinden.

Chemische Schädigung:
Diese entsteht besonders durch unsachgemäßes Einstellen des pH-Wertes, sowohl im alkalischen als auch im sauren Bereich. Ebenfalls können nichtkontrollierte Oxidationsbleichbäder die Faser angreifen und müssen daher überwacht werden. Das Pauly-

Reagens zeigt nicht nur einen chemischen Angriff an, mechanisch geschädigte Stellen färben ebenfalls dunkel an. Der Unterschied ist unter dem Mikroskop gut sichtbar.

Mechanische Schädigung:
Durch unsachgemäße Behandlung während des Veredelungsprozesses wird die Seide mechanisch geschädigt, dies ist die größte Gefahrenquelle beim Umgang mit Seide. Wie erwähnt, kann der Seidenfaden an der Oberfläche sehr leicht aufgeraut werden. Die Enden färben sich dann heller an. Je dunkler die Färbung ist, umso größer tritt die Kontrastwirkung in Erscheinung. Durch Unregelmäßigkeiten im Spinnvorgang, beispielsweise wenn die Seidenraupen krank sind, können sich einige Fibrillen vom Hauptfaden ablösen. Bei der mechanischen Beanspruchung in der Verarbeitung werden diese Sekundärfäden aufgeraut und treten sichtbar in Erscheinung. Diese schadhaften Stellen werden üblicherweise als »Seidenläuse« bezeichnet.

D5 Färben und Drucken von Seide

Für Informationen über Färben und Bedrucken von Seide siehe das Kapitel »Färben und Drucken von Wolle«. Alle dort angeführten Verfahren und Farbstoffe sind auch auf die Seide anwendbar.

1 Vgl. Thomas Meyer zur Capellen, *Lexikon der Gewebe. Technik-Bindung-Handelsnamen*, Frankfurt am Main: dfv[5] 2015, S. 320.

K4 CELLULOSE

Die Cellulose stellt den Gerüstaufbaustoff der Pflanzen dar $(C_6H_{10}O_5)_n$. Die von Pflanzen stammenden Cellulosefasern, die in der Textilindustrie verarbeitet werden, können direkt von der Natur oder durch chemische Aufbereitung gewonnen werden. Die Cellulosefasern werden wie folgt unterschieden:

→ Einzelzellen (Einzelfasern wie z. B. Baumwolle) können sofort als Faserstoff eingesetzt werden,
→ Zellbündel (z. B. Flachs, Sisal, Kokos) müssen erst aus dem Pflanzenverband herausgelöst werden.

Je nachdem, aus welchem Pflanzenteil die Fasern stammen, kann man die pflanzlichen Fasern in Gruppen einteilen, und zwar: Pflanzenhaare, Bastfasern, Hartfasern und andere Pflanzenfasern wie z. B. Pappeln, Wollgräser und Rohrkolben, die zwar auch Samenhaare liefern, allerdings nur eine geringe wirtschaftliche Bedeutung wegen ihrer geringen Spinnfähigkeit besitzen. Verwendung finden Wollen von Pappeln, Gräsern und Rohrkolben höchstens als Kapokersatz.

Die meistverwendete Cellulosefaser ist Baumwolle, gefolgt von Flachs (Leinen) und Hanf. Jute und Ramie, sowie alle anderen Cellulosefasern, spielen eine sehr untergeordnete Rolle und sind kaum in Textilien anzutreffen.

A BAUMWOLLE

Die Baumwolle gehört zu der Gruppe der Pflanzenhaare und ist die meistverwendete Faser auf der Welt.

A1 Geschichtlicher Überblick

Einige Baumwollfasern, die in Mexiko in Höhlen gefunden wurden, werden auf ca. 6.000 Jahre geschätzt. Bereits um 3.000 v. Chr. besaß Indien ein Baumwollmonopol und weitere Baumwollkulturen befanden sich im 3. und 4. Jahrhundert v. Chr. in Persien, Palästina, Kleinasien und China. Wichtige Anbaugebiete waren um das 10. Jahrhundert n. Chr. Ägypten, Spanien und Griechenland.

Die Engländer errichteten im 17. Jahrhundert in Nordamerika bedeutende Baumwollkulturen und in der zweiten Hälfte des 18. Jahrhunderts setzten sie zur Verarbeitung bereits mechanische Spinn- und Webmaschinen ein. 1793 erfand Eli Whitney die Sägeegreniermaschine »Cotton Gin«, die die mechanische Trennung von Kapseln und Samenfäden ermöglichte. England wurde in späterer Folge zum Hauptverarbeitungsland von Baumwolle. Ägypten, Sudan, Brasilien und Russland bauten im 19. Jahrhundert bereits großflächige, meist bewässerte Baumwollkulturen an.

Anfang des 19. Jahrhunderts wurde die Baumwolle noch in geringem Umfang für Bekleidungszwecke verwendet. Erst durch die Erfindung des mechanischen Webstuhls von James Hargreaves und der Entkörnungsmaschine von Whitney schaffte die Baumwolle den großen Durchbruch und wurde innerhalb von wenigen Jahrzehnten fast in allen Ländern der Erde zur wichtigsten Textilfaser. Im 20. Jahrhundert hatte Baumwolle bereits einen Anteil von zirka 75 % des Faserverbrauches, Wolle ca. 20 % und Seide sowie Flachs ca. 5 %. Trotz starker Konkurrenz der Chemiefasern ist es bisher nicht gelungen, alle charakteristischen Eigenschaften der Baumwolle in einem anderen Faserstoff nachzubauen.

A2 Wachstum und Gewinnung

WACHSTUM DER BAUMWOLLE

Die Baumwollpflanze gehört zu den Malvengewächsen, ist ein Strauch und wird für die Fasergewinnung in Kulturen gezogen. Sie gedeiht in tropischen und subtropischen Klimazonen, benötigt feinsandigen, lockeren Boden, hohe Boden- und Luftfeuchtigkeit sowie starke Sonnenbestrahlung. Viele Länder erfüllen diese Bedingungen nicht, daher wird in Gebiete wie z. B. Russland, Ägypten, Sudan, Indien, Mexiko, Peru und die USA ausgewichen, die große Trockenheit vorweisen. Die Faser wird dort künstlich bewässert.

Nach gründlicher Bodenbearbeitung erfolgt die Aussaat, in ca. einer Woche geht die Saat auf und der Strauch beginnt für kurze Zeit (einen Tag) zu blühen. Fünf bis sieben Wochen später bilden sich aus den Blüten walnussgroße, lederartige Fruchtkapseln. Diese springen auf und die an den Samenkörnern haftenden Fasern quellen heraus, die geerntet werden können. Von der Aussaat bis zur Ernte vergehen je nach Klima und Baumwollsorte ca. drei bis sechs Monate.

GEWINNUNG DER BAUMWOLLE

Der Zeitpunkt der Ernte richtet sich nach der Reife der Baumwolle und danach, wie geerntet wird – Hand- oder Maschinenernte. Wird mit der Hand geerntet, dann wird nur die tatsächlich reife Baumwolle eingesammelt und der Gehalt an Verunreinigungen ist gering, allerdings ist der Ertrag auch sehr gering. Daher wird das Handpflücken nur bei sehr hochwertiger Baumwollqualität eingesetzt oder in wirtschaftlich weniger entwickelten Ländern durchgeführt.

In den meisten Ländern wird maschinell geerntet, was gegenüber der Handernte einen wesentlich höheren Ertrag ergibt. Allerdings werden dabei nicht nur reife, sondern auch unreife (grüne) und tote Baumwolle (z. B. Nissen) sowie Verunreinigungen (Blätter, Kapselstücke, abgebrochene Zweige und Stängel) eingesammelt. Um eine bessere Faserqualität zu erzielen, wird die

Samenbaumwolle nach der Ernte getrocknet. Dies kann entweder in Trockenkammern mittels Heißluft geschehen oder die geerntete Baumwolle wird ca. 30 Tage am Feld liegen gelassen und man lässt sie so nachreifen.

Nach der Ernte wird die Saatbaumwolle vorklassiert, d. h. nach Qualität eingestuft, um möglichst einheitliche Partien zusammenstellen zu können. Danach wird die Baumwolle zu Ballen gepresst, mit Jute- oder Polypropylengeweben umhüllt und mit Stahlbändern zusammengehalten. Das Gewicht eines Baumwollballens bewegt sich zwischen 80–340 kg.

BAUMWOLLQUALITÄTEN-KLASSIERUNG

Baumwolltypen:

→ Gossypium hirsutum (stammt aus den USA – sehr weit verbreitete, widerstandsfähige Pflanze mit mittlerer Faserlänge)

→ Gossypium barbadense (vor allem in Ägypten angebaut, Fasern sind sehr lang und fein)

→ Desi-Baumwollen (werden vorwiegend für biologischen Anbau von Kleinbauern verwendet, kurzfaserige, indisch-asiatische Typen)

In Laufe der Jahre wurden aus diesen Pflanzenarten qualitativ hochwertige Fasern entwickelt, die in unterschiedlichen klimatischen Bedingungen gedeihen. Diese Bauwolltypen stehen auch für ein bestimmtes Anbaugebiet. Die Klassierung stellt eine qualitative Einstufung der Baumwolle dar und hat den Zweck, die finanzielle Bewertung (Baumwollpreisermittlung) zu erleichtern und Partien für bestimmte Verwendungszwecke zusammenzustellen. Für die Klassierung von Baumwollen werden vier Bewertungskriterien herangezogen: Reinheit (Klasse), Farbe, Faserlänge (Stapel) und Charakter, daneben werden Faserfeinheit, Zugfestigkeit und Reifegrad herangezogen. Der Preis einer Baumwollqualität ergibt sich aus Angebot und Nachfrage.

Die Hauptanbauländer sind USA, Russland, China, Indien, Pakistan, Brasilien, Türkei, Ägypten, Mexiko, Sudan, Argentinien, Iran, Syrien.

A3 Morphologischer und chemischer Aufbau

Die Baumwollfaser besteht aus ca. 90 % Cellulose sowie aus Feuchtigkeit, Protein, Asche, Pektin, Fetten, Wachsen und Mineralstoffen. Baumwolle hat unter den Pflanzenfasern den höchsten Celluloseanteil und ist ligninfrei. Der durchschnittliche Polymerisationsgrad (DP-Grad) beträgt bei einer nicht vorbehandelten Baumwolle 2.500–3.000. Die Baumwolle ist eine Einzelzelle, die sich von der Basis zur Spitze hin verjüngt. Ihr Aufbau wird nachfolgend im Modell dargestellt und erklärt.

MORPHOLOGISCHER AUFBAU (Siehe Textilien K1 / B5)

→ Lumen: Befindet sich in der Mitte der Faser, das einen Hohlraum darstellt, in dem sich eingetrocknete Protoplasmareste befinden können.
→ Tertiärwand: Weist schraubenförmig angeordnete Fibrillen auf, die mit Cellulosefremden Substanzen behaftet sind, wie z. B. Mineralien oder Eiweiß.
→ Sekundärwand: Besteht aus einer inneren und äußeren Sekundärwand. Die innere Sekundärwand enthält dicht gepackte Fibrillen, die sich schraubenförmig in der Gegenrichtung um die Faserlängsachse winden (10°–15°) und die äußere Sekundärwand ist aus dicht gepackten, parallel liegenden Fibirillen aufgebaut, die sich schraubenförmig um die Faserlängsachse winden (Steigungswinkel 40°–60°). Die Sekundärwände bestehen fast aus reiner Cellulose und weisen einen hohen DP-Grad auf.

CHEMISCHER AUFBAU

Das Kettenmolekül der Cellulose als Grundbaustein der Baumwolle, das aus verknüpften Beta-Glucose-Einheiten besteht, ist gestreckt und stabilisiert sich parallelliegend durch intermolekulare und intramolekulare (zwischenmolekulare) Kräfte wie Wasserstoff- und Ionenbrücken oder Van-der-Waals-Kräfte. D. h., die in der Faser parallel verlaufenden Elementarfibrillen weisen verschiedene Berührungspunkte auf und bilden unverzweigte, wasserunlösliche Ketten.

Die Baumwollfaser gehört zu den Fasern, die sehr viele amorphe Bereiche, sprich Hohlräume, besitzen. Dadurch besitzt sie eine hohe Wasser-, Saug- und Schweißaufnahmefähigkeit und Quellfähigkeit. Sie ist gut anfärbbar aber nicht witterungsbeständig.

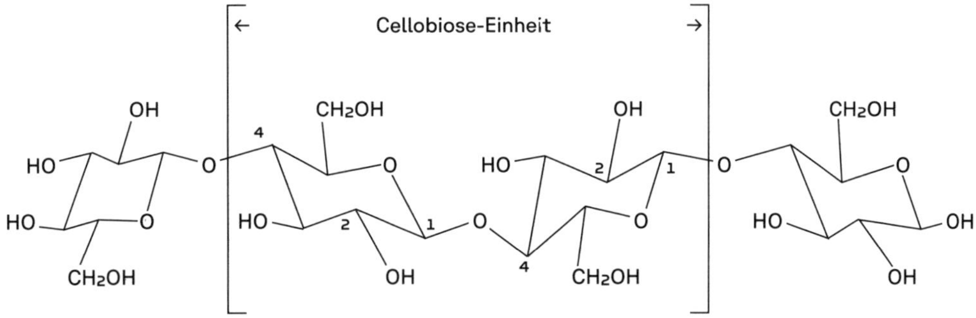

Beta-Glycose

A4 Eigenschaften

DICHTE, DEHNUNG, ELASTIZITÄT

Baumwolle weist als Zellstofffaser eine hohe Dichte auf, dafür hat sie eine sehr geringe Dehnung im trockenen und im nassen Zustand. Ebenso gering ist die Elastizität, was zu einer sehr hohen Knitterbildung führt. Um diese Eigenschaft auszugleichen, wird dem Faden entweder eine höhere Drehung gegeben oder die textilen Flächen werden weniger dicht gestaltet bzw. durch Aufrauen veredelt.

EIGENFARBE, GLANZ, REINHEIT

Je nach Sorte ist die Eigenfarbe der Baumwolle weiß, leicht gelblich, fleckig bis grau. Durch die Eigenfarbe von Rohbaumwolle und diverse Verunreinigungen wie Schalenreste oder Nissen, die auch im Fertigprodukt sichtbar sein können, wirkt sie meist glanzlos. Je nach Feinheit und Anzahl der Verwindungen kann sie einen milden Glanz aufweisen und durch Veredelung z. B. durch Mercerisieren kann der Glanz erhöht werden. Baumwolle lässt sich gut bleichen, wodurch unterschiedliche Weißgrade erzielt werden können.

ELEKTROSTATISCHE AUFLADUNG

Textile Faserstoffe sind schlechte elektrische Leiter, daher kommt es auch zu einer elektrostatischen Aufladung, die wiederum vom Feuchtigkeitsgehalt der Faser abhängig ist. Mit steigendem Feuchtigkeitsgehalt in der Faser, der oft von der Luftfeuchtigkeit abhängig ist, erhöht sich die Leitfähigkeit, da die Aufladung abfließen kann. Baumwolle weist sowohl im trockenen als auch im nassen Zustand eine gute Leitfähigkeit auf, wodurch sich eine geringe elektrostatische Aufladung ergibt.

FASERFEINHEIT

Feinheit und Länge der Fasern sind voneinander abhängig und daher gilt allgemein: je feiner die Fasern sind, umso mehr Verwindungen weisen sie auf und desto länger sind sie. Die Faserfeinheit schwankt zwischen 1–4 dtex.

FORMBESTÄNDIGKEIT

Die Formbarkeit und Formbeständigkeit sind bei Baumwolle im trockenen und nassen Zustand sehr gering. Aus diesem Grund sind Dauerbügelfalten nicht möglich. Die Knitterneigung ist sowohl im trockenen als im nassen Zustand sehr hoch, daher muss nach jedem Waschvorgang gebügelt werden. Durch Mischung mit anderen Fasern und Veredelung kann die Knitterneigung herabgesetzt werden.

LÄNGE

Je nach Länge wird zwischen kurz-, mittel-, langstapeliger und extralanger Baumwolle unterschieden, daher schwankt die Faserlänge auch von 10–56 mm. Zu kurze Baumwollfäden, sogenannte »Linters«, haben eine Faserlänge unter 10 mm, sind nicht mehr zum Verspinnen geeignet und werden als Ausgangsmaterial für die Erzeugung von Zellstoffprodukten verwendet. Je länger und gleichmäßig lang Baumwollfasern sind, desto feinere und festere Garne lassen sich daraus herstellen.

LICHT UND OXIDATIONSMITTEL

Licht, insbesondere UV-Strahlen, können bei längerer Einwirkzeit eine Lockerung der Faserstoffsubstanz durch Aufheben der Valenzkräfte hervorrufen, was mit Festigkeitsverlust und oft mit einer Farbveränderung einhergeht. Baumwolle wird im feuchten Zustand durch Licht angegriffen und es kommt zur Vergilbung. Besonders beim Zusammenwirken von UV-Strahlung, erhöhter Temperatur und Luftfeuchtigkeit bildet sich atomarer Sauerstoff, der sich im Faserverband anlagert und zu Substanzverlust führt. Daher sind Baumwollfäden und -flächen nicht witterungsbeständig.

Atomarer Sauerstoff bildet sich bei Verwendung von Bleichmitteln, also auch bei Bleichvorgängen, und kann zu einem Festigkeitsverlust führen, daher ist die eingesetzte Bleichmittelkonzentration genauestens einzuhalten. Baumwolle ist gegenüber Oxidationsmitteln in geringer Konzentration ausreichend beständig, sodass ein guter Bleicheffekt erzielt werden kann.

MIKROORGANISMEN

Mikroorganismen sind hauptsächlich Pilze oder Bakterien, deren Wachstum von Feuchtigkeit, Temperatur, Luft und Lichteinwirkung abhängig ist. Die Nahrungsquellen für Pilze, die Laufe ihres Wachstums verschiedene Enzyme bilden, sind Cellulose und Eiweiß. Wird die Baumwolle von Pilzen befallen, formieren sich sogenannte Stockflecken, die nicht mehr entfernbar sind. Unter anderem greifen Stockflecken den Faserverband an und führen zur Verrottung. Baumwolle ist gegenüber Mikroorganismen in ungebleichtem Zustand schlecht und in gebleichtem Zustand besser beständig. Durch Veredelung wie z. B. Bleichen kann die Widerstandsfähigkeit gegenüber Mikroorganismen erhöht werden. Die vom menschlichen Körper gebildeten Bakterien können krankheitserregend sein. Durch günstige Bedingungen, wie hohe

Verschmutzung, Feuchtigkeit, saurer pH-Wert, Lichteinfluss und vieles mehr, kann es durch Textilien zur einer Bakterienvermehrung kommen. Baumwolle ist gegenüber Motten beständig, da Motten nur Eiweißfasern fressen.

QUERSCHNITT

Der Querschnitt der Baumwollrohfasern zeigt im Inneren einen nierenförmigen Hohlraum auf, das sogenannte Lumen. In Längsrichtung sind charakteristische Verwindungen sichtbar, die sich während des Austrocknens zum Ausgleich von Spannungen in den einzelnen Schichten ergeben. Die Baumwolle ist die einzige Faser, die diese Verwindungen besitzt, und daher ist sie leicht unter dem Mikroskop von anderen Fasern zu unterscheiden.

SÄUREN UND LAUGEN

Baumwolle besitzt ein gutes Quellvermögen, daher kann jedes Lösungsmittel rasch in den Faserverband eindringen und so den Faserabbau durch Hydrolyse von Bindungen, genannt Depolymerisation, beschleunigen. Es kommt zur Veränderung der Molekülkette und zum Festigkeits- oder Glanzverlust. Wie stark der Abbau ist, hängt von der Einwirkzeit, dem pH-Wert und der Temperatur ab.

Die Beständigkeit gegenüber Säuren ist bei Baumwolle schlecht, hingegen gegenüber Laugen sehr gut. Die gute Laugen- bzw. Kochbeständigkeit ermöglicht oftmaliges Waschen der Baumwolle mit normalen Haushaltswaschmitteln, die einen pH-Wert von über 7 aufweisen.

Baumwolle kann mit verdünnter Natronlauge (Laugieren oder Mercerisieren) abgekocht werden, womit Eigenschaftsverbesserungen bewirkt werden, wie z. B. höherer Glanz oder bessere Schweißaufnahmefähigkeit. Gegenüber den üblicherweise bei der chemischen Reinigung verwendeten organischen Lösungsmitteln ist Baumwolle beständig. Der Reinigungseffekt ist jedoch beim Waschen günstiger.

SCHMIEGEFESTIGKEIT, SCHEUERFESTIGKEIT

Baumwollfasern besitzen von allen Naturfasern wegen der stark strukturierten Oberfläche die höchste Schmiegsamkeit, eine sehr geringe Sprödigkeit, lassen sich ausgezeichnet verspinnen und haben einen weichen, angenehmen Griff. Die Fasern sind im Garnverband sehr gut aneinander verhaftet und lassen sich zu festen, feinen Garnen verspinnen. Mit der starken Strukturierung der Oberfläche ist eine hohe Schiebefestigkeit, ein stärkeres Anschmutzen und beim Waschen eine schwerere Schmutzabgabe verbunden. Die Schiebefestigkeit bewirkt, dass Baumwolle sich zu schütteren Stoffen verarbeiten lässt.

Durch die hohe Schmiegsamkeit setzt die Faser jeder Art von Verdrehung relativ geringen Widerstand entgegen, passt sich der ihr erteilten Drehung sehr gut an und kann diese auch behalten. Dies ist eine sehr wichtige Eigenschaft, besonders für das Verspinnen und für die Erzeugung dicht geschlossener oder schütterer Flächen.

Baumwolle hat von den Naturfasern auch die höchste Scheuerfestigkeit und ein sehr gutes Verschleißverhalten und wird deshalb auch für Strapazierstoffe oder z. B. Betttücher verwendet.

WÄRMEVERHALTEN

Baumwolle lässt sich mit relativ hohen Temperaturen bügeln. Allerdings treten bei längerer Hitzeeinwirkung schon bei geringeren Temperaturen (ca. bei 110° C) Vergilbung und Zugfestigkeitsverlust ein. Durch Wärmeeinwirkung steigt der Wärmegehalt der Faser und die Dipolkräfte im Faserverband nehmen ab. Mit zunehmender Temperatur werden die Fasern in immer stärke Schwingungen versetzt, wodurch die Dipolkräfte überwunden werden. In weiterer Folge werden die echten chemischen Bindungen angegriffen und die Faser nimmt Sauerstoff über die Luft auf, was zu massiver irreparabler Substanzveränderung im Faserverband führt. Die Faser zersetzt sich durch Verbrennen zwischen 190–210° C.

WÄRMERÜCKHALTEVERMÖGEN

Baumwollstoffe haben ein geringes Wärmerückhaltevermögen, weil sie keinen Lufteinschluss aufweisen. Durch Rauen der fertigen textilen Fläche wie z. B. bei Flanell oder durch Verarbeitung wenig gedrehter Fäden kann das Wärmerückhaltevermögen erhöht werden.

Die Luftdurchlässigkeit hängt auch von der Gewebekonstruktion ab, trotzdem ist diese bei Baumwollstoffen sehr hoch. Deshalb wird Baumwolle für Hemden, Blusen, Unterwäsche und Sommerkleider verwendet.

WASSER UND SAUGFÄHIGKEIT

Feuchtigkeit kann entweder aus der Luft oder durch Eintauchen in ein Wasserbad von der Faser aufgenommen werden. Die Temperatur als auch der pH-Wert können die Quell- und Saugfähigkeit beeinflussen. Je mehr wasseranziehende Verbindungen und umso weniger kristalline Bereiche in der Faser vorhanden sind, umso höher ist die Saugfähigkeit. Mit jeder Wasseraufnahme ist eine Quellung verbunden, die zu einer Volumsveränderung führt, in vielen Fällen eine Faserverkürzung hervorruft und eine Vorstufe zur Auflösung des Faserverbandes darstellt.

Je geringer die Packungsdichte, also die Orientierung der Moleküle im Faserverband, ist und je mehr Hohlräume, also amorphe Bereiche, diese enthält, desto leichter ist der Faserverband zu lösen. Dringt nun ein Lösungsmittel, das besonders im Färbeprozess eingesetzt wird, über die amorphen Bereiche in die kristallinen Bereiche ein, dann entsteht eine vorrübergehende Quellung, die reversibel ist. Bei einer bleibenden Quellung dringt das Lösungsmittel (kann natürlich auch Wasser bei längerer Einwirkzeit sein) in die kristallinen Bereiche ein und ruft dort eine Zerstörung der Faser hervor.

Baumwolle besitzt hohe Quell- und Saugfähigkeit, d. h., sie nimmt Feuchtigkeit leicht auf und gibt sie relativ langsam wieder ab. Bei zirka 20 % Feuchtigkeitsaufnahme fühlt sich Baumwolle noch nicht feucht an, was z. B. wichtig für Handtücher ist. Durch die hohe Saugfähigkeit ergibt sich auch eine gute Schweißaufnahmefähigkeit, was wiederum wichtig ist für z. B. Unter- und Bettwäsche. Da Baumwolle kochbeständig ist, ist sie besonders geeignet für Textilien, die durch Kochen weitgehend keimfrei gemacht werden können, wie z. B. Säuglings- und Bettwäsche oder Handtücher.

Der Nachteil ist, dass sich nach dem Waschen eine relativ lange Trocknungszeit ergibt. Durch Mischung mit anderen Fasern und der Veredelung können die Saugfähigkeit und somit die Trocknungszeiten herabgesetzt werden. Baumwolle kann durch einen Veredelungsprozess wasserabstoßend gemacht werden, z. B. durch Imprägnierung. Baumwolle lässt sich leicht mit verschiedenen Farbstoffen in vielen lebhaften, aber auch zarten Farbtönen färben. Durch chemische Bindung des Farbstoffes an die Fasern sind gute Farbechtheiten möglich.

ZUGFESTIGKEIT

Wird die Baumwolle auf Zug beansprucht, dann dehnt sie sich in der Längsrichtung aus und verringert bei den Zugspunkten die Querschnittsfläche. Die Zugfestigkeit ist eine Substanzeigenschaft, die vom Polymerisationsgrad und der Orientierung der Moleküle abhängig ist. Je stärker die Valenzkräfte im Molekülverband und je geringer amorphe Bereiche vorhanden sind, desto stärker ist die Zugfestigkeit. Baumwolle besitzt eine hohe Zugfestigkeit im trockenen und nassen Zustand, daher übersteht sie schadlos viele Waschprozesse und eignet sich besonders für die Erzeugung von Fasergebilden, die oft gewaschen werden müssen.

A5 Rohbaumwolle

Baumwolle ist nach wie vor eine der wichtigsten Textilfasern weltweit. Deren Qualität ist je nach Herkunft verschieden und wirkt sich in der weiteren Verarbeitung, genannt Veredelung, unterschiedlich aus. Die für den Baumwollhandel maßgebenden »Micronaire«- und »Pressley«-Indizes sind für den Färber und die Färberin unmaßgeblich, weil die färberischen Eigenschaften vom Reifegrad der Baumwolle abhängen. Die »Micronaire«- und »Pressley«-Indizes sind standardisierte Messverfahren für die Feinheit der Baumwolle.

In der Rohbaumwolle sind unreife und tote Fasern enthalten, bedingt durch Wachstumsstörungen, sowie ein hoher Gehalt an Erdalkalien, herrührend vom mechanischen Pflückverfahren. Weiters enthält die Faser große Anteile an dunkel gefärbten Samenkapselresten. Pilzschäden, die sogenannte Gelbfleckenkrankheit und Teerspritzer sind eher selten. Es wird zwischen unreifer und toter Baumwolle unterschieden. Beide färben sich weniger stark an als normal ausgereifte Fasern. »Tote Baumwolle« besteht nur aus der Cuticula, während »unreife« Baumwollfasern je nach ihrem Reifegrad noch eine mehr oder weniger starke Zellwand besitzen.

Die rohe Baumwollfaser enthält je nach ihrer Herkunft 90–96% Cellulose, wobei sich die Nichtcellulosebestandteile, das sind zur Hauptsache Wachse, Proteine und Pektine, vor allem in der äußeren Primärwand befinden. Einige dieser Körper sind nicht nur mechanisch in der Faser eingelagert, sondern zum Teil chemisch mit ihr verbunden. Bei Geweben, deren Kette geschlichtet ist, kann der Gehalt an Nichtcellulosebestandteilen bis zu 15% betragen. Alle diese Begleitstoffe müssen vor dem Bleichen und Färben entfernt werden. Durch die Entfernung tritt ein entsprechender Gewichtsverlust der Ware ein. Eine restlose Beseitigung des Baumwollwachses sollte aber vermieden werden, denn ein Restgehalt von 0,2–0,3% gibt der Ware einen weichen Griff, ohne die Saugfähigkeit zu beeinträchtigen.

Die Rohbaumwolle kann ohne Bleichprozess nicht verwendet werden, denn sie weist bei Feuchtigkeitseinwirkung einen hohen Knittereffekt auf, der kaum mehr reversibel ist. Dies hängt damit zusammen, dass die Baumwolle ein inneres »Gedächtnis« besitzt und dazu neigt, in den ursprünglichen Erntezustand zurückzufallen. Die Baumwollfaser liegt in der Baumwollkapsel in einem ungeordneten, zusammengepressten, »gekräuselten« Zustand vor.

Als Vorbehandlung von Baumwolle werden folgende Verfahren angewendet: Abkochen, Bleichen, Laugieren oder Mercerisieren, Entschlichten, optisch Aufhellen.

ABKOCHEN, BLEICHEN

DEF: Bleichen ist eine chemische Behandlung von Textilien, um die in den Rohstoffen durch Wachstum oder Herstellung enthaltene Farbtönung mit geeigneten Bleichmitteln aufzuhellen oder zu beseitigen. Je nach Faserart unterscheiden sich die Bleichverfahren und Methoden.

Bevor die Baumwolle gebleicht wird, wird sie im alkalischen Medium mit waschaktiven Substanzen abgekocht. Nachdem die Baumwolle eine gewisse Eigenfarbe besitzt, ist eine Bleiche, entweder noch als Faser oder schon als Gewebe, notwendig. Die

Bleiche erhöht nicht nur das Aufziehvermögen im Färbeprozess und den Weißgrad, sondern alle pflanzlichen Verunreinigungen werden durch die Bleiche mitgebleicht. Dadurch erscheinen die Fäden oder auch das Gewebe einheitlich. Es werden zwei verschiedene Bleichverfahren verwendet:

→ Reduktive Methode: Die reduktive Bleiche wird selten angewendet, weil damit nicht der gewünschte Weißgrad erzielt wird. Ihre Anwendung beschränkt sich daher auf das Aufhellen von textilen Materialien.
→ Oxidative Methode: Als Bleichmittel für die oxidative Bleiche werden im Allgemeinen Natriumhypochlorid, Natriumchlorid oder Wasserstoffperoxid verwendet.

Grundrezept:

30 ml / l Wasserstoffperoxid 35 %
1–2 g / l Wasserglas
3–4 ml / l Natriumcarbonat oder Natriumbicarbonat
Eventuell 1–2 ml / l Natronlauge 38° Bé
pH 11 (muss mit der nötigen Menge Alkali eingestellt werden)
80° C, ca. 8–10 Stunden bei einer Temperatur von 60° C.

LAUGIEREN ODER MERCERISIEREN

DEF: Laugierung ist eine Behandlung der Baumwolle mit kalter, verdünnter Natronlauge im kalten Medium ohne Druck. Durch die Laugenlösung tritt bei der Baumwolle eine Quellung auf, die die Eigenschaften verändert. Der nierenförmige Querschnitt der Baumwolle wird runder, dadurch wird die Faser verdichtet und schiebefester. Des Weiteren wird die Flottenaufnahme und damit die Farbaufnahme erhöht.

DEF: Mercerisieren ist das Behandeln der Baumwolle mit kalter, verdünnter Natronlauge unter Druck. Bei diesem Vorgang quillt die Faser, der nierenförmige Querschnitt wird rund und teilweise reißt durch den Druck die Cuticula. Durch diese Risse treten Fibrillen aus dem Faserverband, was einen kochfesten, seidenartigen Glanz ergibt. Die Faser erhält ein erhöhtes Volumen und dadurch eine bessere Anfärbbarkeit, was sattere Farbtöne ergibt.

ENTSCHLICHTEN

Die Fasern werden beim Weben mit einem hochelastischen Schutzfilm überzogen, um die Reibung und Scheuerung zu verringern und Fadenbrüche zu vermeiden. Dieser Schutzfilm dringt bis in das Fadeninnere ein, wodurch die Zugfähigkeit erhöht wird.

Für jede weitere Verarbeitung muss entschlichtet werden, einerseits, um den harten Griff zu entfernen, und andererseits, um ein besseres Netz- und Durchfärbevermögen der Faser zu erhalten. Das Entschlichten besteht aus dem Anquellen und Lösen der Schlichte und anschließend wird eine Wäsche angeschlossen. Der Einsatz der Entschlichtungschemikalien richtet sich nach der Zusammensetzung der Schlicht. Die Schlichtemittel können entweder aus natürlichen Rohstoffen, wie z. B. Mais- oder Reisstärke, aufgebaut sein oder aus wasserlöslichen synthetischen Polymeren, wie z. B. Acrylate.

Wenn Laugieren oder Mercerisieren vorgesehen ist, dann wird bei diesen beiden Verfahren gleichzeitig entschlichtet, da sich die Appretur im alkalischen Medium löst.

OPTISCHE AUFHELLER

DEF: Optische Aufheller sind organische Verbindungen, die für das menschliche Auge unsichtbare, ultraviolette Strahlen in sichtbares Licht umwandeln. Durch die Behandlung mit optischen Aufhellern erscheint die Ware nicht nur weißer, sondern auch heller.

Der Aufhelleffekt beruht auf einem Fluoreszenzvorgang bestimmter organischer Verbindungen. Diese organischen kleinmolekularen Verbindungen haben die Eigenschaft, kürzere Lichtwellenlängen (300–400 nm) in längere Lichtwellenlängen (400–500 nm) umzuwandeln. Die kleinmolekularen Verbindungen lagern sich durch zwischenmolekulare Kräfte in die Molekülketten ein und gehen beim nächsten Waschvorgang wieder verloren. Jedes herkömmliche Haushaltswaschmittel beinhaltet einen optischen Aufheller, dadurch wird bei jedem Waschvorgang ein abermaliger Weißeffekt erzielt.

Die häufigsten optisches Aufheller beruhen auf der Basis von Diaminostilbendisulfosäure.

A6 Verwendung

Aufgrund ihrer guten Eigenschaften wie hohe Zug-, Scheuer- und Schiebefestigkeit im trockenen und feuchten Zustand, hohe Saugfähigkeit, Luftdurchlässigkeit und Kochbeständigkeit sowie ihrer guten hygienischen Eigenschaften wird sie meist rein verarbeitet. Erzeugnisse als 100 % Baumwolle können mit dem internationalen Baumwollzeichen gekennzeichnet werden. Baumwolle wird rein und in Mischungen zur Erzeugung von Geweben, Maschenwaren, Spitzen, Tüllen, Netzen, Watten, Stickereien, Nähwirkwaren sowie Hemden-, Kleider-, Schürzen-, Strapazier- und Blusenstoffen, Unter-, Bett-, Säuglings- und Tischwäsche, Handtücher, Futter- und Einlagestoffen, technischen Textilien wie z. B. Filtertücher, Transportbänder, Schläuche oder als beschichteter Stoff und Flächenschichtstoff verwendet.

Sollen die Trage- und Pflegeeigenschaften von Baumwolle verändert werden, wie z. B. verbessertes Knitterverhalten oder rascheres Trocknen, dann werden oft andere Faserstoffe beigemischt. Baumwolle wird verstärkt mit Polyester in verschiedenen Mischungsverhältnissen, wie z. B. 67 % Polyester zu 33 % Baumwolle oder 50:50 gemischt. Hierbei steht vor allem die Pflegeleichtigkeit im Vordergrund, wie z. B. Waschen bei geringer Temperatur und kein Bügeln, da PES die Knitterfähigkeit der Baumwolle beeinflusst. Der Nachteil von solchen Mischungen ist, dass die Schweißaufnahme sehr gering ist, und der / die Träger*in in den Textilien schwitzt. Im gleichen Mischungsverhältnis findet man auch Baumwolle mit Polyamid, wobei hier die verkürzte Trockenzeit verbessert werden soll.

Auch wird Baumwolle mit Viskose, vor allem mit modifizierten Viskosefasertypen (Modal, Polynosic), oder mit Wolle gemischt.

B FLACHS

Der Flachs gehört zu den Bast- oder Stängelfasern. Bastfasern sind langgestreckte Gebilde, sogenannte Zellbündel, wo sich im Inneren des Stängels die Fasern befinden und durch einen mechanischen und chemischen Prozess gewonnen werden.

B1 Geschichtlicher Überblick

Der Flachs wurde bereits 5.000 v. Chr. in Mitteleuropa und Ägypten angebaut, versponnen und verwebt. Durch die Entstehung von Leinenmanufakturen erlangte der Flachs in Ägypten ca. um 2.500 v. Chr. große Bedeutung. Dadurch blieb Ägypten bis ca. 400 n. Chr. der Hauptlieferant für die Mittelmeerländer. In späterer Folge wurde Flachs besonders in den von den Römern besetzten Gebieten angebaut und fand in Europa große Verbreitung, sodass die Leinenweber*innen eine eigene Zunft bildeten. Im 17. und 18. Jahrhundert wurde viel Flachs gezogen und Hauptanbaugebiete waren in dieser Zeit Russland, Deutschland, Irland, Belgien, Holland und Frankreich. Wegen der im 19. Jahrhundert einsetzenden Industrialisierung und dem starken Vordringen der Baumwolle verlor der Flachs als zweitwichtigste Faser nach Wolle zunehmend an Bedeutung. Die Hauptanbaugebiete verlagerten sich immer mehr nach Mitteleuropa und der prozentuelle Anteil am Weltfaseraufkommen verringerte sich bei Flachs auf ca. 2%. Durch seine einzigartigen charakteristischen Eigenschaften behält Flachs noch immer einen gewissen Marktanteil. Flachs ist nicht nur als Faser verwendbar, sondern seine Abfallprodukte, wie Samen und Kapselspreu, dienen als Öllieferanten.

B2 Wachstum und Aufbau

Die Flachspflanze gehört zur Gattung Linum, wird in Kulturen gezogen und ist einjährig. Sie benötigt für ihr Wachstum eine gemäßigte Klimazone, viel Boden- und Luftfeuchtigkeit und gedeiht am besten in besonders nährstoffarmen Böden. Durch Züchtung ist es gelungen, drei Typen zu entwickeln: Faserleinen, Ölfaserleinen und Ölleinen.

Die Aussaat erfolgt von März bis Juni und nach 8 bis 15 Tagen geht die Saat auf. Aus den vorwiegend weißen bis hell gelblichen Blüten bilden sich erbsengroße Fruchtkapseln, die nach ca. 12 Wochen nach der Aussaat, zur Zeit der »Gelbreife«, d. h., wenn die unteren Blätter gelb werden, geerntet werden können.

AUFBAU DES STÄNGELS

Im Unterschied zu den einzelligen Samenfasern kann das Wachstum der Zellbündel von Stängelfasern nur innerhalb des Stängels erfolgen, da dieser aus mehreren Schichten besteht.

→ Cuticula oder Oberhaut: Schützt vor dem Austrocknen und besteht aus wachsähnlichen, wasserunlöslichen Verbindungen.
→ Epidermis: Dient zur Regelung vor Verdunstung und ist gleichzeitig der Farbträger der Faser. Sie stellt eine Schicht mit zahlreichen Spaltöffnungen dar.
→ Rindenschicht: In ihr befinden sich ringförmig angeordnete Bastfaserbündel, die die Festigkeit und Elastizität des Stängels gewährleisten und zarte Gewebe mit Blattgrün aus je 10–30 Einzelzellen (Elementarfasern) bestehen.
→ Kambium: Ist ein zartes Gewebe, das nur während des Wachstums in der Pflanze vorhanden ist.
→ Holzschicht: Ist die sogenannte Stützschicht der Faser, die aus mit Lignin verstärkten Zellwänden besteht.
→ Markschicht: Besteht aus dünnwandigen, locker angeordneten Markzellen, die die Holzschicht nach innen begrenzen.

→ Lumen: Ist der in der Mitte liegende Hohlraum in der Faser.

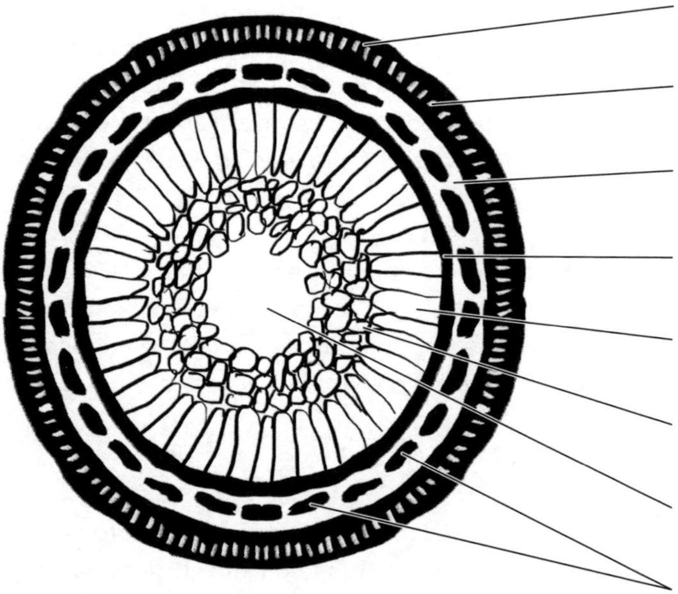

Querschnitt eines Flachsstängels (schematisch)

AUFBAU DER FLACHSFASER

Eine Pflanze ist prinzipiell, so auch der Flachs, aus einer Zellwand aufgebaut. Diese stellt eine dicke Hülle dar, die aus vier wichtigen Bestandteilen besteht, aus der Tertiärwand, Sekundärwand, Primärwand und der Mittellamelle. Diese bestehen wiederum aus Polysacchariden, Pektinen, dem Biopolymer Lignin und unterschiedlichen Strukturproteinen.

Ein gerösteter Flachs besteht aus ca. 65 % Cellulose, aus ca. 16 % Hemicellulose und unter anderem aus ca. 2,5 % Feuchtigkeit, Pektin, Eiweiß und Lignin. Als textiler Faserstoff sind nur die in der Rindenschicht ringförmig eingelagerten Bastfaserbündel von Bedeutung. Diese Bündel bestehen aus langgestreckten, glatten Einzelzellen ohne Cuticula, besitzen eine Länge von 25–40 mm sowie eine Breite von 10–35 mm und sind durch Pflanzenleim miteinander verbunden.

Die Zellwand hat die Aufgabe, zum einen den Innenraum der Zelle vor der Zerstörung und fremden Einflüssen, wie z. B. Viren, Bakterien oder Pilzen, zu schützen. Zum anderen stabilisiert die Zellwand die gesamte Zelle. Diese Stabilität entsteht größtenteils durch das Entgegenwirken von osmotischem Druck, der dann entsteht, wenn die Konzentration gelöster Teilchen im Innenraum höher ist als im vorhandenen Lösungsmittel, meistens Wasser. Das Wasser strömt durch die semipermeable Membran in die Zelle und erhöht dadurch den Druck des Zellsafts nach außen, wodurch die Zellwand einen dazu entgegengesetzten Druck erzeugt, was zur weiteren Stabilität der Pflanzenzelle beiträgt.

→ Lumen ist jener mittlere Hohlraum, der die abgestorbenen Anteile beinhaltet.
→ Tertiärwand: Ist die innere dünne Schicht der Zellwand und besteht aus Lignin, Pektinen und Hemicellulosen.
→ Sekundärwand: Besteht aus der inneren und äußeren Sekundärwand. Die äußere Sekundärwand ist dünn und wird aus dicht gepackten Fibrillen aufgebaut.
→ Primärwand: Hat eine elastische Form, ist sehr dünn, besteht aus einem Netzwerk von Cellulosefibrillen, die vor allem aus Pektinen, Polysacchariden, sprich Cellulose, sowie Proteinen, wie z. B. Glykoproteinen bestehen und durch zwischenmolekulare Kräfte miteinander verbunden sind. Sie entstehen aus Mikrofibrillen, die sich nach der Zellteilung und während des Zellwachstums auf der Mittellamelle in einer zufälligen Struktur anlagern.
→ Mittellamelle: Ist die äußerste Faserschicht, ist sehr dünn und besteht aus einer gummiartigen Kittsubstanz, dem Pflanzenleim, der die Elementarfasern miteinander verklebt. Sie besteht aus Pektinstoffe, die aus Polysacchariden zusammengesetzt sind.

B3 Gewinnung

Für die Faserverwendung wird die Flachspflanze vor der Vollreife mit den Wurzeln, da die Faserbündel bis zur Wurzel gehen, geerntet, sonst ist die Verholzung zu groß. Wird mit einer Rauf- und Bündelmaschinen der Flachs eingebracht, dann ist ein sogenanntes Ablegen notwendig. Dieses bewirkt ein Nachreifen und Vortrocknen der größeren Bündel.

Aus dem nachgereiften Flachsstängel müssen die Bastfasern durch Rösten und mechanische Aufbereitung wie Entkörnen (Riffeln), Brechen (Knicken), Schwingen und Hecheln freigelegt werden. Die Ausbeute beträgt bei 100 kg Flachsstroh ca. 25 kg Fasern. Die Art und Weise des Freilegens der Bastfasern ist für deren späteres Aussehen, wie z. B. Glanz, Farbe, Länge und Feinheit, entscheidend.

B4 Eigenschaften

EIGENFARBE, DICHTE

Die Farbe richtet sich nach dem Röstverfahren: bei der Wasserröste ist der Flachs gelb bis strohblond, bei der Tauröste silbergrau bis grün oder braun und bei der chemischen Röste ist er gelb bis weiß. Flachs lässt sich schlechter bleichen als Baumwolle, daher ist es wichtig die richtige Röste zu wählen. Flachs weist eine sehr hohe Dichte auf.

FORMBESTÄNDIGKEIT, DEHNUNG, ELASTIZITÄT, ZUGFESTIGKEIT

Leinen ist sowohl im trockenen als auch im nassen Zustand wenig formbeständig und besitzt daher auch eine geringe Elastizität. Besonders im nassen Zustand ist die Knitterneigung und die Verformung sehr hoch, weil der Pflanzenleim an der Oberfläche der Flachsfaser aufgeweicht und damit verschoben wird. Wird das

Leinen in geknittertem Zustand getrocknet, dann weisen diese scharfe, charakteristische Kanten auf, die erst durch feuchtes Bügeln in die gewünschte Lage gebracht werden können. Durch die Mischung und Veredelung kann die Knitterneigung herabgesetzt werden und durch Hochveredelung kann der Nassknitterwinkel verbessert werden, was das Bügeln erleichtert.

Flachs besitzt die geringste Dehnung und die höchste Zugfestigkeit, insbesondere im nassen Zustand, aller Faserstoffe, die bei der Erzeugung von Gurten, Transportbändern und Zwirnen ausgenützt werden.

FASERFEINHEIT, LÄNGE

Die Feinheit der Fasern hängt von der Anzahl der in ihr enthaltenen Einzelzellen ab und kann durch das Hecheln beeinflusst werden. Die Feinheit der Einzelzelle beträgt ca. 10–25 mym. Durch die schwankende Zahl, Form und Lage der Elementarfasern ergeben sich Feinheitsschwankungen, die im Faden Verdickungen bilden. Diese Fadenunregelmäßigkeit ist auch in der textilen Fläche sichtbar und ein charakteristisches Merkmal des Flachses (z. B. bei Kleiderleinen).

Die Länge der Bastfaserbündel beträgt ca. 100–800 mm und ist von der Sorte und Verarbeitung abhängig. Die für die Fadenerzeugung gewünschte Länge von 200–400 mm wird durch Hecheln erzeugt.

GLANZ, REINHEIT, GRIFF

Der Gehalt an Fetten und Wachsen ergibt sich auf Grund der Sorte und dem Röstverfahren, was den Glanz und Griff entscheidend beeinflusst. Ein Großteil des Fett- und Wachsgehaltes bleibt bei der Aufbereitung bei Kaltwasser- und Taugeröstetem Flachs enthalten, was einen natürlichen Glanz ergibt, genannt »Leinenglanz«. Wird der Flachs überröstet, dann wirkt dieser stumpf. Durch Veredeln, wie z. B. Bleichen und Kalandern kann der Glanz des Flachses erhöht werden, ebenso werden die Verunreinigungen entfernt, sodass diese in der textilen Fläche nur selten sichtbar werden.

Der Querschnitt weist glatte, scharfkantige Ränder der Einzelzellen auf und die Längsansicht zeigt charakteristische

Querverschiebungen, die während des Wachstums und durch mechanische Bearbeitungsvorgänge entstehen. Trotz dieser Querverschiebungen besitzt Flachs gegenüber Baumwolle einen härteren, kühlen Griff. Dieser wird durch den Pflanzenleim, der die Einzelfaser umhüllt, hervorgerufen. Durch unterschiedliche Bleichverfahren kann ein weicherer oder härterer Griff erzielt werden.

LICHT UND OXIDATIONSMITTEL

Die Beständigkeit von Flachs gegenüber Licht und Oxidationsmittel ist wesentlich schlechter als bei der Baumwolle. Je nachdem, mit welchem pH-Wert die Veredelung durchgeführt wird, wird die Zugfestigkeit erhöht oder verringert. Allerdings ergibt sich bei jeder Behandlung ein Gewichtsverlust. Flachs weist eine sehr schlechte Wetterbeständigkeit auf.

MIKROORGANISMEN

Die Beständigkeit des Flachses gegenüber Mikroorganismen ist schlechter als bei Baumwolle. Da die Einzelzellen durch den Pflanzenleim zusammengehalten werden, können Feuchtigkeit und Bakterien rascher eindringen und Stockflecken bilden. Durch Veredelung kann die Widerstandsfähigkeit gegenüber Mikroorganismen erhöht werden. Motten greifen den Flachs nicht an.

SÄUREN, LAUGEN

Flachs ist gegenüber Säuren nicht beständig, denn bei zu langer Einwirkung von verdünnten Säuren kommt es zur Lochbildung. Die Beständigkeit gegenüber Laugen ist ausreichend, jedoch ist Flachs weniger beständig als Baumwolle. Durch konzentrierte heiße Lauge werden der Pflanzenleim gelöst und die Elementarfasern freigelegt, daher sollte beim Waschprozess eine Überdosierung laugenhältiger Waschmittel vermieden werden. Der Waschtemperaturbereich liegt bei 95–100° C. Durch Veredelung kann eine Verbesserung des Waschverhaltens erreicht werden. Eine chemische Reinigung in organischen Lösungsmitteln ist nicht so günstig wie das Waschen.

SCHEUERFESTIGKEIT

Die Scheuerfestigkeit ist gut bis mittel, woraus sich ein gutes bis mittleres Verschleißverhalten ergibt. Weil die Einzelzellen des Flachses steifer als die der Baumwolle sind und die Flachsfasern einen höheren kristallinen Anteil sowie Pflanzenleim aufweisen, scheuern sie sich rascher ab als Baumwollfasern.

Im nassen Zustand ist das Scheuerverhalten schlechter als im trockenen Zustand, da sich durch das Quellen eine weitere Versteifung der Leinenfasern ergibt und der Pflanzenleim teilweise gelöst wird. Die Scheuerfestigkeit kann bei Leinen durch Mischung und Veredelung erhöht werden.

WÄRMEVERHALTEN, WÄRMERÜCKHALTEVERMÖGEN

Flachs lässt sich feucht mit relativ hohen Temperaturen, sogar mit höheren Temperaturen als Baumwolle, bügeln. Bei längerer Hitzeeinwirkung auf trockener Faser treten Bräunung und Zugfestigkeitsverlust ein. Die Faser zersetzt sich zwischen 260–320° C.

Flachs besitzt eine hohe Wärmeleitfähigkeit, die sich durch den Pflanzenleim und den starken Zusammenhalt der Elementarfasern innerhalb des Faserbündels ergibt, welche eine glatte Oberfläche der Faser ohne Lufteinschlüsse erzeugen. Diese glatten Oberflächen haben ein geringeres Wärmerückhaltevermögen und sind für den charakteristisch »kühlen« Griff von Leinen verantwortlich. Die Luftdurchlässigkeit von Leinenstoffen ist wie bei Baumwolle bei nicht zu hoher Fadendichte hoch.

WASSER UND SAUGFESTIGKEIT

Flachs ist kochbeständig, besitzt eine hohe Quell- und Saugfähigkeit und fühlt sich bei ca. 18 % Feuchtigkeitsaufnahme des Eigengewichtes nicht feucht an. Fadenfeinheit, Gewebekonstruktion und Veredelung verändern die Quell- und Saugfähigkeit, so ist z. B. gebleichtes Leinen saugfähiger als ungebleichtes. Die glatte Faseroberfläche ergibt geringere Anschmutzbarkeit und beim Waschen leichtere Schmutzabgabe.

Der rasche Abtransport von Feuchtigkeit und die gute Saugfähigkeit des Flachses, bedingt durch die glatte Oberfläche, werden bei der Herstellung von Bett-, Tischwäsche, Geschirrtüchern und Sommerkleidern ausgenützt. Flachs lässt sich in leuchtend farbechten Farbtönen sehr gut färben. Durch das dicht gepackte Faserinnere benötigt Leinen eine höhere Farbstoffkonzentration als z. B. Baumwolle. Bei zu starker Beanspruchung gefärbter Leinenstoffe können durch Abrieb des Pflanzenleimes sogar echte Farben »verblassen«.

B5 Verwendung

Leinen wird rein zur Erzeugung von Fäden, Geweben, Spitzen und Netzen verwendet und hier wiederum für sehr haltbare Leinenzwirne, Leinendamaste, Dirndlleinen sowie Geschirr-, Handtücher, Dekor- und Möbelstoffe, Bett- und Tischwäsche, Hemden-, Blusen-, Dirndl- und Kleiderstoffe. Reinleinen, also 100 % Leinen, kann durch ein Leinensiegel gekennzeichnet werden.

Leinen wird sowohl mit allen Natur- als auch mit Chemiefasern, wie z. B. Polyester, Polyacryl oder Polyamid, gemischt und besonders für Oberbekleidung verwendet. Hauptsächlich werden Flachsfasern anderen Fasern beigemischt, um einen Leinencharakter zu erzielen. Umgekehrt werden andere Fasern beigemischt, um eine Verbesserung der Trage- und Pflegeeigenschaften des Leinens zu erzielen, z. B. verbessertes Knitterverhalten oder erhöhte Scheuerfestigkeit.

Die älteste Mischungskomponente ist Baumwolle, was als »Halbleinen« bezeichnet werden kann, wenn das Gemisch aus min. 40 % reinem Leinen besteht. Auch hierfür gibt es ein internationales Leinenzeichen.

C HANF

C1 Geschichtlicher Überblick

Um ca. 1.500 v. Chr. war der Hanf in China, Japan und Indien bekannt. Im Mittelalter wurde Hanf seltener als Flachs verwendet, weil er als Zeichen der Armut galt. Ab dem 17. Jahrhundert wurde Hanf in Europa, Nordamerika, Chile sowie in Russland angepflanzt und damit erlangte er große Bedeutung für die Segelschifffahrt für z. B. Seile, Taue. Durch das starke Vordringen der Baumwolle ab dem 19. Jahrhundert und die Einfuhr von Jute und Sisal ging die Bedeutung des Hanfes ständig zurück. Heute beträgt der prozentuelle Anteil am Weltfaseraufkommen bei Hanf ca. 0,5 %.

C2 Wachstum und Aufbau

Die Hanfpflanze gehört zu den Cannabisgewächsen, erreicht eine Höhe von 1 bis 5 m, gedeiht in fast allen Klimazonen und bevorzugt mildes, luftfeuchtes Klima. Es gibt eine einhäusige und eine zweihäusige Hanfpflanze, d. h. eine männliche und weibliche, mit jeweils unterschiedlichen Erntezeitpunkten. Die Aussaat erfolgt je nach Anbaugebiet von Mitte April bis Mai. Nach drei bis vier Monaten ist der Hanf reif und ca. einen Monat später können daraus Samen gewonnen werden.

AUFBAU DES STÄNGELS

Der Hanfstängel ist ähnlich wie der des Flachses aufgebaut, nur sind in der Rindenschicht zwei Bastbündelschichten vorhanden, nämlich die primären und sekundären Faserbündel, die aus unterschiedlichen Anzahlen von Einzelzellen besteht.

Die chemische Zusammensetzung der Hanffaser ist ähnlich der des Flachses, allerdings ist Hanf ligninreicher, deshalb ist es schwieriger, das Bastbündel zu teilen, und er ist weniger geschmeidig. Ähnlich wie bei Flachs sind die Bastfaserbündel ringförmig in die Rindenschicht eingelagert.

C3 Gewinnung

Die männlichen Pflanzen sind einen Monat vor der weiblichen Pflanze reif und werden daher früher geerntet und auf dem Feld getrocknet. Da die unteren Stängelteile des Hanfes stark verholzt sind, werden sie händisch oder maschinell geschnitten und für die Fasergewinnung werden die Blätter und Samen ausgeschlagen.

Die einzelnen Faserschichten werden durch Rösten, Brechen, Schwingen, Reiben, Schneiden und Hecheln getrennt, um so die Faserbündel gewinnen zu können. Aus 100 kg Hanfstroh erhält man ca. 15 kg Fasern. Für die Röste kann die Tau-, Warmwasser- oder Kaltwasserröste eingesetzt werden, wobei danach gespült und getrocknet werden muss.

Brechen und Schwingen geschieht ähnlich wie bei Flachs und das Endprodukt ist der Schwing- oder Rohhanf mit einer Faserlänge von 2–3 m, der bereits an Spinnereien geliefert werden kann. Wegen der Länge und der starken Verklebung der Hanffasern müssen zwei zusätzliche Arbeitsgänge wie Reiben und Schneiden (Kürzen auf 60–75 cm durch rotierende Messer) eingeschaltet werden. Das Reiben wird mit einer Riffelwalze und das Schneiden mit einem rotierenden Messer durchgeführt. Danach wird gehechelt, wobei Hechelhanf, die Langfaser, und Hanfwerg, die Kurzfaser, anfallen. Bei Hanf ist es möglich, das Faserbündel vom gerösteten oder ungerösteten grünen Hanfstängel mit der Hand abzuziehen. Die wichtigsten Hauptanbauländer sind: Russland, Indien, Rumänien, China, Ungarn und Polen.

Der Hanf wird nach Herkunftsland bzw. nach Anbaugebieten benannt. Die Einstufung des Hanfes erfolgt nach verschiedenen Qualitätsmerkmalen wie Farbe, Reinheit, Glanz, Länge, Feinheit und Festigkeit. Je nach Gewinnungsart wird unterschieden zwischen Grün- oder Rösthanf, nach den Bearbeitungsstufen zwischen Rohhanf, Schwingwerg-, Hechelhanf oder Hechelwerg und nach dem Verwendungszweck zwischen Spinn- und Seilhanf.

C4 Eigenschaften

Da Hanf ähnliche Eigenschaften wie Flachs besitzt, werden nur jene Eigenschaften angeführt, worin sie sich unterscheiden.

FARBE

Je nach Röstverfahren ist der Hanf weiß, gelblich, grünlich oder bräunlich, wobei gröbere, qualitativ mindere Sorten eine dunkle Farbtönung aufweisen. Durch den höheren Ligningehalt gegenüber Flachs lässt sich Hanf weniger gut bleichen. Der Glanz ist natürlich, im Vergleich zu Flachs aber geringer.

FEINHEIT, LÄNGE

Die Feinheit hängt vom Faserbündel ab, die bei Hanf gröber und ungleichmäßiger als bei Flachs ist. Die Faserbündel lassen sich schwerer teilen und die Zahl der Einzelzellen im Bündel schwankt von 2–40. Ebenso ist die Länge der Faserbündel sehr unterschiedlich, sie kann von 1–3 m betragen und ist von der Hanfsorte abhängig.

Der Querschnitt zeigt die für den Hanf typischen unregelmäßigen Begrenzungen der Einzelzellen. Die Längsansicht weist, wie bei Flachs, Querverschiebungen auf.

SCHEUERFESTIGKEIT, ZUGFESTIGKEIT

Die Scheuerfestigkeit ist hoch und im nassen Zustand besser als bei Flachs. Hanf besitzt eine sehr hohe Zugfestigkeit, die bis ca. 20 % höher ist als bei Flachs. Daher zählt Hanf mit Ramie zu den festesten Naturfaserstoffen.

WASSER

Hanf ist kochbeständig und besitzt mittlere bis hohe Quell- und Saugfähigkeit und kann bis zu 30 % Feuchtigkeit aufnehmen, ohne sich feucht anzufühlen. Die Anschmutzbarkeit ist sehr gering, daher gibt Hanf beim Waschen den Schmutz leicht wieder ab.

C5 Verwendung

Hanf wird rein und in Mischungen verwendet, allerdings wird Hanf wegen der groben Faserstruktur, der starken Unregelmäßigkeiten und der starken Eigenfarbe nur beschränkt für Bekleidung verwendet. Besonders wegen seiner sehr hohen Zugfestigkeit und Widerstandsfähigkeit gegenüber Feuchtigkeit wird reiner Hanf für Zelte, Planen, Matten, Säcke, Netze, Bindfäden, Seile, technische Gewebe, Dichtungsmaterial und vieles mehr eingesetzt. Gemischt wird Hanf hauptsächlich mit Flachs. In geringerem Umfang kann Hanf auch anstelle von Flachs für leinenähnliche Stoffe verwendet werden.

D JUTE

D1 Geschichtlicher Überblick

In Indien wurde Jute bereits seit frühester Zeit angebaut und als Faser, Gemüse und Heilpflanze verwendet. In Europa wurde sie erst Ende des 18. Jahrhundert bekannt und erst im 19. Jahrhundert angebaut und verarbeitet. Vor allem wurde Jute damals so wie heute als Verpackungsmaterial eingesetzt und verdrängte damit Flachs und Hanf vom Markt. Jute wiederum wird größtenteils von synthetischen Fasern, besonders von Polypropylen und Polyäthylen, ersetzt. Jute hat für die Bekleidung keine Bedeutung.

D2 Wachstum und Aufbau

Die Jutepflanze gehört zur Gruppe der Lindengewächse und kommt wildwachsend vor oder wird in Kulturen gezogen. Die Pflanze ist einjährig, wird 2–5 m hoch und gedeiht vorwiegend in tropischen und subtropischen Ländern. Die Aussaat erfolgt zwischen Februar und Mai, nach dreieinhalb Monaten beginnt sie zu blühen und einen Monat später wird geerntet. Der Aufbau des Jutestängels ist ähnlich wie bei Flachs, jedoch verlaufen die Jutefaserstränge sternförmig zum Stängelrand und weisen einen ca. 12 %igen Ligningehalt auf, was den höchsten Wert aller Pflanzenfasern darstellt. Der strukturelle Aufbau ist ähnlich wie bei Flachs und Hanf, jedoch weisen die Einzelzellen die geringste Länge aller Bastfasern auf.

D3 Gewinnung

Nachdem Jute hanfähnliche Eigenschaften besitzt, ist die Gewinnung ähnlich wie bei Hanf. Zuerst wird die Jutefaser geschnitten, dann kommt das Nachreifen, Entblättern und Entkörnen und in späterer Folge wird das Jutefaserbündel geröstet, gezogen, gebrochen, geschwemmt und getrocknet.

D4 Eigenschaften

Jute besitzt ähnliche Eigenschaften wie Flachs und Hanf. Im Folgenden werden nur jene Eigenschaften angeführt, in denen sich Jute unterscheidet.

FARBE

Jute weist im Rohzustand gelbliche, rötliche und hellbraune Farben auf, die durch Licht- und Lufteinwirkung nachdunkeln. Durch den hohen Ligningehalt lässt sich Jute nur schwer bleichen.

FEINHEIT, LÄNGE

Die Feinheit ist durch die starke Verholzung sowie die starken Ungleichmäßigkeiten der Faserbündel nur schwer zu bestimmen und daher lassen sich auch nur gröbere Garne ausspinnen. Die Unregelmäßigkeiten sind in textilen Flächen stark sichtbar. Die Länge der Faserbündel kann von 1–3 m betragen, die in der weiteren Verarbeitung durch Schneiden angepasst wird. Jute hat durch die strukturierte Oberflächenbeschaffenheit und die starke Verholzung einen harten, spröden Griff.

LICHT

Jute wird durch Licht, Wärme und Feuchtigkeit besonders angegriffen, daher ist die Wetterbeständigkeit sehr schlecht. Besonders ungebleichte Jutefasern sind lichtempfindlich, das Licht greift die Fasersubstanz an. Ebenso ist Jute gegen Oxidationsmittel sehr empfindlich, erst nach dem Entfernen des Lignins kann gebleicht werden. Das schlechte Wasch- und Reinigungsverhalten von Jute kommt kaum zum Tragen, da Jute nicht in der Bekleidung eingesetzt wird.

SCHEUERFESTIGKEIT, ZUGFESTIGKEIT

Von allen Bastfasern weist Jute wegen ihrer starken Verholzung und der geringen Länge der Einzelzellen die geringste Zugfestigkeit auf, die durch längere Lichteinwirkung stark vermindert wird. Von den wichtigsten Faserstoffen besitzt Jute die geringste Dehnung und Elastizität im trockenen Zustand und die Scheuerfestigkeit ist schlechter als bei Flachs und Hanf.

WASSER

Jute ist kochbeständig und besitzt von den pflanzlichen Faserstoffen die höchste Quell- und Saugfähigkeit und nimmt bis zu ca. 35 % Feuchtigkeit auf, ohne dass sich die Faser feucht anfühlt. Sie lässt sich sehr gut färben.

D5 Verwendung

Aufgrund der relativ hohen Zugfestigkeit wird Jute rein für Verpackungsmaterial wie Säcke, Seilerwaren, Teppichgrundgewebe, Wandbespannungen und viele andere mehr verwendet. Für Bekleidung wird Jute nie rein, sondern höchstens als Mischkomponente zu Pflanzen- und Synthesefaserstoffen eingesetzt.

E RAMIE

E1 Geschichtlicher Überblick

Bereits ca. 1.800 v. Chr. werden Anbauländer wie China, Japan, Indien und Ägypten für Ramie geschichtlich erwähnt. Zu Beginn des 19. Jahrhundert wurde Ramie aus Indien nach Europa gebracht und das erste Mal in England versponnen. Europa versuchte Ramiekulturen anzulegen, allerdings verloren diese auf Grund der teuren Anbauweise und Verwertung schnell an Bedeutung. In außereuropäischen Ländern hat Ramie größere Bedeutung und steht aufgrund ihrer Eigenschaften in Konkurrenz zu Baumwolle, Flachs, Hanf und Seide. Es gibt zahlreiche Einsatzgebiete, jedoch eignet sich Ramie aufgrund des hohen Preises selten für Massenwaren.

E2 Wachstum und Aufbau

Ramie gehört zur Gruppe der Nesselgewächse und kommt wildwachsend oder gezüchtet in Kulturen vor, die tropisches oder subtropisches Klima aufweisen. Der Aufbau des Ramiestängels ist ähnlich dem anderer Bastfasern, jedoch sind die Elementarfasern innerhalb der Rindenschicht einzeln oder in kleinen Gruppen gelagert. Ramie weist neben der Baumwolle den höchsten Celluloseanteil, nämlich ca. 72 %, und den geringsten Ligningehalt, ca. 0,8 %, auf. Die Einzelzelle ist langgestreckt, an den Enden abgerundet und hat eine Länge von 60–260 mm.

E3 Gewinnung

Die Ernte erfolgt mehrmals durch Schneiden. Das Freilegen der Fasern kann bei der Ramie nicht wie bei den übrigen Stängelfasern vorgenommen werden, sondern zuerst muss eine mechanische Aufbereitung erfolgen, die den rohen Bast ablöst und danach muss degummiert werden. Degummieren bedeutet, dass die Faserbündel in einer verdünnten Laugenlösung gekocht werden müssen, um die Einzelfasern freizulegen. Danach wird neutralisiert, gespült und getrocknet.

E4 Eigenschaften

Ramie besitzt ähnliche Eigenschaften wie Flachs, daher werden nur jene Eigenschaften angeführt, die unterschiedlich sind.

FEINHEIT, LÄNGE, WÄRME

Die Feinheit beträgt 4–10 dtex. Die Breite schwankt zwischen 40–80 mym und die Länge der Faser beträgt bis zu 500 mm. Aufgrund der bändchenartigen Einzelzelle und des fehlenden Pflanzenleims ist die Faser sehr fein sowie seidenähnlich und hat eine hohe Luftdurchlässigkeit. Das Wärmerückhaltevermögen ist sehr gering. Ramie lässt sich feucht mit hohen Temperaturen gut bügeln.

SCHEUERFESTIGKEIT, ZUGFESTIGKEIT

Von allen Naturfasern weist Ramie im trockenen und nassen Zustand die höchste Zugfestigkeit auf. Des Weiteren besitzt sie eine niedrigere Scheuerfestigkeit und ein geringeres Verschleißverhalten als Flachs.

E5 Verwendung

Ramie wird rein und vor allem in Mischungen, z. B. mit Baumwolle, Flachs und Wolle, verwendet. Aufgrund der hohen Zugfestigkeit wird Ramie für Seilerwaren, Nähfäden, Bänder, Spitzen, Hemden-, Blusen- und feine Kleiderstoffe sowie Haushaltswäsche und Maschenwaren eingesetzt.

F SONSTIGE STÄNGELFASERN

In tropischen und subtropischen Gebieten gibt es nicht nur wildwachsende Stängelfasern (Malvenarten), sondern auch solche, die in Kulturen gezogen werden. Ihre Eigenschaften sind der Jute ähnlich, deshalb werden sie als Juteersatzfasern verwendet. Durch ihr Vorkommen in vielen Ländern haben sich für ein- und dieselbe Art verschiedene Namen gebildet.

KENAF, ROSELLA UND ARAMINA

Kenaf, das weniger verholzt als Jute ist, wird als Verpackungsmaterial und Seilerwaren verwendet und wird in Indien, Russland, China, Korea, Südafrika, Brasilien und Kuba angebaut. Sie besitzt eine höhere Zugfestigkeit und einen höheren Glanz als Jute. Neben der Fasergewinnung wird die Pflanze auch als Öllieferant verwendet.

Rosella unterscheidet sich nur wenig von Kenaf und wird in den Ursprungsländern als Faser-, Gemüse-, Heil- und ölliefernde Pflanze verwendet. Hauptanbauländer sind Indien, Java, Australien, Malaysia und Vietnam. Die Eigenschaften sind ähnlich jenen von Kenaf, jedoch hat sie eine geringe Biegsamkeit und wird als Verpackungsmaterial verwendet.

Aramina unterscheidet sich von Kenaf und Rosella vor allem im Aussehen, da die Fasern fast weiß glänzend sind. Gewinnung, Aufbereitung und Einsatzgebiet sind gleich wie bei Jute. Produktionsländer sind vor allem Kongo, Brasilien und Madagaskar.

WEITERE STÄNGELFASERN

Diese Stängelfasern haben vorwiegend lokale Bedeutung und werden nicht nur als Fasern, sondern auch z. B. als Gemüse, Futtermittel, zur Öl- und Arzneigewinnung, als Streu und Heizmaterial verwendet. Einzeln angeführte Stängelfasern werden als Ausgangsmaterial für die Celluloseerzeugung eingesetzt:

→ Sun, genannt Sonnenhanf oder Madrashanf, ist in Indien und Westafrika beheimatet.
→ Chinajute, genannt Venezuela-Jute, kommt aus China und Venezuela.
→ Turkafaser, genannt Kendir, stammt aus Asien und den Mittelmeerländern.
→ Nesselfasern sind feine, feste spröde Fasern, die aus Brennnesseln gewonnen werden.
→ Ginsterfasern sind glanzlose, feine Fasern, die aus den Stängeln einer wildwachsenden, strauchartigen Pflanze gewonnen werden.
→ Lupinenfasern sind ginsterähnliche Fasern, die aus einem wildwachsenden Strauch erzeugt werden.
→ Weidenfasern sind hellbraune bis schwarzbraune Fasern, die aus der Rinde verschiedener Weidenarten gezogen werden.
→ Hopfenfasern werden aus dem Stängel der Hopfenpflanze gewonnen.
→ Lindenbastfasern werden aus Stämmen europäischer und amerikanischer Linden erzeugt.
→ Strohfasern werden aus Roggenhalmen und Weizenhalmen erzeugt.
→ Asclepiasfasern werden aus den Stängeln mehrjähriger Schwalbenwurzgewächse gewonnen.

G HART- BLATT-, FRUCHT-FASERN

Die Hartfasern sind im Allgemeinen härter als die Bast- bzw. Stängelfasern und werden hauptsächlich von Blättern und Früchten verschiedener tropischer und subtropischer Pflanzen gewonnen. Die Fasern sind meistens im Blattgewebe eingebettet.

G1 Blattfasern

Die wichtigsten Blattfasern sind Agave-, Bananen-, Lilien-, Gras-, Palm- und Bromeliafasern und die wichtigste Fruchtfaser ist die Kokosfaser.

AGAVEFASERN

Agavefasern werden aus den 1–2 m langen, spitzen Blättern zahlreicher Agavenarten gewonnen. Sie werden abgeschnitten und auf einer Entfaserungsmaschine wird das Fleisch von den Fasern gepresst, anschließend gewaschen und an der Sonne getrocknet und gebleicht. Dann werden die Fasern durch drehende Bürsten gekämmt. Die elfenbeinfarbigen, glatten und leicht anfärbbaren, glänzenden Agavefasern sind sehr fest, biegsam, spröde und widerstandsfähig gegen Verrottung. Sie werden zur Herstellung von Tauen, Matten, Verpackungsmaterialien und Füllstoffen verwendet.

Die wichtigsten Agavefasern sind:

→ Sisal: Der Anbau erfolgt vor allem in Mittelamerika, Südamerika, Ostafrika und Südostasien.
→ Henequen-He: Kommt aus Mexikos
→ Lilienfasern (Yuccafaser) werden aus den Blättern der Liliengewächse gewonnen und dienen als Ersatz für Jute, Agave- und Bananenfasern.

- → Maguey (Kantala) wird in Mexiko, Indonesien, in den Philippinen und in Vorderindien angebaut.
- → Espartofasern stammen aus den Blättern des in Spanien und Nordafrika heimischen Halfa- oder Alfagrases. Diese Fasern werden vor allem zur Cellulosegewinnung oder zur Herstellung von Matten und Seilerwaren verwendet.
- → Palmfasern werden aus den Blättern der in Marokko vorkommenden, wildwachsenden Zwergpalme gewonnen. Diese Fasern stellen eine Konkurrenz zur Kokosfaser dar.

BROMELIAFASERN

Die Blätter der Bromeliaarten enthalten im Vergleich zu den Agaveblättern weniger Fruchtfleisch, woraus sich ein höherer Faseranteil und eine leichtere Fasergewinnung ergeben.

- → Ananasfasern werden aus den Blättern der vor allem in Argentinien und Brasilien beheimateten Ananas gewonnen.
- → Caroafasern werden aus den Blättern der Caroa- oder Croa-Pflanze (vor allem in Brasilien) gewonnen und besitzen ähnliche Fasereigenschaften wie Jute.

G2 Fruchtfasern

Die Kokosfasern bilden das Gerüst der äußeren Fruchthülle der Kokosnuss, die als Frucht der Kokospalme z. B. in Indien, Indonesien, China, den Philippinen und vielen anderen Staaten gedeiht. Die Faserhüllen werden zirka 5–6 Monate im Schlamm geröstet, anschließend gespült und ausgeschlagen. Diese Fasernetze werden direkt oder gekämmt und versponnen verwendet.

Die Kokosfaser ist ca. 15–30 cm lang, besitzt eine hohe Scheuerfestigkeit, hat eine geringe Feuchtigkeitsaufnahme und ist gegen Fäulnis sowie Witterungseinflüsse sehr beständig. Kokosfasern sind aufgrund ihrer hohen Lufteinschlüsse sehr leicht, schwimmen im Wasser und haben durch ihre glatte Oberflächenstruktur eine geringe Schmutzaufnahme. Die rötlich bis braunen Fasern werden in der Seilerei, als Füllstoff, zur Erzeugung von Matten und Läufern verwendet.

H VEREDELUNG DER CELLULOSEFASERN

H1 Cellulosefasern im Rohzustand

Je nach Qualität und Herkunft werden die Cellulosefasern unterschiedlichen Veredelungsfahren unterzogen. Nicht alle Naturfasern können gebleicht, laugiert oder mercerisiert werden. Vor allem die Bastfasern, die in der Bekleidung eingesetzt werden, werden weder laugiert noch mercerisiert, dafür in vielen Fällen gebleicht. Allerdings können fast alle Fasern gefärbt werden, mit einem mehr oder weniger guten Durchfärbeeffekt. Hanf, Jute und Blattfasern haben eine schlechte Farbaufnahme und werden auf Grund ihrer Eigenfarbe kaum oder wenn, dann meist nur mit dunklen Tönen gefärbt. Leinen und Baumwolle hingegen lassen sich sehr gut färben und sind daher auch in allen Farbschattierungen anzutreffen.

H2 Färben von Cellulosefasern

FARBSTOFFKLASSEN

Baumwolle und Leinen als natürliche Cellulosefasern liegen in ihrem färberischen und drucktechnischen Verhalten sehr nahe bei den halbsynthetischen Fasern wie Viskose und 2 ½-Acetat. Daher lassen sich diese Fasern ebenso wie alle anderen vorher beschriebenen Fasern mit den gleichen Methoden und Verfahren veredeln. Gemäß ihrem chemischen Aufbau und ihrem chemischen Verhalten werden die zum Färben und Drucken von Baumwolle, Leinen und Viskose geeigneten Farbstoffe folgendermaßen eingeteilt:

→ Substantivfarbstoffe
→ Küpenfarbstoffe
→ Reaktivfarbstoffe
→ Schwefelfarbstoffe

Folgende Eigenschaften bestimmen das coloristische Verhalten:

→ Affinität
→ Aufziehvermögen
→ Migrationsvermögen
→ Dispersionsvermögen

Die Aufziehgeschwindigkeit der Fasern wird in erster Linie bestimmt durch das Diffusionsvermögen der Farbstoffe. Kleinmolekulare Farbstoffe zeigen aufgrund ihres hohen Diffusionsvermögens eine höhere Aufziehgeschwindigkeit als großmolekulare Farbstoffe.

Die Färbegeschwindigkeit ist außerdem abhängig vom Grad der Affinität zwischen Faser und Farbstoff. Die Farbstoff-Faserbindung beruht auf physikalischer und chemischer Wechselwirkung, wobei die zwischenmolekularen Wirkungskräfte eine große Rolle spielen.

SUBSTANTIVFARBSTOFFE

Die Färbeverfahren mit substantiven Farbstoffen sind dem färberischen Verhalten der Baumwolle und der übrigen Cellulosefasern anzupassen.

Die Substantivfarbstoffe gehören im Allgemeinen zu den Dis- und Polyazofarbstoffen. Die hochlichtechten Vertreter dieser Gruppe sind meist Kupferkomplexe. Die Farbstoffe werden in neutralem oder schwach alkalischem Glaubersalzbad bei Kochtemperatur gefärbt.

Folgende Faktoren sind für den Verlauf des Färbevorganges bestimmend:

- → Affinität des Farbstoffes
- → Aufzieh- und Diffusionsgeschwindigkeit
- → Flottenverhältnis
- → Temperatur und Zeit
- → Salzzusatz
- → Wanderungs-, Migrations- und Ausgleichsvermögen

Diese Eigenschaften sind von der Konstitution der Farbstoffe abhängig, können aber zum Teil beim Färben beeinflusst werden, sei es durch Temperaturkontrolle oder durch Zugabe von Salz und Hilfsmitteln.

Unter »Affinität« ist die Fähigkeit eines Farbstoffes zu verstehen, aus einer Lösung auf die Faser aufzuziehen. Sie ist das Maß für die Energie, mit welcher dieser an die Faser gebunden wird. Die Verteilung des Farbstoffes im System Faser-Flotte wird von der Affinität bestimmt. Eine hohe Affinität bedeutet, dass sich der Farbstoff lieber auf der Faser als im Bad befindet, er zieht besser aus. Eine niedrige Affinität bedeutet das Gegenteil. Ein hochaffiner Farbstoff besitzt auch bessere Nassechtheiten als ein niedrigaffiner Farbstoff, welcher das Bestreben hat, wieder in eine Lösung überzugehen. Affinität darf nicht mit Aufziehgeschwindigkeit verwechselt werden. Inwieweit Affinität mit Substantivität gleichzusetzen ist, ist Ermessensfrage.

Grundrezept:

Bis 6% g Farbstoff
20–50g / l Salz (Glaubersalz)
FV (Flottenverhältnis): 1:20 bis 1:40

Färbediagramm:
Färbezeit: 1–1½ Stunden
Nachwäsche: spülen, kalt, dann warm, wieder kalt

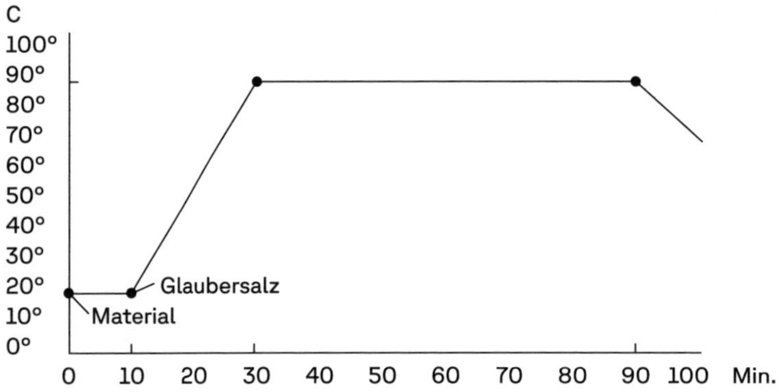

Die Farbstoffkonzentration wird in Prozent angegeben und bezieht sich auf die Farbtiefe. Je tiefer die Farbe werden soll, desto höher ist die Prozentangabe, allerdings darf sie bei den meisten Farbtönen 6% nicht überschreiten. Eine zu hohe Farbstoffkonzentration würde die Farbechtheit beeinträchtigen und ein Auslaufen bei der nächsten Haushaltswäsche begünstigen.

Die Prozentangabe ist bei der Berechnung für die g-Einwaage des Farbstoffes immer auf das Warengewicht der zu färbenden Ware zu beziehen. Folgende Formel ist bei jeder Färbung anzuwenden: Farbstoff Einwaage in Gramm ist gleich Prozent des Farbstoffes mal Warengewicht der zu färbenden Ware durch 100:

$$\text{g Einwaage des Farbstoffes} = \frac{\text{Warengewicht x\% d. Farbstoffes}}{100}$$

KÜPENFARBSTOFFE

Mit dieser Farbstoffgruppe werden bei den Färbungen die höchsten Echtheiten erzielt. Als deren erster Vertreter kann der Indigo angesehen werden, der seine frühere große Bedeutung inzwischen eingebüßt hat. Bei den Küpenfarbstoffen unterscheidet man zwei Hauptgruppen:

→ Indigoide Küpenfarbstoffe, die Abkömmlinge des Indigos darstellen, deren Leukoverbindungen ein verhältnismäßig geringes Aufziehvermögen besitzen, daher werden diese eher in der Druckerei eingesetzt.

→ Anthraminoide Küpenfarbstoffe, deren Leukoverbindungen sehr rasch und vollständig aufziehen.

Die anthraminoiden Küpenfarbstoffe und deren Leukoverbindungen besitzen ein rasches und gutes Aufziehvermögen und sind deshalb vorwiegend in Verwendung.

Verküpung:
Die unübertroffen hohen Nassechtheiten der Färbungen sind durch die vollständige Unlöslichkeit der Farbstoffe in Wasser begründet. Vor dem Färben liegen die Farbstoffe als festes oder flüssiges Pigment vor, das durch eine alkalische Lösung in eine wasserlösliche Form übergeführt werden muss, um damit färben zu können. Mittels Reduktion werden sie in wasserlösliche Leukosalze übergeführt, die dann ein ähnliches Verhalten zeigen wie die substantiven Farbstoffe. Die Reduktion, genannt Verküpung, erfolgt mittels Hydrosulfit in alkalischer Lösung. Nach dem Färben werden die löslichen Salze wieder in die Ursprungsform, nämlich in die wasserunlöslichen Pigmente, zurückgeführt. Diese Rückführung in den unlöslichen Zustand wird mittels Oxidation an der Luft oder mit sauerstoffabgebenden Mitteln durchgeführt. Der Vorgang besteht somit aus: Verküpung, Oxidation und anschließender Nachwäsche.

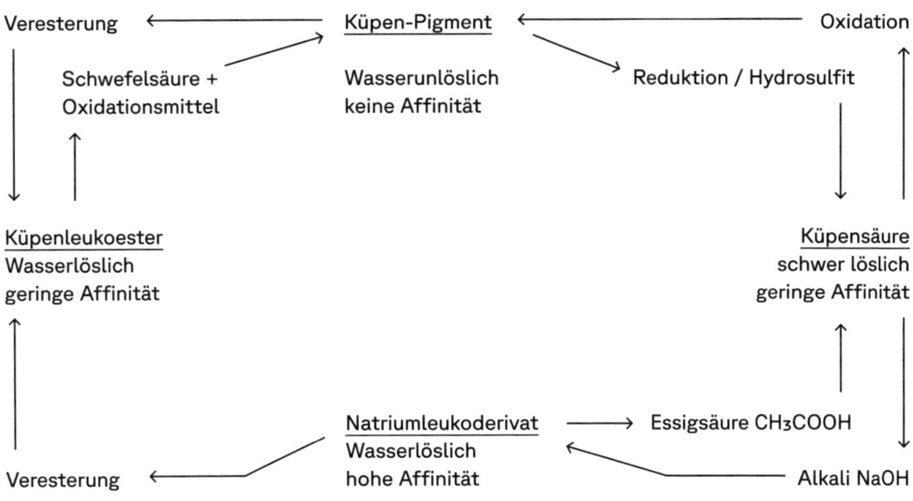

Zustandsformen eines Küpenfarbstoffes

Grundrezept:

Bis 6% g Farbstoff
5–10 ml / l Natronlauge
5–6 g / l Hydrosulfit
20–50g / l Salz (Glaubersalz)
FV (Flottenverhältnis): 1:20 bis 1:40

Färbediagramm

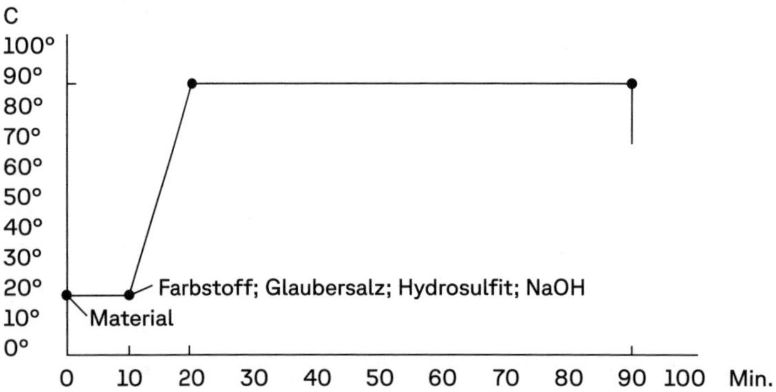

Verküpung:
Zur Verküpung wird meist Wasserstoffperoxid eingesetzt: 2–4 ml / l Wasserstoffperoxid bei 50° C.

Nachwäsche:
Nach dem Verküpen ist eine Wäsche mit einem ionogenen Waschmittel anzuschließen, um den überschüssigen, nicht verküpten Farbstoff zu entfernen.

REAKTIVFARBSTOFFE

Bei den Reaktivfarbstoffen handelt es sich im Prinzip um Säurefarbstoffe mit mehreren Sulfonsäuregruppen, die zusätzlich über eine reaktive Gruppe verfügen. Reaktivfarbstoffe gehen kovalente, hochnassechte Verbindungen mit der Cellulosefaser ein. Bei den Reaktivfarbstoffen gibt es zwei Gruppen:

→ Heißfärber: Die heißfärbenden Reaktivfarbstoffe werden bei 80–100° C gefärbt, da sie erst bei hoher Temperatur ihr Reaktionsvermögen aktivieren, zusätzlich wird starkes Alkali benötigt.

→ Kaltfärber: Die kaltfärbenden Reaktivfarbstoffe werden bei 40–60° C gefärbt. Sie besitzen bereits bei niedriger Temperatur ein gutes Reaktionsvermögen und benötigen nur geringe Alkalimengen.

Obwohl die Reaktivfarbstoffe meistens bereits im neutralen Bereich bei Anwesenheit einer entsprechenden Elektrolytmenge gut aus der Flotte ausziehen, ist zur Verbesserung der Nassechtheit eine mehr oder weniger stark alkalische Nachbehandlung – in Abhängigkeit vom Reaktivsystem – gegen Ende des Färbeverlaufs unumgänglich. Falls das nicht gemacht wird, kann es zu einem Echtheitsverlust kommen.

Färben mit Reaktivfarbstoffen:
Die Reaktivfarbstoffe werden vorzugsweise in zwei Phasen appliziert: Die erste Phase, in welcher der Farbstoff auf die Faser aufzieht, wird durch eine langsame, etwa 20–40-minütige Aufheizphase begleitet. Diese dient zum Farbstoffausgleich in der Faser. Diese Phase wird im neutralen Bereich durchgeführt, allerdings mit kleinen bis großen Mengen an Elektrolyten, je nach Farbe und Farbtiefe. Als Elektrolyt wird vorzugsweise Glaubersalz in Mengen von 20–60 g / l eingesetzt; bei Schwarzfärbungen bis zu 100g / l.

In der zweiten Phase, nachdem die Aufheizphase beendet ist, wird zur Farbstofffixierung 5–7 g / l Natriumbicarbonat in zwei Portionen zugegeben. Danach wird ca. 30–60 min. bei der entsprechenden Färbetemperatur, je nach Farbstoff zwischen 40–100° C, weitergefärbt und anschließend wird abgekühlt. In der Abkühlphase ist eventuell ein Nachsatz von 1–2 ml / l 38° Be NaOH notwendig.

Grundrezept:

Bis 6 % g Farbstoff
5–8 g / l Soda
20–50g / l Salz (Glaubersalz)
1–2 ml / l Natronlauge
FV (Flottenverhältnis): 1:20 bis 1:40
FV: 1:20 (Bei geringerem Warengewicht ist ein höheres FV möglich)

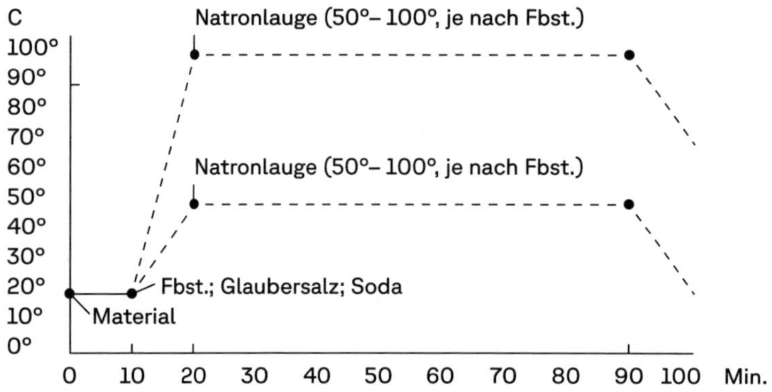

Nachwaschen von Reaktivfarbstoffen:
Wichtig beim Färben mit Reaktivfarbstoffen ist die Nachwäsche. Als Voraussetzung für eine perfekte Nassechtheit ist es unumgänglich, die Ware nach dem Färben zu spülen, solange, bis die überschüssige Farbe entfernt wird, und anschließend mit Waschmitteln und Natriumbicarbonat ca. 30 min. bei 70° C zu seifen.

H3 Druck auf Cellulosefasern

Folgende Druckarten werden auf Cellulosefasern durchgeführt:

→ Direktdruck
→ Reservedruck
→ Ätzdruck
→ Pigmentdruck

VERFAHRENSTECHNIK IM DRUCKBEREICH

Die Druckverfahrenstechniken wurden ausführlich bei den tierischen Fasern beschrieben, daher sind sie hier nur mehr umrissen.

DRUCKTECHNIKEN

Die heute wichtigsten Drucktechniken sind:
→ Filmdruck auf flachem Tisch mit Schablonen
→ Flachdruck-Maschine mit Schablonen

→ Rotationsfilmdruckmaschine
→ Rouleauxdruckmaschine.

FIXIEREN DER FARBSTOFFE

Das Fixieren der Farbstoffe geschieht durch Dämpfen. Als Dämpfer sind üblich:

→ Sterndämpfer
→ Hängeschlaufendämpfer

WASCHEN UND TROCKNEN DER BEDRUCKTEN WARE

Durch das Waschen werden überschüssiger Farbstoff, Verdickungsmittel und Chemikalien entfernt. Dabei ist auf folgende zwei Hauptfehlerquellen zu achten:

→ Die mechanische Beschädigung der Faser
→ Das Anfärben / Abflecken.

Farbstoffklassen für das Bedrucken von Cellulosefasern:

→ Substantivfarbstoffe
→ Reaktivfarbstoffe
→ Küpenfarbstoffe
→ Pigmentfarbstoffe

DRUCK MIT SUBSTANTIVFARBSTOFFEN

Zum Bedrucken der Cellulosefasern mit Substantivfarbstoffen sind nur ausgewählte Farbstoffe möglich. Auf Grund der kleinmolekularen Innenstruktur der Farbstoffe weisen Substantivfarbstoffe beim Drucken geringe Echtheiten auf und werden daher kaum verwendet.

DRUCKEN MIT REAKTIVFARBSTOFFEN

Infolge der höheren Anforderungen an die Waschechtheiten werden vermehrt Reaktivfarbstoffe eingesetzt. Sie sind vor allem dort interessant, wo gut waschbare und waschechte Textilien benötigt werden. Diese Farbstoffe werden sowohl für Fondfärbungen im Ätzdruck sowie im Direktdruck eingesetzt.

Druckrezept:
Das Druckrezept besteht aus: Farbstoff, Lösemittel, Alkali, Wasser, Verdickung

Farbstoff
Der Farbstoff wird entweder in die fertige Druckpaste eingestreut oder vorher mit kaltem oder warmen Wasser gelöst.

Lösemittel
Im Allgemeinen wird Harnstoff verwendet. Harnstoff unterstützt die Fixierung. Bei Fließgefahr muss die Harnstoffmenge reduziert werden.

Alkali
Normalerweise wird als Alkali Natriumbicarbonat eingesetzt. Je nach Ausbeute und Echtheitsanforderungen ist die Alkalimenge zu erhöhen oder herabzusetzen. Hierbei sind Erfahrungswerte aus der Praxis besonders wichtig. Die eingesetzte Alkalimenge richtet sich nicht nur nach der eingesetzten Farbstoffmenge, sondern auch nach der vorhandenen Dampfmöglichkeit.

Verdickung
Im Allgemeinen werden Alginatverdickungen mit einer nicht zu geringen Trockensubstanzmenge von 5–10 % eingesetzt.

Wasser
Die Wassermenge richtet sich nach der verwendeten Verdickung sowie den Dampfbedingungen. Wird zu viel Wasser eingesetzt, kommt es zum Auslaufen des Farbstoffes.

Fixieren
Es wird durch Dampf fixiert bei 102° C für 10–20 min. je nach Farbstoffklassen.

Waschen
Die Reaktivfarbstoffe müssen für gute Echtheiten nach dem Drucken bei Kochtemperatur geseift werden.

DRUCKEN MIT KÜPENFARBSTOFFEN

Wenn die Echtheitsanforderungen von den Reaktivfarbstoffen nicht ausreichend sind, werden Küpenfarbstoffe eingesetzt. Besonders dort, wo kochechte, waschbare Celluloseartikel benötigt werden. Diese Farbstoffe werden auch im Ätzdruck eingesetzt.

Druckrezept:
Das Druckrezept besteht aus: Farbstoff, Alkali, Verdickung

Farbstoff
Die Farbstoffe werden in die fertige Druckpaste eingegossen, da diese in flüssiger oder pastöser Form vorliegen.

Alkali
Im Allgemeinen wird als Alkali Natriumcarbonat oder Kaliumcarbonat eingesetzt.

Verdickung
Meistens werden Stärkeätherverdickungen mit einer Trockensubstanzmenge von 5–10 % eingesetzt.

Wasser
Die Wassermenge richtet sich nach der Art der Verdickung und den vorhandenen Dampfbedingungen.

Fixieren
Es wird durch Sattsdampf bei 102° C für ca. 10–20 min. fixiert, je nachdem, welche Farbstoffklasse vorliegt.

Oxidieren
Die Küpenfarbstoffe müssen nach dem Dämpfen oxidiert werden. Die Oxidation wird mittels Wasserstoffperoxid durchgeführt. Durch die Oxidation wird die reduzierte, wasserlöslich vorliegende Leukoküpenform in eine unlösliche Ketoform zurückgeführt.

Waschen
Nach dem Drucken muss das Textil mittels Seifenlösung ausgekocht werden, da der überschüssige Farbstoff entfernt werden muss, um die Echtheiten zu gewährleisten.

DRUCKEN MIT PIGMENTFARBSTOFFEN

Pigmentfarbstoffe sind wasserunlösliche Farbstoffe, die prinzipiell auf alle textilen Materialien gedruckt werden können. Die Drucktechnik beruht auf dem Drucksystem Pigment und Bindemittel. Wasserunlösliche Weiß- und Farbpigmente ohne Faseraffinität werden mit Kunstharz-Bindemitteln auf dem Textilgut fixiert. Die Abgrenzung zu den übrigen Druckverfahren besteht darin, dass der Farbstoff als unlöslicher Körper ohne Affinität zum Substrat vorliegt und nur mittels Heißluft oder durch Liegen an der Luft ausfixiert.

Der Vorteil dieser Druckart ist, dass die Drucktechnik und die Herstellung der Druckpasten einfach und kostengünstig sind und dass diese Drucke eine hohe Lichtechtheit besitzen.

Der Nachteil dieser Druckart ist, dass auf den meisten Textilien ein sehr harter Griff entsteht und einige Echtheiten, wie z. B. die Waschechtheit, gering sein können.

Druckrezept:
Das Druckrezept besteht aus Farbstoff und fertig gekaufter Druckpaste, die im Handel erworben werden kann.

Fixieren:
Es wird mittels einem heißfixierenden Farbstoffpigment durch Trockenhitze bei 150° C ca. 5 min. je nach Farbstoffklasse fixiert. Wenn ein kaltfixierendes Farbstoffpigment verwendet wird, dann wird an der Luft meist durch Liegen von 3 Wochen fixiert. Bei kaltfixierenden Farbpigmenten ist meist eine Zugabe von einem Kaltfixierer in die Druckpaste notwendig. Bei Pigmentdrucken ist keine Nachwäsche erforderlich.

ÄTZDRUCK

Unter Ätzdruck wird das Bedrucken von gefärbter Ware mit einer Ätzdruckpaste verstanden, welche die Färbung örtlich zerstört. Dabei tritt bei der Weißätze der weiße Fond zutage. Werden der Ätzdruckpaste ätzbeständige Farbstoffe zugesetzt, so erzielt man an den Ätzstellen andersfarbige Effekte, dies wird Buntätze genannt. Der Ätzdruck ist für die Kolorierung von Cellulosefasern sehr wichtig und er gehört zum klassischen Wissen und

Können der Drucker*innen, allerdings setzt dies sehr viel Erfahrung voraus. Die ätzbaren Färbungen, aber auch die ätzbeständigen Farbstoffe müssen gut aufeinander abgestimmt werden. Im Ätzdruckbereich sind die Echtheiten teilweise recht bescheiden, insbesondere da, wo sehr leuchtende Buntätzeffekte verlangt werden. Der ätzbare Fond wird meist mit Reaktivfarbstoffen vorgefärbt und für die Buntätze werden Küpenfarbstoffe eingesetzt.

Die Rezeptur für Weißätze besteht aus Wasser, Lösevermittler, Natriumformaldehydsulfoxyalat oder ein anderes geeignetes Ätzmittel und Verdickung.

Die Rezeptur für Buntätze besteht aus den gleichen Produkten wie die Weißätze, es werden nur zusätzlich Küpenfarbstoffe hinzugefügt.

Dämpfen der Ätzdrucke:

→ Bei Weißätzen: 10 min. bei 102° C
→ Bei Buntätzen: 15 min. bei 102° C

Besonders geeignet sind hierfür Hängeschleifendämpfer. Im Sterndämpfer ist die Reproduzierbarkeit schwierig und die gleichmäßige Ätzwirkung ist ebenfalls nicht gewährleistet.

Nachbehandlung von Ätzdrucken: Da die Buntätzen mit Küpenfarbstoffen durchgeführt werden, müssen diese gleich nachbehandelt werden wie bei der Färbung (siehe daher Kapitel Färben mit Küpenfarbstoffen).

RESERVEDRUCK

Beim Reservedruckverfahren werden Druckpasten auf ungefärbte Textilien aufgebracht, die diese örtlich reservieren. Dies bedeutet, dass an diesen Stellen beim nachträglichen Färben oder Überdrucken eine örtlich andersfarbige Gestaltung ermöglicht wird. Ohne Verwendung von Farbstoffen in der Druckpaste entsteht an der reservierten Stelle ein Weißeffekt.

Die Reservewirkung beruht sowohl auf einem mechanischen als auch auf einem chemischen Effekt. Wichtig ist auch die Auswahl der geeigneten Farbstoffe. Da es diesbezüglich ebenfalls nur geringe Literaturangaben gibt empfiehlt es sich, eine Testreihe vorzunehmen.

- → Fixiert werden die Drucke bei 102° C für 40 min.
- → Gewaschen wird bei ca. 30–40° C mit einem nicht-ionogen Waschmittel.

K5 CHEMIEFASERN AUS NATÜRLICHEN UND SYNTHETISCHEN POLYMEREN

Chemiefasern aus natürlichen Polymeren können aus pflanzlichen oder tierischen Stoffen erzeugt werden. Die gebräuchlichsten Fasern sind Chemiefasern aus pflanzlichen Polymeren, genannt regenerierte Cellulosefasern.

A CHEMIEFASERN AUS NATÜRLICHEN POLYMEREN (REGENERIERTE CELLULOSEFASERN)

Regenerierte Cellulosefasern zählen zu den abgewandelten Naturprodukten, die eine hochmolekulare Struktur besitzen und aus Glucosebausteinen bestehen. Daher werden sie auch oft als Hydratcellulose bezeichnet. Zu den regenerierten Cellulosefasern gehören:

→ Viskosefaser und ihre Derivate
→ Cuprofaser
→ Acetatfaser

Der Grundbaustein für die Cellulosefasern ist Zellstoff, vorwiegend Holz. Um eine spinnfähige Masse zu erhalten, wird der Zellstoff mit Natronlauge versetzt und über gezielte Quellungs- und Lösungsvorgänge wird natürliche Cellulose in Hydratcellulose bzw. Alkalicellulose umgewandelt. Danach wird die Natronlauge abgesaugt, das Material zerkleinert und bei höherer Temperatur mit Schwefelkohlenstoff behandelt. Dabei entsteht das sogenannte Cellulose-Xanthogenat, eine sirupartige, spinnfertige Masse, die mittels Nassspinnverfahren durch eine Düse gepresst wird. Der entstandene Faden wird in ein kaltes Wasserbad geleitet, wo er schnell zu gerinnen beginnt und erstarrt, genannt koaguliert.

Wenn die Koagulation gleichmäßig erfolgt, dann entsteht ein runder Querschnitt. Die ausgetretenen Filamente (Endlosfäden) werden zwischen Rollen verstreckt, zu Multifilen zusammengepresst und auf Spulen aufgerollt.

VISKOSEFASERN

Zu den Viskosefasern gehören unter anderen Modalfasern, Lyocellfasern sowie modifizierte Viskosefasern.

Eigenschaften der Viskosefaser:
Die Viskosefaser wird entweder als Filament oder als Spinnfaser erzeugt, je nach Verwendungszweck. Durch den Düsendurchmesser, die Viskosität und die Abzugsgeschwindigkeit der Fäden wird die Feinheit bestimmt und je nach Oberflächenbeschaffenheit ist der Glanz verschieden hoch.

Die Zugfestigkeit, die Scheuerfestigkeit, die Formbeständigkeit sind sowohl im trockenen als auch im nassen Zustand sehr gering. Ebenfalls sehr gering ist das Wärmerückhaltevermögen und die Elastizität, was zu einer hohen Knitterneigung führt.

Nachdem die Viskosefaser chemisch identisch mit Baumwolle ist, sind die Wasseraufnahmefähigkeit, die Schweißaufnahmefähigkeit und Alkalibeständigkeit sehr gut, die Säurebeständigkeit ist hingegen schlecht. Die Alkalibeständigkeit allerdings ist nicht so hoch wie bei Baumwolle. Die Beständigkeit gegenüber Licht, Oxidationsmitteln und Wetter ist sehr schlecht, ebenso gegenüber Mikroorganismen wie Schimmel und Pilze. Viskose kann bis zu 60° C gewaschen werden. Im Vergleich zur natürlichen Cellulose besitzt die Viskose lediglich ein verändertes Kristallgitter und hat eine gute Leitfähigkeit, woraus sich eine geringe elektrostatische Aufladung ergibt.

Viskose ist aus Glycosebausteinen wie Baumwolle aufgebaut und daher gelten auch dieselben Färbe- und Druckbedingungen (siehe Baumwolle färben und drucken).

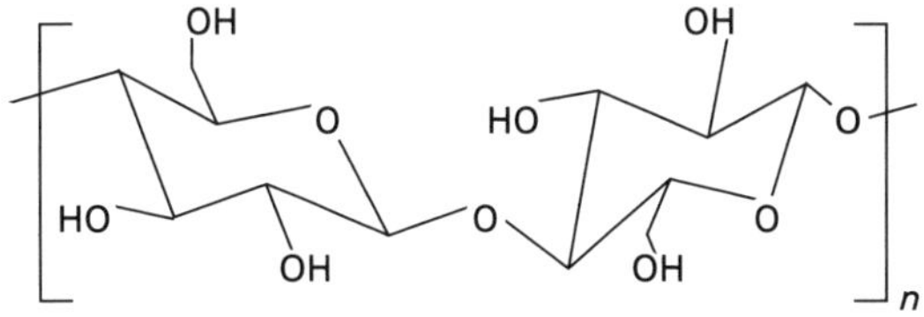

Glycosebaustein

Modifizierte Viskosefasern:
Die Normaltype der Viskose wird je nach Verwendungszweck mit Zusätzen in der Spinnmasse modifiziert. Dadurch ergeben sich im Gegensatz zur Normaltype Viskose veränderte, verbesserte Eigenschaften je nach Modifizierung, wie z. B. einen höheren Polymerisationsgrad, höhere Dehnung, hohe Dimensionsstabilität, höhere Bruchdehnung und Querfestigkeit, bessere Alkalibeständigkeit, höhere Schlingen- und Scheuerfestigkeit und viele mehr.

Das Ausgangsmaterial ist wie bei der normalen Viskose Zellstoff und durch ein chemisches Aufschlussverfahren aus verschiedenen Holzsorten, wie z. B. Buchen, Fichten, Eukalyptus, Pinien, Bambus, werden die Viskosetypen gewonnen. Je nach Modifizierung werden die Fasern eingesetzt als Kleider, Blusen, Hemden, Anzüge, Mäntel, Bett- und Tischwäsche, Verbands- und Kompressionsmaterialien, Verbandswatte, Saugkompressen, Mullbinden, Trocken- und Feucht-Reinigungstücher, Tampons, Wattestäbchen, Kordeln und Schnüre, Teebeutel, Papier für Banknoten und vieles mehr. Es gibt folgende Viskosetypen:

→ Hochgekräuselte Viskose: Mit spezieller Chemie im Spinnbad und einem Texturierverfahren werden Kräuselbögen erzeugt. Der Faserkern wird verstärkt im heißen Wasserbad zum Schrumpfen gebracht, wodurch eine hochgekräuselte Faser entsteht.
→ Hochnassfeste Viskosefasern: Durch eine veränderte Spinnlösung und den Einsatz von Zinksulfat im Fällbad wird die Herstellung von hochnassfesten Fasern erzeugt. Danach erfolgt eine stärkere Verstreckung, was zu einer Faser mit höherer Festigkeit und einem geringeren Quellwert führt. Die hochnassfeste Viskosefaser wird farbecht spinngefärbt und ist schwer entflammbar.
→ Querschnittsmodifizierte Viskosefasern: Querschnittsmodifizierte Viskosefasern werden mit Hilfe von profilierten Spinndüsenbohrungen hergestellt. Diese profilierten Viskosefasern besitzen eine höhere Hohlraumstruktur und durch die runden (wolkenförmigen), sternförmigen oder tri- bzw. multilobalen Profile besitzen sie eine höhere Saugfähigkeit. Diese Viskosetype wird z. B. für Windeln, Tampons und vieles mehr eingesetzt.

→ Viskose-Hohlfasern: Bei Viskose-Hohlfasern wird in die Viskosespinnlösung Natriumcarbonat und gasförmiges Kohlendioxid eingefügt, dadurch bläht sich das bildende Filament auf. Es entsteht ein durchgehender Hohlraum, in dem Flüssigkeit gespeichert werden kann. Die Quellung ist reversibel. Die Viskose-Hohlfasern werden vor allem für Hygieneprodukte verwendet.

→ Schwerentflammbare Viskosefasern: Durch Zugabe von flammhemmenden Substanzen zur Viskoselösung–Flammschutzmittel: Phosphorsäureester, Phosphate oder Phosphonate

→ Hochfeste Viskosefilamente: Hochfeste Viskosefilamente werden durch ein modifiziertes Spinnverfahren mit eingeschränkter Koagulation im Fällbad und stärkeres Verstrecken der Cellulosemoleküle hergestellt. Durch diese Verarbeitung erhöht sich die Festigkeit.

→ Lyocell: Lyocell ist ebenfalls eine modifizierte Viskosefaser, die unter dem Markennamen Tencel von Lenzing AG angeboten wird. Sie unterscheidet sich von der Normaltype Viskose durch eine hohe Trocken- und Nassfestigkeit, hat einen glatten und kühlen Griff, geringe Knitterneigung und eine pfirsichartige, samtige Oberfläche (Peach-Skin-Effekt). Die Faser wird für Blusenstoffe, jeansähnliche Stoffe, Arbeitsbekleidung, Unterwäsche, Bettartikel, Hygiene- und Kosmetikartikel, für medizinische Bereiche und in Sportbekleidung verwendet.

ACETATFASER

Celluloseacetat gehört ebenfalls zur regenerierten Cellulosefaser und stellt einen Sammelbegriff für die Essigsäureesterverbindung von Cellulose dar. Bei der Herstellung wird der Zellstoff mit Essigsäuren und Katalysatoren versetzt, wobei das sogenannte Primäracetat entsteht. Anschließend wird eine Verseifung durchgeführt und je nach Temperatur und Einwirkungszeit entstehen verschiedene Acetattypen. Der Veresterungsgrad verändert viele Eigenschaften aber vor allem die Viskosität.

Acetat ist eine transparente, schwer entflammbare Faser, die leicht zu färben ist und einen seidenähnlichen Glanz aufweist. Sie besitzt eine hohe Nassfestigkeit, quillt wenig, trocknet schnell, ist gut dehnbar und hat einen geringeren Knitterungsgrad als Viskose. Durch die geringe Feuchtigkeitsaufnahme neigen die Acetatfasern zur elektrostatischen Aufladung. Acetatfaser wird als Kunstseide eingesetzt, da sie einen naturseidenähnlichen Charakter aufweist. Durch die geringe Quellung und Wasseraufnahmefähigkeit ist die Acetatfaser sehr pflegeleicht und wird für Regenmäntel, Schirmstoffe, Futterstoffe, Krawattenstoffe oder Damenunterwäsche verwendet.

CUPROFASER

Cuprofasern sind regenerierte Cellulosefasern, die sowohl als Spinnfaser als auch als Filament erzeugt werden. Durch ein chemisches Aufschlussverfahren werden verschiedene Holzarten, wie z. B. Buche, Fichte, Bambus oder viele mehr, in eine verarbeitbare Spinnmasse umgewandelt. Als Lösemittel wird eine Kupferoxid-Ammoniak-Lösung eingesetzt. Die Cuprofaser ist sehr teuer in der Herstellung, besitzt ähnliche Eigenschaften wie Baumwolle, unterscheidet sich aber vor allem durch eine höhere Nassbruchdehnung und einen höheren Glanz.

B CHEMIEFASERN AUS SYNTHETISCHEN POLYMEREN

Chemiefasern sind organische chemische Verbindungen, die sich aus den Grundelementen Kohlenstoff und Wasserstoff zusammensetzen. Sie können je nach Faserart aus unverzweigten, verzweigten oder / und ringförmigen Ketten hergestellt werden. In manchen Chemiefasern befinden sich auch andere Elemente wie z. B. Sauerstoff, Stickstoff, Schwefel, Chlor, Fluor und Silizium. Struktur und Beimischung von Elementen bestimmen Eigenschaften und Verwendungsart. Die Chemiefasern werden aus ungesättigten Kohlenwasserstoffverbindungen über Polyreaktionen wie

Polymerisation, Polyaddition und Polykondensation hergestellt (siehe Kunststoff Polyreaktionen).

Allgemeine Eigenschaften der Chemiefasern:
Die einzelnen Chemiefasern unterscheiden sich durch den unterschiedlichen chemischen Aufbau in ihren Grundeigenschaften, wie z. B. Wasseraufnahmefähigkeit, Festigkeit, Dehnung, Löslichkeit, Quellbarkeit und viele mehr. Dabei spielen die Bindungskräfte, insbesondere die Hauptvalenzkräfte, eine große Rolle. Bei den Hauptvalenzkräften handelt es sich um eine echte chemische Atombindung, auch Kovalente Bindung oder Elektronenpaarbindung genannt. Eine Kovalente Bindung ist jene Bindung, die für den festen Zusammenhalt von Atomen in molekular aufgebauten chemischen Verbindungen verantwortlich ist.

Nebenvalenzkräfte beeinflussen maßgeblich die chemischen, thermischen und mechanischen Eigenschaften. Allerdings spielen die Nebenvalenzkräfte bei den Chemiefasern, im Unterschied zu den Naturfasern, eine untergeordnetere Rolle. Nebenvalenzkräfte, auch zwischenmolekulare Kräfte oder Van-der-Waals-Kräfte genannt, sind jene Kräfte, die zwischen den Makromolekülen wirksam sind. Nachdem die Chemiefasern sehr wenig Wasser aufnehmen können, können sie auch nur wenig zwischenmolekulare Bindungen aufbauen (siehe Kapitel Kunststoff).

Gleich wie bei den Kunstoffen gibt es bei den Chemiefasern thermoplastische Fasern. Polyester, Polyamid und Polyacryl, die gängigsten Chemiefasern, die im textilen Bereich verwendet werden, sind thermoplastische Stoffe. Thermoplastisch bedeutet, dass diese Stoffe aufschmelzbar, also wieder verwertbar sind. Sie verbrennen nicht, so wie bei den Naturfasern, sondern sie schmelzen. Die Schmelze verursacht auf der menschlichen Haut gefährliche Brandwunden.

Duroplastische Kunststoffe werden im textilen Bereich ausschließlich für Beschichtungen, wie z. B. knitterfrei, feuerfeste oder antistatische Ausrüstung, eingesetzt. Elastomere werden als Gummifäden oder Lederimitationen im textilen Bereich eingesetzt.

Ebenso wie bei den Kunststoffen gibt es bei den Chemiefasern amorphe oder teilkristalline textile Stoffe. Teilkristalline Kunststoffe bestehen aus Makromolekülen, die einen regelmäßigen chemischen als auch geometrischen Aufbau aufweisen. Teilkristalline textile Faserstoffe besitzen wenige Hohlräume und können daher nur eine geringe Menge Wasser aufnehmen, wie z. B. die Polyesterfaser. Bei Chemiefasern können durch chemische und mechanische Behandlungen Hohlräume erzeugt werden. Durch die Hohlräume wird die Wasseraufnahmefähigkeit gesteigert, was für den Tragekomfort sehr wichtig ist, allerdings nimmt die Faser selbst kein Wasser auf. Die Einlagerung des Wassers geschieht ausschließlich in den Hohlräumen.

Allgemein unterscheiden sich die Chemiefasern von den Naturfasern durch eine glattere Oberfläche, bessere Zugfestigkeit und Scherfestigkeit, durch eine höhere Formbeständigkeit und geringe Dichte sowie durch eine weiße Eigenfarbe. Chemiefasern neigen zu einem Pillingeffekt, was auf die starke Zug- und Biegefestigkeit zurückzuführen ist. Durch chemische Zusätze in der Spinnmasse kann das Pillingverhalten verbessert werden. Das Wärmerückhaltevermögen und die Wasseraufnahmefähigkeit sind auf Grund der Feinheit eher sehr gering, kann aber durch die Texturierung erhöht werden. Die Chemikalienbeständigkeit ist je nach Faserart gering bis sehr gut.

Texturieren:
Texturierung bedeutet, dass glatten Fasern eine gekräuselte Struktur gegeben wird, um die Charakteristika von Naturfasern, wie z. B. der Wolle, nachzubauen und damit dieselben Eigenschaften hervorzurufen. Durch das Texturieren werden nicht nur die Elastizität, das Volumen und die Wasseraufnahmefähigkeit erhöht, sondern auch der Feuchtigkeitstransport wird verbessert. Zusätzlich wird der Lufteinschluss erhöht und somit der Tragekomfort, da ein angenehmerer Griff durch das Texturieren entsteht.

POLYAMID

Polyamid ist ein thermoplastischer Faserstoff, der über Polykondensation hergestellt wird und über eine Amidbindung aus Aminocarbonsäuren des Typs $H_2N\text{-}(CH_2)x\text{-}COOH$ besteht. Polyamid, mit der Abkürzung PA, ist in der chemischen Struktur der Wolle nachgebaut und besitzt daher ähnliche Eigenschaften mit der Formel:

$$\left[R-\underset{\underset{O}{\|}}{C}-NH \right]_n$$

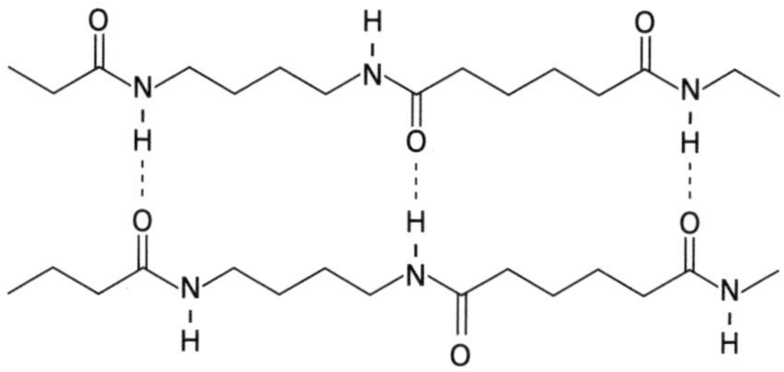

Herstellung:
Die Herstellung von Polyamidfasern erfolgt über das Schmelzspinnverfahren. Die PA-Körner werden mit allen Zusätzen, wie z. B. UV-Stabilisatoren, Weichmachern und vielen mehr (siehe Kapitel Herstellung von Kunststoffen), aufgeschmolzen und anschließend durch Düsen gepresst. Die Düsen entscheiden über Durchmesser und Querschnittsform der Faser. Die heiße Schmelze wird durch die Düse in ein kaltes Wasserbad gepresst, wo der Faden erstarrt (koaguliert). Anschließend wird der so entstandene Faden aufgewickelt.

Eigenschaften:
Polyamid weist eine Wasseraufnahmefähigkeit von bis zu 5 % auf und besitzt somit die größte Feuchtigkeitsaufnahme von allen Chemiefasern. Die Faser hat eine gute Abrieb- und Verschleißfestigkeit sowie eine gute Beständigkeit gegen Säuren, daher ist sie alkaliempfindlich, d. h., bei einem hohen alkalischen pH-Wert beginnt sich PA aufzulösen. Auf Grund der Säurebeständigkeit kann PA genauso gefärbt und bedruckt werden wie eine Wollfaser (siehe Kapitel Wolle). Sie besitzt eine hohe Zugfestigkeit, ist knitterfrei und bei niedriger Temperatur gut waschbar. Die PA-Faser wird bereits bei 60° C deformiert, somit ist ihre Temperaturbeständigkeit sehr schlecht. Die Faser besitzt eine schlechte Laugen-, Licht- und Oxidationsbeständigkeit.

Unterschied zwischen Wolle und PA: PA hat eine geringere Wasseraufnahmefähigkeit als Wolle, PA ist eher eine glatte Faser und wird nicht so wie Wolle für Winterbekleidung verwendet, sondern eher für Sommerkleidung, PA hat eine bessere Verschleiß-, Zug- und Reißfestigkeit als Wolle. PA trocknet auf Grund der geringen Wasseraufnahmefähigkeiten sehr schnell im Gegensatz zu Wolle, da Wolle bis zu 30 % Wasser ihres Eigengewichtes aufnimmt, ohne sich feucht anzufühlen.

Verwendung:
Auf Grund der vorherrschenden Wasseraufnahmefähigkeit wird PA sehr oft für Funktionskleidung, insbesondere im Sportbereich, eingesetzt, vor allem in der Radfahrbekleidung. Das PA-Trikot bildet zwischen dem menschlichen Körper und dem Trikot einen Wasserfilm. Zum einen speichert das PA-Trikot einen geringen Anteil an Schweiß, zum anderen gibt es einen geringen Anteil an Feuchtigkeit an die Luft ab und sorgt gleichzeitig für ein gewisses Wärmerückhaltevermögen, was den Körper vor Kälte schützt (ähnlich wie beim Tauchanzug).

PA wir unter anderem für Gardinen, Fallschirme, Flugdrachen, Segel, Nahtmaterial für die Chirurgie, Regenkleidung, Militärbekleidung, Sportbekleidung, Strümpfe und Dessous, und im Bereich Bettwaren und Matratzen verwendet.

Die bekanntesten Fasertypen von PA sind Perlon, genannt PA 6, und Nylon, genannt PA 6.6. Daneben gibt es z. B. noch folgende Handelsnamen von PA: Enkalon, Antron oder Dederon

POLYACRYL

Polyacryl ist ein thermoplastischer Faserstoff mit der Abkürzung PAC oder PAN, der über Polymerisation aus dem Monomer Acrylnitril hergestellt wird. PAC ist eine Klimafaser, das bedeutet, dass sie besonders atmungsaktiv hergestellt werden kann. Bei dieser Faser handelt es sich um einen feuchtigkeitstransportierenden Faserstoff mit klimaregulierenden Eigenschaften mit der Formel:

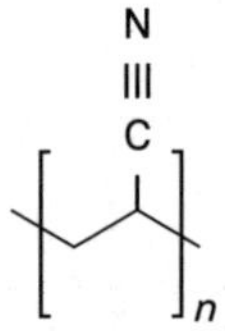

Herstellung:
Die Herstellung von Polyacrylfasern erfolgt über das Schmelzspinnverfahren. Die PAC-Körner werden mit allen Zusätzen, wie z. B. UV-Stabilisatoren, Weichmachern und vielen mehr (siehe Kapitel Herstellung von Kunststoffen), aufgeschmolzen und anschließend durch Düsen gepresst. Die Düsen entscheiden über Durchmesser und Querschnittsform der Faser. Die heiße Schmelze wird durch die Düse in ein kaltes Wasserbad gepresst, wo der

Faden erstarrt (koaguliert). Anschließend wird der so entstandene Faden aufgewickelt und entweder zu Filamenten oder Spinnfasern weiterverarbeitet.

Eigenschaften:
PAC ist eine klimaregulierende Faser, das bedeutet, dass die Textilien für ein optimales Klima für den menschlichen Körper sorgen, indem sie das Überhitzen sowie das Auskühlen verhindern. Besonders wichtig sind diese Eigenschaften für Personen, die nachts stark schwitzen. Gleichzeitig ist PAC auf Grund seiner inneren Struktur im Stande, Feuchtigkeit gut aufzunehmen aber auch abzugeben, daher ist er auch ein feuchtigkeitstransportierender Faserstoff. Atmungsaktiv bedeutet, welche Wasserdampfdurchlässigkeit die textilen Faserstoffe bei anstrengenden Aktivitäten aufweisen und wie der Schweiß von der Haut nach außen abgeleitet wird. Gleichzeitig besitzt das Textil die Eigenschaft, z. B. Wind und Feuchtigkeit abzuweisen.

PAC trocknet sehr schnell, ist knitterarm, besitzt einen weichen Griff, hat eine hohe Bauschfähigkeit und eine gute Formbeständigkeit im kalten Bereich. Bei einer Temperatur von ca. 50° C verliert PAC seine Formbeständigkeit und beginnt sich langsam zu deformieren.

Lässt sich im sauren Bereich gut färben, da es gegen Säure beständig ist. Allerdings hat PAC eine so gute Farbstoffaufnahmefähigkeit, dass der Farbstoff so rasch einzieht, dass hier ein Retarder eingesetzt werden muss. Der Retarder ist eine kleinmolekulare Verbindung, die sich sowohl an dem Textil, aber auch am Farbstoff anlagern kann. Im Laufe des Färbeprozesses löst sich diese Substanz und der Farbstoff kann so langsam und gleichmäßig auf das Textil aufziehen.

Verwendung:
Da PAC meist im gebauschten, also texturierten Zustand vorliegt, wird es vorwiegend für Winterkleidung, wie z. B wärmende Jacken, Westen, Pullover, Socken und vieles mehr, eingesetzt. Weiters wird PAC für funktionale Berufsbekleidung, feuchtigkeitsabweisende Sportbekleidung, Pelzimitationen, Möbelbezugsstoffe, Markisen- und Dekostoffe oder Bodenbelege verwendet.

PAC ist nicht nur unter dem Handelsnamen Dralon, sondern auch als Dolan, Orlon oder Crylor bekannt.

POLYESTER

Polyester ist eine Polykondensationsfaser mit linearen Makromolekülen aus Terephthalsäure und dem Ester eines Ethylenglykols (Terylene-Typ) oder Dimethylolcyclohexan mit einer Esterfunktion –[–CO–O–]– in ihrer Hauptkette. Die allgemeine Formel für Polyester, abgekürzt PES ist:

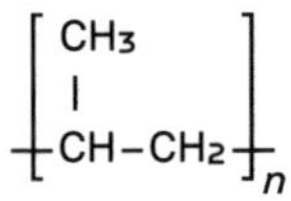

Herstellung:
Die Herstellung von Polyesterfasern erfolgt über das Schmelzspinnverfahren, wobei die PES-Körner mit allen Zusätzen, wie z. B. UV-Stabilisatoren, Weichmachern und vielen mehr (siehe Kapitel Herstellung von Kunststoffen), zusammen aufgeschmolzen und anschließend durch Düsen gepresst werden. Die Düsen entscheiden über Durchmesser und Querschnittsform der Faser. Die heiße Schmelze wird durch die Düse in ein kaltes Wasserbad gepresst, wo der Faden erstarrt (koaguliert). Anschließend wird der so entstandene Faden aufgewickelt und entweder zu Filamenten oder Spinnfasern weiterverarbeitet.

Eigenschaften:
Die Polyesterfaser ist pflegeleicht, besitzt eine gute Formbeständigkeit, ist strapazierfähig, hat eine hohe Knitterfestigkeit und eine hohe Lichtbeständigkeit. Auf Grund der guten Lichtbeständigkeit, die mittels Stabilisatoren in der Spinnmasse erzeugt wird, ist Polyester die einzige textile Faser, die im Außenberiech eingesetzt werden kann. Nicht nur dass die Faser lichtbeständig ist, ist sie auch witterungsbeständig. Polyester wird größtenteils spinngefärbt, daher ist eine Entfärbung nicht möglich. Sie wird deshalb spinngefärbt, da auf Grund der geringen Wasseraufnahmefähigkeit eine Einfärbung nur unter sehr schweren Bedingungen stattfinden kann. Entweder wird im Jetverfahren mit Druck gefärbt oder im Auszugsbad unter Einsatz von Carrier. Carrier sind Substanzen, die Trennungsschichten überwinden können. Durch verschiedene chemische Modifikationen kann die Anfärbbarkeit und Pillingresistenz verbessert werden.

PES trocknet sehr schnell, da es im Gegensatz zu den Naturfasern und z. B. den Polyamidfasern die geringste Wasseraufnahmefähigkeit, nämlich bis zu 1% des Eigengewichtes, hat. Auf Grund der geringen Feuchtigkeitsaufnahme neigt der menschliche Körper in einer Polyesterkleidung dazu zu schwitzen. Die Faser ist mottenecht, verrottungsbeständig und beständig gegen organische und mineralische Säuren sowie Oxidationsmittel. PES neigt zum Pilling, was sich für den Tragekomfort negativ auswirkt.

Bei PES gibt es Spezialtypen, wie z. B. hochfeste Fasern, Hochschrumpftypen, hochgekräuselte Polyesterfasern sowie pillingarme, antistatische oder leichter anfärbbare Fasern.

Verwendung:
PES wird auf Grund der Formstabilität, Lichtbeständigkeit und Scherfestigkeit rein oder in Mischungen für Gardinen, Haustextilien, Möbel- und Dekostoffe, Teppichböden, für Füllungen von Kissen und Decken aller Arten verwendet sowie für Tagesdecken, Kuscheldecken, Felldecken, Fleecedecken, Bettwäsche und vieles mehr. Die Reinfaser ist unter Handelsnamen, wie z. B. Diolen® oder Trevira® bekannt.

MIKROFASER

Mikrofasern sind ein Sammelbegriff für sehr dünne, feine Fasern, die meist aus Polyester, Polyacryl oder Polyamid bestehen, wobei die Faser selbst ein Gewicht von einem Gramm pro zehntausend Meter, also unter 1 dtex, aufweist. Mikrofasern können als Mikrofaser-Satin, Mikrofaser-Fleece oder Mikrofaser-Flanell erzeugt werden. Bei Mikrofaser-Flanell entsteht die flauschige Oberfläche durch Walken oder Aufrauen. Mikrofaser-Fleece entsteht meist durch Texturierung. Microfaser-Satin besteht aus glatten, sehr glänzenden Fasern, die seideähnlich wirken.

Wenn Mikrofasern aus den chemischen Grundbaustoffen der Chemiefasern wie PAC, PES oder PA bestehen, dann besitzen sie dieselben Eigenschaften wie die Normaltypen. Der einzige Unterschied zu den Normaltypen ist, dass die Fasern sehr dünn sind und diese für andere Verwendungsgebiete, wie z. B. feine Bettwäsche, dünne Oberbekleidung wie Blusen oder Putztücher, verwendet werden.

Diese Mikrofasern sind, wenn sie aus PES bestehen, unter folgenden Handelsnamen zu finden: Trevira Finesse, Diolen® Soft, Fortrel Microspun, DuPont Micromattique, Primabelle, Shingosen. Wenn es sich um PA-Fasern handelt, dann sind folgende Handelsnamen geläufig: Timbrelle®, Supplex Microfiber, Tactel® Micro, Silky Touch, und bei Polyacryl: Microsupreme.

DRUCKEN MIT PIGMENTFARBSTOFFEN AUF CHEMIEFASERN AUS SYNTHETISCHEN UND NATÜRLICHEN POLYMEREN

Prinzipiell sind Chemiefasern aus natürlichen oder synthetischen Polymeren bedruckbar. Chemiefasern aus natürlichen Polymeren sind prinzipiell wie die Baumwolle zu bedrucken (siehe Kapitel Baumwolle Druck). Chemiefasern aus synthetischen Polymeren sind mit Pigmentfarben zu bedrucken.

Pigmentfarbstoffe sind wasserunlösliche Farbstoffe, die prinzipiell auf alle textilen Materialien gedruckt werden können, wobei das Drucksystem auf einem Zusammenspiel von Pigment und Bindemitteln beruht. Wasserunlösliche Weiß- und Farbpigmente ohne Faseraffinität werden mit Kunstharz-Bindemitteln auf dem Textilgut aufgebracht und mittels Heißluft oder durch Liegen an der Luft ausfixiert.

Druckrezept:
Das Druckrezept besteht aus Farbstoff und fertig gekaufter Druckpaste, die im Handel erworben werden kann.

Fixieren:
Es wird mit einem heißfixierenden Farbstoffpigment durch Trockenhitze bei 150 °C ca. 5 min. je nach Farbstoffklasse fixiert. Wenn ein kaltfixierendes Farbstoffpigment verwendet wird, dann wird an der Luft meist durch Liegen von 3 Wochen fixiert. Bei kaltfixierenden Farbpigmenten ist meist eine Zugabe von einem Kaltfixierer in die Druckpaste notwendig. Bei Pigmentdrucken ist keine Nachwäsche erforderlich.

K6 BEDRUCKTE STOFFE

Baumwolle

Baumwolle

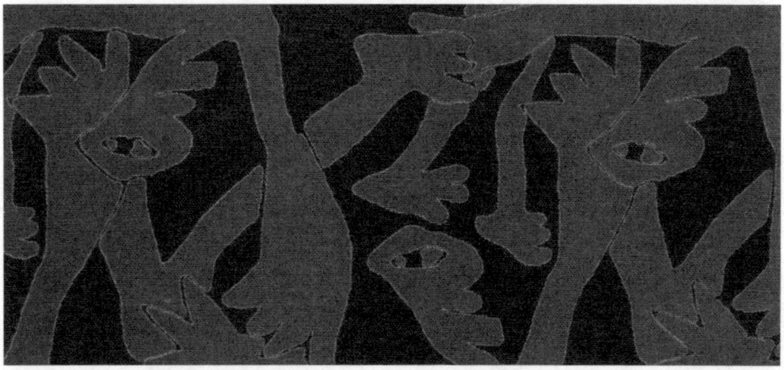

Seide

Flockdruck

Baumwolle

Küpendruck

Baumwolle

Baumwolle

Baumwolle

Seide

Reaktivdruck

Baumwolle

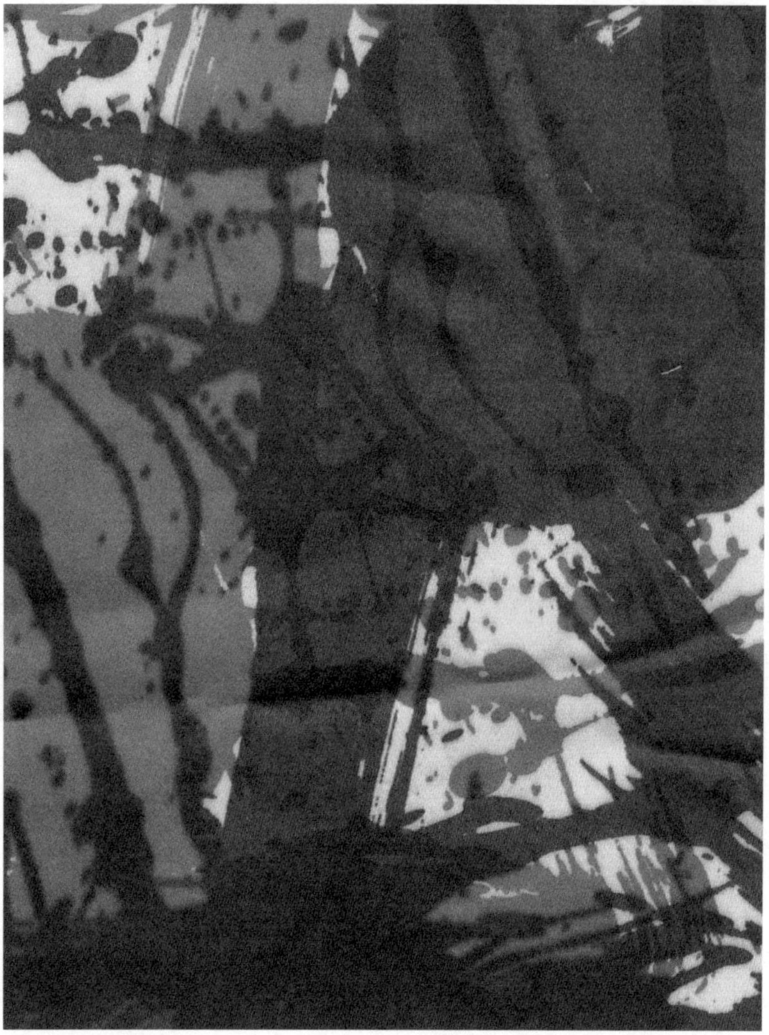

Seide

METALLE

EINFÜHRUNG

Das Wort Metall kommt aus dem Griechischen und nach Meyers Handlexikon bedeutet dies: »[…] Elemente von eigenartigem Aussehen und Glanz, bis auf Quecksilber bei gewöhnlichen Temperaturen starr. […] Man unterscheidet edle Metalle (Gold, Silber, Quecksilber, Platin), die im Feuer den Glanz behalten, und unedle Metalle, die dabei oxidieren.«[1] Metalle sind chemische Elemente, die sich im Gegensatz zu den Nichtmetallen im Periodensystem links der diagonalen Trennungslinie, beginnend mit dem Element Beryllium (2. Hauptgruppe) bis hin zum Polonium (16. Gruppe), befinden. Drei Viertel aller Hauptgruppenelemente sind Metalle, außerdem alle Nebengruppenelemente, Lanthanoide und Actinoide. Die Einteilung der Metalle erfolgt in:

→ Nichteisenmetalle
→ Eisenmetalle

Im Periodensystem nimmt der metallische Charakter innerhalb einer Periode von links nach rechts ab und von oben nach unten zu. Demnach stehen im Periodensystem die typischen Metalle links unten, die typischen Nichtmetalle rechts oben.

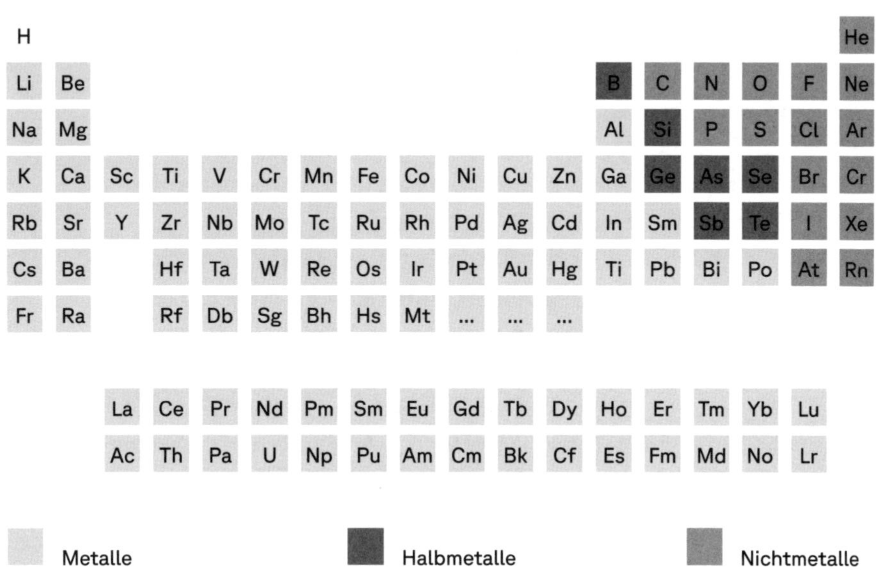

Elemente, die weniger charakteristische metallische Eigenschaften zeigen, werden als Halbmetalle bezeichnet. Metalle werden in Nichteisenmetalle bzw. Eisenmetalle eingeteilt. Zu den Nichteisenmetallen gehören z. B. Kupfer, Gold, Aluminium, Silber, Blei oder Zinn. »Metalle und deren Legierungen können durch eine Vielzahl gemeinsamer Eigenschaften charakterisiert werden. Das wohl bekannteste Charakteristikum ist ihre hohe Leitfähigkeit für Wärme und Elektrizität, die sie deutlich von nichtmetallischen Elementen abhebt.«[2]

Weiters weisen Metalle sich aus durch: hohe Dichte, metallischen Glanz, plastische Verformbarkeit, Lichtundurchlässigkeit sowie eine gute elektrische und thermische Leitfähigkeit. Sie lassen sich im Allgemeinen durch Walzen, Ziehen, Pressen oder Schmieden gut verformen. Dadurch, dass die Schmelzpunkte der Metalle sehr unterschiedlich sind, variieren sie von –39° C bei Quecksilber, das gleichzeitig das einzige Metall ist, das bei Zimmertemperatur flüssig ist, bis 3.410° C bei Wolfram.[3]

Ebenso wie der Schmelzpunkt ist die Neigung der Metalle, mit Sauerstoff zu reagieren, unterschiedlich. So entzündet sich Cäsium bei Luftkontakt, während andere Metalle, wie z. B. Aluminium oder Eisen, an der Luft beständig sind. Metalle sind auch kommerziell nutzbar, weil sie bei Normalbedingungen aufgrund einer dünnen oxidischen Schutzschicht auf ihrer Oberfläche nur langsam mit der Atmosphäre reagieren. Metalle, die auf diese Weise zur Oxidation neigen, werden auch unedle Metalle genannt.

Metallwerkstoffe sind in unzähligen Varianten vorhanden, bieten unterschiedliche Möglichkeiten in der Verarbeitung und ihre Eigenschaften können durch chemische und physikalische Prozesse so verändert werden, dass sie dem jeweiligen Einsatzgebiet angepasst werden. Mit einer Wärmebehandlung kann z. B. die Dichte, die Härte oder Spannung eines Metallwerkstoffs stark verändert werden. Wärmebehandlungen können z. B. das Glühen sein, wo der Werkstoff gleichmäßig erhitzt wird, um ihn besser bearbeiten zu können, oder das Härten, wo das Werkstück auf eine bestimmte Temperatur erhitzt wird, um die Härte und die Widerstandsfähigkeit zu erhöhen, oder das Anlassen, wo spröden Werkstoffen eine höhere Zähigkeit verliehen wird.

Eines der ältesten, vermutlich sogar das erste Metall, das von Menschen vor über 9.000 Jahren verarbeitet wurde, war Kupfer. Mit dessen Gewinnung begann die Kupferzeit und die Steinzeit war zu Ende.[4] Um ca. 1.500 v. Chr. folgte auf die Kupferzeit die Bronzezeit. Die großen Kupfervorkommen in der Antike befanden sich auf Zypern, daher der Name »aes cyprium« (Erz aus Zypern).[5]

Reines Kupfer ist ein hellrotes, hartes und gut schmiedbares Schwermetall, das sich zu hauchdünnen Folien und Drähten formen lässt, eine hohe elektrische Leit- und Wärmeleitfähigkeit besitzt und sich hervorragend für Drähte, Stromschienen, Heizrohre, Braukessel, Kochgeschirr und vieles mehr eignet. Mit Zink, Zinn, Silber, Nickel, Eisen, Aluminium, Mangan, Silicium, Platin und anderen erhält man Kupferlegierungen, wie z. B. Bronze oder Messing, die zur Herstellung von Schmuck, Kunstgegenständen, Besteck oder Glocken verwendet werden.[6] Als Bronze wird eine Legierung dann bezeichnet, wenn mindestens 60 % Kupferanteil vorhanden sind und als Beimischung Zink verwendet wird. Aufgrund seiner Korrosionsbeständigkeit gelangt es als Baumaterial für Dachbleche und Dachrinnen, aber auch im Maschinen- und Apparatebau, für Beschläge, für Patronenhülsen oder für Münzen zum Einsatz. An feuchter Luft bildet sich auf der Oberfläche allmählich ein grünlicher Überzug, genannt Patina, der im Wesentlichen aus Malachit besteht und das darunterliegende Kupfer vor weiterer Korrosion schützt.

Der Bronzeguss war schon in der Antike hoch entwickelt und es gewann an Bedeutung »[...] in der Darstellung für öffentliche Jugend und staatlicher Macht.«[7] Ein wichtiges Beispiel dafür ist die berühmte Bronzetafel des Antrittsgesetzes vom römischen Kaiser Vespasiani, die *Lex de imperio Vespasiani*, die um 69 v. Chr. entstand. Besonders die Griechen verwendeten Bronze nicht nur für kleine Ziergegenstände, sondern für monomentale Bauwerke. Einen besonderen Aufschwung erlebte die Legierung in der italienischen Renaissance. Bekannte Künstler*innen schufen beeindruckende Kompositionen und Skulpturen aus Bronze, wie z. B. das *Reiterbildnis des Bartolomeo Colleoni* von Andrea del Verrocchio oder die *Figur des jugendlichen Davids* von Donatello oder die Statue von *Perseus mit dem Haupt der Medusa* von Benvenuto Cellini, um nur einige zu nennen.

Nicht nur für Alltagsgegenstände, sondern auch in der Kunst waren Metalle schon immer ein gefragtes Ausgangsmaterial, denn durch die Geschmeidigkeit, die Einschmelzbarkeit und die unendliche Biegsamkeit konnte dieser Werkstoff jedem Kunstwerk eine noch nie dagewesene Fertigkeit, Bewegung und Plastizität geben. Eines der wohl faszinierendsten, bildgewaltigsten Kunstwerke aus Bronze ist das *Höllentor* von Auguste Rodin. Rodin arbeitete 37 Jahre lang daran und es umfasst 300 Figuren, die die tiefgründigen und schmerzvollsten Leiden der Menschheit zeigen. Um 1930 treten zwei weitere Metalle in die Geschichte der Plastik ein, nämlich Eisen und Stahl. Beide Metalle stilisierten sich zu den Materialien der Avantgarde hoch. Besonders Pablo Picasso, Erfinder der Metallmontage, schätzte den Werkstoff Stahl aufgrund seiner enormen Härte, die praktisch jede Art von Konstruktionen ermöglichte. Er machte Eisen salonfähig und kurierte die Kunsthandwerker*innen von der Vorstellung »[…] Eisen sei Arbeit, Malerei dagegen Kunst.«[8] Von nun an wurden Schrottplätze, Materiallager und Altmetallstücke zum Fundus von Kunstwerken, die auf die »[…] abenteuerlichste Art zusammengeschmiedet, geschweißt, gelötet, geschraubt, gesteckt, ausgeschnitten und in Eisen getrieben«[9] wurden. Dabei entstanden Werke von ungewöhnlichem Witz, einer neuen Freiheit der Fantasie und des Fantastischen.[10] Gute Beispiele dafür sind die *Frau im Garten* und die *Tänzerin* von Picasso sowie der *Harlekin* von Julio González.

Neben Raum zum Ausprobieren und Experimentieren, um eine intensivere Verarbeitung zu ermöglichen, ist es notwendig, Grundkenntnisse über chemische, physiologische und morphologische Materialeigenschaften zu erwerben. Das Kapitel Metall gibt einen Einblick in die wichtigsten und gängigsten Metalltypen, deren Eigenschaften und Verwendung.

1 Bibliografisches Institut, *Meyers Handlexikon des allgemeinen Wissens*, Leipzig / Wien: Bibliografisches Institut[6] 1912, S. 957.

2 http://www.uniterra.de/rutherford/kap014.htm, 11.04.2019.

3 Vgl. http://daten.didaktikchemie.uni-bayreuth.de/umat/metalle/metalle.htm, 01.04.2018.

4 Vgl. http://www.diss.fu-berlin.de/diss/servlets/MCRFileNodeServlet/FUDISS_derivate_000000001140/03_kap3.pdf?hosts, 01.04.2018.

5 Vgl. Brockhaus, *Brockhaus A-Z Wissen in zwölf Bänden A-BAR, Bd. 1*, Leipzig: F. A. Brockhaus 2006-2008, S. 30.

6 Vgl. http://www.kunze-group.de/index.php/leistungen/schrott-und-metallhandel?id=21, 01.04.2018.

7 Monika Wagner, *Das Material der Kunst. Eine andere Geschichte der Moderne*, München: Beck 2013, S. 188.

8 Ingo F. Walther (Hrsg.), *Kunst des 20. Jahrhunderts*, Köln: Benedikt 2000, S. 469.

9 Ebenda, S. 469.

10 Vgl. ebenda, S. 470.

K1 METALLISCHE BINDUNG

A ELEKTRONENGASMODELL

Metalle und deren Legierungen können durch eine Vielzahl gemeinsamer Eigenschaften charakterisiert werden. Das wohl bekannteste Charakteristikum ist ihre hohe Leitfähigkeit für Wärme und Elektrizität, die sie deutlich von nichtmetallischen Elementen abhebt. Typisch für Metalle ist, dass sie relativ leicht Elektronen abgeben und dazu benötigen sie nur eine geringe Ionisierungsenergie. Das Metallgitter wird von den positiv geladenen Atomrümpfen gebildet, die die festen Gitterpunkte in der Kristallstruktur bilden. Die Elektronen sind dem gegenüber frei beweglich und bilden eine Art Elektronengas. Von den Physikern Paul Drude und Hendrik Lorentz wurde um 1900 das Elektronengasmodell entwickelt. Die Metallionen sind in einem Metallgitter, sprich Elektronengas, eingebettet und können sich wie Gasatome im Gasraum frei bewegen, da sich die Wechselwirkung zwischen den Elektronen und Metallionen nur auf wenige Atome beschränkt. Die Valenzelektronen werden als Elektronengas bezeichnet. Die positiven Atomrümpfe besetzen die Gitterplätze. Am Beispiel von Aluminium kann gezeigt werden, dass Al^{3+}-Rümpfe nur etwa 18 % des Gesamtvolumens des Metalls einnehmen, während das Elektronengas 82 % einnimmt.

Die Existenz des Elektronengases erklärt die gute elektrische und thermische Leitfähigkeit, allerdings sinkt diese mit zunehmender Temperatur, weil die wachsende Temperatur Schwingungen der positiven Atomrümpfe hervorruft, die eine Störung der freien beweglichen Elektronen bewirkt. Die Elektronen des Elektronengases wandern beim Anlegen einer Spannung in Richtung Anode.

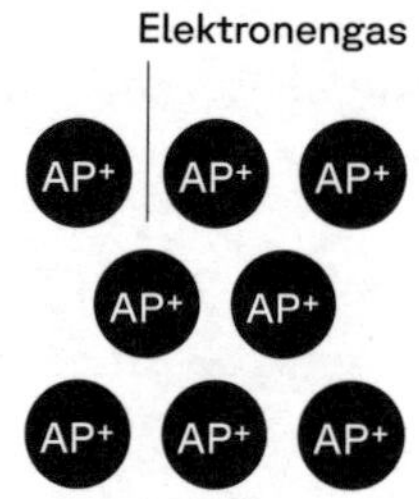

Elektronengasmodell am Beispiel von Aluminium

B ENERGIEBÄNDERMODELL

Durch das Elektronengasmodell gibt es ein weiteres Modell, das sogenannte Energiebändermodell. Daraus lässt sich ableiten, warum es metallische Leiter, Isolatoren oder Halbleiter gibt. Jedes

Atom besitzt einen bestimmten Energiegehalt, der durch seine Wechselwirkungskräfte eine Aufspaltung der Energiezustände hervorruft. Je stärker die Wechselwirkungskräfte sind, desto breiter spaltet sich das Energieband auf, wodurch die Möglichkeit besteht, dass sich die Energiebänder überlappen. In diesem Fall sind die Elektronen über die Bänder delokalisiert und frei beweglich. Alle Metallatome haben mehrere Orbitale, und ein Energieband entspricht im weitesten Sinne einem Atomorbitalschema. Die Atome treten jeweils untereinander in Wechselwirkung und jedes Orbital bildet ein Energieband. Überlappen die Energiebänder nicht, dann liegt eine verbotene Zone dazwischen, die von den Elektronen nicht überwunden werden kann.

a) Metalldampf ⟶ Metallkristall

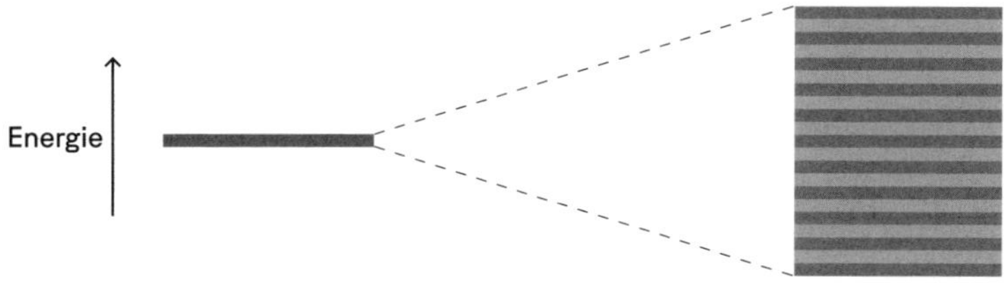

b) Äquivalente Atomorbitale der Atome des Metalldampfes — Energieband des Metallkristalls

Beide Modelle beschreiben, dass sich delokalisierte Elektronen zwischen den positiv geladenen Atomrümpfen bewegen. Die Struktur des Metalls ergibt sich dadurch, dass die Atomrüpfe im Metallgitter in einer bestimmten Reihenfolge fest auf ihren Plätzen sitzen.

C KRISTALLGITTER-STRUKTUR

Metalle lassen sich, mit wenigen Ausnahmen, durch drei Gitterstrukturen darstellen: das kubisch raumzentrierte Gitter, die kubisch dichteste Gitterpackung und die hexagonal dichteste Kugelpackung.

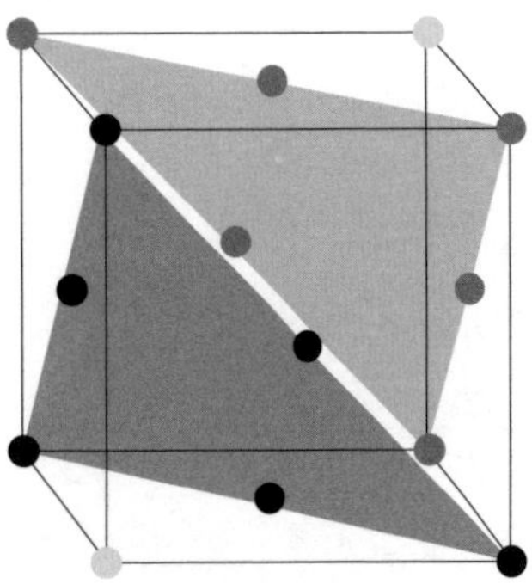

kubisch raumzentrierte Gitter

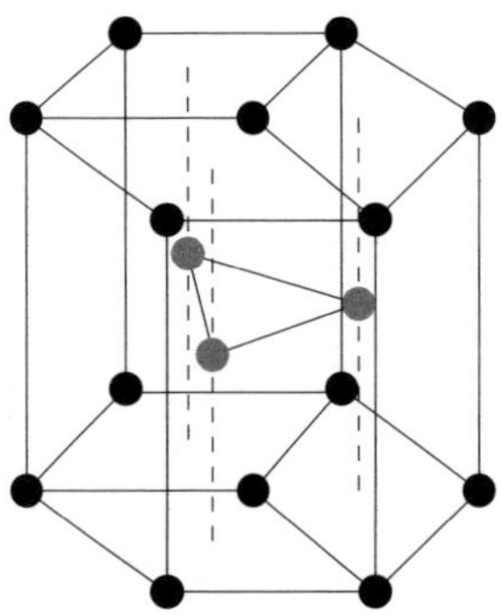

kubisch dichteste Gitterpackung

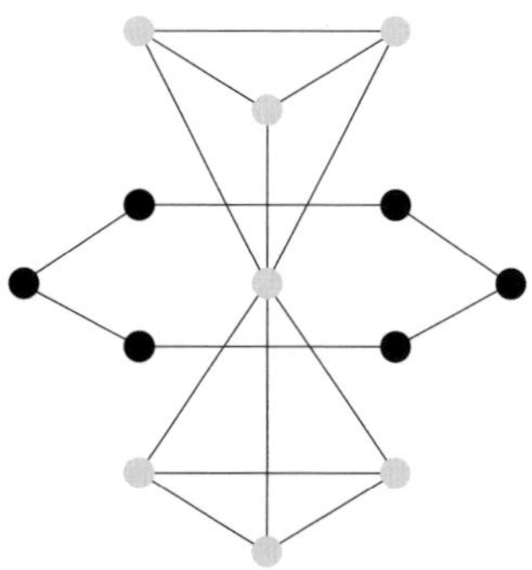

hexagonal dichteste Kugelpackung

KRISTALLSTRUKTUREN MIT DICHTESTER KUGELPACKUNG

Bei der dichtest gepackten Struktur identischer Kugeln sind Schichten dicht übereinandergelegt, wobei jede sechste Kugel in einer Ebene liegt. Die Mulden der ersten Schicht werden mit Kugeln in der zweiten Schicht besetzt und die dritte Schicht kann entweder eine hexagonal-dichteste Packung oder hexagonal-dichtest gepackte Elementarzellen aufweisen:

→ Strukturtypen einer hexagonal dichtesten Packung: Hierbei ist die Schichtfolge ABAB und so weiter, das bedeutet, dass die dritte Schicht genau über der ersten liegt.

→ Strukturtyp einer hexagonal dichtest gepackten Elementarzelle: Hierbei entsteht durch die Elementarzelle eine sechseckige Grundfläche, wobei sich in der Mitte drei weitere Atome befinden. Die einzelnen Atomebenen sind maximal gepackt und entsprechen einer möglichen Packungsdichte von 74 %. Die Schichtfolge ist ABC, ABC und so weiter, das bedeutet, dass die vierte Schicht genau über der ersten liegt.

KRISTALLSTRUKTUREN OHNE DICHTESTE KUGELPACKUNG

→ Kubisch innenzentrierte Struktur: Nicht alle Metalle haben solche dichtest gepackten Strukturen, dennoch ergeben die Packungen eine effektive Raumfüllung und diese eine kubisch innenzentrierte Struktur. Das Zentralatom ist würfelförmig von gleichartigen Atomen umgeben mit einer Koordinationszahl von 8.

→ Kubisch innenzentrierte Elementarzelle: Diese Strukturform ist etwas weniger dicht gepackt und hat eine Raumausfüllung von 68 %.

Kubisch innenzentrierte Elementarzelle

80 % der metallischen Elemente kristallisieren in einer der drei genannten Strukturen, was im Periodensystem deutlich zu erkennen ist. Es gibt noch andere Strukturtypen, wie z. B. die kubisch primitive Struktur, die als einzige im Polonium vorkommt. Quecksilber kristallisiert ähnlich, wobei in diesem Fall die Würfel entlang der Raumdiagonalen gestreckt sind.

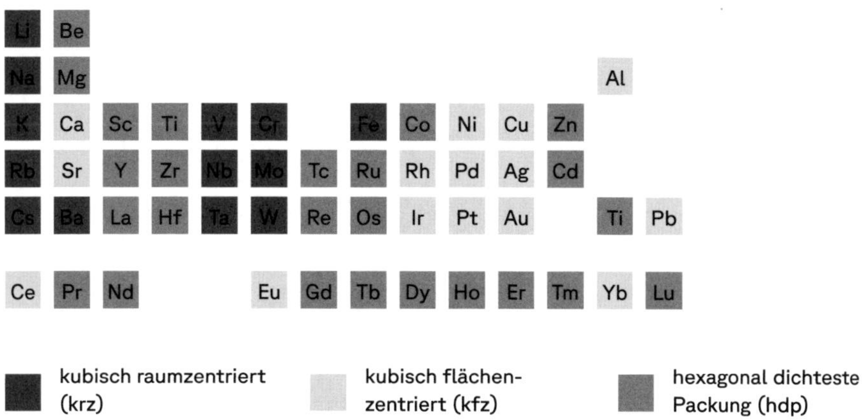

POLYMORPHIE

Es gibt Metalle, die in mehreren Strukturformen vorkommen können, was Polymorphie genannt wird, wie z. B. Eisen. Diese Modifikationen unterscheiden sich nicht nur durch die innere Struktur, sondern vor allem in ihrer Temperaturbeständigkeit. Metalle mit kubisch dichtester Packung sind relativ weiche, gut zu bearbeitende Metalle, während Metalle mit hexagonal dichtester Packung (hdp) und kubisch innenzentrierte Metalle (bcc) eher spröde sind. Eisen kommt in drei Modifikationen vor:

- → Alpha-Eisen: Ist kubisch innenzentriert und ist bis 906° C stabil
- → Gamma-Eisen: Ist kubisch flächenzentriert und ist bis 1.401° C stabil
- → Delta-Eisen: Kubisch raumzentriert und ist bis 1.392° stabil.

D NICHTEISENMETALLE UND DEREN LEGIERUNGEN

ALUMINIUM (AL)

relat. Atommasse:	26,981539
Ordnungszahl:	13
Schmelzpunkt:	660,37° C
Siedepunkt:	2.467° C
Oxidationszahlen:	3
Dichte:	2,702 g/cm^3
Härte (Mohs):	2,75

Aluminium ist bereits seit dem Altertum bekannt. Es wurde 1754 vom deutschen Chemiker Marggraf entdeckt. Dabei handelte es sich um ein Aluminiumoxid (Al_2O_3), das er Alaunerde nannte. 1825 gelang dem Dänen Christian Oersted Aluminiumchlorid mit Kaliumamalgam zu versetzen und erhielt dabei ein stark verunreinigtes Aluminium. Ab 1854 konnte Aluminium mit hohem Reinheitsgrad mittels Elektrolyse hergestellt werden. Aluminium ist das wichtigste Element der III. Hauptgruppe und das häufigste Metall. Es ist das dritthäufigste Element der Erdkruste mit einem Anteil von ca. 8%. Aluminium kommt nicht in reiner Form vor, sondern ist stets an Sauerstoff gebunden, wie z. B. bei den Gesteinsarten Albit, Anorthit, Eisstein, Natronfeldspat, Kalifeldspat, Kaliglimmer, Kalkfeldspat, Kaolinit, Kryolith, Muskovit, Orthoklas, Tonerde oder in deren Verwitterungsprodukten sowie Bauxit. Bauxit ist eines der bekanntesten aluminiumhaltigen Gesteinsarten. Es ist ein erdiges Sedimentgestein, das im Wesentlichen aus Aluminiumoxid (40–60%), Siliciumoxid (1–15%) und Eisenoxid (5–30%) besteht, wobei Letzteres für die rötliche Färbung des Bauxits verantwortlich ist. Bauxitvorkommen sind z. B. zu finden in Brasilien, China, Australien, Neu-Guinea, in Westafrika oder Indien. Wichtige Aluminium-Verbindungen sind Aluminiumoxid, Aluminiumhydroxid, Aluminiumchlorid, Aluminiumphosphat, Aluminiumcarbid und Aluminiumsulfat.

Eigenschaften und Herstellung:
Aluminium ist ein weiches, unedles, silbrig-weißes Leichtmetall, das eine kubisch-flächenzentrierte Gitterstruktur aufweist. Da es sehr reaktionsfreudig ist, bildet sich an der Luft sehr rasch eine dünne Oxidschicht, die vor Korrosion schützt. Das Metall zeichnet sich durch eine gute thermische und elektrische Leitfähigkeit aus, gibt heftige Reaktionen mit Salzsäure und Natronlauge ab, während es sich z. B. gegenüber kalter Salpetersäure passiv verhält. Aufgrund der Elektronenkonfiguration hat das Element drei Valenzelektronen und sein Oxidationszustand ist +3. Aluminium wird wegen seiner Leichtigkeit, Beständigkeit und thermoelektrischen Eigenschaften z. B. für Bauteile in Elektrogeräten, Gebrauchsgegenständen, im Fahrzeug-, Schiff- und Flugzeugbau sowie für Pigmentfarben, Fensterprofile, Fassadenverkleidungen, Dächer und Beschläge, Dämmfolie, Türrahmen und vieles mehr eingesetzt.

Bauxit gilt als wichtigstes Erz, aus dem Aluminium gewonnen wird. Zuerst wird das Erz von Verunreinigungen, wie z. B. Eisenoxide und Siliciumdioxid gereinigt, sodass reine Tonerde (Aluminiumoxid Al_2O_3) gewonnen wird. Meist werden Fluorverbindungen wie z. B. Kryolith (Na_3AlF_6) zugesetzt, um den sehr hohen Schmelzpunkt des Aluminiumoxids zu senken. Durch die Kathode in der Elektrolysierwanne entsteht geschmolzenes Aluminium von hoher Reinheit und das Aluminium sinkt durch seine hohe Dichte nach unten. An den Graphitelektroden entsteht Sauerstoff, der durch die Anwesenheit von Graphit zu Kohlenstoffdioxid und Kohlenstoffmonoxid wird. Mit ähnlichen Verfahren lassen sich Metalle, wie z. B. Kalium oder Calcium und viele mehr herstellen.

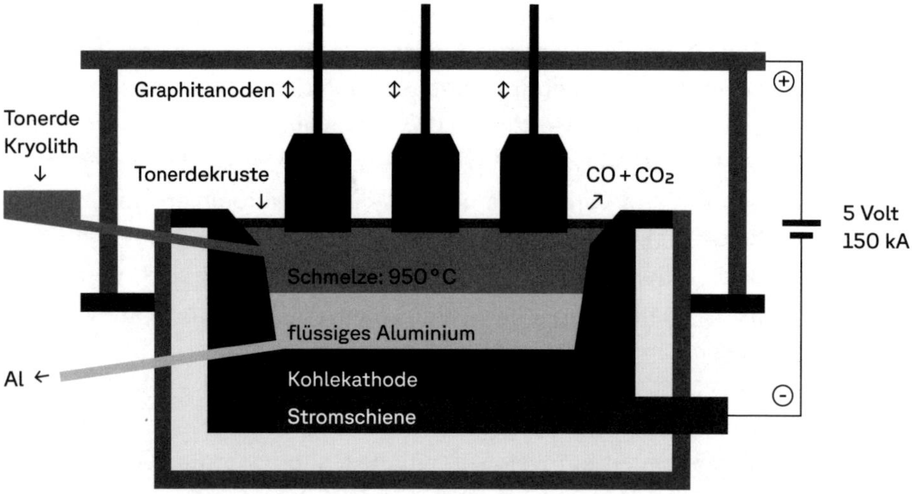

Aluminiumverbindungen:

- Aluminiumchlorid ($AlCl_3$): Wird durch Chlorierung von flüssigem Al hergestellt und z. B. als Katalysator in der organischen Chemie, als Flockungshilfsmittel sowie als Textilimprägniermittel verwendet.
- Natriumaluminat ($NaAlO_2$): Wird durch Auflösen von Tonerdehydrat in 50 %iger NaOH hergestellt und z. B. in der Wasserreinigung oder Papierindustrie verwendet.
- Aluminiumoxid oder Tonerde (Al_2O_3) und Aluminumhydroxid oder Korund ($Al(OH)_3$): Al_2O_3 existiert in mehreren Modifikationen:
    - Kubisches Gamma- Al_2O_3: Weißes, hygroskopisches Pulver, das sich in Säuren und Basen löst; wird zur Herstellung von Feuerfest-, Schleif-, Keramik-, Glas- und Emailprodukten verwendet.

- Hexagonales Alpha Al_2O_3: Sehr harte Kristalle, unlöslich in Säuren und Basen; hauptsächlich als Absorptionsmittel für Gase und Wasser eingesetzt und wirken als Katalysatoren oder als Katalysatorträger.
- $Al(OH)_3$: Ist amphot, d.h., es löst sich sowohl in Säuren als auch in Basen; dient in erster Linie zur Al-Herstellung und in feinverteilter Form wird es als Flammschutzmittel, als Füllstoff in der Kunststoff- und Kautschukindustrie, als Schleif- und Poliermittel, in der Feuerfestindustrie und bei der Herstellung von Hartbetonstoffen verwendet.

→ Aluminiumsulfat ($Al_2(SO_4)_3 \cdot 18\ H_2O$): Ist das wichtigste Al-Salz und wird z.B. in der Papier- und Zellstoffindustrie, bei der Wasserreinigung und vielen weiteren Bereichen verwendet.

BLEI (PB)

relat. Atommasse:	207,2
Ordnungszahl:	82
Schmelzpunkt:	327,502° C
Siedepunkt:	1.740° C
Oxidationszahlen:	4, 2
Dichte:	11,342 g/cm^3
Härte (Mohs):	1,2

Blei ist ein bläulich-graues, relativ edles, weiches, sehr gut dehnbares, pyrophores, hochgiftiges Schwermetall, das sich zu dünnen Folien auswalzen lässt. Bleistaub ist giftig, er lagert sich in den Knochen ein und führt zu Bleikrankheiten, die z.B. Erbrechen, Koliken, Kreislaufversagen, Müdigkeit, Appetitlosigkeit, Kopfschmerzen, Hautblässe oder Muskelschwäche hervorrufen können.

Blei ist eines der sieben Metalle des Altertums, das nicht nur im alten Ägypten z.B. als Zusatz zur Töpferglasur, sondern auch im antiken Griechenland verwendet wurde. Die Römer*innen bauten daraus Wasserleitungen, Dachabdeckungen und Alltagsgegenstände, was bei der Bevölkerung starke Bleivergiftungen hervorrief. Blei steht an 35. Stelle der Elementhäufigkeit und hat einen Massenanteil von 0,0018 %. Da elementares Blei in der Natur nur sehr selten vorkommt, ist es häufig in gebundener Form anzutreffen, wie z. B. in den Bleierzen Cerussit (Weißbleierz), Krokoit (Rotbleierz), Wulfenit (Gelbbleierz), Pyromorphit oder Vanadinit. Große Bleierzlagerstätten befinden sich in Australien, USA, GUS, Kanada, Mexiko, Peru, China, Spanien und vielen mehr.

An der Luft läuft es infolge einer Oxidation grau an, wobei sich Bleioxid (PbO) und Bleihydroxid $Pb(OH)_2$ bilden und das Metall in Folge vor weiterer Korrosion schützen. Letzteres reagiert mit dem Kohlenstoffdioxid der Luft und bildet basisches Blei(II)-carbonat ($Pb(OH)_2 \cdot 2PbCO_3$). Heiße Laugen, konzentrierte Salpetersäure und Schwefelsäure lösen Blei auf. Durch den Einfluss von Phosphorsäure, Flusssäure, Schwefelsäure und Salzsäure bildet sich Salz und das Blei wird mit einer dünnen Schutzschicht überzogen.

Blei wird meist aus Bleiglanz, z. B. durch das Röstreduktionsverfahren, gewonnen, wobei klein gemahlenes Bleierz im Luftstrom bei 1.000° C röstet bzw. oxidiert. Das entstandene Rohblei enthält noch 2–3 % Verunreinigungen von anderen Metallen, die durch eine Reinigung, z. B. bei der elektrolytischen Raffination, entfernt werden. Blei dient vorwiegend zur Herstellung von Legierungen, wie z. B. Hartblei, das mit ca. 10 % Antimon legiert wird. Dicke Bleiplatten eignen sich als Strahlenschutzmaterial z. B. gegen Röntgenstrahlen.

GOLD (AU)

relat. Atommasse:	197,96655
Ordnungszahl:	79
Schmelzpunkt:	1.064,43° C
Siedepunkt:	2.808° C
Oxidationszahlen:	5, 3, 2, 1
Dichte:	19,32 g / cm^3
Härte (Mohs):	2,45

Gold ist ein goldgelb glänzendes, sehr dehnbares, auswalzbares und korrosionsbeständiges Edelmetall mit hoher Dichte, welches sich mit anderen Metallen legieren lässt. Neben Silber und Kupfer gehört Gold zu den drei besten Leitern von Wärme und elektrischem Strom. Gold wird von Luft, Wasser und Säuren nicht angegriffen, allerdings in Chlorwasser oder Königswasser löst es sich.

Gold steht an der 75. Stelle der Elementhäufigkeit und gehört somit zu den seltenen Elementen, es kommt in der Natur hauptsächlich im gediegenen Zustand elementar vor und ist fast immer z. B mit Silber, Kupfer, Bismut oder Quecksilber verunreinigt.

Große Goldvorkommen gibt es z. B. in der Republik Südafrika, Kalifornien, Colorado, Alaska, Kanada, Ural, Ghana, Simbabwe oder Australien. Gold ist eines der sieben Elemente des Altertums und die ältesten Funde stammen aus ca. 5.000 v. Chr. Bei den Pharaonen wurde Gold als göttliches Metall, als Abkömmling des Sonnengottes Re sowie Mittel für Unsterblichkeit angesehen. Daher wurde Gold einem verstorbenen Pharao mit in die Grabkammer gegeben. Besonders die im Jahre 1922 entdeckte Grabkammer des jungen Pharaos Tutanchamun war reich an Goldgaben, wie z. B. der ca. 108 kg schweren Gesichtsmaske. Gold war auch der Antrieb von Christoph Kolumbus, einen neuen Seeweg nach Indien zu suchen. Gold war im Laufe der Jahrhunderte so begehrt, dass im Mittelalter einige Alchimist*innen versuchten, aus anderen Stoffen Gold künstlich herzustellen, was aber nicht gelang. Im 19. Jahrhundert wurden neue Goldlagerstätten in den USA entdeckt, was viele Goldsucher*innen anlockte, und dabei wurde die Methode der Goldwäsche entwickelt. Hierzu wird in einer Waschpfanne der Sand aufgeschlämmt, sodass sich die Goldplättchen am Boden der Waschpfanne aufgrund ihrer hohen Dichte absetzen. In der heutigen Zeit wird Gold durch zwei unterschiedliche industrielle Verfahren gewonnen.

Gold wurde über eine längere Zeitperiode als Währungsmittel eingesetzt, heute nicht mehr. Weiters wird es verwendet in der Zahnmedizin, Elektronik, Optik, zum Vergolden von Gegenständen, zum Schutz vor Korrosion bzw. in der Restaurierung zum Verzieren von Kunstgegenständen. Der größte Teil des Goldes wird zu Schmuck oder Münzen verarbeitet. Der Feingehalt des Goldes wird in Tausendstel bzw. in Promille, wie z. B. 24 Karat, 18 Karat oder 14 Karat, angegeben. Gold wird auch als Beimischung für Legierungen verwendet, wie z. B.:

→ Weißgold: 65–80 % Gold und 20–35 % Palladium
→ Münzgold: 90 % Gold und 10 % Kupfer oder Münzen aus reinem Gold mit dem Gehalt von 99,99 %
→ Rotgold: 30–60 % Gold, bis 30 % Kupfer und / oder 35 % Silber

KUPFER (CU)

relat. Atommasse:	63,546
Ordnungszahl:	29
Schmelzpunkt:	1.985° C
Siedepunkt:	2.562° C
Oxidationszahlen:	4, 3, 2, 1
Dichte:	8,96 g / cm^3
Härte (Mohs):	3

Reines Kupfer ist ein hellrotes, hartes, gut form- und schweißbares Schwermetall mit sehr hoher elektrischer Leitfähigkeit und Wärmeleitfähigkeit. Kupfer lässt sich sehr gut zu Legierungen verarbeiten und es kann mit z. B. Zink, Zinn, Silber, Nickel, Eisen, Aluminium, Mangan, Silicium und Platin gemischt werden. Kupfer war eines der ersten Metalle, das von den Menschen vor über 9.000 Jahren verarbeitet wurde. Die Verarbeitung von Kupfer beendet die Steinzeit und führte in die Kupferzeit über. Kupfer hat einen Massenanteil von 0,01 % und steht somit an 25. Stelle der Elementhäufigkeit in der Erdhülle. Kupfererze treten gediegen oder in größeren Brocken als Sulfide, wie z. B. Chalkopyrit, oder als Oxide, wie z. B. Cuprit, oder als Carbonate, wie z. B. Malachit, oder als Chloride oder Arsenide auf. Große Erzlager befinden sich in den USA, Brasilien, Chile, Peru, Philippinen, Australien, Iran, Spanien, Portugal, Polen und Deutschland.

Durch die gute elektrische Leitfähigkeit und seine Korrosionsbeständigkeit wird es zu Drähten, Stromschienen, als Baumaterial, im Apparatebau, für Beschläge, für Patronenhülsen oder für Münzen eingesetzt. Auf Grund seiner guten Wärmeleitfähigkeit wird es z. B. für Heizrohre oder Lötkolben verwendet. Kupfer ist oft in Legierungen anzutreffen, wobei Zink als Härte- und Festigkeitsmittel eingesetzt wird und Nickel verbessert die Korrosionsbeständigkeit und Festigkeit. Bsp. für Legierungen:

→ Rotmessing: 80–90 % Kupfer + 10–20 % Zink
→ Gelbmessing: 60–80 % Kupfer + 20–40 % Zink
→ Glockenbronze: 75–80 % Kupfer + 20–25 % Zinn
→ Neusilber: 45–68 % Kupfer + 10–26 % Nickel + 12–45 % Zink
→ Bronze: 80–90 % Kupfer und 10–20 % Zinn

Im Freien und durch die Feuchtigkeit bildet sich an der Oberfläche ein grünlicher Überzug, genannt Patina, der das darunter liegende Kupfer vor weiterer Korrosion schützt. Am Beginn hat das Kupfer eine hellrote Farbe. Bei Luft- und Feuchtigkeitszufuhr wechselt die Farbe in wenigen Tagen zu einem dunklen Rot, wobei Kupfer-(I-) Oxid entsteht. In späterer Folge entsteht schwarzes Kupfer-(II-) Oxid und erst einige Jahre danach wird das Kupfer mit einer blaugrünen Patina überzogen.

SILBER (AG)

relat. Atommasse:	107,8682
Ordnungszahl:	47
Schmelzpunkt:	961,93° C
Siedepunkt:	2.163° C
Oxidationszahlen:	10,5 g / cm^3
Dichte:	2,7
Härte (Mohs):	1,93

Silber ist ein weißglänzendes, weiches, dehnbares Edelmetall und besitzt sehr gute elektrische und thermische Leitfähigkeit sowie das höchste Reflexions- und Absorptionsvermögen für Licht. Silber ist an der Luft beständig, es läuft jedoch in Kontakt mit Schwefelverbindungen schwarz an und bildet dabei Silbersulfid. Dies erklärt, warum Silber schwarz wird. Silber steht an der 67. Stelle der Elementhäufigkeit und kann, so wie Gold, zu hauchdünnen Blättchen (Blattsilber) ausgewalzt und mit den meisten Metallen legiert werden, außer mit Eisen und Cobalt. Es gibt ca. 129 verschiedene Silbermineralien, wo das Silber chemisch gebunden vorkommt, wie z. B. Akanthit. Die Hauptvorkommen liegen in den USA, Kanada, Mexiko, Peru, Bolivien, Russland und Australien. Silber war neben Kupfer und Gold Gebrauchsmetall und wurde als Zahlungsmittel verwendet.

Nutzbares Silber wird aus Silbererzen oder bei der Rohstoffgewinnung von Kupfer, Zink und der Bleiherstellung hergestellt. Die Herstellung aus den Silbererzen erfolgt mit Hilfe der Cyanidlaugerei, wo das fein gemahlene Erz von einer ca. 0,2 %igen Natriumcyanidlösung ausgelaugt wird. Silber wird als Zahlungsmittel verwendet, jedoch liegt sein Preis heute deutlich unter dem Wert von Gold, Platin oder Palladium. Es dient aufgrund seiner hohen elektrischen Leitfähigkeit zur Herstellung von elektrischen

Kontakten, Elektroden oder elektronischen Bauteilen. Sein Aussehen und seine thermische Leitfähigkeit führten zu einer weit verbreiteten Anwendung für Geschirr und Bestecke. Für die Herstellung von Schmuck wird es aufgrund seiner Weichheit verwendet. Um die Härte zu erhöhen, wird es meist mit anderen Metallen legiert. »Sterlingsilber« besitzt einen Feingehalt von 92,5 % Silber.

Silber wird aufgrund seiner Lichtempfindlichkeit für hochwertige Fotopapiere, in einer Legierung mit Quecksilber für Zahnfüllungen oder aufgrund seiner bakterientötenden Wirkung in Salben oder auch für Spiegel verwendet.

ZINN (STANNUM ZI)

relat. Atommasse:	118,710
Ordnungszahl:	50
Schmelzpunkt:	231,9681° C
Siedepunkt:	2.270° C
Oxidationszahlen:	4, 2
Dichte:	7,29 g / cm^3
Härte (Mohs):	1,8

Zinn ist ein silberweiß glänzendes, weiches Schwermetall, das sich zu hauchdünnen Folien auswalzen lässt und sich an der Luft mit einer dünnen Oxidschicht überzieht. Dadurch wird das darunter liegende Metall vor weiterer Korrosion geschützt. Von Zinn gibt es drei Modifikationen: Alpha-, Beta- und Gamma-Zinn, die sich durch ihre Kristallgitterstruktur und die Dichte unterscheiden. Zinn steht an 30. Stelle der Elementhäufigkeit in der Erdhülle und gehört zu den sieben Metallen des Altertums. In der Bronzezeit wurden Zinn-Kupfer-Legierungen z. B. für Pfeilspitzen verwendet und im alten Ägypten wurden Mumien mit Zinnfolien eingewickelt. Wird Zinn verbogen, kommt es zu einem knirschenden Geräusch, dem sogenannten Zinnschrei. Zinn hat einen relativ niedrigen Schmelzpunkt und wird daher auch für das »Bleigießen« zu Silvester verwendet. Beginnt sich Zinn bei niedrigen Temperaturen in ein dunkelgraues Pulver zu verwandeln, dann wird dies Zinnpest genannt. Dies kann durch Legieren mit anderen Metallen, wie z. B. mit Antimon oder Wismut, verlangsamt werden. Das wichtigste Zinnerz ist Zinnstein SnO_2, bekannt als Kassiterit, das in Australien, Malaysia, Indonesien, Bolivien, Thailand und einigen Ländern mehr vorkommt.

Zinn wird zum Verzinnen, zum Löten, für Geschirr, Figuren, Verpackungsfolien oder als Fungizide in der Landwirtschaft, als Stabilisatoren in der Kunststoffindustrie und als Desinfektionsmittel in Krankenhäusern oder in Legierungen verwendet.

E METALLE DER SELTENEN ERDEN

Zu den Metallen der Seltenen Erden gehören 17 Elemente der 3. Nebengruppe: Cer, Cerit, Lanthan, Praseodym, Neodym, Promethium, Samarium, Europium, Gadolinium, Terbium, Dysprosium, Holmium, Erbium, Thulium, Ytterbium, Lutetium und Yttrium. Sie werden als Lanthanoide bezeichnet und kommen in gebundener Form zusammen mit anderen Mineralien vor. Manche von ihnen kommen sogar häufiger vor als z. B. Blei oder Kupfer. Die Bezeichnung »selten« ist darauf zurückzuführen, dass diese Metalle nicht in größeren Lagerstätten vorkommen, sondern meist in kleinen Mengen als Beimischungen in anderen Mineralien. Sie zeichnen sich durch eine hohe Temperaturbeständigkeit, gute Abriebfestigkeit, spektroskopische und hydrophobe Eigenschaften aus.

Vorkommen von Seltenen Erden wie Monazit, Allanit oder Bastnäsit sind z. B. in China, in Australien, Afrika, Brasilien und vielen mehr zu finden. Das Risiko bei den Seltenen Erden liegt im Abbau, denn dieser erfolgt mit einem hohen Einsatz von Säuren, wo große Mengen an giftigen Schlammsubstanzen zurückbleiben, die nicht weiter verwertbar sind.

Seltene Erden werden z. B. in Röhren- und Plasmabildschirmen, Elektromotoren, Generatoren, Akkumulatoren, in Leuchtstofflampen und vielen mehr eingesetzt.

F EISENMETALL

Als Eisenmetalle werden alle Werkstoffe bezeichnet, die ausschließlich oder hauptsächlich aus Eisen bestehen oder hergestellt werden, wie z. B. Gusseisen oder Stahl.

EISEN (FE)

relat. Atommasse:	55,895
Ordnungszahl:	26
Schmelzpunkt:	1.538° C
Siedepunkt:	2.862° C
Oxidationszahlen:	-2, -1, 0, 1, 2, 3, 4, 5, 6
Dichte:	7,874 g / cm³
Härte (Mohs):	4–5

Eisen ist ein silberweißes, weiches, dehnbares, reaktionsfreudiges Metall, steht im Periodensystem in der 8. Nebengruppe, der Eisen-Platin-Gruppe, und ist das vierthäufigste Element in der Erdkruste und somit das häufigste Metall. Eisen besitzt als Übergangsmetall in jedem Atom ein permanentes magnetisches Moment sowie kubisch-raumzentrierte Elementarzellen. Eisen stellt in massiver Form keinen Gefahrstoff dar, allerdings in Pulverform kann Eisen selbstständig zu brennen beginnen. Eisen neigt bei feuchter Luft, Wasser und nasser Erde dazu, eine Oxidschicht zu bilden. Unter der Oxidschicht kommt es zur Korrosion, das Eisen wird weich und porös und oxidiert zu Eisenoxidhydrat (Rost) und in weiterer Folge zerfällt es zu einer Eisen-(III-)Verbindung. Unter der entstehenden Oxidschicht kann der Rostvorgang ungehindert fortschreiten. Konzentrierte Natronlauge, Meerwasser oder schwefeldioxidhaltiges Wasser greifen Eisen an. Eisen bildet bei höherer Temperatur mit Kohlenstoff Carbide, mit Phosphor Phosphide, mit Silicium Silicide und mit Schwefel Sulfide. Eisen kommt in der Erdkruste meist in Verbindung mit anderen Elementen vor und die wichtigsten sind z. B. Bändererze, Goethit ($FeO \cdot OH$), Hämatit (Fe_2O_3) oder Magnetit (Fe_3O_4) und viele mehr. Eisen hat 27 Isotope und zwei Kernisomere. Kernisomere sind Atomkerne, die unterschiedliche innere Zustände besitzen, aber die gleiche Anzahl von Protonen und Neutronen haben. Die meisten Eisen-

Isotope haben eine Halbwertszeit zwischen 150 Nanosekunden und 8,2 Stunden. Der größte Teil des produzierten Eisens wird als Hauptbestandteil von Stahl und Gusseisen verwendet. Des Weiteren wird Eisen für z. B. Drähte, Generatoren, Elektromotoren, Transformatoren und vieles mehr verwendet. In der Chemie wird Eisenpulver in der Synthese eingesetzt.

Gewinnung:
Das Eisen kann durch einige Verfahren aus dem Erz gewonnen werden. Zum einen kann Eisen in Hochöfen gewonnen werden, was aufwendig und teuer ist, zum anderen über das billigere Verfahren, den Reduktionsprozess. Das Eisen wird auf 1.450°C erhitzt, es beginnt zu schmelzen und wird flüssig. Dabei wird Eisen aus dem Eisenerz durch eine chemische Reduktion gewonnen. Es entsteht nicht nur flüssiges Eisen, sondern auch flüssige Schlacke. Das gewonnene Eisen enthält meist in kleinen Mengen Mangan, Schwefel, Silicium und Phosphor. Wird das Eisen langsam abgekühlt, dann scheidet der gelöste Kohlenstoff aus und es entsteht graues Roheisen. Wird Eisen schnell abgekühlt, dann verbleibt der Kohlenstoff als Eisencarbid im Roheisen und es entsteht weißes Roheisen. Beim billigeren Reduktionsprozessverfahren wird das Eisenerz mit Methan und Sauerstoff oder Wasserdampf behandelt und es entsteht dabei fester Eisenschwamm.

Große Eisenvorkommen sind in China, Indien, Russland, Ukraine, Australien, Brasilien, Deutschland und Frankreich. Eisen wird dort meist im Tagebau und eher selten im Tiefbau gewonnen. Die gewonnenen groben Erzstücke werden gebrochen, gemahlen und gesiebt und liegen als Feinerze vor.

Lebewesen und Eisen:
Eisen ist ein wichtiges Spurenelement für fast alle Lebewesen, sowohl bei Menschen, Tieren und Pflanzen. Im menschlichen oder tierischen Körper liegt das Eisen oxidiert als Eisen(II) und Eisen(III) vor, was als Zentralatom für Hämoglobin, Myoglobin und Cytochromen dient und für den Sauerstofftransport, die Sauerstoffspeicherung und Elektronenübertragung verantwortlich ist. Eisenbestandteile befinden sich auch in vielen Enzymen, wie z. B. Hydrogenasen, die sich in der Atmungskette befinden. Die Speicherung des Eisens erfolgt intrazellulär über das Enzym Ferritin und Hämosiderin und der Weitertransportiert wird durch

Transferrin getätigt. In den Pflanzen sind eisenhaltige Enzyme für die Photosynthese sowie für die Bildung von Chlorophyll und Kohlenhydraten verantwortlich. Sinkt der Eisengehalt in Pflanzen zu stark, dann werden Krankheitserscheinungen sichtbar, wie z. B. die grünen Anteile werden gelb, genannt Chlorose.

Viele Lebensmittel enthalten Eisen, wie z. B. Roggen, Weizen, Spinat, Kartoffeln, Petersilie, Äpfel, Rindfleisch, Schweinefleisch, Kuhmilch, Eigelb und viele mehr.

Eisenverbindungen:
Eisen bildet mit Sauerstoff durch Oxidation wie Verbrennung und vulkanische Vorgänge zweiwertige und dreiwertige Oxide, z. B. Eisen-(III-)Oxid Fe_2O_3, eine rote bis braune Substanz, die in der Natur in Form von Mineralen wie Hämatit oder Magnetit auftritt. Des Weiteren gibt es zweiwertige und dreiwertige Salze, wie z. B. Eisen-(II-)Chlorid $FeCl_2 \cdot 6\,H_2O$, Eisen-(II-)Florid, Eisen-(II-)Bromid und Eisen-(II-)Iodid, Eisen-(II-)Sulfat $FeSO_4 \cdot 7\,H_2O$, auch Grünsalz genannt, und Eisen-(II-)Chlorid. Eisen-(III-)Chlorid $FeCl_3 \cdot 6\,H_2O$ ist eine schwarze, leicht stechend riechende Substanz, die Kupfer lösen kann. Dann gibt es noch Eisen-(III-)Nitrat. Dies wird zum Gerben und in der Textilindustrie verwendet, sowie Eisen-(III-)Sulfat, was in Großkläranlagen, in der Hüttenindustrie und in der Medizin als blutstillendes Mittel eingesetzt wird. Andere Eisenverbindungen sind z. B. Eisencarbid Fe_3C, Eisenpentacarbonyl $Fe(C<O)_5$, Ferrocen $Fe(C_5H_5)_2$ oder Berliner Blau $Fe_4[Fe(CN)_6]_3$ und viele mehr.

STAHL

Stahl ist eine Eisenlegierung, die maximal zwei Prozent Kohlenstoff enthält. Je nachdem, welche Metallanteile eine Eisenlegierung enthält, wird zwischen unlegiertem, niederlegiertem und hochlegiertem Stahl unterschieden. Unlegierter Stahl enthält keine Metallzusätze, wird in großen Mengen erzeugt und als Massenstahl bezeichnet. Niedriglegierter Stahl enthält maximal 5 % Legierungsmetalle und die Art der Zusätze sowie die Prozentzahl beeinflussen, ob der Stahl hart, elastisch oder zugfest ist. Unlegierter oder niedriglegierter Stahl für Metallkonstruktionen wird auch als Baustahl bezeichnet und nach seiner Zugfestigkeit wird dieser in verschiedene Klassen eingeteilt. Wenn der Legierungsanteil ca. 30 % beträgt, dann wird hochlegierter Stahl erzeugt und durch die Legierungen können nicht nur die Eigenschaften verbessert, sondern auch dem jeweiligen Einsatzzweck angepasst werden. Niedrig- oder hochlegierter Stahl, der für Einsatzwerkzeuge in verschiedener Qualität hergestellt wird, wird Werkzeugstahl genannt. Stahl mit hoher Belastbarkeit und langer Haltbarkeit ist eine Sonderform und wird Schnellarbeitsstahl genannt. Zum Werkzeugstahl gehört jener korrosionsbeständige Stahl, der umgangssprachlich »Edelstahl« genannt wird. Dieser rostfreie Stahl enthält mindestens 10 % Chrom und Metalle wie Nickel oder Molybdän oder z. B. Chrom, Titan, Wolfram, sofern die Eigenschaften wie Härte, Zugfestigkeit und viele mehr beeinflusst werden sollen. Hartmetalle enthalten Wolfram, Titan, oder Cobalt. Sie sind extrem hart und hitzebeständig und werden für z. B. Bohrspitzen oder Sägeblattzähne verwendet.

Zur Stahlerzeugung werden verschiedene Verfahren, wie z. B. das Thomasverfahren, das Herdfrischverfahren, das Stranggussverfahren oder das Siemens-Martin-Verfahren, eingesetzt, mit dem Ziel, einen Teil oder den gesamten Kohlenstoff zusammen mit anderen Verunreinigungen zu oxidieren. Je nach Verfahren wird Silicium zu Siliciumdioxid und Kohlenstoff zu Kohlenstoffdioxid verbrannt. Je nach Qualität des Stahls folgen nach dem Konverterprozess noch weitere Verfahrensschritte, wie z. B. eine Vakuumbehandlung. Ein wichtiges Verfahren, das nach den Standorten Linz und Donawitz des österreichischen Unternehmens VÖEST benannt wurde, ist das LD (Linz-Donawitz)- oder Sauerstoffblasverfahren. Hierbei wird in das flüssige Roheisen Sauerstoff geblasen und die im Stahl unerwünschten Begleitelemente gehen in Rauchgas oder Schlacke über. Ein weiteres gängiges Verfahren ist das Elektrostahl-Verfahren, wo die zum Schmelzen erforderliche Wärme durch einen Lichtbogen oder durch Induktion erzeugt wird. Oder der COREX-Prozess, ein zweistufiges Schmelzreduktionsverfahren, das durch die Kombination von Schmelzprozess, Kohlevergasung und Direktreduktion flüssiges Eisen erzeugt. Die wichtigsten Länder für Stahlherstellung sind derzeit China, Japan, USA, Russland, Deutschland, Italien.

GUSSEISEN

Gusseisen ist ein Eisenlegierungswerkstoff, der einen Kohlenstoffanteil von über 2 % und andere Bestandteile, wie z. B. Silicium,

Chrom oder Nickel, besitzt. Es wird zwischen grauem und weißem Gusseisen unterschieden. Gusseisen ist hart, spröde und lässt sich gut gießen. Es ist korrosionsbeständiger, besitzt eine geringere Dichte sowie Festigkeit und einen geringeren Schmelzpunkt als Stahl. Auf Grund seiner geringen Plastizität lässt sich Gusseisen nicht schmelzen, was sich von Stahl unterscheidet.

Von Gusseisen gibt es verschiedene Sorten, wie Temperguss, Gusseisen mit Lamellengraphit, Gusseisen mit Kugelgraphit und Gusseisen mit Vermiculargraphit. Weißer oder schwarzer Temperguss sind die wichtigsten Formen von Gusseisen. Gusseisen mit Lamellengraphit ist eine Eisen-Kohlenstoff-Silicium-Legierung, die sich durch eine gute Gießbarkeit, gute Spannbarkeit, hohe Druckbeanspruchbarkeit, gute Wärmeleitfähigkeit, gute Formsteifigkeit, gute Korrosionsbeständigkeit und schwingungsdämpfend auszeichnet. Gusseisen wird dort verwendet, wo über eine längere Zeitspanne hohe Temperaturen erforderlich sind, wie z. B. beim Braten von Essen, daher wird es auch z. B. für Pfannen verwendet.

Gusseisen mit Kugelgraphit ist eine Eisen-Kohlenstoff-Legierung und wird Sphäroguss oder duktiles Gusseisen genannt, bei dem der enthaltene Kohlenstoff in kugeliger Form vorliegt. Dieses Gusseisen besitzt stahlähnliche Eigenschaften, wie sehr gute Festigkeit und Zähigkeit, und lässt sich durch Wärmebehandlung modifizieren. Es wird z. B. für Turbinen, schwere landwirtschaftliche Maschinenteile oder als Komponente von Windkraftanlagen und vieles mehr verwendet.

REINIGUNGS-SUBSTANZEN BEI TEXTILIEN –SCHMUTZ UND DESSEN ZUSAM-MENSETZUNG

K1
WASSERLÖSLICHE ORGANISCHE UND ANORGANISCHE VERSCHMUTZUNGEN

Wasserlösliche organische und anorganische Verschmutzungen sind z. B.:

- → Eiweißstoffe
- → Kohlenhydrate (Zucker, Stärke, Mehl etc.)
- → Harnstoff
- → Organische Säuren
- → Anorganische Salze

A EIWEISSSTOFFE ODER PROTEINE

Proteine sind in einer belebten Welt allgegenwärtig. Neben Kohlenhydraten und Fettsäuren sind sie die drittgrößte Gruppe von Nahrungs- und Reservestoffen. Struktur, Funktion und Stoffwechsel aller lebenden Zellen beruhen auf der Anwesenheit unterschiedlicher Proteine. Somit sind Proteine die Träger der Lebensfunktionen. Man findet sie gleichermaßen in Tieren, Pflanzen und Mikroorganismen, so z. B.:

- → In den Muskeln (Actin, Myoglobin, Myosin),
- → Im Blut (Hämoglobin),
- → Im Bindegewebe,
- → In Sehnen und Bändern (Collagen, Elastin),
- → Im Serum (Fibrinogen, Immunglobuline, Plasma- und Serumproteine),
- → In Wolle, Haaren, Hörnern, Hufen, Klauen, Nägeln usw. (Keratine),
- → In den Seidenfäden (Fibroin),
- → In Weichtierschalen (Conchagene),
- → In Knochen (Ossein),
- → In der Milch (Albumine, Casein) usw.

Der Proteingehalt in tierischen und pflanzlichen Organen ist sehr verschieden und beträgt ungefähr: Fleisch (Muskelgewebe, Rind) 19 %, Fisch 16–18 %, Knochen (Rind) 30 %, Haut 90–97 %,

Horn, Klauen, Haare 90%-100%, Blut (Mensch) 21%, Eiklar (Huhn) 12–13% und in der Milch (bei Menschen) 1%, (bei Kuhen) 3,2%, (bei Schafen) 5,6%. Pflanzliche Proteine sind vorwiegend in Samen, Knollen und vielen mehr gespeichert, wie z. B. in Getreidekörnern (10–12%), Lupinensamen (37%), Sojabohnen (36%), Kartoffelknollen (nur 2%).

Die Proteine haben auch vielfältige Funktionen im Organismus:

- → Enzyme: Transport- und Speichermolekül; Ferritin, Hämoglobin
- → Motoren: Dynein, Kinesin, Myosin
- → Gerüstsubstanzen: Skleroproteine, Gerüst-Eiweiß, mit mechanisch stützenden Funktionen; Keratine, Collagene, Ossein
- → Immunabwehr: Immunglobuline, Komplement
- → Hormone: Follitropin, Thyreotropin
- → Neurotransmitter-Rezeptoren
- → Regulatoren: Enzym-Inhibitoren, Transkriptionsfaktoren
- → Schlangengifte, Bakterientoxine
- → Reservestoffe: Gliadin, Zein, Edestin in Pflanzen, Organen usw.

EINTEILUNG DER PROTEINE

Die Einteilung der Eiweißstoffe gründet sich einerseits auf physikalische Merkmale, wie Löslichkeitsunterschiede, anderseits auf die Anwesenheit besonderer Bausteine und die Gestalt der Eiweißmoleküle. Man unterscheidet:

- → Einfaches Eiweiß
- → Zusammengesetztes Eiweiß

EINFACHE EIWEIẞSTOFFE

- → Albumine: Eialbumin (Hauptbestandteil des Eiklars), Serumalbumin (etwa 50% der Proteine des Blutserums) und Milchalbumin (0,5%). Diese kettenförmigen Stoffe sind stark hydratisiert und lösen sich im

Wasser leicht auf. Bei 65° C gerinnen sie. Deshalb scheidet sich beim Abkochen der Milch das Albumin als Haut ab. Milch enthält etwas Albumin und viel Kasein.

→ Globuline: Treten stets zusammen mit Albuminen auf. Das Fibroin des Blutes charakterisiert sich durch die Unlöslichkeit im Wasser, allerdings löst es sich in verdünnten Alkalien und in Neutralsalzlösungen.

→ Kleberproteine oder Prolamine: Sind die Kleber in den Getreidefrüchten (dieser ist entscheidend für die Backfähigkeit des Mehls). Diese Gruppe unterscheidet sich von anderen Eiweißsorten durch ihre Löslichkeit in 70%igen Alkoholen.

→ Skleroproteine: Aus Skleroprotein werden Kollagene gewonnen. Kollagene werden aus Knochen, Knorpeln und Haut von Rindern gewonnen–sogenannte Gelatine. Leim ist eine kolloide Lösung der Gelatine, die sich unter 36° C in eine feste Form (Gelatine) umwandelt. Gelatine (verwendet als Schutzkolloid bei Medikamenten) ist durch verdünnte Säure auswaschbar und Leim löst sich bei ca. 75° C im Wasser. Zu der Gruppe der Skleroproteine gehört auch das Keratin, das unter anderem Bestandteil der Haare, Wolle, Nägel und vielen mehr ist, und sie zeichnen sich durch ihre Unlöslichkeit im Wasser, in Salzlösungen, verdünnten Säuren und Laugen sowie durch nicht enzymatische Spaltung (nicht verdaubar) aus.

ZUSAMMENGESETZTE EIWEIẞSTOFFE

→ Phosphorproteine: Diese Gruppe enthält salz- oder esterartig gebundene Phosphorsäuren. Hierher gehört Kasein (H_3PO_4), das in der Kuhmilch zu 3% als Kaliumsalz vorkommt. Beim Ausflocken der Milch koaguliert das Kasein und wird damit zu unlöslichem Eiweiß (Kaltleim ist ein Gemisch aus Kasein und Calciumoxid).

→ Glykoproteine: Sind Verbindungen von Eiweißstoffen mit Kohlenhydraten. Hierzu gehören Muzine. Das sind Schleimstoffe, die sich im Speichel befinden, und

Stoffe, die den Glaskörper des Auges aufbauen.

→ Chromoproteine: Zu dieser Gruppe gehört der bekannte Blutfarbstoff Hämoglobin. Hämoglobin besteht aus Albumin und dem farbgebenden Hämin. Hämin ist eine zyklische stickstoffhaltige Verbindung mit zweiwertigem, komplexgebundenem Eisen.

Der Blutfarbstoff enthält vier Pyrrolringe mit Seitenketten und koordinativ gebundenes Eisen. Aufgabe des Blutfarbstoffes ist es, mit Hilfe der Nebenvalenzkräfte Sauerstoff zu binden und zu transportieren. Im Wasser zerreißt die dünne Haut der Blutkörperchen infolge des osmotischen Drucks des Wassers, der in die Teilchen eindringt. Der Blutfarbstoff tritt aus und die Flüssigkeit wird durchsichtig. Sobald Blut eingetrocknet ist, verwandelt sich die Eisen-(II-)Verbindung (Häm) in eine irreversible, braune, sehr stabile Eisen-(III-)Verbindung (Oxyhäm).

Befeuchtet man einen frischen Blutfleck auf einem Gewebe mit essigsaurer Benzidinlösung und tropft H_2O_2 darauf, erhält man eine intensive, blaugrüne Färbung.

→ Nukleoproteine: Bilden den Hauptbestandteil der Zellkerne. Gene und Viren sind aus Nukleoproteinen zusammengesetzt.

Viren sind Krankheitserreger, die mit dem Lichtmikroskop nicht erkennbar sind und zum Unterschied von Bakterien sich nur in lebenden Zellen vermehren. Sie können jahrelang als Kristalle aufbewahrt werden und zeigen in lebenden Zellen einige Grundfunktionen des Lebens: Nahrungsaufnahme, Wachstum und Vermehrung. Es werden vier Arten von Viren unterschieden: Tabakmosaikvirus und Polyederviren (Viren der Kinderlähmung und der Maul- und Klauenseuche), Influenzavirus und Herpesvirus.

EIGENSCHAFTEN DER PROTEINE UND DEREN NUTZUNG

Die meist gut wasserlöslichen Proteine (Ausnahmen: Membran-Proteine und Skleroproteine) sind gegen physikalische und chemische Einwirkung im Allgemeinen ziemlich empfindlich. So gerinnt z. B. das Hühnereiweiß (Eiklar) oberhalb 65° C; man bezeichnet diesen Vorgang als Denaturierung. Er beruht auf einer Zerstörung der Raumstruktur der Proteine unter Aufbrechen eines Teils der schwachen innermolekularen Wechselwirkungen. Im Gegensatz dazu sind die nativen Proteine (die man z. B. durch Wasser oder Puffersalz-Lösungen aus den Geweben herauslöst) vermutlich noch in dem gleichen Zustand vorhanden wie im Gewebe selbst. Denaturierende Agenzien sind z. B.:

→ Harnstoff,
→ Natriumdodecylsulfat,
→ Säuren
(Milchgerinnung infolge Milchsäure-Bildung),
→ Schwermetall,
→ Salze

Bei dieser Ausfällung erfolgt eine Schwächung der Hydrathülle der Proteine. Bei der Quellung werden Wassermoleküle von den Proteinmolekülen gebunden. Bei vielen globulären Proteinen ist auch eine Kältedenaturierung bekannt, d. h. eine Inaktivierung bei Abkühlung der Proteinlösung. Aufgrund der ionisierbaren Seitenketten der sauren Aminosäure, Asparaginsäure und Glutaminsäure (können Anionen bilden), des basischen Lysin, Arginin und Histidin (können Kationen bilden) sowie der freien Amino- und Carboxygruppen an den Enden der Polypeptid-Kette kommt dem Protein ein amphoterer Charakter zu. In Abhängigkeit vom pH-Wert nimmt das Protein eine jeweils verschiedene elektrostatische Gesamtladung an. Der pH-Wert, bei dem sich die positiven und negativen Ladungen ausgleichen, heißt isoelektrischer Punkt. Bei ihm ist die Wasserlöslichkeit der Proteine am geringsten.

STRUKTUR DER PROTEINE

Die Elementaranalyse weist bei Proteinen (in % Trockengewicht) folgende Elemente nach:

→ Sauerstoff,
→ Kohlenstoff (50–52 %),
→ Wasserstoff (6,8–7,7 %),
→ Stickstoff (15–18 %),

→ Schwefel (0,5–2 %),
→ Häufig findet man auch noch Phosphor, gelegentlich Spuren von Eisen, Kupfer, Zink, Mangan, Chlor, Brom, Iod.

Aminosäuren-Zusammensetzung:
Der für Proteine besonders kennzeichnende Stickstoffgehalt ist auf ihren Grundbausteinen, den Aminosäuren, zurückzuführen. Mit Hilfe von Säuren, Laugen oder Enzymen lassen sich alle Proteine nahezu restlos hydrolytisch in Aminosäuren zerlegen. Die Analyse dieser Hydrolysate ergibt, dass Proteine neben selteneren Aminosäuren immer wieder dieselben 20 Aminosäuren enthalten, wenn auch in unterschiedlichen Anteilen und nicht immer alle zugleich, nämlich: Glycin (Gly), L-Alanin (Ala), L-Serin (Ser), L-Cystein (Cys), L-Phenylalanin (Phe), L-Tyrosin (Tyr), L-Tryptophan (Trp), L-Threonin (Thr), L-Methionin (Met), L-Valin (Val), L-Prolin (Pro), L-Leucin (Leu), L-Isoleucin (Ile), L-Lysin (Lys), L-Arginin (Arg), L-Histidin (His), L-Asparaginsäure (Asp), L-Asparagin (Asn), L-Glutaminsäure (Glu) und L-Glutamin (Gin). Alle optischen, aktiven Aminosäuren der Proteine haben L-Konfiguration, was bei der Nennung einzelner Aminosäuren nicht mehr speziell angegeben wird (z. B. Tyrosin, Histidin etc.).

Peptid-Bindung:
Der Zusammenschluss dieser Aminosäuren zu den hochmolekularen Proteinen geschieht durch die Bildung von Säureamidbindungen zwischen den Carboxy- und Aminogruppen verschiedener Aminosäurenmoleküle. Die Zusammensetzung aus Aminosäuren und die Art der Bindung, die man als Peptid-Bindung bezeichnet, haben die Proteine mit den weniger hochmolekülen Peptiden gemeinsam. Insbesondere werden diese nach Anzahl der verknüpften Aminosäure-Einheiten als Di-, Tri-, Oligo- und Polypeptide (ca. 10–100 Aminosäurenreste) unterschieden.

Am Aufbau des fortlaufenden Teils der Peptid-Kette sind Aminosäurebausteine mit gleichen Anteil von -COOC-HNH- beteiligt. Nur die außerhalb der Kette liegenden Reste R (Seitenreste, Seitenketten) variieren. Mit Hilfe von Seitenketten, wie z. B. Amino- und Carboxygruppen, werden einige Proteine zusammengesetzt und durch eine sogenannte Isopeptidbindung zusammengehalten. Polypeptidketten von makromolekularen Proteinen sind sowohl in Lösungen als auch im Kristall in charakteristischer Weise gewunden und / oder gefaltet und besitzen unter gegebenen Bedingungen eine ganz bestimmte Konformation.

Bei der Struktur der Proteine wird nach Linderstrom-Lang zwischen Primär-, Sekundär-, Tertiär- und Quartärstruktur unterschieden. Die Strukturen sind voneinander abhängig. Mit mangelnder Treffsicherheit ist es möglich, die Elemente der Sekundärstruktur (Helix, Faltblatt) eines bestimmten Proteins aus dessen Aminosäuren-Sequenz abzuleiten. Der Strukturaufbau besteht nicht nur aus Säureamidbindungen, sondern auch aus kovalenten Disulfidbrücken und verschiedenen Arten von zwischenmolekularen Kräfte, wie z. B. Wasserstoffbrücken.

→ Primärstruktur: Primärstruktur bildet sich durch das Zusammentreffen von Aminosäuren zu einem Protein unter Verknüpfung zu einer Peptidbindung. Der Charakter der Primärstruktur wird durch die jeweilige Reihenfolge (Salz) der Aminosäuren bestimmt und durch Sequenzanalyse festgestellt. Es sind ca. 70.000 Protein-Sequenzen bekannt.

→ Sekundärstruktur: Für die Ausbildung der Sekundärstruktur sind Wasserstoffbrückenbindungen des Typs N-H-O=C zwischen den Atomen des Peptidrückgrats verantwortlich. Darunter werden regelmäßige, schraubenförmige, rechtsgebundene Alpha-Helix-Formen oder der eine parallele Anordnung bzw. antiparallele Anordnung der Polypeptidketten, das sogenannte Beta-Faltblatt, verstanden. Wasserstoffbrücken bilden sich in Richtung der Helix-Längsachse. Einen hohen Anteil an Alpha-Helix besitzen z. B. Alpha-Keratine, Myosine, Hämoglobin, Globin, während Fibroin, Immunglobuline vorwiegend aus Beta-Faltblatt bestehen.

→ Tertiärstruktur: Unter Tertiärstruktur wird die räumliche Anordnung der Peptidkette sowie der Aminosäure-Seitenreste verstanden. Diese werden durch Disulfidbrücken, Wasserstoffbrückenbindungen, ionische und hydrophobe Wechselwirkungen stabilisiert. Durch Disulfidbrücken können entfernte Bereiche einer Polypeptidkette oder mehrere Polypeptidketten kovalent miteinander verbunden werden. Im Insulin finden sich zwei Disulfidbindungen zwischen den beiden Polypeptidketten und eine dritte zwischen den Aminosäureresten. Die Wasserstoffbrückenbindungen zwischen Aminosäureseitenketten sind eher instabil. Sie besitzen ihre größte Bedeutung in dessen Inneren. Dort befinden sich aufgrund hydrophober Wechselwirkung unpolare (hydrophobe, lipophile) Aminosäure-Reste, während sich die polaren und geladenen Seitenketten (Letztere können ionische Bindungen eingehen) in wässrigen Lösungen eher nach außen wenden.

→ Quartärstruktur: Eine Quartärstruktur liegt dann vor, wenn ein Protein nicht aus einer einzigen Polypeptidkette besteht, sondern aus einer definierten Anzahl solcher Ketten, wie z. B. bei Hämoglobin. Diese sind nicht durch eine Peptidbindung gebunden, sondern sie werden durch intermolekular wirkende Kräfte zusammengehalten. Dabei können sich Konformationsänderungen von Untereinheiten bilden und zu Veränderungen führen.

Nachweis der Aminosäuren:
Der Nachweis kann erfolgen durch: Biuret-, Kjeldahlsche-, Lowrysche-, Millonsche-, Ninhydrin-, Paulysche- und Xanthoprotein-Reaktion. Weiters besteht die Möglichkeit über die UV-Photometrie, wobei die Lichtabsorption durch aromatische Aminosäurereste gemessen wird.

→ Pauly-Reaktion: Die Eiweißlösung wird mit Soda versetzt und anschließend wird Diazobenzolsulfonsäure dazugegeben. Es entsteht eine kirschrote Färbung, die beim Ansäuern orangerot wird und ein Kupplungsprodukt zwischen den Reagenzien und den im Eiweiß vorhandenen Aminosäuren Tyrosin und Histidin darstellt.

→ Ermittlung der Molekülgröße und -form: Die Molmassen der Proteine können in Ultrazentrifugen bestimmt oder aus Lichtstreuung berechnet werden. Proteinhaltige Lösungen sind opaleszierend, daher lässt sich aus der Intensität des gestreuten Lichts die Molmasse erschließen. Als Schnellmethode hat sich die Gelchromatografie bewährt. Bei Proteinkristallen lässt sich das Molekülgewicht sehr genau durch Röntgenmessungen ermitteln und die Massenspektrometrie liefert ebenfalls wertvolle Aufschlüsse darüber.

Messungen der Viskosität und Strömungsdoppelbrechung haben ergeben, dass Hämoglobin, Globulin und Ovalbumin kugelförmige oder rotationsellipsoide Moleküle sind. Fibrinogen, Myosin, Kollagene und Seidenfibroin besitzen langgestreckte und das Wollkeratin dagegen zickzackartig gefaltete Moleküle. Durch das Elektronenmikroskop oder die Infrarotspektroskopie werden zahlreiche Proteinkomplexe sichtbar.

→ Zusammensetzung eines Proteins: Zur quantitativen Bestimmung der Zusammensetzung eines Proteins aus Aminosäuren müssen diese zunächst hydrolytisch freigesetzt werden. Am häufigsten wird zu dieser Proteolyse Säure verwendet. Die Trennung des Aminosäuren-Gemisches erfolgt nach der Moore-Stein-Methode durch Ionenaustauschchromatografie auf sulfonyliertem Polystyrol bei steigenden pH-Werten.

Verwendung von Proteinen:
Proteinquellen für die menschliche Ernährung sind z. B. Ölpflanzen, Sojabohnen und Jojoba. Proteine werden unter anderem verwendet für: Nahrungs- und Futtermittel, Caseinkunststoffen, Caseinleime, Gelatine, Collagen, Eiweißhydrolysate in Haar- und Hautkosmetika, Fettsäure-Kondensationsprodukte als Tenside, schäumende Komponenten in Feuerlöschmitteln, für Untersuchungen zum Stoffwechsel und vieles mehr.

Reinigung der organischen Materialien von Proteinen:
Die Isolierung bestimmter Proteine aus biologischem Material und ihre Reinigung erfolgt durch fraktionierte Fällung mit Salzen (z. B. Ammoniumsulfat) oder organischen Lösungsmitteln (z. B. Aceton) oder durch enzymatischen Abbau, durch Ionenaustausch-

und Gelchromatografie, verschiedene Elektrophoreseverfahren, präparative Ultrazentrifugation und einige mehr.

ENZYME

Enzyme werden auch Fermente genannt und sind intra- bzw. extrazelluläre, hochmolekulare Proteine oder Eiweißkörper. Sie können chemische Stoffe durch ihre katalytische Wirkung umwandeln. Ein tierisches oder pflanzliches Leben ohne Enzyme ist nicht vorstellbar. Enzyme enthalten aktive Zentren, die aus räumlich benachbarten Aminosäureresten gebildet werden. Der aktive Kern selbst kann aus Zink- oder Eisen-Schwefel-Ionen bestehen, wo noch spezifische Bindungskräfte zu Coenzymen und Effektoren sowie funktionellen Gruppen wirken. Enzyme sind äußerst komplexe Gruppen, wobei ihre Wirkung mit unterschiedlichen Thesen erklärt wird. Ein Grund für die Reaktionsfähigkeit ist der Einfluss der Effektoren, die natürliche Begleitstoffe der Enzyme sind und als Aktivatoren wirken.

Struktur:
Enzyme ordnen ihre Proteinketten je nach Bedingungen ihrer Umgebung (pH, Temperatur, Lösemittel, Coenzym) in eine dreidimensionale Form, eine Tertiärstruktur oder eine elliptische Form. Einige Peptidsequenzen der langen a-Aminosäureketten (-NH-CHR-CO-) dieser Proteine neigen zur Helixbildung, während andere ungeordnete (»knäuelförmige«) Konformationen einnehmen. Je nach Typ und Sequenz der Peptidreste treten dann in einem Molekül helicale und nicht-helicale Sequenzen auf. Diese Sequenzen falten Bindungen wie Salzbindungen oder Wasserstoffbrücken und vieles mehr so zusammen, dass das Molekül die äußere Form eines Sphäroids annimmt. Diese Sphäroide sind nicht homogen und mit Makromolekülen gefüllt. Sie liegen vielmehr als gefüllte Taschen und Kanäle vor. Teile des Inneren sind daher verhältnismäßig leicht für niedermolekulare Effektoren zugänglich. Die Natur nutzt derartige Strukturen zum einem als Träger für andere Substanzen, wie z. B. das Hämoglobin für den Sauerstofftransport, und zum anderen als effektive Katalysatoren. Kugeln und nicht zu asymmetrische Sphäroide weisen zudem in verdünnten Lösungen niedrige Viskositäten auf. Sie erzeugen nur geringe Strömungswiderstände und sind

daher in Lösungen leicht von einer Stelle zur anderen zu transportieren.

Arten der Enzyme:
Ein spezielles Enzym vermag nur eine spezielle chemische Struktur zu spalten. Die Spaltprodukte werden durch die Tenside anschließend abgelöst (heute sind in Waschmitteln unterschiedliche Enzyme im Einsatz).

→ Enzyme bauen vornehmlich Naturstoffe ab, allerdings gilt: Je stärker der Naturstoff chemisch modifiziert ist, umso schwerer ist er enzymatisch abbaubar. Es gibt Adaptionsphasen, nach welchen ein Abbau möglich wird. Ein enzymatischer Abbau von Cellulose findet durch verschiedene Prozesse in großem Ausmaß statt.

In der Textilveredelungsindustrie oder in der Waschmittelindustrie werden Enzyme hauptsächlich für Abbaureaktionen eingesetzt. Für Enzyme ergeben sich somit folgende Einsatzmöglichkeiten:

→ Amylasen: Gehören zur Gruppe der Hydrolasen und eignen sich für die Spaltung von Stärke (in Saccharide), das bedeutet, dass sie stärkehaltige Speisereste auf Textilien beseitigen. Sie werden meist mit Proteasen eingesetzt und eignen sich gut für Geschirrspülmittel. Am Rande: Die im Mund und in den Verdauungsdüsen befindlichen Amylasen von Tier und Mensch spaltet Stärke zunächst in Bruchstücke und dann in Oligosaccharide. Technisch werden die Amylasen aus Bakterien, Pilzen, Pankreasdrüsen und gekeimtem Getreide (Malz) gewonnen.
→ Cellulasen: Cellulasekomplexe werden von Insekten, Bakterien und Schimmelpilzen gebildet. Sie führen indirekt zu einer verbesserten Schmutzablösung bei Baumwolle und anderen Cellulosefasern, da sie amorphe Anteile der Cellulose und abstehende Mikrofibrillenbündel ablösen, wie z. B. bei der Spaltung von Cellulose (in Saccharide) oder beim Weichmachen von Baumwolle sowie beim biologischen Abbau von Baumwolle.

- → Ligninasen sind Enzyme, die durch Spaltung von Lignin beim Abbau von Cellulose durch Karbonisieren oder beim Abkochen von Baumwolle entstehen. Sie sind holzzerstörende Enzyme, die die Korrosionsfäule des Holzes verursachen.
- → Lipasen gehören zu der Gruppe der Hydrolasen. Sie können natürliche Fette und Öle schon bei niedrigen Temperaturen in Glycerin und Fettsäuren spalten. Derselbe Vorgang ereignet sich auf der Textilfaser und in der Waschlauge, sodass diese Verschmutzungen wesentlich leichter zu entfernen sind. Zu erwähnen ist, dass sich dieser Vorgang an der Phasengrenze zwischen Fett und Wasser abspielt. Dieser Vorgang spielt sich ebenfalls in der menschlichen Verdauung ab.
- → Proteasen ist eine Sammelbezeichnung für Enzyme, die die hydrolytische Spaltung der Peptidbindung in Proteinen und Peptiden katalysieren. Proteine des Magens, Darms und Pankreas wirken als Enzym im Verdauungstrakt. Unter ihrer Einwirkung werden die Nahrungsproteine in immer kleinere Bruchstücke zerlegt und schließlich zu Aminosäuren abgebaut, wie z. B. bei der Heilung von Entzündungsprozessen.
  Sie sind die am längsten und häufigsten in Waschmitteln eingesetzten Enzyme. Sie spalten proteinhaltige Verschmutzungen, wie z. B. Blut, Milch, Ei, Kakao oder Gras. Durch Alterung sind besonders diese Flecken schwer auszuwaschen.
- → Hydrolasen ist der Obergriff für alle Enzyme, die Substrate durch Einbau von Wasser zu spalten vermögen.

B KOHLENHYDRATE, SACCHARIDE

Kohlenhydrate ist der Sammelbegriff für Naturstoffe wie Polyhydroxyaldehyde (Aldosen) und Polyhydroxyalketone (Ketosen) sowie hochmolekulare Verbindungen, die sich in solche Verbindungen überführen lassen. Kohlenhydrate haben die Bruttoformel $C_nH_{2n}O_n$ und sind daher als Hydrate des Kohlenstoffes zu bezeichnen. Kohlenhydrate enthalten: Kohlenstoff, Wasserstoff, Sauerstoff, Stickstoff (z. B. Aminozucker) und Schwefel. Weiters gibt es zahlreiche Verbindungen, wie z. B. Essigsäure ($C_2H_4O_2$) oder Milchsäure ($C_3H_6O_3$), die wesentlich andere Eigenschaften als die Kohlenhydrate besitzen, trotzdem sind sie Kohlenwasserstoffverbindungen.

Die monomeren Polyhydroxyaldehyde oder Polyhydroxyketone nennt man Monosaccharide und ihre Dimeren bis zu den Decameren werden als Oligosaccharide (Disaccharide, Trisaccharide usw.) bezeichnet und die makromolekülen Kohlenhydrate als Polysaccharide.

Häufig werden die Mono- und Oligosaccharide als »Zucker« zusammengefasst und den Polysacchariden gegenübergestellt. Dies hat eine gewisse Berechtigung, denn die niedermolekularen Kohlenhydrate sind süß schmeckende, wasserlösliche, meist kristalline Verbindungen von definierter Molmasse, während die Polysaccharide wie die meisten Polymere keine einheitliche Molmasse haben, sich außerdem in Wasser nur schlecht oder gar nicht lösen und praktisch geschmacksfrei sind.

→ Monosaccharide – Einfachzucker
→ Disaccharide – Zweifachzucker
→ Oligosaccharide – Mehrfachzucker

MONOSACCHARIDE

Unter Monosacchariden, auch Einfachzucker genannt, werden solche Verbindungen verstanden, die 2, 3, 4 etc. Sauerstofffunktionen enthalten. In Natur und Technik spielen die Triosen, Tetrosen und Heptosen, außer in manchen Stoffwechselreaktionen, keine Rolle, wohl aber die Pentosen ($C_5H_{12}O_6$) und Hexosen ($C_6H_{10}O_6$). Die Kohlenstoffkette der meisten bekannten Monosaccharide ist unverzweigt, doch besitzen manche pharmakologisch bedeutsamen Naturstoffe, insbesondere Antibiotika, auch Anteile von verzweigten Zuckern. Fruchtzucker gehört zur Gruppe der Monosaccharide und bildet den Baustein des Rohr- und Rübenzuckers und ist ebenfalls in Bienenhonig enthalten. Fruchtzucker bildet in wässrigen Lösungen sowohl Sechser- als auch Fünferringe.

Die Monosaccharide zeigen folgende gemeinsamen Reaktionen:

- → Kupfer-, Silber- und Wismut-Salze werden in Lösungen reduziert.
- → Mit Basen reagieren die Monosaccharide unter Bildung von Saccharaten (Alkoholaten).
- → Durch konzentrierte Laugen unter Verharzung entstehen gelbe und dunkle Produkte.
- → Bei der Reduzierung erhält man mehrwertige Alkohole.
- → Bei der Oxidation entstehen Mono- und Dicarbonsäuren (Zuckersäuren).
- → Die Alkohol-Gruppen können mit Säuren verestert werden.

Da in den Molekülen eine Reihe von asymmetrischen C-Atomen auftreten, sind auch eine Reihe von unterschiedlichen Stereoisomeren möglich. Die Konfiguration der Kohlenhydrate wird durch die vorangestellten Buchstaben D- bzw. L-ausgedrückt; diese beziehen sich auf die Reihe, der der betreffende Zucker angehört.

OLIGOSACCHARIDE

In den Oligosacchariden vereinigen sich 2–10 Monosaccharidmoleküle unter Wasseraustritt zu größeren Molekülen, die sich als Glykoside oder Ether auffassen lassen. Die einfachsten Oligosaccharide sind jene Disaccharide, die von großer Bedeutung sind, nämlich: Saccharose (Rohrzucker, Rübenzucker), Lactose (Milchzucker, in der Milch vorkommend) und Maltose (Malzzucker).

- → Disaccharide: Die Disaccharide sind häufig Bestandteile von Glykosiden, Maltose und Cellobiose, die bei der Hydrolyse von Stärke bzw. Cellulose entstehen. Die Bindung zwischen den Monosacchariden sind O-Glykoside.

Analog zu den Disacchariden sind auch die übrigen Oligosaccharide aufgebaut. Bei der Untersuchung von Kohlenhydraten wird eine Vielzahl etwa gleich reaktiver Hydroxygruppen und eine große Zahl möglicher Strukturen entdeckt. Eine Möglichkeit zur Aufspaltung dieser Disaccharide sind verdünnte Säure oder Enzyme der Hefe.

Saccharose – die wichtigsten Eigenschaften sind:

→ Süßlicher Geschmack
→ Wasserlöslich
→ Saccharose kommt in großen Mengen im Zuckerrohr, in Zuckerrüben, Zuckerpalmen und anderen Früchten vor.
→ Durch saure und enzymatische Hydrolyse wird Saccharose in Glucose und Fructose gespalten.
→ Saccharose ist säureempfindlich.
→ Die Hydrolyse beginnt bereits bei pH 8,5 in wässrigen Lösungen.
→ Starke Alkalien überführen Saccharose in Gemische von organischen Säuren, Ketonen und cyclischen Kondensationsprodukten.
→ Die thermische Zersetzung von Saccharose beginnt ab 160° C zu komplexen Gebilden von nicht reduzierenden Trisacchariden.

Lactose – die wichtigsten Eigenschaften sind:

→ Als Monohydrat schwach schmeckende, monokline, farblose Kristalle.
→ Schmelzpunkt liegt bei 223° C.
→ Lactose reduziert Fehlingsche Lösung und ist in Wasser gut löslich.
→ Lactose ist ein Disaccharid aus D-Galactose und D-Glucose, das in Milch (Humanmilch ca. 6,7 %, Kuhmilch ca. 4,5 %), Butter, Käse, Kefir, Saurer Milch etc. vorkommt.
→ Lactose ist durch Mineralsäuren hydrolytisch spaltbar.
→ Milch besteht nicht nur aus Milchzucker, sondern auch aus Milchfett und Kasein.

Maltose–die wichtigsten Eigenschaften sind:

- → Süß schmeckende, feine Nadeln.
- → Schmelzpunkt liegt bei 160°–165°C.
- → Maltose ist unlöslich in Alkohol, Ether und in Wasser gut löslich.
- → Durch Säure wird das Disaccharid in Glucose gespalten.
- → Maltose kommt in verschiedenen Wurzeln, Knollen und Malz vor.

POLYSACCHARIDE

Die Polysaccharide (Stärke, Cellulose etc.) lassen sich in zwei Gruppen gliedern, nämlich in den Gerüststoff für Pflanzen und einige Tieren und die Reservestoffe, die bei Bedarf im Organismus durch bestimmte Enzyme in Freiheit gesetzt werden. Beide Gruppen sind hochmolekulare Polymere, die oft nur aus einer einzigen Pentose oder Hexose aufgebaut sind. Im Gegensatz zu solchen Homoglykanen, wie z. B. Cellulose, Stärke und Glykogen, sind die Heteroglykane aus verschiedenartigen Monosacchariden aufgebaut, wie z. B. Holz-Polyosen. In Polysacchariden, die bevorzugt als Verdickungsmittel in der Lebensmitteltechnologie eingesetzt werden, finden sich außer Pentosen und Hexosen auch Methylpentosen, Uronsäuren und Zuckersulfate (Alginsäuren, Carrageen).

Die Kohlenhydrate, die ebenfalls zur Gruppe der Polysaccharide gehören, spielen in der Natur eine vielfältige Rolle. Sie werden von den Pflanzen in großen Mengen durch Photosynthese produziert. Die Cellulose ist mengenmäßig die bedeutendste organische Verbindung und stellt die Gerüstsubstanz für Cellulose im Holz oder Speicherstoffe, wie z. B. Stärke, Saccharose und Zucker, dar. Daneben werden Polysaccharide auch im tierischen Organismus nicht nur als Reservestoff (Glykogen) benötigt, sondern sind unentbehrlich als Bestandteile der Nucleinsäuren, Glykoproteine und vielen mehr. In der Immunologie werden den Kohlenstoffanteilen wichtige Erkennungsfunktionen bei Antigen-Antikörper-Reaktionen zugeschrieben und manche Erbkrankheiten sind mit Kohlenstoff-Stoffwechseldefekten verbunden. Kohlenhydrate werden in der Lebensmittelindustrie als Zusatzstoffe, wie z. B. Verdickungsmittel und Emulgiermittel, verwendet. In der Industrie dienen sie als Zusatzstoffe bei der Papierherstellung und als Verdickungsmittel in der Textilindustrie, sowie als Bestandteil für Klebstoffe, Antibiotika und vielen mehr.

Hefe gehört zu den Polysacchariden und zu einer großen heterogenen Gruppe von Pilzen, die in der Regel einzellig sind. Hefe vermehrt sich durch Sprossung, eine Art ungeschlechtliche, vegetative Vermehrung. Die Zellwände der Hefe bestehen vorwiegend aus Glucan- und Mannan-Hefegummi, sprich Polysacchariden. Hefe haben einen hohen Gehalt an B-Gruppen. Hefe haben wirtschaftliche Bedeutung bei der Erzeugung von Nahrungs- und Genussmitteln, wie z. B. Bier, Brot, Wein und vielen mehr. Beim Backen wird das Auftreiben des Teiges durch CO_2 hervorgerufen, der Alkohol verdunstet. Beim Gärprozess unter anaeroben Bedingungen werden Kohlenhydrate zu Ethanol vergoren. Anaerober Abbau ist die Umwandlung organischer Stoffe durch Mikroorganismen unter Sauerstoffausschluss.

Zu den Polysacchariden gehören Stärke und Cellulose. Sie sind makromolekulare Verbindungen und in mancher Hinsicht mit den Eiweißstoffen (Proteinen) vergleichbar. Während die Eiweißarten aus verschiedenen Aminosäuren aufgebaut sind, besitzen die Polysaccharide jeweils nur eine Monose als Baustein. Stärke und Cellulose können durch Enzyme oder Säuren zerlegt werden – übrig bleibt dabei immer Glucose. Bei der Verdauung wird Stärke durch Enzyme abgespalten. Das Monosaccharid gelangt mit dem Blut in die Zellen und der überschüssige Traubenzucker kondensiert zu dem Polysaccharid, das in Muskeln oder in der Leber gespeichert wird.

STÄRKE

Stärke gehört zu den Homoglykanen und besteht aus drei verschiedenen D-Glucopyden der Amylose sowie ca. 20 % Wasser je, nach Sorte und Lagerungsbedingungen, kleinen Mengen Eiweiß, Fetten und esterartig gebundener Phosphorsäure. Der Gehalt der Stärke an diesen Bestandteilen schwankt je nach Sorte der Stärke. Die allgemeine Formel von Stärke ist $(C_6H_{10}O_5)_n$. Stärke entsteht in den grünen Pflanzenteilen (Chloroplasten) durch enzymatisch gesteuerte Polytransglucosidierung aus der bei der Photosynthese gebildeten D-Glucose unter Wasserabspaltung. Die besonders in den Speicherorganen der Pflanzen befindlichen Leukoplasten speichern als sogenannte Amyloplasen die Reservestärke in Form von Stärkekörnern. Damit hat die Pflanze die Möglichkeit, die als Energievorrat wertvolle Glucose ohne größere Veränderungen am Molekül in eine unlösliche und damit osmotisch unwirksame Form zu überführen, aus der sie sich jederzeit wieder mobilisieren lässt. Die Mobilisierung der Reservestärke erfolgt in der Regel auf hydrolytischem Wege.

Einige Eigenschaften von Stärke:

→ Stärkekörner sind farblos, der Durchmesser beträgt 1–150 nm je nach Herkunft, z. B. Reisstärke 3–9 nm oder Kartoffelstärke 15–100 nm. Das Aussehen der Stärkekörner ist typisch für die jeweilige Stammpflanze und der Stärkegehalt ist dementsprechend unterschiedlich. Die Stärke von Getreide befindet sich zusammen mit dem Kleber in den Zellen des Mehlkörpers eingeschlossen.

→ Unzerkleinerte Stärkekörner sind in kaltem Wasser unter 5° C und in Ethanol unlöslich. In heißem Wasser quillt Stärke irreversibel und erhält damit eine leichte Gelbfärbung. Die erforderlichen Temperaturen für diese Verkleisterungen liegen bei 60–70° C je nach Herkunft der Stärke. Diese Fähigkeit der Stärke, Gele oder Pasten zu bilden, ist Grundlage für die meisten Stärkeanwendungen. Chemikalien wie Natriumsulfat, Saccharose und D-Glucose erhöhen die Gelbildungstemperatur, während Natriumnitrat, Natriumhydroxid und Harnstoff sie erniedrigen. Zerkleinerte Stärkekörner verkleistern leichter und sind chemisch reaktiver.

→ Underivatisierte Stärkekörner sind empfindlich, sodass abgekühlte Stärkegele ihre Viskosität durch mechanische Einflüsse leicht verlieren. In einer Stärkelösung lagern sich die ungeordneten Stärkemoleküle unter geeigneten Bedingungen zu einer geordneten kristallinen Struktur zusammen, die sich aus der Lösung abscheidet (Retrogradation). Durch die vielen Verzweigungsstellen ist Amylopektin in Wasser relativ gut löslich und wird enzymatisch besser abgebaut. Mit steigendem Amylopektin-

Gehalt nimmt die Kristallinität eines Stärkekorns zu und die Verkleisterungsenergie steigt an. In der Stärke ist ausschließlich Amylopektin enthalten. Mit Jod bildet Stärke den blau gefärbten Jod-Stärke-Komplex.

→ Stärke ist ein Reservekohlenhydrat, das von vielen Stärkekörnern in verschiedenen Pflanzenteilen gespeichert wird, wie z. B. in Knollen oder Wurzeln (Kartoffeln, Maniok etc.), in Getreide-Samen (Weizen, Mais, Roggen, Reis, Gerste, Hirse, Hafer), in Früchten (Kastanien, Eicheln, Erbsen, Hülsenfrüchte, Bananen und vielen mehr) sowie im Mark.

Stärke	Amylosegehalt	Wassergehalt	Verkleisterung
Kartoffelstärke	17–22%	17–18%	58–60%
Maisstärke	0–42%	10–15%	63–70%
Reisstärke	12%	12%	72%
Weizenstärke	16–18%	12%	50%

Nachweis:
Die quantitative Analyse der Stärke und ihrer Abbauprodukte bedient sich der Endgruppenbestimmung und der enzymatischen Analyse. Vielfach kann man die Herkunft der Stärkekörner schon aus ihrer Gestalt und Größe unter dem Mikroskop erkennen. Die kleinsten Stärkekörner sind 1–2 Mym groß (Kornrade), die größten erreichen einen Durchmesser von nahezu 200 Mym (0,2 mm) und sind mit dem bloßen Auge als kleine, weiße Pünktchen zu erkennen, wie z. B. Kartoffelstärke 20–180 Mym, Roggenstärke 40–55 Mym, Weizenstärke 25–45 Mym, Maisstärke 15–25 Mym oder Reisstärke 2–10 Mym. Röntgenuntersuchungen zeigen, dass Stärkekörner eine kristalline Struktur besitzen und doppelbrechende Sphärokristalle mit radial gestellten, feinen Kristallnadeln bilden.

→ Stärke wird im Wasser auf 50° C erhitzt. Dadurch quillt Stärke und durch Zugabe von Jod-Jodkalium färbt sie sich intensiv blau. Durch Zufügen von einigen Tropfen verdünnter Schwefelsäure wird Stärke abgebaut und es entsteht ein Farbübergang von dunkelblau über violett nach hellgelb.

Herstellung und Verwendung:
Die Gewinnung von Stärke aus pflanzlichen Rohstoffen erfolgt vorzugsweise aus dem Mehl von z. B. Mais, Kartoffeln, Weizen und Reis, wobei die Stärkekörner nach Abtrennung des Klebers mechanisch auf nassem Wege aus dem Zellverband herausgelöst werden. Als verdauliches Kohlenhydrat wird Stärke überall dort verwendet, wo Wasser gebunden und eine bestimmte Struktur in Nahrungsmitteln gebraucht wird. Somit stellt Stärke das wichtigste Nahrungsmittel für den Menschen dar. Stärke wird in der Lebensmittelindustrie in natürlicher und chemisch modifizierter Form (Stärkederivate) als Bestandteil von Getreideprodukten, als Verdickungs- und Bindemittel eingesetzt. Stärke dient gekocht und getrocknet als Basis von Instantlebensmitteln, Tapetenkleister, Füllmittel in Papier, als Schlichte und zur Appretur von Textilien.

Stärkederivate:
Stärke bildet zahlreiche Stärkederivate: modifizierte Stärke, mechanisch beschädigte Stärke, extrudierte Stärke, Dextrine, Quellstärke und Stärkeester. Diese werden vorwiegend in der Industrie genutzt. Die allgemeine Formel für Stärkederivate ist:

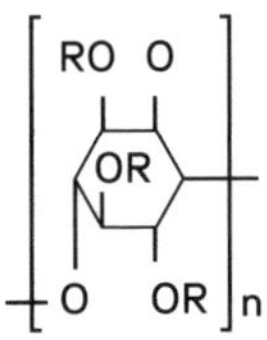

I R = H, —SO_3Na

II R = H, —$PO(ONa)_2$

III R = H, —C(S)—SNa

IV R = H, —CO—CH_3

V R = H, —CO—CH_2—C(COOH)(OH)—CH_2—COOH

Derivate werde dann hergestellt, wenn eine Erniedrigung ihrer Verkleisterungstemperatur oder eine Erhöhung ihrer Lösungsstabilität erreicht werden soll oder eine Beeinflussung anderer Eigenschaften über die Variation des polaren Charakters der Polysaccharide. Die Modifizierungen werden über eine Veränderung des Amylose / Amylopektin-Verhältnisses, eine Vorverkleisterung oder einen partiellen hydrolytischen Abbau der Stärke durchgeführt. Unter kontrollierten Bedingungen lässt sich Stärke säurehydrolytisch, alkalisch oder oxidativ in Derivate umwandeln, die mit Wasser auch bei höheren Konzentrationen niedrigviskose

Lösungen ergeben. Entsprechende Verfahren werden großtechnisch zur Herstellung von dünnkochenden Stärken durchgeführt. Die Eigenschaften der bei chemischen Reaktionen anfallenden Stärkederivate sind abhängig von Art und Anzahl der in die Polysaccharide eingeführten Substituenten, deren Verteilung in den Polymerketten und dem Polymerisationsgrad.

Einige wichtige polymere Stärkederivate:
Stärkeether, Stärkeester, Hydroxyethylstärke, Hydroxypropylstärke, Stärkenitrate, oxidierte Stärke und Stärkephosphate. Stärkeester sind Stärkederivate, die aus der Veresterung von Stärken mit organischen und / oder anorganischen Säuren hervorgehen. Stärkephosphate werden durch Veresterung von Stärke in wässriger Suspension mit Natriummetaphosphat hergestellt. Diese werden als Verdickungsmittel im Lebensmittelbereich eingesetzt.

CELLULOSE

Cellulose (Polysaccharide) das isotaktische Beta-1,4-Polyacetal der Cellobiose, bildet unverzweigte, wasserunlösliche Ketten und nimmt dabei eine leicht helicale Krümmung durch intramolekulare H-Brücken ein. Polysaccharide besitzen eine elementare Zusammensetzung aus 44,4 % Kohlenstoff, 6,3 % Wasserstoff sowie 49,3 % Sauerstoff und die allgemeine Formel ist $(C_6H_{10}O_5)$ n. Cellulose ist die häufigste organische Verbindung. Sie ist Bestandteil nahezu aller Zellwände von Pflanzen, einschließlich grüner Algen, Kieselalgen, Pilzen, bei Tieren sowie Bakterien. Cellulose aus holzartigen Pflanzen ist mit bis zu 36 % Lignin kombiniert. Diese Kombination macht Holz haltbar und stabil. Einige wichtige Eigenschaften:

→ Cellulose ist relativ hygroskopisch und adsorbiert 8–14 % Wasser.
→ Cellulose ist unlöslich in Wasser, in alkalischer Lösung quillt Cellulose stark auf.
→ Die kurzkettigen Anteile mit DP <200 gehen in Lösung
→ Cellulose löst sich in Zinkchlorid-Lösungen oder in Kupfersalz-Lösungen und in Säuren.
→ Der Abbau der Cellulose erfolgt durch Cellulasen, die in Bakterien, Pilzen und Insekten vorkommen.

Herstellung und Verwendung:
Die wichtigsten Rohstoffquellen für Cellulose sind Baumwolle und Bastpflanzen wie Flachs, Ramie, Jute, Hanf und Holz für die Papierindustrie. Die Isolierung von Cellulose aus Holz erfordert eine Reihe von Prozessen, um Cellulose von Lignin und Polyosen zu trennen. Das Sulfatverfahren ist das wichtigste und am häufigsten angewendete Verfahren zur Cellulosegewinnung. Grundlage des Verfahrens ist die teilweise Löslichkeit von Lignin in heißen Lösungen. Neben Lignin werden im stärker alkalischen Bereich auch Kohlenhydrate abgebaut. Als wertvolles Nebenprodukt fällt Terpentinöl an.

Cellulose ist einer der wichtigsten Rohstoffe für verschiedene Industriezweige. Besondere Verwendung findet die Cellulose in der Textil-, Papier- und Vliesstoffindustrie sowie für die Herstellung von Kunstseide, Papier, Viskose-Fasern und anderen Cellulosederivaten. Cellulose dient in der Lebensmittelindustrie zur Herstellung von Kunstdarm und als Füll- und Trennmittel. Mikrokristalline Cellulose dient als Cellulosepulver in Pharmazie und Kosmetik, in kolloidaler Form zur Konsistenzverbesserung.

Cellulosederivate:
Cellulosederivate werden durch polymeranaloge Reaktionen hergestellt und als chemisch modifizierte Cellulosen bezeichnet. Sie umfassen sowohl Produkte, bei denen ausschließlich die Hydroxywasserstoffatome der Cellulose durch organische oder anorganische Gruppen substituiert sind, aber auch jene, in denen formal ein Austausch der gesamten Hydroxygruppen erfolgt ist. Auch Produkte, die unter intramolekulare Wasserabspaltung, Oxidationsreaktionen oder durch Spaltung der Kohlenstoffbindung der Anhydroglucose-Einheiten anfallen, werden zu den Cellulosederivate gerechnet. Cellulosederivate können durch Vernetzungs- und Pfropfcopolymerisationsreaktionen gewonnen werden. Da für alle diese Reaktionen eine Vielzahl von Reagenzien eingesetzt und zusätzlich die Substitutions- und Polymerisationsgrade der anfallenden Cellulosederivate variiert werden können, ist eine umfangreiche Palette von löslichen und unlöslichen Cellulosederivate mit stark differierenden Eigenschaften bekannt.

Cellulosederivate sind je nach Art und Anzahl der eingeführten Ethergruppen löslich in Wasser und / oder organischen Lösungsmitteln. Einige Cellulosederivate wie z. B. Methyl- und

Hydroxypropylcellulosen, zeigen umgekehrte Löslichkeit in Wasser, d. h. sie können durch Erwärmen in wässriger Lösung ausflocken.

Großtechnisch produzierte Cellulosederivate sind:

- → Celluloseester: Sie werden durch Veresterung von Linters oder Zellstoff mit organischen und / oder anorganischen Säuren hergestellt.
- → Celluloseether: Sie werden durch partielle oder vollständige Substitution der Wasserstoff-Atome der Hydroxy-Gruppen der Cellulose durch Alkyl- und / oder Alkylgruppen hergestellt.
- → Carboxymethylcellulose (CMC): Sie werden aus Alkalicellulose mit Monochloressigsäure bzw. deren Natriumsalz hergestellt. Sie stellen mengenmäßig die bedeutendste Cellulosederivategruppe dar. CMC ist ein farbloses Pulver oder Granulat, das in organischen Lösungsmitteln unlöslich und im Wasser löslich ist.

  Durch Zusatz von Säuren, Salzen oder mehrwertigen Metallionen kann es ausgefällt werden. Aufgrund ihres breiten Eigenschaftsspektrums ist CMC sehr vielseitig einsetzbar, z. B. als Schmutzträger in Waschmitteln und Zusatzmitteln für Feinseifen und Handwaschpasten, als Tablettensprengmittel, Verdickungsmittel für Salben und Zahncremes, Stabilisierungsmittel für Emulsionen und Suspensionen, als Emulgator und Stabilisator für Speiseeis, Milch- und Fruchtgetränke, Suppen und Soßen, als Bindemittel und Filmbildner für Tabakfolien, als Verdickungs-, Stabilisierungs-, Dispergier-, Emulgier-, Bindemittel und Schutzkolloid, als Spachtelmasse, Abbeizpaste und Dispersionsputze, in der Textilindustrie als Schlichte, in der Baustoffindustrie als Verzögerer und Verdickungsmittel für gipshaltige Massen und Spachtelmassen, in der Erdölindustrie als Bohrspülhilfsmittel, im Bergbau als Filter-, Klär- und Flotationshilfsmittel sowie in anderen Industriezweigen als Binde- und Plastifizierungsmittel bei der

Herstellung von Schweißelektroden, als Bindemittel für Kopier- und Farbstiftminen, als Hilfsmittel bei der Herstellung von Kabeln, Batterien, Akkumulatoren und in der Pyrotechnik, als Verdickungs- und Geliermittel bei der Kühlbeutelherstellung.

Allgemein finden Cellulosederivate als Filmbildner, Klebstoffe, Emulgatoren, Schutzkolloide, Stabilisatoren, Waschhilfs- und Reinigungsmittel (Schmutzträger), Haaravivagemittel, Kosmetika, in der Pharmazie, Nahrungsmittel- und Getränkeindustrie sowie in Kleb-, Bau- und Anstrichstoffen, in der Textil-, Papier- und Kabelindustrie, in Bergbau und Erdölförderung, Landwirtschaft und Polymerisationshilfsmitteln Anwendung.

C VERDICKUNGSMITTEL

Verdickungsmittel, die auch als Quellungsmittel bezeichnet werden, sind meist organisch hochmolekulare Stoffe, die Flüssigkeiten (z.B. Wasser) und vieles mehr aufsaugen, dabei aufquellen und schließlich in zähflüssige, echte oder kolloide Lösungen übergehen. Die Verdickungen sind oft begrifflich schwer von Binde-, Flockungs-, Gleit-, Steifungsmitteln und Stabilisatoren abzugrenzen. Verdickungen werden benutzt, um die Viskosität von Flüssigkeiten zu erhöhen bzw. die Eigenschaften von Gelen zu verbessern. Deshalb spielen Verdickungen eine große Rolle bei der Herstellung von vielen technischen, kosmetischen oder pharmazeutischen Präparaten, wie z.B. von Cremes, Reinigungsmitteln, Appreturen, Druckfarben, Anstrichdispersionen, Klebstoffen, Puddings, Schlankheitsmitteln (organische Verdickungen sind essbar – besitzen aber oft keinen Nährwert) und vielen mehr. Die Wirkung vieler Verdickungen beruht auf ihrer Eigenschaft, als Polyelektrolyte zu fungieren.

Einteilung der Verdickungen:

→ Organische, natürliche Verdickungen: Agar-Agar, Carrageen, Tragant, Gummi arabicum, Alginate, Pektine,

Polyasen, Guarmehl, Johannisbrotbaum-Kernmehl, Stärke, Dextrine, Gelatine, Casein.

→ Organische, abgewandelte Naturstoffe: Carboxymethylcellulose, Celluloseether, Hydroxyethylcellulose, Hydroxypropylcellulose und Kernmehlether.

→ Organische, vollsynthetische Verdickungen: Polyacryl- und Polymethacrylverbindungen, Vinylpolymere, Polycarbonsäuren, Polyether, Polyimine, Polyamide.

→ Anorganische Verdickungen: Polykieselsäuren, Tonmineralien wie Montmorillonite, Zeolithe, Kieselsäuren.

ALGINATE

Die Salze und Ester der Alginsäure werden als Alginate bezeichnet, wobei von den Salzen das Natriumalginat die größte Bedeutung hat. Das Natriumalginat besitzt eine gute Wasserlöslichkeit. Durch die übrigen Eigenschaften wird es als Verdickungsmittel, Emulgator bzw. Emulsionsstabilisator verwendet und bildet die Grundlage für Nahrungsmittel-, Pharma- und Kosmetikprodukte. Wasserlösliche Alginate sind auch Kalium-, Ammonium- und Magnesium-Salze. Die vielfältige Anwendung der Alginate beruht auf der Fähigkeit, Gele, Emulsionen und thixotrope Lösung zu bilden bzw. zu stabilisieren. Man verwendet Alginate als Verdickungsmittel und Schutzkolloid in Leimen, Speiseeis, Marmeladen, Fruchtgelees, Kosmetika, Seifen, Mayonnaisen, Puddings, Fertigsuppen, Suppenwürfeln und vielen mehr.

Alginate sind farblose Polysaccharide, die Carboxygruppen enthalten und gut im Wasser lösbar sind. Sie können das 200–300 fache ihres Gewichtes an Wasser aufnehmen und beim Eintrocknen bilden sie eine harte, hornige Masse. In beträchtlichen Mengen sind Alginate als Braunalgen im Meer zu finden. Alginate sind nur oberhalb eines pH-Wertes von 3,5 stabil, sodass sie nicht für stark saure Lebensmittel anwendbar sind. Nicht geeignet als Verdickungsmittel für Säurefarbstoffe.

GUARMEHL

Das Guarmehl ist ein Polysaccharid, gehört zur Familie der Leguminosen und ist ein grau-weißes Pulver, welches durch das Mahlen der Guarbohne entsteht. Hauptbestandteil des Guarmehls ist mit bis zu ca. 85 Gewichtsprozent die Trockensubstanz Guaran oder Guargummi und Nebenbestandteile sind Proteine, Lipide und Cellulose. Es lässt sich in kaltem Wasser gut lösen und hat eine extrem hohe Verdickungswirkung. Die Lösungen sind durch die unlöslichen Nebenbestandteile des Guarmehls stark getrübt. In den meisten organischen Lösungsmitteln ist Guaran unlöslich.

Es wird als Viehfutter, Verdickungsmittel und Stabilisator im Nahrungsmittelbereich, als Verdickungsmittel im Textilbereich und im Sprengstoffsektor, als Bindemittel in der Papierindustrie, als Flockungsmittel bei der Erzgewinnung und Hilfsmittel bei der Erdgas- und Erdölförderung sowie im kosmetischen und pharmazeutischen Bereich verwendet.

GUMMI ARABICUM

Gummi arabicum ist die älteste bekannte Gummiart und wird aus dem getrockneten Exsudat verschiedener Akazienarten aus den tropischen bzw. subtropischen Regionen von Afrika, Indien, Zentral- und Nordamerika hergestellt. Das nach Anritzen der Baumrinde ausgetretene, getrocknete Exsudat wird mehrere Wochen an der Luft gebleicht und anschließend geerntet. Die Ausbeute pro Baum beträgt 0,9–2 kg Gummi. Gummi arabicum ist ein schwach saures Produkt, welches in natürlicher Form als neutrales oder schwach saures K-, Ca- oder Mg-Salz vorkommt. Die Hauptbestandteile sind L-Arabinose, L-Rhamnose, D-Galactose und D-Glucuronsäure. Die molaren Verhältnisse sind stark abhängig von der Akazienart. Es handelt sich um ein verzweigtes Polysaccharid.

Es ist sehr gut wasserlöslich, besitzt eine geringe Viskosität und bei hoher Konzentration entsteht eine zähe, gelartige Masse. Gummi arabicum ist löslich in heißem Ethylenglykol, Glycerin und ist jedoch in anderen organischen Lösungsmitteln unlöslich. Gummi arabichum senkt die Oberflächenspannung von Wasser und beim Erhitzen über 90–95° C kommt es zu einer Abspaltung von L-Rhamnose, L-Arabinose- und o-galactosehaltigen Oligosacchariden. Gummi arabichum ist säureempfindlich, schon im schwach sauren Bereich tritt ein Abbau ein und es bildet mit Gelatine und Proteinen, wie z. B. Casein, wasserunlösliche Komplexe. Gummi arabichum wird verwendet: in der Süßwarenindustrie zur

Herstellung von Gummibonbons, als Aromastabilisator bei Limonaden, Schaumstabilisator bei Bier, Stabilisator für Emulsionen (Cremes, Seifen), Fixativ bei Haarfestigern, Bindemittel für Tabletten, Klebstoffe für Papierwaren, Stabilisator für Farbpigmente (Wasserfarben, Tinten), Appreturmittel und Verdickungsmittel.

DEXTRAN

Dextran ist ein schleimartiges, hochmolekulares, neutrales Polysaccharid, das als Blutplasmaersatzmittel sowie in Klebstoffen, Leimen, Filmen, Anstrichmitteln, Bodenverbesserungsmitteln, Papier- und Textilfinishes, Kosmetika und als stabilisierender Zusatz beim Gefriertrocknen eingesetzt wird.

DEXTRIN

Dextrin ist die Bezeichnung für ein Abbauprodukte der Stärke, das bei unvollständiger Hydrolyse mit verdünnten Säuren (Säuredextrine) oder durch Hitzeeinwirkung entsteht, wie z. B. beim Brotbacken. Dextrin besteht aus Glucose-Ketten mit der allgemeinen Formel $(C_6H_{10}OS)_n \cdot xH_2O$, ist ein farbloses oder gelbes, amorphes Pulver, das in Wasser sehr leicht, in Alkohol fast gar nicht löslich ist und wird aus Mais oder Kartoffeln hergestellt. Maisdextrin ist geruchsfrei, Kartoffeldextrin riecht gurkenartig. Die Dextrine eignen sich als Ersatz für Gummi arabicum und Tragant bei der Herstellung von Klebstoffen und als Verdickungsmittel für Druckfarben, als Appreturmittel, zum Tapetendruck, in der Pyrotechnik und vieles mehr.

PEKTIN

Pektine sind hochmolekulare, glykoside Pflanzeninhaltsstoffe, die in Früchten, Wurzeln und Blättern sehr verbreitet sind. Obst-Pektine enthalten 95%, Rübenpektine bis 85% Galacturonsäure. Die Struktureigenschaften sind stark vom Polymerisationsgrad abhängig und bilden z. B. bei Obstpektinen in getrocknetem Zustand kürzere Fasern, die Flachspektine dagegen ein feines, körniges Pulver. Die Hauptfunktion der Pektine ist, Gerüst- und Kittsubstanzen zu sein, welche den Zusammenhalt der Zellen im Gewebsverband gewährleisten. Durch Einwicklung von Enzymen werden Pektine hydrolysiert, was bedeutet, dass es zu einem Gewebszerfall kommt.

Pektine kommen in der Natur in gelöster Form im Zellsaft und als Calciumpektat in der Mittellamelle der Zellwände vor, oder unlöslich mit Calcium-, Magnesium- und Phosphationen als vernetztes Protopektin in der primären Zellmembran. Der Pektringehalt der Pflanzen ist großen Schwankungen unterworfen, da es auf die Art und das Alter der Pflanzen ankommt. Die meisten Pektine sind in den jugendlichen, unverholzten Pflanzenteilen zu finden. Die Gewinnung der Pektine geschieht durch die Extraktion mit verdünnten Säuren, vorwiegend aus den inneren Anteilen von Citrusfruchtschalen, Obstresten oder in Zuckerrübenschnitzeln.

Die technisch wichtigste Eigenschaft der Pektine ist ihre Fähigkeit, Gele (sog. Hydrokolloide) zu bilden. Die hochveresterten Pektine liefern in sauren (pH 3–3,5), wässrigen Lösungen nach Zusatz von ca. 60–65 % Zucker (und ggf. Säuren) klare, feste Gelees. Diese Eigenschaft wird bei der Herstellung von Obstgelees, Marmeladen und Konfitüren, beim Eindicken von Einmachgut aller Art, genützt. Während des Kochens wird durch Zusatz von Pektinextrakten (Gelierpulver) oder vorgemischtem Gelierzucker ein Gelieren herbeiführt.

Bei niederveresterten Pektinen ist die Gelbildung weitgehend unabhängig vom Zucker- und Säuregehalt. Oft ist allerdings ein Zusatz von Ca-Ionen erforderlich. Pektine werden meist in amidierter Form z. B. zur Herstellung von nährstoffreduzierten Diätmarmeladen, für Tortenguss, zur Gelierung von Milchdesserts und als Verdickungsmittel und Schutzkolloid für Emulsionen in der Lebensmittel-, Pharma- und Kosmetikindustrie verwendet. Pektine finden weiterhin Verwendung als Stabilisatoren für Speiseeis sowie als Komplexbildner zur Entgiftung bei Schwermetallvergiftungen. Der ernährungs-physiologische Nutzen der Pektine besteht in ihrer Ballaststofffunktion.

KLEISTER

Kleister ist die Bezeichnung für Klebstoffe in Form eines wässrigen Quellungsproduktes, das im Gegensatz zu Leimen schon bei niedriger Feststoffkonzentration eine hochviskose, nicht fadenziehende Masse bildet. Die Rohstoffbasis für Kleister sind vorwiegend Produkte natürlichen Ursprungs, wie z. B. Mehl, Stärke und wasserlösliche Derivate (Ether) von Cellulose. Diese werden in der ca. 4–7fachen (Mehl, Stärke) bzw. 20–50fachen (Cellulose-, Stärkederivate) Menge im Wasser suspendiert. Während die Verkleisterung der Celluloseether (Carboxy-methyl-, Methylcellulosen) und Stärkeether (z. B. Carboxymethylstärke) in kaltem Wasser erfolgt, muss die des Mehls und bei nativen Stärken bei höherer Temperatur (ca. 80–100° C) durchgeführt werden. Kleister auf Basis natürlicher Produkte sind anfällig gegen mikrobielle Zerstörung, die durch Zusatz eines Konservierungsmittels stabilisiert werden kann. Kleister werden verwendet für Verklebungen, an die keine hohen Ansprüche hinsichtlich Festigkeit und Wasserbeständigkeit gestellt werden, wie z. B. für Papier und papierähnliche Materialien (Tapetenkleister, Buchbinderkleister).

LEIME

Leime sind Klebstoffe, die aus wasserlöslichen, tierischen Polymeren, wie z. B. aus Glutin, Casein, oder aus pflanzlichen Polymeren, wie z. B. Stärke, Dextrin, Celluloseether, oder aus synthetischen Polymeren, wie z. B. Polyacrylsäurederivate, Polyvinylalkohol, Polyvinylpyrrolidon, bestehen. Wasser fungiert dabei als Lösungsmittel. Entweder gehören sie zu der Klasse der einkomponentigen, physikalischen Kaltleime oder zu den tierischen Heißleimen. Es sind abbindende Klebstoffe, bei denen das Lösungsmittel (Wasser) während des Verklebens entweicht. Bei den tierischen Leimen erfolgt eine Unterteilung nach der Provenienz des Ausgangsmaterials, wie z. B. in Haut-, Leder-, Knochen- und Fischleim. Derartige Leime sind Umwandlungsprodukte, die aus dem Collagen des tierischen Bindegewebes gewonnen werden und sich unter partieller Hydrolyse unter Bildung von Glutin in heißem Wasser lösen. Die resultierenden Lösungen erstarren beim Erkalten gallertartig und trocknen zu einer hornartigen, transparenten Masse ein. Diese lösen sich erst wieder durch Erwärmen in Wasser zu einer Lösung mit hoher Klebkraft.

Besonders reine tierische Leime werden auch Gelatineleime genannt. Leime können als Mischleime auf mehreren Rohstoffen basieren. Zusätze von Kunstharz-Dispersionen zu Stärke- oder Dextrinleimen verbessern z. B. die Wasserfestigkeit der Verklebungen. Leime werden zur Verklebung von Holz, Pappe, Papier, Folien und als Appretiermittel und Bindemittel für Leimfarben verwendet.

HARN

Harn (Urin) ist das flüssige Exkrement des Exkrets der Niere, das durch komplizierte Vorgänge in der Filtrations- und Rückresorption extrahiert wird und den menschlichen Körper hormonell beeinflusst. Harn wird in der Harnblase gebildet, gesammelt und schließlich ausgeschieden.

Physikalisch stellt Harn eine wässrige Lösung zahlreicher organischer und anorganischer Stoffe mit einem pH-Wert von 5,0–6,4 dar und ist in Abhängigkeit von der Konzentration der Inhaltsstoffe hellgelb bis dunkelrot. Die täglich ausgeschiedene Harnmenge beträgt beim Erwachsenen ca. 1,5 Liter. Schwankungen sind infolge von z. B. Flüssigkeitsaufnahme, Gewürzen, Medikamenten, Alkohol, Tee und vielen mehr möglich. Die genaueren Angaben über die Zusammensetzung des Harns beziehen sich auf den sogenannten 24-h-Harn und dieser enthält bei einem gesunden Erwachsenen: Harnstoff (durchschnittlich 20 g), Harnsäure (0,5 g), Kreatinin (1,2 g), Ammoniak (0,5 g), Aminosäuren (2 g), Proteine (60 mg), reduzierende Substanzen (0,5 g, davon etwa 70 mg D-Glucose oder Harnzucker), Citronensäure (0,5 g) und andere organische Säuren sowie einige Vitamine (C, B12 etc.). Ebenfalls sind anorganische Ionen enthalten, wie Na (5,9 g), K^+ (2,7 g), NH_4^+ (0,8 g), Ca_2^+ (0,5 g), Mg_2 (0,4 g), C (8,9 g), PO_4 (4,1 g), SO_4 (2,4 g) und als flüchtige Komponenten des Harns sind Alkylfurane, Ketone, Lactone, Pyrrol, Allylisothiocyanat und Dimethylsulfon vorhanden.

Die normale Gelbfärbung des Harns ist auf sogenannte Urochrome zurückzuführen, wobei bei verschiedenen Krankheiten im Harn anomale Bestandteile auftreten, wie z. B. Gallenfarbstoffe (insbesondere Propentdyopente, Abbauprodukte des Bilirubins) bei Leberentzündungen, Bakterien bei bakteriellen Infektionen der Harnwege und der Niere, Iod bei Kropfbildung, Leukocyten bei Mykosen und Harnsteinen und erhöhte Eiweißausscheidung bei Nierenschäden, vermehrter Glucosegehalt bei Diabetes. Im Altertum wurde Harn für die Küpenfärberei und Harn von Stalltieren als stickstoffhaltiges Düngemittel in der Jauche verwendet.

HARNSÄURE UND HARNSTOFF

Harnsäure sind farblose Kristalle, die in Glycerin und alkalisch wässrigen Lösungen sowie organischen Basen löslich sind, allerdings unlöslich in Ethanol und Ether. Harnsäure bildet infolge Tautomerie verschiedene Derivate.

Harnsäure kommt im Harn, in den Nieren und Harnsteinen vor. Beim Menschen und Menschenaffen ist Harnsäure das Endprodukt des Purinstoffwechsels, während bei anderen Säugetieren und bei einigen Reptilien Harnsäure mit Hilfe des Enzyms Uricase weiter zu Allantoin abgebaut werden kann, bei Amphibien und Fischen zu Harnstoff und Glyoxylsäure. Bei Vögeln und Reptilien, die deshalb als Urikotelier bezeichnet werden, entsteht Harnsäure auch bei der Entgiftung des aus dem Eiweißabbau entstehenden Ammoniaks. Es bestehen z. B. die festen Ausscheidungsprodukte der Reptilien und Vögel (Guano) zu rund 90% aus dem Ammoniumsalz der Harnsäure. Bei der Gicht lagert sich Harnsäure in den Gelenken ab und auch in Gallensteinen kann Harnsäure nachgewiesen werden. Manche Blasensteine bestehen aus reiner Harnsäure. Zu verstärkter Harnsäureansammlung kann es bei hohem Fieber, Leukämie oder Leberzirrhose kommen. Eine besondere Rolle spielt dabei der pH-Wert, da sich im sauren Milieu die schwer löslichen, sauren Urate bilden.

Harnsteine sind eine Sammelbezeichnung für Konkremente der Harnorgane, sowohl im harnbereitenden System der Nieren (Nierensteine) als auch im ableitenden System des Harnleiters und der Harnblase (Blasensteine).

Harnstoff ist ein Derivat des Ammoniaks und kann durch Natronlauge (NaOH) zersetzt werden. Er wird in der Kunststoffverarbeitung sowie bei Beschichtung von Textilien verwendet und der größte Teil wird in der Landwirtschaft als Düngemittel und als Eiweißsupplement in Futtermitteln für Wiederkäuer verwendet. Weiters wird er zur Herstellung von Harnstoff-Formaldehyd-Harzen und Melamin-Harnstoff-Formaldehyd-Harzen eingesetzt.

D ORGANISCHE SÄUREN

Zu den organischen Säuren gehören z. B. Aminosäuren, Essigsäure oder Ameisensäure und viele mehr. Ein Rückstand von organischen Säuren kann sich unter anderem aus veredelungstechnischen Fehlern ergeben. Ist dies der Fall, kommt es meist zu erheblichen Schäden am Textil in Form von Polymerabbau. Im schlimmsten Fall führt es so weit, dass die Polymerketten bis zu Monomeren abgebaut werden. Die Säureschädigungen müssen nicht immer sofort sichtbar werden. Sie treten erst dann auf, wenn Textilien mechanischen oder chemischen Prozessen (Waschprozesse) ausgesetzt werden.

E ANORGANISCHE SALZE

Anorganische Salze sind weitverbreitete Verbindungen, die durch die Reaktion eines Metalls mit einem Nichtmetall zustande kommen, sodass sie in vielen Lebensbereichen eine fundamentale Bedeutung haben. Es gibt folgende Verbindungen: Bleiglanz PbS, Calcit $CaCO_3$, Kochsalz NaCl, Pyrit FeS_2, Soda Na_2CO_3, Salpeter KNO_3, Tonerde Al_2O_3 und viele mehr.

Salze können sich auch als Reaktionsprodukte aus Säure und Basen ergeben, z. B. Salzsäure und Natronlauge gemischt ergibt Natriumchlorid und Wasser. Die mehrwertigen Säuren entstehen je nach Anzahl der ausgetauschten Wasserstoffatome. Bei neutralen Salzen werden sämtliche H-Atome durch Metallionen ersetzt, bei sauren Salzen werden nur Teile der H-Atome durch Metallionen ausgetauscht, bei basischen Salzen werden nur Teile der OH-Ionen gegen Säure ersetzt.

Die Rückstände entstehen z. B. beim Färben oder Drucken, wenn folgende Salze verwendet werden: Aluminiumchlorat, Ammoniumaluminiumsulfat, Kaliumaluminiumsulfat, Kupfersulfat, Natriumsulfat, Natriumchlorid, Kaliumdichromat, Natriumhydrogensulfit, Natriumhexametaphosphat, Natriumnitrit, Natriumsilicat, Natriumsulfat.

K2 WASSER-LÖSLICHE, ORGANISCHE VER-SCHMUTZUNG

Wasserlösliche, organische Verschmutzungen sind z. B.:

→ Staub
→ Zement
→ Erdige Pigmente wie Ton und Silikate
→ Ruß

A STAUB

Staub ist auf vielen Produkten, aber vorwiegend auf textiler Ware unerwünscht und stellt eine gewisse Produktbeeinträchtigung dar und ist im Bereich der Textilrestaurierung ein sehr wichtiges Thema. Staub ist ein dispers verteilter, fester Stoff in Gasen bzw. der Luft, der aufgrund von geringer Partikelgröße längere Zeit im gasgetragenen Zustand verbleibt und durch mechanische Prozesse oder Aufwirbelungen entsteht. Die Ausbreitung von Staub erfolgt durch Luftbewegungen und kleinräumiger Diffusion. Transport und Ablagerung des Staubes werden weitgehend durch das Verhalten von den Partikeln in strömenden Gasen bestimmt. Die Größe der Staubkörner wird durch die Dichte und den aerodynamischen Durchmesser der Teilchen bestimmt. Die Senkgeschwindigkeit eines kugelförmigen Teilchens von 10 Mym Durchmesser und der Dichte 1g / cm^3 in ruhender Luft ist etwa 3 mm / s.

Staub entsteht bei vielen technischen Operationen, wie z. B. bei industriellen Prozessen (17 %), in Kraftwerken (23 %), Haushalten (7 %) und Schüttgutumschlagsprozessen (26 %), weiters beim Mahlen, Sieben, Trocknen, Granulieren, Fördern, Abfüllen von festen Materialien und bei Verbrennungen fester Brennstoffe. Gewaltige Staubemissionen in der Atmosphäre werden durch höhergelegene Luftschichten oder durch die Tätigkeit der Vulkane hervorgerufen.

Staub gehört zusammen mit Rauch und Nebel zu den sogenannten Aerosolen. Aerosole sind der Oberbegriff für lufttragende, feste Partikel, Flüssigkeitströpfchen, Fasern und Rauch, die durch disperse Verteilung von thermischen oder chemischen Prozessen hervorgerufen werden. Bei Menschen hängt die Wirkung des Staubes vom Ablagerungsort im Atmungstrakt, der Partikelgröße sowie deren Zusammensetzung ab. Atmet der Mensch Staub ein, werden Teilchen oberhalb von 10 Mym überwiegend von Schleimhäuten und den oberen Luftwegen abgefangen, Feinstaub gelangt in die Bronchien. Teilchen unterhalb von 5 Mym dringen bis in die Lungenbläschen (Alveolen) vor. Zigarettenrauch enthält giftige, krebserzeugende Stoffe, die praktisch im gesamten Atmungstrakt Krebs verursachen können. Fibrogener Staub (Feinstaub) wird in den Lungenbläschen deponiert und kann Lungenkrankheiten verursachen.

Als Grenzwert für Staub am Arbeitsplatz ist eine Feinstaubkonzenration von 6 mg / m^3 festgelegt. Dieser Wert sagt aber nicht aus, wie die Staubzusammensetzungen sind und ob die chemischen Eigenschaften mutagene, krebserzeugende, toxische oder allergisierende Wirkung haben können. Da Staub auch Fasern enthält, ist davon auszugehen, dass eine überhöhte Faserbelastung prinzipiell zu einer Gefahr für die Lunge werden kann. Die Konzentration ist somit ein wesentlicher Faktor.

B ZEMENT

Zement sind solche mineralischen Stoffe, die unter Wasseraufnahme an der Luft steinartig aushärten und nach dem Erhärten sind sie wasserbeständig. Chemisch gesehen besteht Zement überwiegend aus Calciumsilicaten und Calciumaluminaten.

C ERDIGE PIGMENTE WIE TON UND SILIKATE

Ton entstand in Millionen von Jahren durch den Zerfall feldspaltigen Gesteins, das in der Erdkruste in großen Mengen vorkommt. Dieser Zerfall erfolgt vorwiegend durch die Einwirkung von Wasser, was zunächst zur Zerbröcklung des Gesteins führt und in späterer Folge zur Auflösung der lösbaren Bestandteile.

Ton besteht im Wesentlichen aus Wasser, Tonerde (Aluminiumoxid) und Kieselsäure (Siliziumoxid) mit der allgemeinen Formel $Al_2O_32SiO_22H_2O$. Durch Aufnahme von Feuchtigkeit wird der Ton weicher und plastischer. Plastischer Ton wird durch Sauerstoffaufnahme fester und beim Trocknen nimmt das Volumen ab. Der Trocknungsprozess entsteht durch die Kapillarwirkung, das bedeutet, dass das Wasser aus den tiefer liegenden Schichten aufsteigt, an der Oberfläche trocknet und allmählich verdunstet.

Ton enthält bei Zimmertemperatur etwa zwei Prozent Feuchtigkeit und erst bei einer Trocknung von 100° C ist der Ton wirklich trocken. Es gibt verschiedene Tonarten, wie z. B. Kaolin, Ball Clay, Irdenware-Industrieton, Hochtemperaturton, Steinzeugton, Irdenware und Bentonit:

→ Kaolin ist ein Primärton, Hauptkomponente für Mischungen von Porzellan und besitzt die gleiche chemische Formel wie reiner Ton. Es ist sowohl in trockenem wie gebranntem Zustand weiß. Die Brenntemperatur liegt bei 1.800° C. Um den Verglasungspunkt zu senken, können Feldspat und ähnliche Materialien dazugemischt werden. Die Plastizität des Kaolins ist gering, sodass es sich zum Formen von Hand nicht eignet, daher wird es gewöhnlich nur für Beimischungen anderer Stoffe verwendet.

→ Weißer Irdenware-Industrieton wird in der industriellen Geschirrproduktion eingesetzt und sollte nach dem Brand bei etwa 900° C bis 1.050° C weiß sein. Wichtig ist dabei, dass der Eisenoxidanteil unter 10 % bleibt, damit sich beim Brand die Farbe nicht in Elfenbein verwandelt.

→ Der Hochtemperaturton ist hitzebeständig (feuerfest) und hat eine hohe Brenntemperatur von 1.600° bis 1.750° C. Er weist einen hohen Anteil von Kaolinit und Aluminiumoxid auf, ist ziemlich rein und enthält praktisch kein Eisen. Der Hochtemperaturton muss ausreichend plastisch sein, damit Schamotte zugesetzt werden können und nach dem Brand reichen die Farbvariationen von Creme bis Grau.

→ Ball Clay ist gewöhnlich Sekundärton, der sehr plastisch und leicht zu brennen ist. Auf Grund seiner hohen Plastizität wird er mit Kaolin vermengt. Diese Tonmischungen werden für das Töpfern verwendet. Ball Clay wird bei der Berührung mit Wasser leicht klebrig, die Schwundrate liegt bei 20 % und der Verglasungspunkt bei etwa 1.300° C. Er wird gerne zur Verbesserung der Plastizität anderer Tonarten verwendet.

→ Irdenware ist sehr plastisch, leicht brennbar und hat einen hohen Anteil an Eisenoxid. Diese Tonart hält gewöhnlich Temperaturen bis zu etwa 1.100° C aus, bei noch stärkerer Hitze schmilzt er. Er wird für Glasuren im Steinzeug eingesetzt. Seine Farbe reicht von Rot in feuchtem Zustand über Kastanienbraun. Nach dem Schrühbrand wandelt er sich in dünklere Töne, je nach Endbrenntemperatur, um.

→ Steinzeugton ist hitzebeständig, plastisch, verglast bei etwa 1.250° C bis 1.300° C und der enthaltene Feldspat dient als Flussmittel. Die Farbpalette nach dem Brand reicht von sehr hellem bis zu dunklem Grau und von Chamoisgelb bis Braun.

→ Bentonit ist ein stark plastischer, vulkanischer Ton mit einem erhöhten Anteil von Siliziumdioxid, der sich ölig anfühlt. Durch sein innerkristallines Quellvermögen kann er bei Zusatz von Wasser das Zehn- bis Fünfzehnfache seines ursprünglichen Volumens aufnehmen und ein Vielfaches seines Eigengewichtes an Wasser binden. Bei weiterem Wasserangebot entsteht ein thixotropes Gel, d. h., dass sich das Gel bei Bewegung wie eine Flüssigkeit verhält und bei Ruhe erstarrt.

D RUẞ

Ruß ist eine Erscheinungsform des Kohlenstoffs, die sich bei unvollständiger Verbrennung bzw. bei thermischer Spaltung von dampfförmigen, kohlenstoffhältigen Substanzen bildet. In unerwünschter Weise bildet sich Ruß bei der Verbrennung von

Dieselkraftstoff in schlecht eingestellten Motoren oder als Schornsteinruß an Feuerstellen und vielen mehr. Solche Produkte können auch erhebliche Anteile an carzinogenen, polycyclischen aromatischen Kohlenwasserstoffen (PAH) enthalten. Daher wird versucht, die Bildung derartiger Schadstoffe möglichst zu vermeiden.

Ruß kann großtechnisch durch unvollständige Verbrennung und thermische Spaltung von Kohlenwasserstoffen hergestellt werden und je nach Anwendung kommt Ruß in pulverförmiger, granulierter, flüssiger oder pastenförmiger Form in den Handel. Ruß besteht aus annähernd kugelförmigen Primärteilchen von 5–500 Mym Durchmesser, die meist eine verzweigte kettenförmige Struktur darstellen. Diese Rußstruktur ist aus Kohlenstoff-Sechsringschichten aufgebaut. Die Nahordnungsbereiche (Kristallite) können durch Röntgenbeugung nachgewiesen werden. Sie besitzen meist eine Größe von 1,5–2 Mym in der Schichtrichtung und 1,2–1,5 Mym senkrecht zur Schichtrichtung. Der Schichtabstand ist mit 0,35–0,4 Mym etwas größer als im Graphit. Je nach Herstellungsweise enthält Ruß neben Kohlenstoff auch 0,3–1,3 % Wasserstoff, 0,1–0,7 % Stickstoff und 0–0,7 % Sauerstoff. Der Sauerstoff liegt zum größten Teil in Form von sauren und basischen Oberflächenoxiden vor. Fest adsorptiv an der Oberfläche gebunden sind meist geringe Mengen kondensierter Aromate, die aus dem Rohstoff durch unvollständige Pyrolyse hervorgehen.

Die breite Anwendung verdankt Ruß seinen hervorragenden Pigmenteigenschaften, wie z. B. Unlöslichkeit in allen Lösungsmitteln, Resistenz gegen die meisten Chemikalien, Lichtechtheit, hohe Farbtiefe und Farbstärke. Ruß wird auch als Füll- und Verstärkungsmittel bei Elastomeren eingesetzt. Hiervon verbraucht die Reifenindustrie etwa 7 %. Ruß dient zur Herstellung von technischen Gummiartikeln, wie z. B. Autoreifen, die ca. 30 bis 35 % Ruß enthalten. Als Füllstoff verbessert Ruß die mechanischen Eigenschaften des Kautschuks und dessen Abriebwiderstand sowie Reißfestigkeit und vieles mehr. Weitere Einsatzgebiete für Ruß sind Druckfarben, Farben und Lacke, Trockenbatterien, Elektroden, Toner für die Elektrophotografie, Einfärben und Stabilisieren von Kunststoffen sowie in der Herstellung von Sintermetallen und Metallcarbiden.

K3 WASSER-UNLÖSLICHE, ORGANISCHE, UNPOLARE BZW. POLARE VERSCHMUTZUNGEN

A WASSERUNLÖSLICHE, ORGANISCHE, UNPOLARE VERSCHMUTZUNGEN

→ Pflanzliche und tierische Fette
→ Kohlenwasserstoffe (Schmierfett, Asphalt, Teer)
→ Farbpigmente und Lacke

A1 FETTE UND ÖLE (TRIGLYCERIDE)

Fette und Öle sind eine Sammelbezeichnung für feste, halbfeste oder flüssige viskose Produkte von einer Pflanze oder einem Tierkörper, die chemisch im Wesentlichen aus gemischten Glycerinestern höherer Fettsäuren mit gerader Anzahl von Kohlenstoffatomen bestehen. Sie werden durch Pressen, verschiedene Extraktionsverfahren oder durch »Auskochen« gewonnen. Fette sind bei Raumtemperatur feste oder halbfeste Stoffe (z. B. Schweineschmalz). Liegen sie bei Raumtemperatur in flüssiger Form vor, werden Fette Öle (z. B. Leinsamenöl) genannt. Einige wichtige Eigenschaften:

→ Fette sind wasserunlöslich und weisen stets eine geringere Dichte als Wasser (Dichte 0,9 bis 0,95 g/cm^3) auf. In kaltem Alkohol ist die Löslichkeit gering, in Ether, Benzin, Benzol, Chloroform, Schwefelkohlenstoff, Tetrachlormethan, Tetralin, Trichlorethylen und anderen organischen Lösungsmitteln jedoch hoch.
→ Fette und Öle werden auch als Lipide bezeichnet, sind geruchlos und geschmacksneutral.
→ Bei längerem Aufbewahren werden sie durch Licht-

und Luftzufuhr infolge Autoxidation und Desmolyse ranzig. Das bedeutet, dass durch den enzymatischen oder oxidativen Abbau eine übelriechende Substanz entsteht, die kurzkettige Methylketonen und Aldehyde enthält.

→ Ihre Schmelztemperaturen liegen in der Regel zwischen -20° C und +40° C.

→ Die Dichte der meisten Lipide beträgt ca. 0,9 g / cm^3. Sie sind geringer als die Dichte des Wassers, weshalb Fette auf der Wasseroberfläche schwimmen. Fette sind im Wasser unlöslich, wie z. B. Fettaugen auf der Suppe. Dagegen lösen sich die Lipide gut in sogenannten lipophilen (fettfreundlichen) Lösungsmitteln wie, z. B. Reinigungsbenzin. Beim Erhitzen mit Wasserdampf sowie beim Erwärmen in Gegenwart von Alkali findet bei Fetten und Ölen eine Hydrolyse statt, bei der Triglyceride zu Glycerin und Fettsäuren verseift werden.

Einteilung der Fette:
Die Einteilung wird auf Grund ihres Gehaltes an Phytosterinen, Cholesterin oder Zoosterinen, d. h. nach pflanzlicher oder tierischer Herkunft, eingeteilt. Sie werden Pflanzen- und Tierfette genannt, beim Menschen wird von Blutfetten gesprochen.

Es sind ca. 1.300 unterschiedliche Fette bekannt. Die physikalische Beschaffenheit der Fette wird durch die Kettenlänge und die Zahl der enthaltenen Doppelbindungen in den Glyceriden bestimmt. Längerkettige und gesättigte Fettsäuren bedingen einen höheren Schmelzpunkt. Kürzerkettige oder ungesättigte Fettsäuren haben einen tieferen Schmelzpunkt und ölige Beschaffenheit. Die Einteilung der Fette erfolgt nach Iodzahl (IZ) und dem Verhalten eines dünnen Ölaufstrichs auf Papier: trocknende Öle sind z. B. Leinöl, halbtrocknende Öle sind z. B. Soja-, Sonnenblumen-, Baumwollsaat-, Fischöl und nichttrocknende Öle sind z. B. Kokos-, Palmkern-, Palmöl, Talge.

Fette haben durch ihren hohen ernährungsphysiologischen Wert eine wichtige biologische Bedeutung. 1 g Fett ergibt bei der Verbrennung 38–39 kJ (9–9,2 kcal), 1 g Kohlenhydrat oder Eiweiß dagegen nur 17–19 kJ (4–4,5 kcal). Wasserunlösliche Fette stellen damit den konzentriertesten und beständigsten natürlichen Reservestoff, aber auch Brennstoff für den menschlichen Körper dar. Im Rahmen der Lipogenese werden Fettsäuren bereits in der Darmwand wieder mit Glycerin-I-Phosphat versetzt. Dieses stammt von der Glykolyse. Weiters wird es zu körpereigenem Fett umgewandelt und über die Lymphe in die Fettdepots abtransportiert und eingelagert. Ein weiterer Teil der Fettsäuren dient der Energiegewinnung im Blut oder wird in der Leber zu den lipoidreichen Organfetten wie Hirn-, Rückenmark und Muskeln umgewandelt. In den grünen Pflanzen wird beim Auskeimen der fetthaltigen Samenkörner das wasserunlösliche Fett durch Lipasen aufgespalten, wobei die Fettsäuren wieder in Kohlenhydrate umgewandelt werden. Im tierischen Organismus werden die mit der Nahrung aufgenommenen Fette in Form von Chylomikronen (89 % Trigylceride, 6 % Cholesterin, 4 % Phospholipide, 1 % Protein) transportiert und am Fettgewebe des Darms oder in der Leber enzymatisch aufgespalten.

Chemische Aufbau von Fetten und fetten Ölen:

→ Während pflanzliche Fette ausschließlich geradkettige Fettsäuren enthalten, spielen bei tierischen Fetten auch Fettsäuren mit ungerader Kohlenstoffzahl eine Rolle, wie z. B. Margarinsäure mit 17 C-Atomen. Ein weiterer Unterschied besteht darin, dass die ungesättigten Fettsäuren, die in pflanzlichen Fetten vorkommen, in der cis-Form vorliegen und die tierischen Fettsäuren häufig transkonfiguriert sind.

→ Lipide sind gut brennbar. Wenn sie verbrannt werden, wird viel Energie freigesetzt. Daher wird von einem hohen Heizwert der Fette gesprochen. Damit ein Fettbrand ausgelöst wird, muss dem Fett zunächst eine bestimmte Menge Energie in Form von Wärme (Aktivierungsenergie) zugeführt werden, da sich nur die Fettdämpfe und deren Zersetzungsprodukte entzünden lassen. Die Entzündlichkeit von Fetten entspricht somit dem allgemeinen Verhalten von brennbaren Stoffen.

Fettmoleküle sind Ester aus Glycerin mit jeweils drei Fettsäuren (Carbonsäuren):

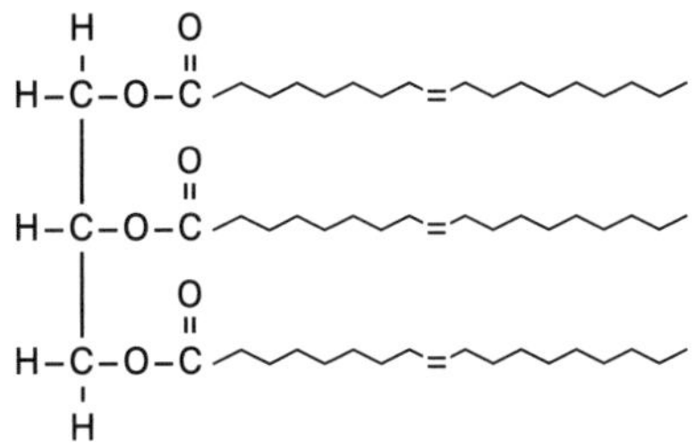

Triglycerid des Sonnenblumenöls

- → Diese Triglyceride können hydrolysiert (verseift) werden und werden so zu Glycerin und den Salzen der Fettsäuren, den Seifen.
- → In Fetten sind pro Molekül unterschiedliche Fettsäuren gebunden, sodass eine große Anzahl unterschiedlicher Fettmoleküle existiert. Natürliche Fette sind also Gemische unterschiedlicher Fettmoleküle und deshalb kann keine genaue chemische Formel für ein bestimmtes Fett angegeben werden. Bei einzelnen Fetten werden daher nur die vorkommenden Fettsäuren angegeben, wie z. B:

  - → Gesättige Fettsäuren:
    Buttersäure (C_3H_7COOH),
    Laurinsäure ($C_{11}H_{23}COOH$),
    Palimitinsäure ($C_{15}H_{31}COOH$),
    Stearinsäure ($C_{17}H_{35}COOH$), etc.
  - → Ungesättigte Fettsäuren:
    Ölsäure ($C_{17}H_{33}COOH$),
    Linolsäure ($C_{17}H_{31}COOH$),
    Linolensäure ($C_{17}H_{29}COOH$), etc.

Gesättigte und ungesättigte Fettsäuren:
In Fetten und Ölen sind zwei unterschiedliche Arten von Fettsäuren gebunden. Die gesättigten Fettsäuren, die eine Einfachbindung in der Kohlenwasserstoffkette besitzen, und die ungesättigten Fettsäuren, die mindestes eine Doppelbindung in der Kohlenwasserstoffkette enthalten. Weisen Fettsäuren mehrere Doppelbindungen auf, dann werden sie mehrfach ungesättigte Fettsäuren genannt. Lipide mit hohen Anteilen ungesättigter Fettsäuren haben einen geringen Schmelzbereich. Sie kommen verstärkt in pflanzlichen Rohstoffen vor.

Verdickung und Emulsionen:
Öle sind mit Wasser nur für kurze Zeit mischbar und es entsteht eine Emulsion, die sich nach kurzer Zeit, aufgrund der unterschiedlichen Dichten beider Flüssigkeiten, wieder trennt. Durch Emulgatoren, die lipophile (fettfreundliche) und hydrophile (wasserfreundliche) Molekülbestandteile besitzen, können Emulsionen stabilisiert werden. Hierzu ordnen sich die Emulgatoren an der Phasengrenze zwischen Öl und Wasser an. Je nach Mengenverhältnis zwischen Öl und Wasser bilden sich »Öl in Wasser«-Emulsionen (O / W-Emulsionen) oder »Wasser in Öl«-Emulsionen (W / O-Emulsionen). Viele Lebensmittel, wie z. B. Milch, Mayonnaise, Butter und Margarine, aber auch eine Reihe von Kosmetika sind stabile Emulsionen. Emulsionen spielen auch bei der durch Enzyme katalysierten Spaltung von Fetten im menschlichen Körper (Fettverdauung) eine wichtige Rolle.

Verwendung:
Ein großer Teil der Lipide wird in Lebensmitteln verarbeitet. Je nach Verwendung können die Fette langsam oder schnell verderben. So altert häufig erhitztes Fett, wie z. B. Fritierfett, relativ schnell, aber auch Butter wird nach einiger Zeit ranzig. In Kosmetika, wie z. B. Cremen und Lotionen, werden Fette als Emulsionen verwendet. Des Weiteren dienen sie als Rohstoffe für die Herstellung von Seifen, Ölfarben und vielem mehr.

A2 Teer und Pech

Teer ist ein flüssiges bis halbfestes, tiefschwarzes oder braunes Produkt, das bei trockener Destillation von Steinkohle, Braunkohle, Holz, Torf oder anderen fossilen Brennstoffen entsteht. Die chemische Zusammensetzung ist höchst unterschiedlich, aber im Allgemeinen besteht Teer aus Kohlenwasserstoffgemischen. Peche sind Rückstände aus der Destillation von Steinkohlenteer. Meist wird Teer für z. B. den Straßenbau, als Bindemittel für Anstrichfarben, zum Bauschutz und vieles mehr verwendet.

A3 Lacke

Lacke sind flüssige, pastenförmige oder pulverförmige Beschichtungsstoffe, die auf einem Untergrund aufgebracht werden und eine deckende Beschichtung mit schützenden, dekorativen oder spezifischen technologischen Eigenschaften ergeben. Die Hauptkomponenten der Lacke sind Bindemittel, Lösemittel, Pigmente, Füllstoffe und Lackhilfsmittel.

Einer der ältesten Lacke ist der Schellack. Der Name leitet sich vom italienische Wort »lacca« und dem indischen Wort »lakh« ab. Laksha heißt hunderttausend, weil sehr viele Lackschildläuse an der Schellackbildung beteiligt sind. Die Verwendung von Lacken als schützender Überzug war schon in vorchristlicher Zeit bekannt. Die Lackkunst entstand 1000 v. Chr. in China und gelangte erst gegen Ende des Mittelalters nach Europa.

Einteilung:
Die Lacke können nach verschiedenen technischen Gesichtspunkten eingeteilt werden, prinzipiell gibt es Klarlacke und Farblacke. Bei nichtdeckenden Klarlacken, dessen Farbe nur von dem Bindemittel abhängt, entfällt das Pigment und bei festen, pulverförmigen Lacken das Lösemittel. Es gibt Farblacke, die durch Verlackung entstehen, oder farbig deckende Anstriche. Die Letzteren werden pigmentiert, d. h., dass diese in gebräuchlichen Lösungsmitteln mit unlöslichen organischen oder anorganischen Pigmenten versetzt werden, wie z. B. Titandioxid, Eisenoxidrot, Eisenoxidschwarz, Chromoxidgrün, Molybdat-, Cadmium-Pigmenten, Rußen oder Azo-, Phthalocyanin-, Triarylmethan-Pigmenten und vielen mehr.

Eine weitere Einteilung kann auf Grund stofflicher Zusammensetzung erfolgen nach:

→ Bindemittelbasis: Z. B. Alkydharz-, Chlorkautschuk-Epoxidharz-, Acrylharz-, Öl-, Nitro-, Polyester-, Polyurethan-, Kombinations-Lacke.
→ Lösungsmittelbasis: Z. B. Spiritus-, Ester- und Wasserlacke.

→ Applikationsbasis: Z. B. Gieß-, Elektrotauch-, Coil-coating-, Heißlackierspritz-, Tauch-Träufel-Lacke.
→ Aufbau des Anstrichsystem: Z. B. Deck-, Einschicht- und Vorlacke, Grundierung.
→ Vernetzungsreaktionbasis: Z. B. Polyadditionslacke, Polykondensationslacke, Polymerisationslacke.
→ Trocknungsweise: Z. B. Einbrennlacke, lufttrocknende Lacke, kalthärtende Lacke, feuchtigkeitshärtende Lacke, physikalisch trocknende Lacke.
→ Verwendung: Z. B. Auto-, Boots-, Fußboden-, Heizkörper-, Holz-, Maler-, Abzieh-, Kapsel- und Leitlacke.

Anwendung und Eigenschaften:
Lacke werden z. B. als chemikalienfeste Lacke, säurefeste Lacke, Elektroisolierlacke, elektroleitende Lacke, Rostschutz-, Matt-, Klar-, Transparent-, Effekt- und Zweikomponenten-Lacke eingesetzt.

Des Weiteren werden sie als Bindemittel vorwiegend für die Veredelung von Naturprodukten verwendet, wie z. B. Kolophonium, Öle, Cellulosenitrat und als vollsynthetische Harze, z. B. Phenolharze, Aminharze, Alkydharze, Polyvinylacetat, Epoxidharze, Polyurethanharze, Polyesterharze, mit Kolophonium modifizierte Phenolharze, Chlorkautschuk und viele mehr.

Für Lacke werden Lösungsmittel- bzw. Verdünnungsmittel, wie z. B. Etheralkohole, Aliphate, Alkohole, Aromate und viele mehr, eingesetzt, damit die Lacke in eine applizierbare Form gebracht werden und beim Aushärten des Lackanstrichs verdunsten diese Lösungsmittel. Im Allgemeinen sind diese Lösungsmittel brennbar und häufig gesundheits- und umweltschädlich.

A4 Klebstoffe

Klebstoffe sind nichtmetallische, meist organische Verbindungen, die Fügeteile durch Flächenhaftung und innere Festigkeit wie Adhäsion und Kohäsion verbinden. Sie können auch anorganischer Herkunft sein. Klebstoff wird auch als Oberbegriff verwendet für z. B. Leim, Kleister, Dispersions-, Kontakt-, Lösungsmittel- oder Reaktionsklebstoffe. Klebeverbindungen sind schon seit ca. 6000 Jahren bekannt und wurden damals aus Erdpech, Baumharz, Tierleim, Albumin oder Hämoglobin gemacht. Als Rohmaterialien für die Herstellung von Klebstoffen werden z. B. Gelatine, Alginate, Tragant, Gummi arabicum, Harze, Bitumen, Wachse und vieles mehr verwendet. Die Klebstoffe werden in physikalisch abbindende und in chemisch abbindende Stoffe eingeteilt. Diese Unterteilung entsteht durch Änderung des Aggregatzustandes oder durch Verdunsten des Lösungsmittels (siehe Kapitel Kunststoff – K9).

→ Physikalisch bindende Klebstoffe finden Anwendung für z. B. Papier, Textilien, Leder, Kunststoffe, Metalle, Keramik und vieles mehr.
→ Chemisch bindende Klebstoffe finden Anwendung für z. B. Metalle, Keramik, Kunststoffe und vieles mehr.

B WASSERUNLÖSLICHE, ORGANISCHE, POLARE VERSCHMUTZUNGEN

Zu den wasserunlöslichen, polaren, organischen Verschmutzungen gehören Fettsäuren wie Schweiß und Polymere.

B1 Schweiß

Der menschliche Schweiß besteht aus 98 % Wasser, anorganischen Salzen (davon min. 0,5 % Natriumchlorid) und organischen Verbindungen wie Harnstoff, Aminosäuren, flüchtige Fettsäuren, Cholesterin und vielen mehr. Die Schweißzusammensetzung ist abhängig von Lebensweise, Jahreszeit, Ernährung und Gesundheitszustand und kann daher sauer oder alkalisch sein. Menschliche Schweißdrüsen produzieren täglich 0,2–2 l Schweiß. Der Schweißgeruch wird durch das Wachstum verschiedener Bakterienarten bedingt, die die Zersetzung der im Schweiß enthaltenen Eiweißverbindungen beschleunigen. Die Schweißalkalisierung begünstigt die Bakterienentwicklung und enthält Keimarten, wie z. B. Hefe, Luftkeime, Staphylokkopen oder pathogene Bakterien.

B2 Polymere

Polymere werden eingeteilt in kettenförmige, eindimensionale Makromoleküle wie Thermoplaste und in vernetzte, dreidimensionale Makromoleküle sprich Duroplaste oder Elastomere (siehe Kapitel Kunststoff).

K4 SCHMUTZHAFTUNG UND REINIGUNGSSUBSTANZEN

A SCHMUTZHAFTUNG

Die Schmutzhaftung an diversen Materialien wird bedingt durch die Aufnahme von Feuchtigkeit sowie deren Quellvermögen. Durch die elektrochemische Doppelschicht und die Quellschicht bestimmter Fasern ist die Anschmutzung sehr hoch. Bei nicht quellenden Fasern gibt es polare Molekülgruppen, die das Anschmutzverhalten beeinflussen.

A1 Schmutztragevermögen

DEF: Das Schmutztragevermögen ist der Eigenschaftsgrad eines Produktes, unlösliche Teilchen in Suspension zu halten oder zu verhindern. Auch bei gereinigter Oberfläche z. B. besitzen Tenside ein schlechtes Schmutztragevermögen, sogar schlechter als Seifen. Besonders beim Waschprozess besitzen viele synthetische Waschmittel ein schlechtes Schmutztragevermögen, was durch Zusatz von Buildern verbessert wird. Builder sind Gerüststoffe von Tensiden, die die Waschleistung unterstützen.

A2 Oberflächenspannung

DEF: Unter Oberflächenspannung wird die Grenzflächenspannung von Festkörpern und Flüssigkeiten gegenüber der Dampfphase bzw. Luft verstanden. Der flüssige Zustand bildet den Übergang zwischen dem gasförmigen und dem festen Zustand. Eine Flüssigkeit besteht aus Teilchen wie Atomen, Ionen oder Molekülen, die relativ frei beweglich sind. Da ihre inneren Anziehungskräfte stärker als in Gasen sind, führen sie zu einem gewissen Ordnungszustand, denn die Teilchen rücken so dicht zusammen, wie es ihr Eigenvolumen zulässt. Die Anziehungskräfte in Flüssigkeiten werden Kohäsionskräfte genannt und diese sind z. B. für die Zerreißfestigkeit eines Flüssigkeitsfilms verantwortlich. Flüssigkeiten sind volumsstabil, kaum kompressibel und besitzen meist eine Phasengrenzfläche. Weiters sind sie viskos, d. h., sie setzen dem Fließen Widerstand entgegen. Die Teilchen werden nach innen gezogen, um eine möglichst kleine Oberfläche anzustreben. Die Oberflächenspannung ist ein Maß für die Kräfte, die eine Oberflächenverkleinerung bewirken und sie definiert sich als Quotient des Zuwachses an Energie und Zuwachses an Oberfläche. Die Oberflächenspannung kann bei Wasser mittels Tensiden schon in geringster Konzentration herabgesetzt werden.

Konzentrationsunterschiede in einer Lösung können durch Wärmebewegung der gelösten Teilchen allmählich ausgeglichen werden, was Diffusion genannt wird. Die Herabsetzung der Oberflächenspannung durch Verdampfen als Konzentrationsausgleich führt die Flüssigkeitsmoleküle in eine Gasphase über.

Bei Grenzflächen können Grenzflächenströmungen auftreten, die durch einen Grenzflächenspannungsgradient (physikalische Größe) hervorgerufen werden können, was Oberflächenerneuerung bewirkt. Diese Phänomene der Oberflächenerneuerung werden als Mikroeffekte betitelt. Der Stofftransport entlang einer Grenzfläche zwischen zwei Phasen aufgrund eines Gradienten wird als Marangonieffekt bezeichnet. Ist dieser von der Temperatur abhängig, dann wird dies thermokapillare Konvektion genannt.

B REINIGUNGS-SUBSTANZEN

Als Reinigungssubstanzen können Wasser, Tenside, wasseraktive Substanzen und sonstige Hilfsmittel eingesetzt werden.

B1 Wasser

Wasser ist eine der wesentlichsten Verbindungen für jede Art von Lebewesen inklusive dem Menschen, bestehend aus den Elementen Sauerstoff und Wasserstoff. Die Bezeichnung Wasser wird dabei für den flüssigen Aggregatzustand verwendet. Im festen Zustand wird von Eis und im gasförmigen Zustand von Wasserdampf gesprochen. Weiters wird Wasser z. B. als Kühlmittel, Wärmeträger und Lösungsmittel und vieles mehr verwendet.

Wasser ist geruchs-, geschmack- und farblos, mit einem neutralen pH 7 und es besitzt die größte Dichte bei +4° C. Der Übergang von flüssig zu fest bedeutet eine Volumsvergrößerung (deshalb schwimmen die Eisberge auf dem Wasser) und die Oberflächenspannung und Viskosität nimmt mit steigendender Temperatur ab. Dadurch wird das zu waschende Material besser benetzt und durchströmt. Die Wasserlöslichkeit von Stoffen hängt von der Änderung der freien Enthalpie des betrachteten Systems ab. Die freie Enthalpie gibt jenen Energieanteil an, der bei konstanter Temperatur und konstantem Druck freiwillig stattfindet. Polare Substanzen sind entweder aus Ionen aufgebaut oder besitzen eine polarisierte Elektronenpaarbindung. Ein Beispiel dazu ist das Lösen von Salz (Natriumchlorid) in Wasser: Die Ionen aus dem Gitterverband werden dadurch herausgelöst, da sich Wasserdipole an der Kristalloberfläche an entgegengesetzt geladenen Ionen anlagern. Die Wassermoleküle umhüllen die herausgelösten Ionen mit einer Hydrathülle und hydratisieren diese somit. In diesem Fall wird Energie, wie Hydrationsenergie und Solvatationsenergie, freigesetzt. Die Solvatationsenergie ist abhängig von der Polarität des Lösungsmittels und ist zur Temperatur umgekehrt proportional.

B2 Tenside

Tenside sind amphiphile (bifunktionelle) Verbindungen mit mindestens einem hydrophoben und einem hydrophilen Molekülteil, die die Grenzflächenspannung herabsetzen, wobei der hydrophobe Rest eine möglichst lineare Kohlenwasserstoffkette mit acht bis 22 Kohlenstoffatomen ist. Der hydrophile Teil ist entweder negativ oder positiv elektrostatisch geladen oder hat eine neutrale polare Kopfgruppe. Es gibt nichtionogene, anionaktive, amphotere und kationaktive Tenside sowie Blockcopolymere und Polyelektrolyte. Grenzflächenaktive Betaine oder Aminosäure-Tenside tragen sowohl negative als auch positiv geladene Teilchen in einem Molekül in sich. Tenside haben die Aufgabe, eine orientierte Adsorption an Grenzflächen durchzuführen. Des Weiteren bilden sie lyotrope Phasen aus und haben eine Aggregation zu Mizellen. Mizellen sind Assoziationskolloide, die sich in einem wässrigen Medium zusammenlagern. Die Einteilung der Tenside erfolgt nach der Art ihrer hydrophilen Kopfgruppen in Klassen:

Klasse	typ. Vertreter
anionische T.	Seifen, Alkylbenzolsulfonate, Alkansulfonate, Alkylsulfate, Alkylethersulfate etc.
nichtionogene T.	Fettalkoholethoxylate, Alkylphenolethoxylate, Sorbitanfettsäureester, Alkylpolyglucoside (APG), N-Methylglucamide (GA) etc.
kationische T.	quartäre Ammonium-Verbindung mit einer oder zwei hydrophoben Gruppen, Salze langkettiger primärer Amine etc.
amphotere T.	N-(Acylamidoalkyl) betaine etc.
Blockcopolymere	Amin-N-oxide, schaumarme T. etc.
Polyelektrolyte	Komplexbildner, Flockungsmittel etc.

Eines der wichtigsten Tenside ist das lineare Alkylbenzolsulfonat (LAS), da es das Basistensid für Waschmittel und viele Reinigungssubstanzen darstellt.

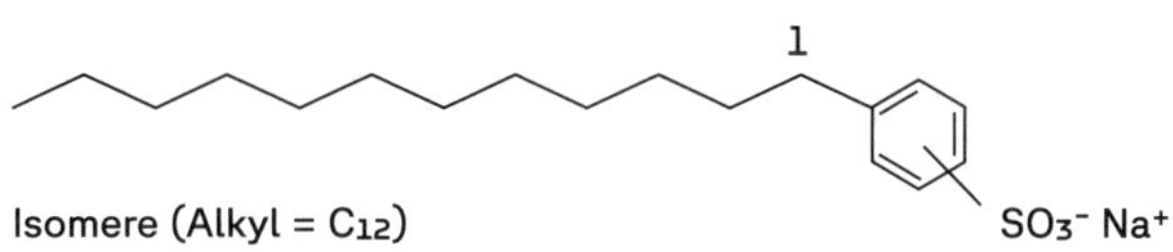

Isomere (Alkyl = C_{12})

Tenside reichern sich in wässrigen Lösungen an der Grenzfläche zwischen Flüssigkeit und Luft an und bewirken damit eine Abhängigkeit von Oberflächenspannung (Sigma) zur Konzentration. Wird die übliche Konzentration des Tensids überschritten, kommt es zur Ausbildung von primären kugelförmigen Molekülaggregaten, den Mizellen. Bei schwer löslichen, ionischen Tensiden tritt die Auflösung in Wasser erst bei einer bestimmten

Temperatur durch direkte Mizellbildung ein. Hydrophobe (niederenergetische) Oberflächen werden durch Wasser schlecht benetzt, wie z. B. Tautropfen auf Blättern, Regen auf »imprägnierter« Kleidung – hier perlt das Wasser ab. Bei hydrophilen (hochenergetischen) Oberflächen, wie z. B. Glas bildet sich immer ein Feuchtigkeitsfilm. Dabei bilden sich keine Tropfen, außer das Glas ist fett und wird somit hydrophob.

Ein Wassertropfen bildet auf einem Festkörper einen charakteristischen Randwinkel (Theta) und gibt somit ein Größenmaß für die Benetzung an. Der Wasch- und Reinigungsprozess besteht aus Benetzen und Umnetzen und ist abhängig von der Querschnittsfläche des hydrophoben und hydrophilen Teils, vom Volumenbedarf und von der Konzentration der Tenside. Diese bilden in wässrigen Lösungen stäbchen- oder scheibchenförmige Mizellen und in Folge flüssigkristalline Phasen, die das rheologische Verhalten (Fließ- und Deformationsverhalten) der Lösung bestimmen. Die Anwendung der Tenside an der Grenzfläche zwischen Wasser und Öl führt zu einer sehr niedrigen Grenzflächenspannung, die zu einer Tröpfchenstruktur führt. Tenside werden nicht nur in der Wasch- und Reinigungsmittelindustrie eingesetzt, sondern auch z. B. in der Kosmetik, bei Textil- und Lederhilfsmitteln und vielen mehr.

B3 WASCHMITTEL

Wasch- und Reinigungsmittel bestehen aus einer Vielzahl von chemischen und funktional verschiedenen Substanzen, die sich je nach Umweltkriterien verändern. Die wichtigsten und mengenmäßig relevanten Inhaltsstoffe von Haushaltswasch- und Reinigungsmitteln sind Tenside und die sogenannten Builder, wie z. B. Soda, Phosphate und viele mehr. Anbei die wichtigsten Waschmittelinhaltsstoffe:

Alkali:
Alkali, wie z. B. Natriumcarbonat, Natriumtriphosphat, Schichtsilikate und viele mehr, wird deshalb zugesetzt, um einen möglichst hohen pH-Wert in der Waschflotte zu erreichen, da dies für eine gute Schmutzentfernung erforderlich ist. Die notwendige Alkali-

tät des Waschmittels wird entweder durch die verwendeten Enthärter, durch alkalische Bleichmittel (Natriumpercarbonat) oder durch Zusatz von Waschalkalien (Natriumcarbonat) erreicht.

Alkohole:
Bei flüssigen Waschmitteln werden neben den waschaktiven Substanzen Alkohole eingesetzt. Alkohole dienen nicht nur als Lösungsvermittler, um die eingesetzten Rohstoffe ohne Trübung in Lösung zu halten, sondern steigern die schmutzlösende Wirkung der Tenside. Weiters werden sie in höheren Konzentrationen als Konservierungsmittel eingesetzt und erhöhen die Lagerstabilität der Enzyme.

Bleichmittel:
In den meisten Waschmitteln werden Bleichmittel und Bleichaktivatoren, wie z. B. Perborat, Percarbonat, Wasserstoffperoxid oder Tetraacetylethylendiamin, eingesetzt, um die im Wäscheschmutz vorkommenden, organischen Farbstoffe zu oxidieren. Bei den Tensiden wird bei höheren Temperaturen ein bleichaktiver Sauerstoff abgespalten, wodurch Wäscheschmutz entfärbt wird. Bleichaktivatoren erhöhen die Wirksamkeit von Bleichmitteln bei niedrigen Waschtemperaturen.

Citrate und Duftstoffe / Parfümöle:
Die Salze der Citronensäure, wie z. B. Natriumcitrat, verhindern durch die Komplexierung von Calcium- und Magnesiumionen die Bildung von Kalkseife. Duftstoffe verleihen dem Waschmittel und der feuchten und schrankfertigen Wäsche einen Duft.

Enzyme:
In Waschmitteln werden unterschiedliche Enzyme, wie Proteine oder Eiweißkörper, eingesetzt, da jedes Enzym nur eine spezielle chemische Struktur durch eine katalytische Wirkung zu spalten vermag. Die Spaltprodukte werden durch die Tenside anschließend abgelöst. Z. B. beseitigen Amylasen stärkehaltige Speisereste von Textilien, Lipasen können natürliche Fette und Öle schon bei niedrigen Temperaturen aufspalten, um diese leichter zu entfernen, und Cellulasen verbessern die Schmutzablösung in textilen Fasern. Proteasen sind die Enzyme, die proteinhaltige Verschmutzungen, wie z. B. Blut, Milch, Ei, Kakao oder Gras, gut

aufspalten, um sie entfernen zu können. Die Wirkung der Enzyme ist im Temperaturbereich von 40° bis 60° C optimal.

Farbstoffe und Gleitmittel:
Farbstoffe verleihen dem Waschmittel ein ansprechendes Aussehen und Gleitmittel sind wachsartige Substanzen, die die Gleitwirkung beim Bügeln erhöhen sollen.

Hilfsstoffe / Füllstoffe:
Füllstoffe oder Stellmittel, wie z. B. Natriumsulfat, werden in pulverförmige Waschmittel zugegeben, um die Rieselfähigkeit, Dosierbarkeit und Löslichkeit zu verbessern. Hilfsmittel haben auf die Waschwirkung selbst keinen Einfluss.

Konservierungsmittel / Biozide und Korrosionsinhibitoren:
Konservierungsmittel werden zugegeben, um die Haltbarkeit von flüssigen oder pastösen Waschmitteln sicherzustellen und das Wachstum von Bakterien und Pilzen, wie z. B. Schimmel- und Fäulniserreger, zu verhindern. Korrosionsinhibitoren, wie z. B. Silikate, organische Salze, Tenside oder Fettsäuren werden dann zugegeben, wenn eine sehr stark alkalische Waschflotte mit Aluminium in Berührung kommt und Korrosionsschäden verursachen könnte.

Optische Aufheller:
Optische Aufheller sind Weißtöner, die auf die Faser aufziehen und für das menschliche Auge unsichtbares ultraviolettes Licht in sichtbares blaues Licht umwandeln. Dieses zusätzliche blaue Licht gibt zusammen mit der Komplementärfarbe Gelb der Wäsche ein besonders strahlendes Weiß. Optische Aufheller haben keinerlei Waschwirkung, sind biologisch relativ schwer abbaubar und verbleiben nach dem Aufziehen in der Wäsche.

Phosphonate:
Phosphonate, die nur in geringen Mengen eingesetzt werden, dienen als Bleichstabilisatoren, die Schwermetallionen binden und den Bleichvorgang unterstützen. Schwermetallionen setzen die Lagerbeständigkeit von Bleichmitteln stark herab.

Polycarboxylate:
Wasserlösliche Salze der langkettigen Polycarbonsäure, wie Po-

lycarboxylate, werden in phosphatfreien Waschmitteln als Co-Builder eingesetzt, um die Fällung schwer löslicher Erdalkalisalze zu verhindern. Sie verhindern einen Niederschlag auf der Wäsche oder den Heizstäben der Waschmaschine und verbessern als Vergrauungsinhibitoren die Farbbrillanz der Wäsche.

Seifen:
Seifen sind das älteste Waschmittel und gehörten zur Klasse der anionischen Tenside. In Flüssigwaschmitteln wird Seife als Waschaktivsubstanz und Wasserenthärter, in Waschpulvern des Öfteren als Schaumregulator eingesetzt.

Silikate:
Silikate, wie z. B. Natriumsilikate, dienen als Korrosionsinhibitoren bzw. verstärken sie durch ihre Alkalität die Reinigungskraft. Silikate sind natürliche, in der Natur vorkommende Mineralien, nicht toxisch und verursachen keine Eutrophierung.

Tenside:
Tenside, die anionisch, nichtionisch, kationisch und amphoter sein können, haben eine charakteristische Molekülstruktur, wie einen langen hydrophoben (wasserabweisenden) Kohlenwasserstoffrest und eine hydrophile (wasseranziehende) Molekülgruppe. Diese besondere Struktur ergibt die Waschaktivität und die Eigenschaft, dass sich Tenside bevorzugt an Grenzflächen wie Wasser / Luft oder Wasser / Schmutz (Öl) anlagern. Dabei setzen sie die Oberflächenspannung des Wassers herab und es kommt zur Benetzung der Faser und zum Abheben der Verschmutzung. Des Weiteren halten Tenside den Schmutz in der Schwebe und emulgieren den Schmutz, ohne dass er wieder auf die Faser aufzieht.

Verfärbungsinhibitoren und Wäschesteifen:
Verfärbungsinhibitoren, wie z. B. Polyvinylpyrrolidon, verhindern in der Regel, dass auslaufende Farben das zu waschende Textil wieder anfärben. Wäschesteifen werden z. B. aus Naturstärken, modifizierten Stärken und synthetischen Polymeren hergestellt und zur Wäschenachbehandlung bei Textilien eingesetzt, wo eine steife und füllige Formgebung erwünscht ist, wie z. B. bei Hemdkragen und vielen mehr.

Zeolithe:
Zeolithe sind Natriumaluminiumsilikate unterschiedlicher Zusammensetzung, die die Calcium- und Magnesiumionen des Wassers binden und Kalkablagerungen auf der Wäsche und der Waschmaschine verhindern. Je nach Aufbau der Kristalle wird zwischen Zeolith A, Zeolith P, Zeolith X und anderen Typen unterschieden.

ANHANG

BIBLIOGRAFIE

LITERATURVERZEICHNIS

→ Bibliografisches Institut, *Meyers Handlexikon des allgemeinen Wissens*, Leipzig / Wien: Bibliografisches Institut 1912.

→ Bönsch, Annemarie, *Formengeschichte europäischer Bekleidung*, Wien: Böhlau² 2011.

→ Braun, Dietrich, *Kleine Geschichte der Kunststoffe*, München / Wien: Hanser² 2017.

→ Braun, Dietrich, *Erkennen von Kunststoffen. Qualitative Kunststoffanalysen mit einfachen Mitteln*, München / Wien: Hanser³ 2017.

→ Brednich, Rolf Wilhelm / Heinz Schmitt (Hrsg.), *Symbole. Zur Bedeutung der Zeichen in der Kultur*, Münster / New York / Berlin: Waxmann 1997.

→ Brockhaus, *Brockhaus A-Z Wissen in zwölf Bänden A-BAR*, Bd. 1, Leipzig: F. A. Brockhaus 2006–2008.

→ Brockhaus, *Brockhaus A-Z Wissen in zwölf Bänden LEV-NAB*, Bd. 7, Leipzig: F.A Brockhaus 2006–2006.

→ Carlowitz, Bodo, *Kunststoff-Tabellen*, München / Wien: Hanser⁴ 1995.

→ Elschenbroich, Christoph, *Organometallchemie*, Braunschweig: Vieweg+Teubner⁶ 2008.

→ Falbe, Jürgen / Manfred Regitz (Hrgs.), *Römpp Kompakt. Basislexikon Chemie A-Z*, Stuttgart / New York: Georg Thieme 1999.

→ Gämperle, Rudolf / Heike Gläßer / Christian Himmelsbach / Meinrad Himmelsbach, *Fachwissen Professionelle Textilpflege*, Haan: Europa-Lehrmittel 2018.

→ Gries, Thomas / Dieter Veit / Wulfhorst Burkhard, *Textile Fertigungsverfahren. Eine Einführung*, München: Hanser 2019.

→ Gutmann, Viktor / Edwin Hengge, *Allgemeine und anorganische Chemie*, Weinheim: Chemie² 1975.

→ Fenner, Dagmar, *Was kann und darf Kunst? Ein ethnischer Grundriss*, Frankfurt am Main: Campus 2013.

→ Hensling, Kari-Otto, Bronze, *Eisen, Stahl. Bedeutung der Metalle in der Geschichte*, Hamburg: Rowohlt 1981.

→ Hinz, Wilhelm, Silikate. *Einführung in die Theorie und Praxis*, Berlin: VEB 1961.

→ Hornbogen, Erhard / Hans Warlimont, *Metalle – Struktur und Eigenschaften der Metalle und Legierungen*, Berlin: Springer[6] 2016.

→ Hofer, Alfons, *Stoffe 1. Rohstoffe: Fasern, Garne und Effekte*, Frankfurt am Main: Deutscher Fachverband[8] 2000.

→ I.G. Farbenindustrie, *Ratgeber für das Färben von Baumwolle sowie anderen pflanzlichen Fasern*, Frankfurt am Main: IG Farbenindustrie AG 1932.

→ I.G. Farbenindustrie, *Ratgeber für das Färben von Wolle, Haare und Borsten sowie Wolle in Verbindung mit anderen Fasern*, Frankfurt am Main: IG Farbenindustrie AG 1932.

→ Koenen, Gerd, *Die Farbe Rot. Ursprünge und Geschichte des Kommunismus*, München: C.H. Beck[2].

→ König, M. Gudrun / Gabriel Mengtes / Michael R. Müller, *Die Wissenschaft und Mode*, Bielefeld: transcript 2015.

→ Kretschmer, Thomas / Jürgen Kohlhoff (Hrsg.), *Neue Werkstoffe: Überblick und Trend*, Heidelberg. Springer 1995.

→ Lang, Marlène (Hrsg.), *Filzkunst. Tradition und Experiment*, Bern / Stuttgart / Wien: Haupt 2001.

→ Lipps, Theodor, *Ästhetik. Psychologie des Schönen und der Kunst*, Hamburg / Leipzig: Leopold Voss 1906.

→ Kandinsky, Wassily, *Essays über Kunst und Künstler*, Bern / Sugen / Zürich: Benteli[3] 2009.

→ Koslowski, Hans J., *Chemiefaserlexikon. Begriffe, Zahlen, Handelsnamen*, Frankfurt am Main: Deutscher Fachverlag[11] 1997.

→ Näser, Karl-Heinz, *Physikalische Chemie für Techniker und Ingenieure*, Leipzig: Deutscher Verlag für Grundstoffindustrie[14] 1976.

→ Neubauer, Dieter, *Dekorit läßt grüßen. Eine andere Einführung in die Anorganische Chemie*, Hamburg: Rowohlt 1999.

→ Meyer zur Capellen Thomas, *Lexikon der Gewebe.*

Technik-Bindung-Handelsnamen, Frankfurt am Main: dfv[5] 2015.

→ Mussak, Rita, *Naturfarbstoffe in der modernen Textilindustrie: Herausforderungen in der Lichtechtheit, Einsatz von nachwachsenden Rohstoffen und Beispiele aus der Praxis*, Saarbrücken: VDM 2008.

→ Raff, Thomas, *Die Sprache der Materialien*, Münster: Waxmann 2008.

→ Rössing, Adelbert, *Geschichte der Metalle*, Simion: Berlin 1901.

→ Rusch, Waltraud (Hrsg.), *Textil-Kultur-Mode: 40 Jahre Fachverband Textil*, Norderstedt: BoD 2015

→ Otto, Gunter, *Kunst als Prozess im Unterricht. Grundthemen der pädagogischen Praxis*, Braunschweig: Westermann 1964.

→ Otto, Gunter, *Kunst als Prozess im Unterricht*, Braunschweig: Westermann[2] 1969.

→ Patel Shivramkrushna / Priyanka Shah / Pranav Shrivastav, *Synthese und Charakterisierung von Farbstoffen*, Darmstadt: Unser Wissen 2022.

→ Peez, Georg, *Einführung in die Kunstpädagogik*, Stuttgart: Kohlhammerl[5] 2018.

→ Perey Birgit, *Die Chemische Erforschung der Naturfarbstoffe*, (Hrgs.) Eilhard Weidemann, Bd. 76, Wiesbaden: Springer 1921.

→ Restany, Pierre, *Kunststoff in der Kunst*, Monte-Carlo: Sauret 1973.

→ Rübel, Dietmar / Monika Wagner / Vera Wolf (Hrsg.), *Design und Architektur*, Frankfurt am Main: Reimer 2005.

→ Schindler, Volker / Immo Sievers (Hrsg.), *Forschung für das Auto von morgen: Aus Tradition entsteht Zukunft*, Berlin / Heidelberg: Springer 2008.

→ Schweppe, Helmut, *Handbuch der Naturfarbstoffe. Vorkommen – Verwendung – Nachweis*, Hamburg: Nikol 1993.

→ Wagner, Monika, *Das Material der Kunst. Eine andere Geschichte der Moderne*, München: Beck[2] 2013.

→ Walter, Michaeli, *Einführung in die Kunststoffverarbeitung*, München / Wien: Hanser 1992.

→ Walther, Ingo F. (Hrsg.), *Kunst des 20. Jahrhunderts*, Köln: Benedikt 2000.

ONLINEVERZEICHNIS

→ https://www.lernhelfer.de/schuelerlexikon/chemie-abitur/artikel/prinzip-des-kleinsten-zwangs-prinzip-von-le-chatelier
→ http://geschichte-der-mode.de/griechische-mode
→ https://www.itp.uni-hannover.de/fileadmin/arbeits gruppen/zawi-scha/static_html/farbeinf.html
→ https://www.enzyklo.de/Begriff/trichromatisch#:~:text=Adj., Blau)%20alle%20an-deren%20 Farben%20erzeugt
→ http://www.farbenlehre.com/grundlagen-der-farben lehre/lehre-nach-newton
→ http://www.uniterra.de/rutherford/kap014.htm3
→ http://daten.didaktikchemie.uni-bayreuth.de/umat/metalle/metalle.htm
→ http://www.diss.fu-berlin.de/diss/servlets/MCRFile NodeServlet/FUDISS_derivate_ 000000001140/03_ kap3. pdf?hosts
→ http://www.kunze-group.de/index.php/leistungen/schrott-und-metallhandel?id=21

DANKSAGUNG

Mein besonderer Dank gilt der Universität für angewandte Kunst Wien, insbesondere dem Rektor Dr. Gerald Bast, der die Entstehung dieses Buches vorangetrieben hat.

Mein weiterer Dank gilt meinen beiden Söhnen Alexander und Dominic Petsch, die stets an meiner Seite sind und mich in all meinen Projekten tatkräftig unterstützen, sowie meinem Exmann Andreas Petsch, der mir mit seinen umfangreichen chemischen Kenntnissen wichtige Inputs gegeben hat.

BIOGRAFIE

Silke Vollenhofer, 1962
silke.vollenhofer@uni-ak.ac.at

1992–1996	Studium der Rechtswissenschaften
2007	Magistra Theater-, Film- und Medienwissenschaften
2020	Doktorin der Philosophie
1986–laufend	Lehrtätigkeit an der Universität für angewandte Kunst Wien Pflichtlehrveranstaltungen, wie z. B. in den Studienrichtungen Design, Mode, Lehramt Bildhauerei, Industrial Design, Bühnengestaltung und vieles mehr. (Textiltechnologie, Kunststoffkunde, Allgemeine Materialkunde, Selbstmanagement, Designmanagement, Projektmanagement, wissenschaftliches Arbeiten)
1999–2003	Vizestudiendekanin
2003–2007	Vizerektorin für personelle Angelegenheiten im Bereich Hochschullehre
2001–laufend	Leitung und Konzept des Universitätslehrganges »art & economy«
2004–laufend	Leitung und Konzept der Module der KinderuniKunst
2013–laufend	Leitung der Koordinationsstelle für Maßnahmen im Bereich zur Pre-University-Nachwuchsförderung (abgek. KOOFUN)
seit 2021	Mitglied der Europäischen Akademie der Wissenschaft und Künste

Forschungstätigkeit:

→ Kreativitätsförderung von Kindern
→ Bereich Textiltechnik
→ Teilnahme und Mitarbeit am weltweiten Forschungsprojekt »ISCA COPAL EXPOSITION PROGRAMME«, geleitet von o. Univ.-Prof. DI Dr. Alfred Vendl und ao. Univ.-Prof. DI Dr. Bernhard Pichler zur Konservierung von Metallen.

IMPRESSUM

Silke Vollenhofer

Projektleitung »Edition Angewandte« für die Universität für angewandte Kunst Wien:
Anja Seipenbusch-Hufschmied, A-Wien

Content & Production Editor für den Verlag:
Katharina Holas, A-Wien

Korrektorat / Lektorat:
Viktoria Breuer, A-Wien

Layout, Covergestaltung und Satz:
Raffael Strasser, A-Wien

Druck:
Holzhausen, die Buchmarke der Gerin Druck GmbH, A-Wolkersdorf

Papier:
Munken Lynx Rough 100 g/m²,
Pergraphica Infinite Black 160 g/m²,
Surbalin glatt Diamantweiß 115 g/m²

Schrift:
GT Planer

Library of Congress Control Number: 2023943522

Bibliografische Information der Deutschen Nationalbibliothek
Die Deutsche Nationalbibliothek verzeichnet diese Publikation in der Deutschen Nationalbibliografie; detaillierte bibliografische Daten sind im Internet über http://dnb.dnb.de abrufbar.

ISSN 1866–248X
ISBN 978-3-0356–2836–4
e-ISBN 978-3-0356-2837-1

Postfach 44, 4009 Basel, Schweiz
Ein Unternehmen der Walter de Gruyter GmbH, Berlin / Boston

9 8 7 6 5 4 3 2 1 www.birkhauser.com

FSC
www.fsc.org
MIX
Papier | Fördert gute Waldnutzung
FSC® C108696